树蕙滋兰

课堂教学方法及班级管理模式的思考与探究

主 编 王 琦

副主编 韩 静 于晨艳

人民日报出版社

北 京

图书在版编目（CIP）数据

树蕙滋兰：课堂教学方法及班级管理模式的思考与
探究／王琦主编．—北京：人民日报出版社，2021.2
ISBN 978 - 7 - 5115 - 4272 - 4

Ⅰ．①树… Ⅱ．①王… Ⅲ．①中学教育—教育研究
Ⅳ．①G632.0

中国版本图书馆 CIP 数据核字（2021）第 013939 号

书　　　名：树蕙滋兰：课堂教学方法及班级管理模式的思考与探究
　　　　　　SHUHUI ZILAN：KETANG JIAOXUE FANGFA JI BANJI GUANLI
　　　　　　MOSHI DE SIKAO YU TANJIU

主　　编：王　琦

出　版　人：刘华新
责任编辑：周海燕
封面设计：中联华文

出版发行：人民日报出版社
社　　　址：北京金台西路 2 号
邮政编码：100733
发行热线：（010）65369509　65369846　65363528　65369512
邮购热线：（010）65369530　65363527
编辑热线：（010）65369518
网　　　址：www.peopledailypress.com
经　　销：新华书店
印　　刷：三河市华东印刷有限公司
法律顾问：北京科宇律师事务所　　（010）83622312

开　　本：710mm×1000mm　1/16
字　　数：489 千字
印　　张：25
版次印次：2021 年 10 月第 1 版　　2021 年 10 月第 1 次印刷

书　　号：ISBN 978 - 7 - 5115 - 4272 - 4
定　　价：95.00 元

编委会

主　编：王　琦

副主编：韩　静　于晨艳

编　委：(按姓氏笔画排序)

王彩云　王智秀　刘　成

杨晓丹　陈　婷　段　妍　徐　佳

序　言

　　岁序更迭，春风骀荡，《树蕙滋兰》作为吉化第九中学校四十年华诞的献礼，开卷有益，书香致远。汇聚教师智慧，凝结知识力量，为我们呈现了学校发展历程的精彩画卷。

　　展现在我们面前的是一部与教育事业大发展，教育改革共生共荣的成长史，凭借着对教育初心的坚守，对教育使命的执着，对教师责任的担当，书写了一部砥砺沧桑，革故鼎新的奋斗史。

　　习近平总书记提出的"教育是国之大计、党之大计"的重要论断，加快建设教育强国，不断培养一代又一代社会主义建设者和接班人是教育工作者的任务与使命。在这个培养人的过程中，注重身心发展，做到"学有所教""有教无类""因材施教"是关键。

　　《树蕙滋兰》是教师们"三尺讲台"的智慧结晶，是"桃李天下"的幸福沉淀。是他们带领我们走入课堂，溯本逐源教学本真，去体验、思考教育的过程，去感知、享受教育的真谛。是心声之雅集，思绪之华章，是一首首探索教育理念的诗篇。

　　跃然纸上的篇篇教学案例、教法总结、教育教学心得、班级管理经验等，立足时代特点，探究教育良法，从各学科素养角度展示教育教学成果，从学生生命发展和学校个性推动角度探究教学方法，从特殊到一般，为基础教育教法探究提供可参考性资料，抒写着教师们对教育事业和教育对象的无私大爱。

　　问渠哪得清如许，为有源头活水来。教育是民族振兴、社会进步的重要基石，是功在当代、利在千秋的德政工程，是每一位教育人的初心和使命。建设一支高素质、专业化、创新型的教师队伍是学校发展之源，为教师专业发展搭建平台是学校发展之本。教书育人，塑造生命，做好学生的指导者和引路人，江城教育事业科学发展宏伟蓝图必将日新月异！

李庆春

2020 年 12 月

目 录
CONTENTS

第四部分　教育教学心得 ……………………………………… **199**

第一部分 01

班级管理

点滴小事，释放教育温暖

宫　野

　　摘　要：班主任是学生思想政治教育工作的重要组成部分，是学校思想政治工作在学生中的组织者、协调者和实践者，是学生和老师之间的纽带和桥梁．本文主要阐述的是：班主任工作中的点滴体会。
　　关键词：班主任 教育 班级管理

　　著名的教育学家巴特尔曾经说过："爱是一种伟大而神奇的力量，老师承载着爱的目光，哪怕仅仅是投向学生的一瞥，孩子们幼小的心灵都会感光显影，映出美丽的图像。"没错，孩子们需要班主任爱的目光。班主任是一个班级的组织者和领导者。他们的工作影响着每一个学生在德智体各方面的健康成长，影响着他们一生的道路。要关注在班级管理中的点滴小事，释放出教育的温暖。

一、认真负责、嘴勤脚勤是做好班主任工作的前提

　　作为一名班主任，"认真负责""嘴勤脚勤"是做好班级管理工作的前提。这份责任感不仅来源于对这份职业的执着，更来源于对孩子们的爱。对于每一个孩子尽量给予他们最大的帮助与呵护。俗话说：十年树木，百年树人。这些孩子正处于人生的关键时期，无论是老师还是家长都有责任帮助他们完成人生的过渡。而在班级学习生活中，班主任与他们接触时间最长，最容易了解他们，更容易做他们的思想工作，所以在日常要时刻注意孩子们的变化，及时地帮助他们拨正人生的航向，驶向正确的人生港湾。

二、为人师表，率先垂范

　　班级是学校教育、教学工作最基层的组织单位，而班主任则是这个单位的领导者、组织者和管理者。班主任工作是塑造学生灵魂的工作，班主任对创设良好的班集体、全面提高学生素质、陶冶学生情操、培养全面发展的人才，具

有举足轻重的地位和作用。在学校里，班主任接触学生的时间最长，开展的教育活动最多，对学生的影响最大，在学生面前自己就是一面镜子、一本书。因此，规范学生的行为，首先要规范自己的行为；提高学生的素质，首先要提高自身的素质。在教育工作中，真正做到为人师表，率先垂范。作为一名班主任，在工作实践中，要求学生做到的，我首先带头做到；要求学生讲文明礼貌，自己首先做到尊重每一位学生人格，从不挖苦讽刺他们；教育他们热爱劳动，我每天早上和学生一起打扫教室卫生；教育学生搞好团结，我首先做到和各位教师搞好团结；在学习上，要求学生书写认真工整，我在板书时首先做到书写规范认真。这样自己的一言一行已经成了一种无声的教育。教师是学生心目中的榜样，在全面推进素质教育的今天，作为教师更应提高自身素质，树立职业道德，以高尚的道德风范去影响学生，当好学生健康成长的指导者和引路人。

三、爱生如子是做好班主任工作的关键

"爱是教育的润滑剂"，爱是沟通教师与学生情感的纽带。通过和学生接触，我充分认识到了"爱心"在师生关系中所起到的关键作用。我们在工作中，是用高八度的调子，盛气凌人的态度压服学生呢？还是用诚挚的情感去热爱、尊重、信任每一个学生呢？当然，我们都愿意选择后者，愿意做"南风"，也就是说在工作中要运用情感和爱来引导，教育学生。对学生有爱，并不等于一味地迁就和放纵他们。所以这个"爱"必须和"严"相结合，只有这样学生才能接受并理解你的爱。

四、强化日常行为规范教育，加强各种能力的培养

初中教育主要是养成教育，一个人能否养成良好的行为习惯和高尚的思想品德，关键在于中学阶段的教育，特别是低段的教育。学生良好的思想行为习惯不是一朝一夕形成的，而是通过每一件事，每一项活动，每一节课，长期熏陶才能形成。

（一）重视在课堂内的常规训练，培养学生的自控能力

我首先要对他们进行常规教育和训练，严格要求，一抓到底。长期以来，我针对班上学生实际情况，利用一切有效时间加强学习习惯的培养。首先训练学生正确读书和写字的姿势，每天提醒他们注意习惯的养成。读书时要求全班同学都拿起书，做到手到、眼到、口到、心到。只要做作业，就及时地提醒、纠正不良姿势。当学生发言时，则要求他们站端正，两眼平视前方，态度自然大方，并且说话时声音要响亮，吐字要清楚。在听的能力方面，则要求他们注

意听别人说话，听清楚说话的内容，记在心中，要说得出来。这些办法对学生习惯养成起到了一定的促进作用，现在学生在课堂上读写、坐站的正确姿势逐步养成，增强了自控能力，课堂秩序有明显好转。

（二）建立全班学生轮流值日制度，培养自育能力

值日问题，过去的一贯做法都是只让几个班干部轮流。经过实验观察，我发现这样下去只能是好的学生好，差的仍然赶不上。为了全面培养学生自育能力和竞争意识，在德智体美劳几方面得到全面发展，让每个学生都有锻炼的机会，采取了全班学生轮流值日制度。学生表现出十分积极兴奋的状态，总是盼着自己当值的那天。值日生要负责当天的学习管理、纪律、收发作业等，这样每个学生都有独立的工作机会，在值日中学会管理，培养独立工作能力，更重要的是值日生要去管理别人，首先就得以身作则，才有说服力。实践证明：学生在值日中不仅自己严格地遵守纪律，而且表现出较强的工作能力和责任感。通过值日，我进一步认识到：学生是班级的主体，学生是班级的主人，每个学生都有组织和管理好自己班集体的责任和义务，也有参与管理班级的权利，从而激励学生更加热爱自己的班集体，促进学生"主体意识"的形成。

（三）建立学生一日常规，培养学生自理能力

为了规范中学生行为，根据班级的实际情况制定了一日常规。要求学生每天按时起床睡觉，讲文明、懂礼貌，培养学生自理能力，并针对低年级学生特点要求他们学会自己洗脸、洗脚、洗小件衣服，在班级也要主动扫地和倒垃圾。总之让孩子通过劳动来理解劳动的意义，体会劳动的艰辛，体贴父母的辛劳，发扬尊老敬老的美德。

五、培养正确舆论和良好的班风

一个良好的班集体要形成正确的舆论和良好的班风从而去影响每个学生的心理，规范每个学生的行为。正确的舆论是一种巨大的教育力量，对班级每个成员都有约束、感染、熏陶、激励的作用。在扶正压邪，扬善惩恶的过程中，舆论具有行政命令和规章制度所不可代替的特殊作用。因此，班内要注意培养正确的集体舆论，善于引导学生对班级生活中一些现象进行议论、评价，形成"好人好事有人夸，不良现象有人抓"的风气。记得我刚接一个新班的时候，班里学生的"傲"气很重，都看重"大事"，不注重自己身边发生的小事，不屑于做小事。比如：放学后窗户没关就走了，大白天六个管灯全开着却不以为然等等。针对这种情况，我组织开展了"勿以善小而不为，勿以恶小而为之"的班会，会上对小事该不该管进行了辩论，还列举同学身边发生的小事造成的危

害，最后得出结论："千里之行，始于足下；千里之堤，溃于蚁穴"。实践证明：有了正确的舆论和良好的班风，就会无形地影响集体成员的行为和集体生活，是一种潜移默化的教育力量.

总之，班主任工作是一项艰苦而耐心的工作，可我却乐在其中。我坚信，点点繁星，终会有银河璀璨。点滴小事，定能管理出温暖和谐的班级。自己带的班级朝气蓬勃，秩序井然地向前发展，每一名学生学有所成时，所有的辛苦与汗水都化作一股甘泉流淌于心间，且瞬时又化为强大的动力，使自己更加努力地投入到以后的工作中去。

潜心摸索慢慢磨，只为静待花开

黄　敏

摘　要： 怀揣着爱，努力做一个有温度的教育者，让学生爱上你，点燃自己奋进的激情。

关键词： 平等交流　各司其职　语言魅力　沟通平台

"孩子们，你们是如此幸运，在初中冲刺阶段遇到了黄老师。她曾是奥赛班的班主任，带过吉林地区的状元！最最重要的是，她是一位宅心仁厚、敬业奉献、有情怀的老师！在初三紧张的学习生活中，她会给你们最好的陪伴！"同事的这番介绍，又让我想起那段"传奇的老黄带着一个传奇班级"的经历，再次感受那段"潜心摸索慢慢磨，只为静待花开"的日子。

我之所以具有传奇色彩，是因为那时还没有班主任经历，并且是教政治的，却被安排教年级最好的班。这个传奇的班级，有 14 位教工子女（他们非常优秀），经历了史无前例的三次分班，经受了空前绝后的意外连连，最后却以优异的成绩向学校交出了满意的答卷。

那一年，我无力改变已经发生的，只能在自己力所能及的范围内积极营造一片崭新的氛围，为困难重重的班级注入一份活力。调整自己的心态，用有限的力量，踏踏实实地从每一件小事开始做起。

一、面带微笑　亲密接触

（一）努力做一个微笑使者

当我面带微笑走进班级，刹那间便缩短了师生间的距离，在愉快的氛围中拉开交往的帷幕。我也想过，不能给学生好脸色，否则"镇"不住这帮学生，也拉着"长白山"脸，好让学生有"怕"劲儿。结果，面对凶巴巴的我，学生表面上听话了，然而心却距离我越来越远，没有达到预期效果。通过实践对比，不难发现，教师带着微笑步入教室，能给学生一种强大的亲和力，让学生以积极的情绪投入到学习生活中。

（二）零距离亲密接触

老师站在高处处于居高临下的态势，学生必须仰视老师，这无疑阻断了师生间的平等交流。为了以平等的姿态参与到学生的学习和生活中，拉近师生间的距离，我努力做到：腿勤、眼勤、嘴勤。比如，每天第一个进班级最后一个离开（早晨6点50—晚上8点）；参与到学生的阳光体育活动中，坚持跑操；课上课下随时到班级；跟学生一起听科任老师的课；观察听课状态、参与班级活动的积极性、同学之间的人际关系；随时与学生话家常、谈心鼓励……

二、团队合作　各司其职

在谨遵"五要"杜绝"五不要"的前提下，便有了分工负责制，人人有事做、事事都做好，为每个学生展示才华搭建了平台；便有了讲评权的下放，这不仅能满足高分孩子的表现欲，还能提高他们的表达能力，同时用他们的表达方式使学困生有所收获；便有了学生阶段性的自我分析，潜移默化地提高他们自我评价的能力、增长了自我评价意识；便有了系列化的班级活动……如中国梦音乐梦、赛诗会等，既是他们实力的体现，也是他们团队精神的升华；才有了跳绳比赛仅以两个之差没夺冠时几十人的相拥痛哭的情景。

三、风趣幽默　深情鼓励

（一）语言要富感染力

实践证明，富于感染力的语言能感染学生情绪、启迪学生思维。你们上课的心情准备好了吗；拿出你最好的状态，我们准备上课；我想看到更多的大胆表达自己高见的同学；试一试，拼一拼，再坚持；把你的校服拉锁拉好，这样不是更潇洒吗；我很欣赏你的优异成绩，更欣赏你那坚韧不拔的毅力和性格；在很多问题上，你都有着独特的见解；这些都足以证明，你是最棒的；如果你愿意和我谈，我会等你的……这样的提示语不仅能使学生体验到平等、信任、关爱的力量，同时还能体会到感化的魅力。

有这样一个案例：一次课上，一位同学轻轻哼唱起来，我不由地顿了下来，然后向那个哼唱的同学看了一眼，这时的他已经低下了头。不一会儿，又开始与邻桌悄悄说话。"咱班有的孩子挺好的，就是长了张嘴。""上课与其说话，不如给自己一个机会。认真听老师讲课，找找每位老师个性化的教学风格，给他们来个自画像。"这位学生无疑干扰了教学，如果停下来狠批一顿，不一定会有效果。而这三言两语，既风趣幽默，还起到了含蓄的批评效果。

教师的语言如果能够带着爱，那么他所讲的道理，就能在学生中引起共鸣。

（二）笔端交流 注重评语

有的学生不善于表达，但并不意味着没有疑惑。针对这样的现象，设置"真情对白箱"，将学生的困惑及时以书面形式给予答复，解决同学交往中遇到的烦恼、被误解时的委屈；每天在黑板的醒目位置写上激励性语言；在作业本和卷子写上恰当的评语。这样既有利于帮助孩子们发现自己的长处和点滴进步，又能让他们体会到老师字里行间对自己的期待，从感官上吸引学生，变"要我学"为"我要学"，提高他们学习、做事的积极性。

四、家校互动 群策群力

班主任带的是两个班，一个是学生班，一个是家长班。只有当三方都动起来，这样的集体才叫厉害！

（一）家长会是沟通三方的桥梁之一

我们班的家长会以汇演形式（学生表演、作品展示、家长发言、老师总结）为主，既摆脱了班主任一言谈，又能使大家共同参与。教师与家长一起找学生身上的"闪光点"，采取因材施教的方式共同教育学生，做到真正的沟通，增强三方的亲近。

（二）微信群成为沟通平台

利用微信群通知班级活动、布置家庭作业、展示孩子们精彩一面、及时传递新的教育成果……因微信群可以通过图片、语音、视频等方式进行交流，故使得交流方式更加具体，达到丰富班级管理的形式，拉近三方的距离的目的。

班级学生总结道：残酷的现实或许使我们迷惘过，成绩的一次次起伏波动或许使我们沮丧过，但我们却用实际行动证明，我们11班是一个顶天立地的团队，不怕打击，不怕痛苦。经历血泪与烈火的重重磨炼，我们迎来自己的蜕变，迎来属于自己的曙光。我们经历了别人所没有经历过的重重坎坷，所以我们收获了比别人艳丽百倍的似锦繁花！

人的成长往往发生在不经意间，有些时候自己的决定还是会让自己大吃一惊。新的学年，接手新的班级、面对新的挑战，我坚信：潜心摸索慢慢磨，定会花开绚烂！

浅谈班级管理

贾　民

　　摘　要：班主任，是班级工作的领导者、组织者和教育者。作为一名班主任，我们每天面对的，是孩子们渴求知识的眼睛，是几十颗等待滋润的心灵。那么如何让这一双双眼睛充满智慧之光呢？怎样才能使这一颗颗心灵健康成长呢？我觉得这不仅需要班主任具有强烈的事业心和责任感，更需要班主任具备一定的组织管理能力以及科学的管理方法。

　　关键词：班级管理　班主任　学生　家长

　　《班级管理学》中讲到："合格的教师，应该有无私奉献的师魂、诚实正直的师德、全面发展的师观、教书育人的师能、严禁求实的师风。"班主任在班级管理中具有无法替代的作用，在综合素质方面，应该比一般的教师更全面、更具备楷模的魅力。因为管理水平的高低会直接或间接地影响班级整体和学生个体的发展，而它对学生的思想、态度、兴趣、行为方式、交往模式、个性倾向等会产生直接影响；其间接意义，可以为开展科学教学活动和各项教育活动提供必要的纪律、组织保障，从而增强教育效果。美国心理学家埃里克森将人的一生分为八个发展阶段，班主任则是学生发展阶段的"关键影响人"。

　　我认为一名合格的班主任必须是心中有学生，时时想着学生，同时是脚踏实地，勇挑重担，放眼未来的人。下面就从班主任工作谈谈我的感触：

一、要关爱学生，尊重学生

　　冰心说："有了爱便有了一切"。在我们平时生活中，一切美好的事物都因爱而生，因爱而美丽。在教育方面当然也如此，爱学生是最根本的教育心理及行为。爱可以是一句简单的但是发自内心的寒暄，可以是一个普普通通的但真诚的微笑。班主任关爱学生，需要尊重学生的人格、兴趣、爱好，了解学生习惯以及为人处世的态度、方式等，然后对症下药，帮助学生树立健全、完善的人格。欣赏学生的个性，学会倾听学生意见，接纳他们的感受，包容他们的缺点，分享他们的喜悦。被尊重是学生内心的需要，是学生进步的内在动力。教育专家常说"理解是教育的前提，尊重是教育成功的基础。"所以要让学生真正地感受到自己的重要，自己是被大家所尊重的。

二、要言传身教，身正为范

"其身正，不令而行；其身不正，虽令不从。"言传是身教的基本方式，身教是言传的有效手段。《中学生教师行为道德规范》就明确规定教师要做好学生的表率作用，教师要以身则。班主任要成为一名合格的、优秀的班级管理者，必须要有强烈的责任感、严格的自我要求的意识，在要求学生做到时，要求自己做到，这样才能起到榜样作用，比如上课要求学生认真听讲，那自己上课的时候精神必须饱满；答应学生的要求必须按时实现，不可以凭借班主任身份拖延或取消。久而久之班主任的这种示范作用在学生的身上会转化为一种强大的成长动力，随之班主任的角色扮演也成功了。

三、重视班委班风建设是管理班级的主要任务

现代教育理论指导我们，要组织一个成功的班级，班主任首先要选择一些品学兼优、责任心强、乐意为同学服务的学生担任班队干部，进行培养和教育，使之成为同学的榜样，从而形成正确的集体舆论和优良的班风。

（一）选拔培养班干部

班干部的产生，我认为教师若一手包办，必定会使班干部失去群众基础，给日后的工作带来不必要的困难，是不可取的！但是，单纯的所谓的"民主"，让学生完全"自决"，一些学生往往会倾向选举自己的"好朋友"，以便在以后的班级管理中得到"照顾"，同样有不足。我采取的办法是由学生先自己发表演讲，参与竞选，然后民主投票选举，再由教师权衡。这样可以最大限度地让学生发表意见，选出的干部也往往比较理想。最后再根据所选干部的性格类型以及能力的差异进行分工，达到优化班委会组合的目的。另外，班主任对班干部，不只是使用，还应该进行教育和培养。树立为集体服务的光荣感和责任感，要求他们努力学习、团结同学、以身作则，鼓励他们既要大胆工作，又要严格要求自己，注意工作方法。因人无完人，对班干部不能过分苛求、指责，特别是在工作出现失误的时候。要经常检查，给予具体的指导和帮助。班主任要定期召开班干部会议，组织他们学会制订计划及具体措施，教会他们如何分辨是非，及时阻止同学中的不良行为。同时检查落实情况，总结得失，并加以改进，而

对于班干部在班级中的不良行为。

（二）增强班级的凝聚力

班级要想有凝聚力，作为班主任老师要及时掌握班级现状，摸清不同时期学生的不同思想动态，使不良迹象消灭在萌芽状态中，进而让班级向着和谐、向上的方向发展。为了更好地掌握班级情况，我采取了以下办法：首先，找个别学生谈心，与班干部交流；其次，通过作文形式反馈班级现状，了解学生内心想法。虽然我是英语老师，但我每个月要求我的学生写一篇作文，比如以《老师，我想对您说》为题。学生在文章中有谈班级的，有谈家庭的，这些内容使我了解了每个学生真实的内心世界，对我班级的管理起到了积极地促进作用。为了更好地增强班级凝聚力，我结合班级现状随时召开主题班会：比如，在开学初我召开《我理想中的班级》主题班会，学生先设想，然后畅所欲言，进而诞生了班级的制度，合理的班级制度可以要求学生自觉遵守，同时向着自己理想中的班级努力。我发现学生学习上存在问题时，会召开《学习方法、经验交流》等主题班会，提高学生的学习效率。当发现学生之间存在矛盾时，我随时召开《何为友谊》《欣赏他人》等主题班会。总之，召开主题班会，是我管理班级的一个重要措施，它使我们的班级更加有活力，更加有凝聚力。

四、班主任要学会表扬，善于表扬

哲学家詹姆士说过："人类本质中最殷切的要求就是渴望被肯定，而学生更是如此。"作为班主任，必须要学会表扬，而且要善于表扬。对学生的点滴进步都给予发自内心的表扬和赞赏，努力让每个学生感到自己的进步，让每一个学生多一份自信，多一份希望。当然，表扬也不是随意可以给予的，需要注意对象、注意时机、注意场合、注意分寸，否则表扬可能就会变成另一种味道了，甚至会被人以为是讽刺、挖苦等等。

五、班主任要经常与家长沟通

学生的健康成长都需要家长的正确引领，所以班主任要与家长多沟通联系。从而多方面了解学生的情况同时学生有什么异常行为，如学习成绩下滑，经常违纪等情况要及时向家长询问或汇报情况，并及时采取相应的措施解决。可以提高自己的班级管理工作能力。

以上几点就是我对班主任的班级管理工作的经验梳理，当然除此之外，班主任需要做到的还有很多，但是，我相信只要有一颗无私奉献、积极进取的心，不断加强自身修养，就会以自身的人格魅力与良好的师表形象去陶冶学生的心灵，必将收获成功。

参考文献：

［1］班华、陈家麟.《中学生班主任实施素质教育指南》江苏.南京师范大学出版社，1999

［2］关老健、陈观瑜.《教师的学习与成长》广州.中山大学出版社，2003

［3］黄崴.《教育管理学》北京.中国人民大学出版社，2009

用心构建平台　以情浸润学生

阚春晶

摘　要：班主任在班级管理中适时搭建平台，发展学生兴趣，给学生创造展示的机会；班主任用真情走进学生的心灵，抓住每个教育契机，激发他们的潜能。

关键词：搭建平台　实现梦想　组织活动　增强自信　付出真情　激发潜能

著名教育家陶行知先生的一句名言："你的教鞭下有瓦特，你的冷眼里有牛顿，你的讥笑中有爱迪生。"作为班主任，每天面对的，是几十颗等待培育的花苗。如何使这一棵棵花苗竞相开放？只有采取不同的管理方法才能在实践中获得成功。二十二年的班主任生涯让我学到了很多，正如"教无定法"一样，我认为班级管理也无定法，但我始终坚持的是吉化九中"为学生的一生幸福奠基，为学生的终身发展负责"的教育理念。

一、多方协作搭建平台，放飞学生的梦想

曾风靡整个江城的"小小疯狂石头哥"是我的数学课代表，从小就喜欢收集各种矿石。当我和地理老师知道他的爱好，了解到他已收集了二百多块不同的矿石时都不禁表示赞叹，便打算给他办一个矿石展。学校领导非常重视和支持，责成地理组利用学校资源策划展会。略有腼腆的小男孩平时说话都不敢大声，在这个有知名专家参加的大型场合下我非常担心，于是和语文老师齐上阵，在走廊里连续几天从语音、语调、语速及表情手势等细节一点一点地指导，瘦小的他一遍一遍地虚心训练。功夫不负有心人，正式展会上，他自信满满，侃侃而谈，非常流利地回答专家和同学们的提问，还动手演示了一些小实验，直观地展示了许多物理及化学知识。这次矿展对全班同学也是一个触动，激起了收藏的热潮，后来吉林省教育电视台在我班又成功地举办了一次收藏 PK 大赛。"小小疯狂石头哥"的梦想是要成为一名地质学家，这次矿石展既满足了兴趣爱

好的需求又拓展了知识面，让他与梦想又近了一步，学习也更有动力了，中考时以优异的成绩考入了吉林一中。高二时高考分数线达到了中科大少年班的录取线。但他放弃了这个机会，依然坚持自己的梦想，一年后考入中国地质大学。"小小石头哥"的教育经历，使我认识到学生的爱好非但不会影响学习，反而会促进其他学科的学习，并对学生未来的发展很有益处。兴趣会影响一个人，让学生得到自信，还能锻炼沟通交流等各方面的能力。我们不但要尊重孩子的天性，引导他们的兴趣爱好，更要给他们搭建合适的平台，给他们一种经历、一种体验的机会，让他们怀着梦想与憧憬，拥抱勤奋与智慧，从而放飞梦想，在他们成长的路上助一臂之力。

二、借助形式多样的活动，增强学生的自信

"让每一个学生在学校里抬起头走路。"这是苏霍姆林斯基心灵的召唤。如何让每个孩子都抬起头来走路呢？其实，学生只有心里充满自信，就会高高地抬起头来走路。丰富多样的活动会吸引孩子的眼球与兴趣，也可为他们展示特长和个性提供场所，让他们在活动中找到自信。我会根据学校的整体安排结合本班学生实际情况设计多种形式的活动，为他们发现自己的智慧潜能搭建舞台。如每周一升旗、主题班会、生活作业、百题百词竞赛、踢毽子、篮球比赛及学校的数学节、英语年会、赛诗会等活动，每个学生在活动中都可以找到自己的位置，展示自己的才艺，发挥自己的才能，丰富多采的活动为学生提供建立自信和多元发展的机会。

刚毕业的这届有一个男孩，很小的时候父母就离异了，一直和舅舅舅妈生活在一起。刚上初中时孩子特别敏感，在班干部竞选中，看着同学一个一个上前面去竞选，他脸憋得通红，就是没有勇气走上去，我看得出他特别想竞选一个职位，于是我在竞选的基础上设立了两个团支书的职位，直接任命他是其中之一。他上任后的第一周主题班会，我让他担任主持人，当时他用惊讶的眼神望着我，"老师，我能行吗？"我摸摸他的脑袋告诉他，"怎么不行，相信自己就一定行。"然后我对他进行了指导，让他自己写主持稿，写好后找语文老师进行修改。他特别珍惜这次机会，认真地准备。结果班会当天，他的主持赢得了全班热烈的掌声，他的自信一下被点燃了，同时对学习也产生了浓厚的兴趣。以后每周的班会和学校的其他团队活动我都鼓励他积极参加，经过这样的历练，在八年级学校的大型赛诗会上他成功的担任了主持人。显而易见，成功的体验，让他们更有自信发挥聪明才智，发扬长板，补齐短板，自信不仅能带动学生各方面能力的发展，更能提高学生的整体素质。其实，每个孩子的成长都有精彩

的可能性，关键在于班主任用最恰当的方式适时的鼓励他们前行。我很庆幸用那么多时间为学生设计各种活动，抓住教育契机，在给他们缔造成长的"精彩"中，也把自己带进了教育的幸福"天堂"。

三、以情营造爱的集体，走进学生的心灵

魏书生说过："走入学生的心灵世界中去，就会发现那是一个广阔而又迷人的新天地，许多百思不得其解的教育难题，都会在那里找到答案。"

作为班主任，要善于走进学生的心灵世界，把自己当作班集体中的一员，和他们一起感受学习生活中的苦与乐。要像对待朋友一样和他们真心交流，对身有残疾的学生要关怀备至，对成绩居后的学生要循循善诱，对"调皮捣蛋"的学生要宽容原谅……也许，我们的一双眼睛看不住孩子们几十双眼睛，但我们的一颗爱心却可以拴住几十颗心，有时一个关爱的眼神，一句信任的鼓励，都能赢得学生的爱戴和信赖，激发他们的潜能。

记得因跳窗户被抓住而又和校长苦苦哀求不要因为他的错误惩罚阚老师的淘气包，毕业后他在给我的信中写道，"你讲课时十分严肃，很有范儿，身体瘦小，可释放出的能量和精神却无限大。总能让课堂流淌着智慧，让我们充满了灵性。有一种亲切的气场，神奇地让所有人愿意听从，而无需命令；而在平时你又像妈妈一样，会在夏天炎热之时，给我们买雪糕，在儿童节、元旦时给我们买果冻、巧克力，在端午节时给我们系上五彩绳，社会实践时和我们一起包饺子，课间和我们一起打雪仗、跳大绳……你就像花生焦糖巧克力一样，把我们几十个既顽劣又个性十足的孩子甜甜地黏在你的周围。我知道在中考前你给我们每个人买一瓶七喜，蕴含着你对我们的爱和期望，我们会加油的。"也许，正是我做的这些平常小事，给孩子们的成长、学习生活中留下了不可磨灭的记忆，这些情感渗透到孩子们的心灵深处，与他们产生共鸣。孩子们有了这样的认识，也就获得了赢取精彩人生的机会。

第一届阳光分班时，我班分来一名脑瘫的学生。学校为了照顾他每次都将我班安排在低楼层，我也一刻不敢离开班级。端午节我把五彩线系到他手腕上时，他用本就口齿不清又激动的口吻说，"谢谢老师，我妈妈都从来没给我系过。"有一天，其他同学去上体育课，班级只有我和他，我批完作业趴在桌子上睡着了，当我醒来时，身上多了一件校服，我的眼睛顿时模糊了，孩子是怎样在行动不便的情况下将自己的校服披到我身上而又没惊醒我。这正如苏霍姆林斯基所说："教育是人与人心灵的最微妙的相互接触。学生虽小，但也是一个有感情、有灵性、活生生的人，懂得感恩与快乐。"

教育是有温度的，爱，温暖着孩子，也感动着我。班主任热爱学生、对学生付出真心，学生在心理上就会得到满足，从而乐于接受你的教育。在这漫长的教育之路上，我们只有把真情奉献给学生，抓住每个教育契机，才能用尊重、信任、体贴、关怀去做好班级管理的工作。

以德育人　因材施教

——开启学生心灵的金钥匙

李国栋

摘　要：中学教育工作者首先就是要弱化功利心。为分至上，会忽视学生的素质教育；对学生的教育，对班级的管理墨守成规，也是不利于中学教育教学工作的。教师要不断地修德、修心、修行。通过以德育人、感恩教育、因材施教等教育教学方法加强教育的执行能力。

关键词：中学教育　以德育人　因材施教

中学教育的对象是年龄在11—15岁之间的青少年，他们正处在生理、心理迅速发展和突变的转折时期，正经历着急剧获取知识和增长才干，以及世界观、人生观、价值观初步形成的关键年段。中学教师的教育价值观和教学方法运用至关重要。

一、以德育人的重要意义

一个为人师者的德行与责任对于一个孩子的未来有着极其重要的意义。师者有德，方能授之！所以作为一名师者，不仅要通过言传把知识传授给学生，同时，还要通过身教把自己高尚的品德传授给学生。师者，言传在于技，身教源于责！

当今社会人人都有功利心，但作为一名中学教育工作者一定要淡泊功利心。如果把教育功利化，便背离了教育的本质，也培养不出来国家需要的栋梁之才。每一名教师都希望自己的学生成为清华北大的高材生，但现实生活中那毕竟是凤毛麟角。分数对于学生来说固然重要，因为考核学生阶段性学习结果的就是分数，但一味追求分数，只是短暂的成绩，是培养不出国家需要的栋梁之材的。一个合格的教育工作者应该秉承的教育宗旨是：把学生培养成品德高尚、人格健全的普通人。无论他们将来从事什么样的工作，都能用自己的正能量感染身边的人。教师要在教育教学中不断地自我学习、自我完善，不断地进行修德、修心、修行。将德融入生活，变成一种习惯，那么在潜移默化间就会传授给学生。

感恩教育应该是贯穿每个人一生的课程。但感恩教育决不能只做形式化，要随时随地，以事论事，将感恩教育融化在日常的教育教学中。对此我教会孩子们使用角色代入法。把自己代入到家长、教师的角色里，让孩子们在生活的点点滴滴中感受到爱的存在。只有感受才知感恩，当一个孩子学会了感恩，他才有可能成为一个健全的人，才能知道化别人的希望和付出为成果，最终被社会所接受，成为一个幸福的人。

教育的大义就是"爱"。教师的爱要公平，宽容，理解，认同。每一个孩子都是天使，公平的爱会让自卑的孩子自信阳光，也会让顽劣的孩子乖巧懂事。公平的爱说起来容易，做起来难。因为爱一个优秀的孩子容易，爱一个顽劣的孩子很难，所以教师要学会做一名伯乐，寻找到孩子身上的优点，放大他的优点，才会真的爱他。孩子的心是敏感的，能够感受到教师真诚的爱。他们在意教师的每一句话，每一次举手投足，甚至每一个眼神，可以说教师公平的爱可能会影响孩子的一生。

十三四岁是懵懂的年龄，是成长的年龄，作为一名中学教师千万不要苛求孩子们完美无缺，而是要学会及时发现孩子们的错误，第一时间纠正他们的错误。所以无论孩子犯了什么错误，作为教师也绝不能在孩子面前失控，吼叫在更多的时候远没有宽容和理解有效。孩子们之所以会犯错误，都始于他们不完善的认知，让孩子在认识错误，进而改正错误的路上，愉快成长，应是一名师者必备的职业技能！

作为一名班主任能有效地将德育教育融入到班级的管理中，以点带面，效果会更佳显著。我在班级管理中将知音鼓励法以及事半功倍批评法与常规的管理方法穿插结合运用，取得了一定的效果！所谓知音鼓励法，就是做学生的知音，与学生产生情感共鸣，并能把握最佳时机，为学生送去最真诚的鼓励，这种方法能大大增强学生的自信心。事半功倍批评法，就是先让学生看见自己的优势后再委婉地指出他的错误与不足，最后给予正确的指点与激励，及时为学生清理负面情绪，适当以退为进，适度降低目标，将减压变成一种体贴和理解。近10年间，我所管理班级一直积极向上，充满正能量，学生的各项素质均名列学年前茅。

二、因材施教的具体方法

"骏马能历险，犁田不如牛；坚车能载重，渡河不如舟。"清代诗人顾嗣协的名句更进一步诠释了因材施教。一个人只有做他喜欢做的事才能达到意想不到的高度，因为当今社会不仅需要高学历的博士硕士，同时也需要技艺精湛的机械工人，懂技术懂管理的复合型农民……把学生教育成积极向上的国家栋梁，也是每一个教育工作者的工作目标。

教育氛围和环境尤为重要，所以一个合格的教师应该擅长给孩子们营造一个和谐向上的氛围。针对孩子的强项给他们创造机会，让孩子们的特长得到一些发展空间。在教师和同学的欣赏过程中，孩子们的自尊心便会得以满足，他们也会自觉提高对自己的要求，久而久之，形成了一个好的习惯，不用教师管，就能达到无为而治的教育效果。孩子在一个优秀的集体中，周围的人就会像钟背后的墙一样，牵引着他，产生最和谐的震动，所以让一个集体产生优秀共振，让孩子们在团队中相互净化，相互影响，相互教育才是最有利于中学生的教育模式。

教师在教学中应该尊重孩子们不同的生活感受和不同的表现形式，使他们形成自己不同的风格，不强求一律。要有以学生为主体，教师为主导的教育意识，要能合理运用游戏、比赛等教学手段，充分调动学生们的学习积极性，让他们的天性和个性得以自由健康地充分发挥。让学生在视、听、触觉中形成创造性思维方式，变"要我学"为"我要学"，只有这样才能进一步激发学生的学习潜能，让他们能全身心地投入到学习中去。

观察孩子的爱好，应该是一名教师必备的技能。只要孩子喜欢做的事情，就有机会变成他的爱好，只要他的爱好是正能量的，就要鼓励他坚持，因为坚持了就能学会探索，探索了就会越来越有兴趣，兴趣越浓，最初的喜欢就越容易变成特长。特长能让孩子体验到成功，感受到自信，最后就会变得优秀起来。如果一个人能从事一份自己喜欢的工作，那他最终就有可能会成为他所从事行业中的佼佼者。

将因材施教应用在教学方式上就要不断地推陈出新。通过研究，根据学生的特点我在教学中运用了分层提问法、阶梯带问预习法、答疑分组讨论法、自选带点作业法。平均使用这些方法两个学期后，班级的优秀率就会提高20%左右。这些方法的运用，有效地激发学生的学习兴趣，提高了学生的学习效率，营造了班级良好的学习氛围。

班级管理上我运用了"因人定法，因班定律"的管理模式，我管理的九届毕业生，没有一个班级的管理模式是相同的，但管理效果却是相同的。首先我会根据每个学生的特点制作一个动态培养方案，所谓动态就是根据学生的成长轨迹随时调整的培养方案；再根据所带的班级学生特色比例制定班级管理模式。通过我所带过的九届毕业生来看，该方法效果显著，每一个班级都从入学时的普通班级转化成优秀班级。

家访无论在什么年代，都是因材施教最应必备的条件。家访不能只限于孩子出现问题的时候，而是要根据学生的特点，制定家访时间，有规律地家访，每个孩子都要访到。传统家访配合网络家访事半功倍。家访以听为主，了解学生的成长背景、兴趣爱好、性格特点、在家的状态等等，与家长做到无障碍沟通，第一时间掌握学生的动态。特色家访拉近了与学生的距离，提高了学生和家长的信任度，也是因材施教的最有力武器。

以德育人，应该成为我们每一个教育工作者的最基本素养；因势利导，因材施教，应该是每一个为人师者必备的工作技能；打开学生的心灵，陪伴他们健康成长则应该成为每一名人民教师的最终追求！

既然为师

李国良

摘　要：既然为师，当点燃自己，照亮学生前进的方向；既然为师，当呕心沥血，铺就学生奋发的基石；既然为师，当鞠躬尽瘁，搭建学生凌云的天梯。

关键词：教育 经验 感悟

醉里唏嘘感叹，梦回激扬盛年，三尺讲台三十年，斑斑两鬓白发添，老骥伏枥谱新篇。时光易逝，转眼工作三十年了，班主任也当了三十年，自认为，敬业有余，耐心尚浅；热情高涨，雄风不减。说到经验，不敢奢谈，只是有一点点切身的教育管理体会、感悟，写下来与诸位同仁共勉。

一、咬定青山，铁杵磨针

班级日常管理，事小繁杂，零零碎碎。我的做法是：想在先，然后紧紧跟班，早上、间操、课间、晚放学都要跟班，甚至于坐班，从而达到立规矩、勤督促、养成习惯的目的。学生习惯于教师的训练，知道什么时间该做什么。良好的习惯会令学生受益终生，习惯决定性格，性格决定命运！班主任跟班的好处是能阻止很多不良事情的发生，从而使学生把主要精力集中在课堂学习上。

我通常早6：30到班，面批作业，布置早读早小考（语文、英语），收各科作业，总结作业，在第一节课之前把这些事情做完，有条不紊、井然有序，静待第一节课。课间我也会到班级，避免学生在班级、走廊打闹。中午我12：10到班，布置任务。习惯养成之后，学生也就知道时间和内容，到时间就会自觉安静地进入学习状态。晚上放学，我会监督班级值日，清扫一天的垃圾，第二天早上就不用打扫了。班级整洁，学生可以安心早读。这样管理需要班主任的坚持、坚韧的教学品质！班主任只有有咬定青山不放松的精神、有铁杵磨成针的毅力和执着，才会使班级纪律优良、环境舒适、学风蔚然、秩序井然。"人勤春来早"，这样的班级必然是一个团结奋进向上的集体。

二、传道解惑，教人求真

教师对学生的品德教育应是千教万教，教人求真，学做真人。我的做法是：利用大型活动，不失时机地熏陶、感染学生。在准备过程中、活动中使学生明晰道理，明白做有品德、有品格、有品位的人至关重要。在日常管理中，也时时处处关注学生的一言一行。

教育无小事，好人有才，对社会有益；坏人有才，对社会有害。我经常对学生讲，学习可以不好，但做人的品行不能有问题。我关注学生的一举一动、一言一行，出现问题，及时纠正，也会随时与家长联系。现在的孩子有个性，以自我为中心，事理情理略感欠缺，如果家长骄纵，不及时纠正贻害无穷！在日常的学习生活中，我非常注重身教，因为最有力的语言是行动。初中生处于个性品行养成的关键时期，"一着棋错，满盘皆输"，对学生来说，"一时出差，终生遗憾"。对于班主任来说，班级管理就是婆婆妈妈、点点滴滴，没有轰轰烈烈，只有默默无闻；没有惊天动地、只有用心血浇灌的花朵会更鲜艳！既然为师，责无旁贷。

三、诲人不倦，锲而不舍

学生时期的主旋律是学习，而学习的优劣关系到一个家庭的幸福、一个国家的兴衰、一个民族的复兴。正因为这样，班主任在育人方面要孜孜以求，诲人不倦。在学习上的管理既要严格，又要有温度；既要细心认真，又要持之以恒。每个孩子的特点、性格都是不同的，虽然要求是原则性的，但工作方法是灵活的，学生会有这样那样的变化，所以班主任工作也是不断更新的，需要认真观察、了解学生。既要有严格的要求、严肃的态度，也要有积极的表扬和鼓励；既要讲原则，也要有人情。以目前来看，我所带的班级成绩蒸蒸日上，出现了你追我赶、不甘落后的良好局面。既然为师，学生的学习责无旁贷。

四、沟通交流，齐抓共管

学生的成长绝不是一个人的影响和作用，需要各科教师、家长的通力合作。我的做法是：主动与科任沟通，无条件协助他们，做他们坚强的后盾。主动与家长沟通，随时掌握学生的情况，及时解决问题，不使问题堆积、沉淀。帮助学生少走弯路，做到与家长的态度一致、要求一致、口径一致。尽管家长千差万别、形形色色，尽管可以沟通的人有限、能够配合的人有限、能够付出心血和时间去管理的人有限、有能力教育的人有限，但能转变一个人与其多次沟通也是值得的，也是对学生来说莫大幸事。既然为师，当不辞辛劳；既然为师，责任所在。

五、指导家长，积极配合

学校教育只是教育的一个方面，需要家庭教育的紧密配合，否则独木难支，教育效果大打折扣。我的做法是：全面问题、整体问题，在家长会上讲、在班级群中讲，讲清道理、讲明方法，要求家长坚持做，做到位，持之以恒，使学生养成良好的行为习惯，学习习惯。比如：手机问题，没有不行，沉迷于其中更不行。家长要严格监督、管控，要在家长监督下使用，以免孩子玩游戏、网聊而坑害孩子、荒废学业。有的家长心慈手软、娇惯放纵，此时，需要班主任配合。网络上有一句话：想要废掉一个孩子，就给他一部手机。我坚持不懈地鼓励家长们狠下心来，与教师配合，目前控制学生在家使用手机的效果很好！

对于个别棘手问题，约家长面谈，或者微信上沟通，指导家长怎样去和孩子沟通，怎样做可以收到满意的效果。有很多家长只是有迫切的望子成龙的期望，而缺乏恰当的方法，只是体罚、唠叨、报课外班补课。劲儿没少用，钱没少花，而收效不大。经过我和他们交流方法，很多家长受到了启发。已积极地深入孩子的学习、教育之中，同时在孩子们身上已看到了变化。

家长们需要教育方式方法的指导，教师应不厌其烦地去做，从而充分调动家长的教育智慧与积极性，做到家校联合一致，学生得益的成效！

当初报考师范时，就立志做一名称职的人民教师，三十年过去了，此时的我依然是不忘初心，一心为师！既然为师，当尽师责，因责任大于天！因学生的成长教育之事大于天！

初心不忘正炎，无闻默默园田，奉献舍我其谁，咱不忧患谁忧患，师责大于天！但闻桃李花正艳，怎不馨香醉且甜！无悔又无怨！心甘！天命之年不等闲，抖擞精神再向前，不用扬鞭自奋蹄，壮志何惧白发添！再战！

浅析班主任科学班级管理的三种模式

刘广华

摘　要：班主任是一个班级中最重要的管理者，对于年龄较小、三观逐渐形成、处于青春期阶段的初中学生来说，科学和系统的管理模式不仅能够帮助其快速适应学校环境，还可以培养学生学习习惯和明确学生行为准则。本文将从人文化管理、制度化管理和个性化管理这三个模式出发，来浅析班主任进行科学班级管理的方法，为班主任科学管理班级提供方法论指导。

关键词：科学管理 班主任 人文管理

班主任在班级管理中处于一个核心位置，一个优秀的班主任不仅要对学生成绩加以关注，更要注重学生学习习惯和道德品质的培养。通过人文化的管理模式，可以让班主任充分了解每一个学生。与"大家长制"和"一言堂"不同，人文化的管理模式可以发挥学生自主参与的积极性，从而培养学生能力，形成和谐、开放、轻松的班级氛围，班主任对学生的人文关怀也将为学生间相处做出榜样。通过制度化的管理模式，可以让班级管理有迹可循，加强制度的权威性，让班级井然有序。通过个性化的管理，可以因材施教，为每个学生提供适合自己学习和生活的方案，做到让每一个孩子茁壮成长。

一、采用人文化的管理思路

班主任首先要从思想上建立人文化管理的意识。首先，要把自身和学生放在一个平等的位置上，才能够与同学进行平等交流。苏霍姆林斯基的名言"只有能够激发学生去进行自我教育的教育，才是真正的教育"，给予了我很大的启示。当面对一个成绩较差的班级时，一味地强势并不能有效改善同学们的学习状态，反而可能将其带入强烈的反感和逃避情绪。在实际操作之前，要仔细分析班上每个同学的特点，总结班级的氛围，往往这样的班集体缺乏自主学习的激励，也缺乏自身驱使的动力，这就导致了他们把班主任天然地放在自身的对立面，而不是当作可以给予自己帮助和支持的朋友。

所以，和学生做朋友就成为了人文化管理模式的重要步骤。班主任首先要从思想上带入学生视角，从他们自身的喜好和习惯方面去理解他们。给予学生更多自主发挥和展示的空间，让他们发现自己的优势。鼓励和赞扬学生每一点优秀之处，这样就能增加学生的自信心，使得他们有了更多的自我激励和自驱的动力。建立平等密切的师生关系，增加双向交流，也让学生增加了对老师的信任。

在双向信任的基础上，班主任要着力营造良好的班级氛围，就要通过具体的激励措施来进行班级管理。对于学习成绩优秀的同学进行奖励，包括送小礼物、请看电影、请奶茶等，将奖励落在具体措施上，并且建立及时的反馈机制，都可以形成很明确的激励，这样能够营造积极向上的班级氛围，调动学生的学习热情。同时要注意发挥班级内优秀学生的榜样带头作用，通过学习小组、一对一等方式，让学习优秀的学生成为学生身边的榜样，从而带动起班级整体的学习热情。

二、采用制度化的管理机制

本着人文化的管理思路不等于班主任要对学生放任自流，相反，面对几十个性格各异、学习水平参差不齐的学生，制度化的管理机制是不可或缺的。制度化的管理制度和人文化的管理思路并不矛盾，本着人文思想建立的制度化管理也是从学生角度出发，服务学生、帮助学生、辅助学生更好地学习和生活的。

在班级制度的制定上，要注意细化和具体，鉴于班级学生多种多样，班主任在制定制度时要充分参考每个学生的具体情况，尽量涵盖每一项可能发生的问题，又要注重制度的可实操情况，通过细致和具体的规则制定，可以减少规则的变动，增加规则的稳定性和权威性。比如在分数量化管理和条目制定上，可以通过网格管理来减少阻力和加强落实。本着人文化的管理思路，班主任在制定制度前，要充分吸取学生的意见，只有经过了学生的广泛认可，才能保证制度的推行。比如在指定制度之前，老师可以发放问卷来征集班级同学的建议。在制度成文后采用"试行"的模式，试用一周后再根据具体情况进行调整，这样才能让制度实施得更加顺利，也能保证制度本身更加完美。

在制度的具体实行中，网格的精细化管理可以让制度深入班级的每一个角落，也有利于班主任了解每个同学的情况。在制度的实际操作和监督中，各个小班干部就是推行制度落实的得力干将，大到班级的班长、班委，小到各科课代表。在此之下，可以把学生划分为网格，让学生自己投票选出信赖的组长帮助监督和管理。这样既可以加强学生的自我监督和管理能力，也能通过同龄人间互相帮助来使班级氛围更加融洽，进一步让老师了解学生情况，增进师生感情。网格化的精细管理是在操作层面上制度化的延伸，灵活实施和实时反馈，可以促进制度的不断完善。

三、采用个性化的管理方法

初中生正处于世界观、人生观和价值观逐渐形成的重要阶段，尤其是青春期的学生，需要班主任帮助建立正确的价值判断。他们渴望他人的认同感，需要获得更多的注意力，对于这样年龄段的同学，班主任更应该关注每一个人，依据他们的个性进行差异化、个性化的管理。

在这之中，沟通就成为了一个重要的桥梁和纽带，班主任要切实下到班级内部，关注每位学生的动态和变化。班主任应该和每位同学都有深层次的交流，利用课余时间找同学谈心，通过成长环境、家庭背景等了解学生性格，依据此帮助学生设计一套个性化的学习和成长方案。要根据不同学生的情况，采取不同的沟通方式，既要做到有效沟通，又要尊重学生，这样才能从学生的内心世界出发，与学生做朋友，成为最了解学生的那个人。

在评价机制上，班主任也要做到个性化，设立多维度的评价机制，不仅表扬学习优秀的学生。在德育表现、逻辑思维、沟通能力等方面，如果学生表现出来优秀的一面，同样值得表扬。同样的，对学生的评价不仅仅来自老师一个维度，还要通过班主任、各科老师、同学以及自身等多维度去评价学生，学生自身对自己成长和发展的判断也可以作为一个重要指标。

同时，在管理和培养学生的同时，班主任和各科老师一定要做到以身作则，自身一定要用对学生的要求指令要求自己，并且用更为严格的标准要求自己，只有自己做到了"为人师表"，才能够让学生效仿，给学生好的表率。

初中班主任是班级管理中的核心人物，为了发挥好班主任的作用，班主任老师应该通过沟通交流，实时掌握学生情况，通过主动谈心了解学生性格和动向等方式。采用人文化的管理思路，强化平等双向交流，成为学生的朋友；采用制度化的管理机制，运用网格管理办法发动学生主动监督和自我管理，提升班级管理效率；采用个性化的管理办法，因材施教，针对每个学生制定不同的评价和成长机制，发掘每个学生的闪光点，帮助每个学生茁壮成长。只有充分运用这三种班级管理模式，才能够让班级氛围更融洽，学生获得全面发展。

起始年级班级管理的具体实践

刘秀珍

摘　要：班级管理是班主任重要工作之一，良好的班级管理能够为初中生营造良好的学习环境，从而有助于其他教学活动的进行。新入学的初中生正处于身心发展的特殊时期以及人生递进的特殊阶段，形成一个科学合理的班级管理模式对新入学初中生尽快适应新环境尤为重要。

关键词：初中班主任　班级管理　具体实践

从小学升入初中，对于学生来说一切都是新鲜的，新的校园、新的同学、新的老师。但是这绝不只是一次简单的校园变迁、老师同学的更换。他们即将迎来在小学没有涉及的学科，承担更多的学习压力，适应新的学习方式等等。初中阶段是学生形成人生观、世界观、价值观的重要阶段，也是学识积累的基础阶段。一个良好的班集体，对学生尽快适应中学新环境、培养良好的学习习惯、形成健全的个性品格具有极大影响。作为班主任，我们不仅要给学生丰富的知识，还要做好班级管理工作，如何尽快让孩子适应环境，顺利完成初中学业是我们班主任的重大课题。

一、用热爱与希望开启师生第一次见面

（一）展示给学生一个干净整洁的教室

第一次与新生见面，要给同学一个良好的班级环境，给他们展示中学校园的不同风貌，让学生对未来学习生活充满期待。在迎接新生前，作为班主任，应该亲力亲为地查看一下教室位置以及教室环境，做到窗明几净、桌椅整齐、一尘不染、井井有条，给学生留下一个干净舒适的第一印象，让学生充分感受到自己校园的美丽可爱、自己班级的干净整洁，从而在入学第一天就给学生种下创建文明校园、培养文明习惯的种子。

（二）让孩子看见一个爱孩子的老师

第一次与新生见面，要给学生展示一个良好教师形象，让学生发自内心地喜欢自己，这也是当好班主任的前提。在接手新的一届学生时，师生互相陌生，而了解是前提。在接手 2016 届 6 班时，我以风趣幽默的方式介绍自己："我是五十岁的人，十八岁的心，我英语讲得不错，但汉语平翘舌不分，身体有点歪，但心很公正，从今天开始我们就一起渡过三年的学习生活，我们这个大家庭有53 个兄弟姐妹，下面请你们做自我介绍吧。"听完我的介绍，学生们不再觉得拘束陌生，一下子活跃起来，一个个高兴地介绍自己，介绍了自己的优点，也介绍了自己的缺点，我们就这样打破初次见面的尴尬，而我已给学生留下一个幽默、风趣的印象。

（三）形成一个有凝聚力的班级

在接新生入班之前，我在黑板上写下这样一行字"超越梦想，一起飞翔，欢迎新生入学"，这行字是为了给学生力量，让学生对于自己初中生活充满信心，同时展现一个朝气蓬勃具有凝聚力的班集体。在我们第一次见面即将结束的时候，我说："请大家看黑板，我们一起大声朗读一遍我们的班训。"孩子们一起高声朗读"超越梦想，一起飞翔"。从孩子们热情洋溢的朗读声中我感受到了他们的自信，相信第一次走入班级的他们一定会喜欢这个班集体。在这样的班集体中生活，他们一定是幸福的，家长们一定是放心的。

二、用公平和激励创建班级星级考核制度

将班规班纪贴在墙上，学生可能视而不见；将班规班纪通过生动活动印在学生脑海里，学生才能心领神会。通过创建班级星级考核制度，进一步规范学生行为，在评比中进步、在评比中成长，你追我赶，不断提升班级管理水平，形成良好班风，打造特色班级。

（一）小组合作方式运用于班级考核

小组合作方式作为一种新兴的教学方法多应用于平时教学之中。这种互帮互助、共同进步的方式方法，同时也可以应用于班级考核、班级管理之中。6班，除了正常班委会成员之外，班级又分成八个大组，每个组由大组长管理。大组长管理本组学生纪律、卫生以及上课发言等方面的情况。在班级纪律和卫生方面，将个人记分与小组记分结合在一起，采取双线评比。对于进入中学后，学生不爱在课堂上举手发言的问题，采取课堂发言加分的激励式办法，鼓励学生勇于展现自己。只要在课堂上能够大声发言，并能够回答正确，就可以给个人及小组加分。如果有哪些同学做了好事，同样也会给个人及小组加分。对小组得分情况班主任每周进行一次总结，每月评出一个优秀小组，给予小组奖励，并将小组集体照张贴在班级的光荣榜里。同时，我们还对个人情况进行月总结，对个人综合评定分数高的同学进行个人奖励，并把个人照片张贴在"我是星"的榜单中。经过这两年的实践探索，这种小组合作方式及班级星级考核制度成效明显，老师不用再与那些顽皮的学生、斗智斗勇。在他出现问题后，所在小组的组长及班委会的同学就会告诉他应该怎样做。充分培养学生自主管理意识，构建学生自主管理体系，同时，让所有孩子都有一颗积极上进的拼搏之心。

（二）构建量化奖惩制度考核标准

班级施行星级管理，要构建一个量化奖惩制度考核标准。6班建立了奖惩制度量化表，共分四个部分，学习方面、纪律方面、品德方面、卫生方面和体育方面。在学习方面，主要针对作业完成情况进行加减分，还有给予在学校组织的大型考试中取得好成绩的学生加分奖励；纪律方面主要针对上课不遵守纪律，上课迟到，带手机进课堂这样的学生进行惩罚；品德方面是对那些做好人好事的同学进行奖励；在卫生方面主要是对那些懒惰不值日或不在规定时间值日的同学进行惩戒；体育方面主要是对不上课间操、不做眼保健操的同学进行惩罚。有了这些细化的奖惩标准，把规章制度细化具体化、把班规班纪细化具体化，让同学知道自己该做什么，不该做什么，以星级管理的方式进一步让校规校纪、班规班纪在学生心中生根发芽。

（三）科学有爱的全方面评优评先机制

素质教育的大力推进，要求我们要加速构建学生综合素质评价体系。[1]对学生的评价应该是综合的，不能仅凭借学习好坏这一方面来评价学生的好坏。6班的学生综合素质评价体系是以班级星级考核为基础。在平时，我们综合考评学生学习、纪律、卫生、体育、品德等方面的表现情况，每个学生都会有一个综合客观的评价。这一评价也成为班级评选三好学生、文明中学生、入团等评优评先时的关键依据。这一依据公开透明、有理有据，有助于形成风清气正的良好班风，也让同学们知道"努力就有希望、奋斗就有结果"的道理。

三、用责任与自主成立一个优秀的班委会

著名教育家苏霍姆林斯基说过"自我教育是教育中极其重要的一个因素"。可以说，"没有自我教育就没有真正的教育"。只有"促进自我教育的教育才是真正的教育"。[2]自我教育、自我管理是培养学生的重要方式方法。在魏书生老师"人人有事做，事事有人做"[3]的班级管理思想的启示下，6班实施多层次管理，选出一名班主任助理负责班级全面工作，四个班长分别负责班级的纪律、卫生、体育和学习，各负其责，相互监督，共同学习。每个同学都有自己的负责区域，进行自主化管理，班级内实现"天下为公"，进一步引导同学们树立"让自己的存在使别人感到幸福，一切以他人和集体利益为重"的观念，让每个学生都成为班级的主人，每个学生都是班集体发展向上的奋斗者。全员参与，快乐学习。学生的基础可能参差不齐，但是他们都充满着期待。作为整体中的个体，同学们是有差异的，让每个同学都在小组中找到自己的位置，发挥自己的光和热，让互帮互助的风气成为班级的主流，消灭同学之间互相歧视的现象，让每个学生都能在这个班级里快乐的成长。而老师把目光指向全班的每一个学生而不是部分学生，让每个学生感到自己在老师的心目中是独一无二的，在这个班集体里是不可或缺的。

班主任工作很辛苦，那是因为每时每刻都在思索良策；班主任工作很充实，那是因为随时随地都在关怀牵挂；班主任事务千头万绪，但其中有两个主要任务不容无视，一是自我管理，二是学法指导。在学生学习成长阶段，创新管理模式，充分发挥学生在班级管理中的主体性，给予学生更多的发挥空间，才会在新形势下提高班主任班级管理成效、提升学生全面发展的能力。

参考文献：

［1］朱林华. 学生综合素质评价体系的构建与实施［J］. 教育教学论坛，2010（20）35 - 37

［2］王天一. 苏霍姆林斯基教育体系［M］. 人民教育出版社，2003

［3］孙莉娟. 人人有岗位个个有实践［J］. 小学科学教师版，2017，000（010）194

有一缕阳光就灿烂

——浅谈如何开好家长会

刘 瑶

摘 要：家校沟通可以采取多种形式：家访、家长会等等。但最好的沟通方式之一，就是家长会，所以如何举行一个好的家长会就变得非常重要。完美的家长会，需要提前规划。

关键词：家长会 策略 家校沟通 班级管理

从工作责任、专业技能等方面，班主任在家校沟通中应发挥主导和促进作用。家长是班主任教育行为的延伸，若能顺利与家长沟通将会获得强大的外援力量。的确，困难肯定是存在的：琐碎的工作、有限的精力、自身的局限性等等。但是，请相信，通过家庭与学校的沟通与合作，我们的工作会逐渐变得简单易行。而我们的努力，一定能够感动和激励家长。

一、从开学第一天就着手准备家长会

用心的班主任，一定会从开学的第一天起就着手准备家长会。你可以在开学第一天收集各种各样的信息，在这一天一般会有很多感人的事情，因为无论是对成绩好的学生，还是成绩差的学生来说，每学期都是新的开始，他们或多或少都会有新的期待。班主任平时要有足够的积累，把那些感人的场面、孩子们身上的点滴变化记下来。家长会上如果能够是为了看孩子的在校表现真实呈现孩子的表现，用每一个孩子身上故事来讲话，相信每个家长都会感兴趣。因此，用心才能在平凡的工作中发现很多不平凡之处。

二、把家长会的功能发挥到极致

班主任努力，管理好班级，家长才会支持班主任工作。比如班主任注重日常点滴积累，并利用家长会向家长们展示班级成果，这种做法不仅可以增强家长们的信心，还可以树立自己在班级的良好形象。因此，很多班主任都很注重

这点，她们把学生平时学习、生活中的许多小场景用手机拍下来，用 PPT 等软件展示出来。家长看到这些精彩的画面，欣喜孩子的进步，自然会为班级管理助力。

有效沟通是家长会的基础：通过举行家长会，家长可以在短时间内了解班主任的教育思想和方法，接受她的教育理念，并尽其所能支持她的工作。我会在第一次家长会中公布对班级的管理要求、对孩子的量化考核标准。让家长了解班级的管理模式，以便更好地得到家长的支持。在家长会上，我很注意和家长们讨论三个方面的问题：一是如何改进我们平时教育中的不当方法，二是如何耐心地教育孩子，三是如何和孩子做朋友。我曾在第一次家长会上通过给家长写一封信的方式，把我的教育思想、理念、做法传递给他们。写给家长的一封信内容是这样的：

致十三班家长的一封信

尊敬的家长：

您好！

承蒙您的信任，我们才得以相识，并会在未来的日子里共同见证孩子的成长！

家庭教育非常重要。父母是孩子的第一任老师和榜样。首先家庭教育是孩子教育的基础，其次学校教育可以促进和引导孩子成长，而社会教育也会对每个人的成长产生重要影响。在学校教育方面，教师将以自己的能力做好教育工作。在家庭教育中，家长也需要紧密合作。只有家校合作，共同努力，才能把孩子培养成人才。

（1）为孩子创造一个和谐、稳定、快乐的家庭氛围

没有和谐稳定的家庭氛围，就谈不上教育。据我所知，善于学习的孩子必有良好的家庭氛围。另一方面，一些孩子，突然违反规则，变得暴躁，成绩下降，或长时间这样做，家庭方面可能或多或少有一些问题。

（2）尽量不要成为消极的父母

许多家长习惯于否认和殴打他们的孩子，认为这可以教育和激励他们。事实上，这完全错了。表扬和鼓励比批评和否定更能鼓舞人心。对许多孩子来说，痛苦的最大来源是父母的无视和否认。不要以为孩子还小，就没有丰富的内心世界和比较敏感的情感。

（3）多花点时间陪孩子

作为一名教师，我可以理解很多家长工作忙、压力大的生活状态，也因此

没有花太多时间陪伴和指导孩子。但是我希望家长们每天晚上都能抽出一些时间和孩子们交流，多关注孩子们的心理健康；留出时间检查孩子的家庭作业，并关注他们的学习成绩。总之，在孩子成长的关键时期，父母不应该缺席。

（4）不要总是拿自己的孩子和别的孩子比较

每个孩子都是独一无二的，每个人都有自己独特的价值，去攀比，只会伤害孩子的自尊，不会有任何积极的影响。这种比较有时候会对孩子造成强烈的伤害。青春期的孩子，自尊心特别强，在外人面前，也要为孩子保全面子。

（5）尊重孩子合理的意愿

也许有一天，你突然发现孩子们长大了，有了自己的想法，虽然有时候想法很不成熟，但他们开始学着表达自己，不再听父母的话。这时候父母会很着急，觉得孩子叛逆，不听自己的话。其实，这个时期的孩子虽然会有叛逆心理，但是他们也有自己的正确想法，家长应该静下心来思考下是否孩子说的是有道理的，而不要让孩子必须按照家长的想法去做，如果孩子的想法合理，也可以听取他们的建议。

总之，我们应该鼓励、肯定和关心我们的孩子。即使孩子只是进步了一点点，即使孩子只是纠正了一个小错误，也是值得我们称赞的。每个孩子都有自己的闪光点，我们应该在闪光点上出现教育契机，让孩子的闪光点继续放大。而不是总是对孩子的缺点进行否定、责备。当孩子犯错的时候，家长应该试着冷静下来，找个合适的机会，用恰当的语言和孩子好好谈谈，试着解决问题。

最后，期待您的回复，也期待您关注孩子的健康成长和学习情况。希望我们能共同努力，培养出正直、善良、乐观、智慧、积极进取、充满正能量的孩子。

七年十三班班主任 刘老师
2020 年 9 月 1 日

这封信的反响很好，几乎所有家长都给我回信，有长有短，有详有略。通过这个小小的活动，我也大概知晓，哪些家长很关注孩子的成长、关心孩子的学习情况，哪些家长对孩子并没有投入很多关注。家校沟通不仅是把我们的教育思想、理念传达给家长，也是要借这个机会充分了解学生的家庭情况，通过家长们的回信，我能更好地了解学生的家庭情况。有针对性地帮助解决教育教学中的问题。

三、做好完美家长会的四项准备

每次家长会召开之前,我所思考的内容主要有以下四个方面。(一)人员准备:首先,要给家长发邀请函,确保每个家长都能到场。其次,安排学生。谁负责卫生,谁负责接待,谁负责主持等等。最后,重要的是安排好科任老师发言,这样家长就可以更清楚地知道他们需要做什么。(二)材料准备:家长会期间,演示设备、电脑等必须能正常使用。此外,准备好讲义、学生优秀作业、成绩单和其他会议资料。(三)环境准备:环境准备非常重要,渲染气氛、衬托主题、传达信息等都要依靠环境准备。(四)内容准备:在不同阶段,家长会的内容会有所不同。如开学后的第一次会议,主要是提高认识,提出目标和要求,介绍班级的基本情况、班级管理、教学理念和期望家长的配合;考试结束后,召开家长会,主要是解决学生问题,不仅要对学生成绩进行分析,还要针对学生问题对家长进行反馈,同时对家长进行心理指导。如不能因为孩子成绩不好,就回家责备打骂孩子,而是教家长回去帮助孩子找到问题、并积极地解决问题。故此,无论家长会在哪个时间段,都要围绕阶段主题认真准备。

总之,有实质性的内容,将孩子的进步完整地呈现给家长,围绕家长关心的问题召开家长会,这样的家长会才是有效的,因为它能在家长心中引起强烈的共鸣,从而达到家校合力的目的。

参考文献：

［1］周明．寄宿制学校初一年级家校沟通探究．文教资料期刊,2017

［2］汤婉芬．打开家校共育这扇门．读与写期刊,2018

班主任如何处理好与学生、家长之间的关系

刘永忠

摘　要：首先提出班主任工作对于学生发展的重要性，然后根据班主任与学生之间的关系的分析来指出，班主任在对学生的教育中应该一视同仁、因材施教。从而引申出班主任和学生家长之间的关系，在对待学生家长的态度上应该尊重理解。最后在家长和班主任的共同配合协助之下，让每一位孩子都能够产生正确的人生观和价值观，真正做到德智体美劳全面发展。

关键词：班主任　学生　家长　关系　教育

在学生处主任这个岗位上也有些年头了，这些年来，我经常看到有些班主任因为与家长关系处理不好，而使得班级管理工作如履薄冰；也看到有些班主任因为和家长良好的互动关系，使得他的工作效率事半功倍。

网络信息时代，使学生接触了很多新的事物。他们知识丰富，视野开阔，家长和老师在他们眼中已经不是万能的了。这就需要班主任注重沟通技巧，正确处理人际之间的关系，不断提高工作的质量，做好班级工作。才可以便于教学工作的正常开展，在现代社会中，人与人之间的竞争日益激烈，营造和谐的关系就显得更加重要。正确处理家长、学生、班主任三者关系，有许多工作就能得心应手。

虽然教师的发展离不开师生关系以及家校关系等，但许多教师不肯谈及"关系"二字，总觉得在说白了的"关系"中，必然有不当的权益交换。还有些老师不重视各个层次的关系，结果在工作中吃大亏。身为老师，应该和学生、同事、领导干部保持稳定的关系。身为班主任，就应该和家长保持稳定的关系。

在校园教育和家庭教育中，教师与家长应互相配合，互相促进。如何处理好班主任与学生、家长之间的关系，在当代教育环境中显得尤为重要。

一、班主任与学生的关系

学生的思想状态在不断发生变化，所以学生思想教育工作要有持续性，一刻也不能松懈。如果班主任不把全部精力放在工作上，学生就会慢慢失去对班主任的信任，学生思想教育质量和实际效果也就无法达到教育的目的。

中学生，从生理角度看，人格发展逐渐趋于稳定。人生观、价值观也在逐渐形成和完善。班主任在处理学生的情感问题时，应该细致入微，用心良苦，更多地了解学生的心理状况，对学生真诚以待，帮助学生成功度过青春期，正确处理情感问题才是唯一的途径。

身为班主任，要运用好每周一次特定主题风格的班会对学生进行教育，利用课间活动时间到教室把握学生学习的信息内容，经常询问科任教师掌握课堂教学动态，访谈学生，改善与学生的关系，充分利用网络技术，尤其是今年的疫情网课期间，要通过微信、QQ等方式促进教师与学生的沟通交流。

对学生的爱是班主任工作的生命线。要真正教育好学生，需要一视同仁，因材施教。只有在老师真诚的爱感染下，学生才能体会到教师的关怀，才能听得进去谆谆教诲。

二、班主任与学生家长的关系

在同家长的交流过程中，教师应充分懂得沟通的艺术。在不同的家庭里，父母的受教育水平、文化素质各不相同。事实上，家长在校园教育中的相互配合程度也不均衡。有时候甚至还会遇到一些"不礼貌"的家长，这就要求应对各类家长时，要注意说话的方式。教师辅导是中学教育的重要补充因素。相互合作越心照不宣，教育合力越强，实际效果越明显。父母与学校教育应当相互配合，相互协调，关键点在于班主任与家长之间的沟通与交流，形成了学校家庭德育的统一战线。班主任需要处理好与家长之间的关系，搭建好沟通交流的公路桥梁，就能得到家长的重视与理解，进而获得他们的真诚合作。

值得肯定的是，作为班主任，无论教学水平如何，他们都希望能教好学生。身为父母，不管孩子是否有天分，他们总是期望孩子获得成功。从实践的角度来看，教师和家长的根本愿望是一致的，这也是教师和学生关系的根本所在。然而，在班主任的特色实践课程和家长合作教育的整个过程中，教师和家长都会有很多想法。当学生没有按时完成老师布置的作业，教师容易责怪家长没有尽到监督的责任。而当学生学业成绩落后，家长又容易怀疑教师没有尽心进行教学，而表示不满。这就需要班主任要与家长保持经常的、密切的联系。作为班主任，也应该对学生有着比较全面的了解，及时与家长沟通，重视家长的想法，听取家长的建议，寻求家长对课堂教学的理解。从目前情况看，大多数的家长对老师工作是理解和支持的。

至于教学水平，那是在长期的工作实践中逐步积累而提高的技术专业技能。对于教师来说，从事崇高的教育工作，就要为国家培养优秀的人才，为社会主义社会的发展培养优秀的人才，这种追求毋庸置疑的。其次，班主任还应该提高自身道德修养。关于某些学生家长的苛刻要求和不切实际的观点，作为一名教师，他首先应该认识到父母的人文素质参差不齐，个性迥然不同。所以，班主任应当用将心比心的态度同家长沟通，让家长意识到教师的真诚，达到学校、家长、学生都满意的效果。在这一点上，我觉得教师自身的基本建设是不容忽视的。要与家长在教育法规和教育方式上保持一致，才能提高教育质量。总之，做好班主任和处理好与家长的关系是两回事。班主任要有一种使命感，如果班主任和家长两面都负起责任，班主任和家长的关系会融洽，从而达到提高学生成绩和塑造学生完整人格的目的。

三、平等、公正地对待每一位家长

由于每个学生的家庭经济状况不同，班主任不能人为地把学生和家长分成三六九等。尤其在解决学生的困难问题上，作为人民教师必须要公平对待所有的学生对每个父母都要公平和公正，和蔼友好、热情有礼，注意交谈的内容、方式和语调。如果教师不能公平对待学生和家长伤害学生的心灵，影响到他们的人生观、世界观和价值观会给学校和社会的发展带来不利影响，班主任要妥善处理与家长的关系，架起与家长沟通交流的桥梁，得到家长的重视、理解和配合，形成教育的"合力"和"凝聚力"。

父母在孩子的成长中有着特殊的教育作用。教师的教学工作则是开启学生思维的重要环节。从根本上说，学校教育应该根据教育方案的规定，有组织、有计划、有规则地对学生进行学习培训教育。学校可以定期设置某一天为家长开放日，让这一天成为父母陪伴孩子们的日子。其目的是让父母了解孩子们的性格和兴趣爱好，能够真实、全面地反映家庭的实际情况。另外，学生还喜欢不遗余力地把学校、老师、同学和班级的反馈机制交给家长。许多家长也非常重视子女的教育。他们希望能够掌握孩子的班主任和教师、教育课堂教学水平。家长自己来观察孩子和其他孩子在学习训练中的主要表现，往往比教师更深入、更细致、更实际，进而对学校教育和教师的工作提出一些中肯的意见。此时，班主任应当谦虚倾听。在倾听家长的意见和建议时，要保持一定的判断力和心理承受能力。以宽广的胸怀和卓越的品质接受（有时甚至是尖锐的批评）。那些觉得自己是"岗位的教育者""我懂他们不懂"，这种想法应该舍弃。身为教师应该尊敬家长，认真倾听家长的意见和建议，从而达到改善教育课堂教学的方式方法的目的。

总之，班主任的工作离不开和家长打交道的过程，正确处理家长、学生和班主任之间的关系，实现亲子教育与学校德育有机结合，是班主任工作开展的基本前提。班主任需要确信：没有教不好的学生，只有不会教的老师。身为班主任，一定要对学生心怀责任，同时需要有高尚的思想境界和严谨认真的敬业精神，严慈相济地对待学生。

参考文献：

［1］白金花．谈班主任如何协调与学生家长的关系［J］．林区教学，2003
（9）14－15

［2］卢健飞．班主任，三者合一的老师——浅谈班主任与学生家长的关系
［J］．中国基础教育研究，2010，006（004）P.47－47

［3］李瑾．班主任与学生家长建立和谐关系初探［J］．中小学电教（下半月），2009（8）159－159

［4］陈松信．班主任融洽与家长关系的几个策略［J］．生活教育，2008，000（009）35－35

［5］胥鉴容．"互联网＋"背景下班主任与家长的有效沟通［J］．家长（中，下旬刊），2019（4）

用爱呵护　以心暖心

龙　影

摘　要：作为教师，如何能成功地教育学生、培养学生，是值得深思的问题。"一切教育源于爱"的教师要拥有一颗爱学生的心，以爱作为教育的基础，在教育教学中去关注学生，关爱学生，尊重学生，贴近学生的心灵，关注良好习惯的养成，形成"亲其师信其道"的良好教育氛围，这是教师的成就，更是教育的成功。

关键词：爱心 习惯 尊重 温暖

"不懂得关爱学生的人，不配进入教育的圣殿。"对于教师来说，关爱学生是教师必备的素养，是教师职业道德的核心。一个富有爱心的教师，在他的工作中会获得学生的敬重、家长的好评和社会的认可。这是教师职业生涯中最值得称道之处，也是教师的职业价值所在。

教师要以爱心引导学生养成良好的习惯。巴金曾说过："孩子成功教育从好习惯培养开始。"对于升入初中仍稚气未脱的学生来说，这一点尤为重要。告别孩童时代，步入青春期。良好的生活和行为习惯会为他们将来的生活和工作提供坚实基础；良好的学习习惯会让他们体会到学习的乐趣和成长的愉悦。初识孩子们的那一刻，我的心情是激动和忐忑的。可是经历了特殊疫情时期的毕业生们的习惯，又着实让人头疼。于是，我从孩子们生活中的小事入手，一点点培养他们的习惯。告诉他们时刻保持桌面、桌内的整洁干净，随时打扫自己周围的环境，克服随手乱扔垃圾的习惯，将废纸、废物放到准备好的垃圾袋里。对于班级的值日工作，包含扫地、拖地，擦黑板、讲台、讲桌、窗台等细小的活，我都一一指导示范，并每日进行督查，不断去营造一个干净整洁的教室环境，让孩子们能舒心惬意地进行学习。

人生最大的财富是希望，最大的资本是健康。良好的身体素质是一切活动正常进行的先决条件。为了让学生有个良好的体魄，每天我迎着朝霞站在百米跑道的起点上，等着孩子们的到来，然后我们一起完成晨跑。晨跑可以让孩子们得到身心愉悦的舒展，唤醒沉睡懒散的细胞，能够精神饱满地去听课，高效地完成学习任务，为更好地学习提供良好的保障。晨跑开启了我们一天的学习生活，每日的操场之约，让孩子们明白了身体健康是学习的基础，同时也增进了学生间和师生间的情感交流，每日的合照上孩子们热情洋溢的笑脸是对我坚持的最好的回馈。为了让每个男孩都能英姿飒爽，每个女孩都能袅袅婷婷。我要求孩子们时刻注意站姿、坐姿、走路和书写的姿势，让他们尽可能地做到站如松、坐如钟、行如风，虽不能严格按照军人的标准来要求，但是尽可能地向他们看齐。

这些生活和行为习惯，并非一朝一夕能形成的。在日复一日单调重复的习惯养成教育中，教师要灌注满腔爱心，以十倍的细心发现孩子的点滴进步，以百倍的耐心期待孩子的蜕变，时刻关注学生的成长，并做到持之以恒。

"鸟欲高飞先振翅，人求上进先读书。"对于学生来说，读书无疑是最重要的。"积千累万，不如养个好习惯。"读书学习中，良好习惯的养成甚为重要。作为教师，要在学生的学习生活中，尽快培养其良好的学习习惯。到底该如何做呢？首先，要不断培养学生的习惯意识，让他们知晓培养好习惯，会赢得整个人生的道理；放纵坏习惯，会毁掉终身的必然恶果。其次，要有计划地培养学生良好的学习习惯。先要学生学会制定学习计划，计划中有近期目标和长远目标，以及为实现目标应当采取的措施；要养成预习、复习的习惯，做到学习新知前有心理准备和预设，学习后要反思整理、复习巩固，对所学知识能及时查缺补漏，做到融会贯通；要养成会听课的习惯，课前及时准备好课程所需的用品工具等，听课过程中及时做好笔记，做到书写规范认真，重难点突出；要养成有效利用课余时间的习惯，让学生在课间时少些不必要的打闹和没有营养的闲聊；让他们学会梳理知识，对自己不懂或没有学明白的地方及时向老师请教或是与同学进行合作交流，及时解决疑难。最后，教师要做好示范引领。孔子说过："其身正，不令而行；其身不正，虽令不从，不能正其身，如正人何？"教师对学生提出的要求，要在行动上成为学生的楷模，毕竟"无声的示范是最好的说服"。

教师要用爱心呵护孩子的成长，要理解尊重学生。在教师的眼中，学生就如同纤弱的树苗，娇嫩的花蕾，只有用爱心呵护，他们才能长成参天大树和鲜艳的花朵，尽情地伸展枝叶，恣意地吐露芬芳。"人无完人"，学生难免会犯错误，当学生间产生矛盾时，教师要认真聆听学生心声，理清事情的来龙去脉，让他们体会到自己是被尊重的，接着再轻声细语去给他们分析问题，讲清道理，适时引导启发，让他们明白是非曲直，进而改正错误，学会如何与人进行良好的交流和交往的方式。

班主任作为班级教学的组织者，是调节学生和科任教师关系的重要纽带。当学生和科任教师产生误解时，教师更要机智处理。青春期的学生叛逆心理比较严重，有的孩子极度情绪化，会凭着个人喜好来对待学习。有时难免会误解老师的良苦用心，甚至走上和老师对着干、消极不学习的道路。班里的吴迪同学和历史老师发生了一点小小的矛盾，孩子觉得非常委屈，哭的都已经上气儿不接下气了，第二天我到学校后，听说此事后立刻找他谈话，由于这个学生从小缺少家庭的关爱，我便用温暖如母亲般的语言来感化这个孩子，教给他遇事要学会换位思考，易地而处。最后孩子被我说得心悦诚服，主动要求去向老师道歉。

用爱心来呵护学生、感化学生，给予他们足够的尊重，让他们学会为人处世的方法，这更有利于他们未来的发展。

教师要以心温暖心，用爱滋润爱。人是情感的动物，当你对别人施与善，别人同样会以善回报你。教师只有发自内心地去关爱学生，学生才会回以同等的爱。为了让学生能更好地上晚辅导课，我总会让他们自备一些零食，填补一下饥肠，碰到忘记准备的同学，我会将自己的食品与他一起分享；当孩子有些不舒服时，我会及时给他们备水备药，尽量缓解他们的痛苦。那一声声"谢谢老师！""老师您真好！"是对我最好的回报。低头忙于评改作业时，总会有孩子把自己喜欢吃的零食送到我的嘴里；刚刚上完课，口干舌燥之际，总会有孩子及时地给我准备一杯水；当我正给几个学习吃力的孩子进行补习时，总会有小小的身影在身边对我说："老师，您休息一下吧，我给他们讲，我一定教会他们！"；班级地面出现了垃圾，当我拿起笤帚时，身边小小的身影马上抢走笤帚"老师，您休息，我来。"……听着他们真诚的话语，看到他们稚嫩脸庞上的笑容，我的心暖暖的，我知道从此刻开始，我们的心真正地贴在了一起，我们心灵相通，定能克服学习路上的一个个困难，跨过一道道难关，扫清一个个障碍，最终步上一条坦途。

"没有爱就没有教育"，教师的爱在学生的学习和成长中起着重要作用。教师的爱是一种神奇而又伟大的力量，是沟通师生心灵的桥梁，是学生形成亲近感、信任感的重要条件。爱如一汪清泉，能滋润学生干涸的心灵；爱似一团烈火，能点燃学生学习的激情；爱像一把钥匙，能开启学生闭塞的智慧之门；爱就是学生心灵上的阳光，能驱散阴霾，能引领孩子走向光明。让我们满怀激情地去关爱学生，尊重他们，走进他们的心灵，做他们心灵的守护者，生活中的陪伴者，学业上的引领者。

我用爱心育桃李 佼佼学子成栋梁

陆作圣

摘 要：老师们对学生的爱，会被学生内化为对教师的爱，进而把这种爱迁移到班级日常管理中，营造出"爱的教育氛围"，达到良好的教育效果。正所谓"亲其师，信其道"进而"乐其道"。

关键词：责任 博爱 淡泊 迁移

三尺讲台，一颗爱心，放飞期望，乐此不疲，这就是我从教28年来的真实写照，也是我的执着追求。在教学工作中，我用"责任之心""博爱之心""淡泊之心"为学生营造出"爱的教育氛围"。在平凡而伟大的事业中，我用独特的方法教书育人并收获着丰硕成果。

一、用"责任之心"去对待工作

在班级管理方面事无巨细，班主任工作，我都是认真去想、认真去做。首先让学生了解我，在课堂上我是严厉的老师，课下我是孩子们的大朋友，分享他们的快乐和困惑。我与孩子们分享我的学习经历和经验时，达到既教育他们也拉近师生之间的关系的目的。其次，我会尽快了解学生，以及他们成长的环境。新生报到时，我会制作一个表格，需要新生填写姓名、年龄、家庭住址、家长姓名、联系方式等基本情况以及他们的特长、爱好、理想等，并且我在表格下面附上家长微信群二维码和我的联系方式，从而保证随时能够与家长取得联系。为了保证良好的学习秩序和学习效率，开学伊始我就立了班规，并得到全班同学的一致公认。让孩子们明确没有规矩、不成方圆的道理，这样为形成良好的班风，打下了坚实的基础。如果孩子违反了班规、犯了错误，我不是简单地批评指责，而是摆事实讲道理，就事论事，分析利害，以理服人。只要一有时间，我就开个小班会，与孩子们交流意见，做做思想工作，给他们讲励志小故事。久而久之，孩子们就敢于进行自我批评，坦然面对错误，而我也取得了他们的信任，经常能够听到他们的心里话。

作为班主任，我非常注重自己的一言一行，所谓"言传身教"其实后者重于前者。看到教室地面上有废纸，我会随手捡起来扔到垃圾袋中，同学们看到了，也都开始检查自己的周围是否有垃圾，有的同学在作文中写道"老师都能弯腰去捡一小片纸，我们更应该按照他的要求去做。"慢慢地，班级的卫生有了明显的好转。事情虽小，但作用大，我的言行潜移默化地对学生产生了长远的影响。

在多年的教学实践中，我总结出，其实影响孩子们学习成绩最重要的因素，不是智力水平，而是他们的行为习惯、学习习惯以及自律的水平。我要求孩子们，书桌只摆放本节课需要的书本，听讲时要姿势端正，注意力集中。我坚持每节课坐班，在教室后面观察孩子们的听课状态，发现有溜号的学生，及时提醒，并且下课时与他及时沟通。无论是听课还是自习，都要让孩子们认识到：只有专注地做一件事情，才能做好。我还和他们开玩笑，说一个人专注的时候是最有魅力的。我告诉孩子们，做题时要认真读题、反复读题、读懂题，对于每一道做错的题，要让他们认真反思错误原因，每当从他们口中听到"我以为""我看成了""差不多"等语句，我会说，不要把马虎当成小毛病，其实它才是学习中的大敌，让他们深刻了解到"细节决定成败"的道理。

孩子们在学校的一举一动，进步与退步，我也会及时与家长沟通，向他们传达正确的教育理念，明确家庭教育的重要性，让家长知道，不能把教育责任都交给老师，自己忙事业对孩子不管不问。作为班主任，我既要了解学生的心理需求也要了解家长的心理需求，所以要做好家长和学生之间的沟通工作，使家庭及学校教育能够有机结合、和谐统一，使学生得到更好的发展。

此外，我认为班主任的责任感还应体现在过硬的专业素养上。所以加强业务理论学习成为我自身提高的主要方式。我陆续参加了东北师范大学研究生课程进修班和"华罗庚金杯"少年数学邀请赛高级教练员培训等，这些学习过程使我业务水平日臻成熟。随着信息化技术走入课堂，我深知，作为一名数学教师，仅仅钻研数学教学是不够的，还要尽快掌握 CAI 计算机多种辅助教学技术，才能适应现在的教育教学形式，从而使表面枯燥的数学知识，能够以更形象、更直观、更有趣的形式进入课堂，更有效地激发学生学习数学的兴趣和热情，并且提升课堂教学的梯度，增大课堂教学的容量。基于这种想法，我首先利用一个暑假自学了计算机操作系统基础知识及 foxbase 数据库语言，于同年九月参加全国计算机等级考试，并顺利获得二级证书，随后我利用课余时间先后学习了 WPS 汉字操作系统和 Microsoft Office 等办公软件知识，并苦练了五笔字形输入法，逐渐成为了备课组的出卷高手。随着时代的进步，知识也进行了更新。《几何画板－21世纪的动态几何》进入了我的视野。几何画板遵守尺规作图方法，又引入了动态的解析几何，将几何的魅力充分展现在我们面前。"万变的图形证明一个不变的道理"是解析几何的精髓，但传统的板书教学难以完美展现。而几何画板从对象关系出发的动态效果，却轻而易举地解决这一问题。数学学习需要生活基础，学"习"就是学会"实践"和"生活"。几何画板能给学习者提供实践数学的机会，能培养学习者独立思考能力和创新精神，它不仅是教师教学的帮手，它更多地是学习者理解数学的工具。在学习过程中，学生学会了使用几何画板，就是拥有了自主学习的工具。了解《几何画板》强大的功能之后，我很快自学掌握了软件的操作方法，并研究了大量范例，进行反演逆推，总结了很多课件制作技巧。有了"几何画板"制作的课件，对于中考压轴题，动点问题和探究问题，老师们讲解起来省力了，同学们也更容易接受、理解了。我还利用假期义务为同学们讲授"几何画板"，发挥这个工具软件不仅可以用来教数学也可以用来学数学这一双向功能。通过一个假期的学习，同学们制作了不少有趣的课件，在后面学习几何和函数时，同学们都说，通过假期的课件制作学习，受益匪浅。

我坚信教师的责任心，是培养学生能力，提高素质的源头活水。"珍惜岗位、爱岗敬业、关爱每一位学生"是我的工作灵魂。踏实的教学实践加上丰富的理论研究，使我逐步成为一名科研型的班主任教师。

二、用"博爱之心"对待每一个学生

"育苗有志闲逸少，润物无声辛劳多。"我深深认识到：要当好一名教师，就要热爱学生，爱得专心致志，爱得无私无畏！2009届学生李宝超因身体原因在初三总复习的关键时期休病假近二个月，我利用大量课余时间为他补课，硬是把他落下的课都补了回来，最后他在中考中以满意的成绩考入了吉化一中。

培养学生健康成长，关键要充分尊重他们，从内心里、感情上尊重他们的人格，重视他们的个性。我善于看到每位学生的长处，发现和促进其潜力。2014届的郭济豪同学是名后进生，我接班后，他和我的关系非常好，利用这一点，我便循循善诱，激发他学习数学的兴趣，经常利用课间给他讲题，使他的能力和信心都有所提高，随数学成绩的提高，他对其它各科也产生了学习的兴趣，各科成绩逐渐提高。功夫不负有心人，在2017年的中考中，郭济豪同学以全校总分第二名的成绩考入吉林一中。

俗话说，爱屋及乌。老师们对学生的爱，会被学生内化为对教师的爱，进而把这种爱迁移到老师所教的学科上，正所谓"亲其师，信其道"进而"乐其道"，因此在我的教学中最大的诀窍就是爱，"博爱之心"是我吸引学生的法宝。在我的身边总是会有和我一起谈心的学生，我也很愿意做他们的朋友。

三、用"淡泊之心"对待名利

我注重修养自己的心灵，保持积极向上的人生态度，不计较一时的得失。记得上大学时第一堂课，教授说了一句话："教师是阳光下最伟大的事业"，可以说，这句话影响了我一生。

2020年是一个特殊的年份，由于疫情，大多数时间只能上网课，我每天要花费比平时更多的时间备课、制作课件。在这个关键的初三总复习阶段，为了保证网课的课容量以及控制好讲课速度以使电脑或手机另一端的同学们能够跟住老师，我把课时从四十分钟延长至一个小时，课后在线上耐心为同学们答疑，细心批改同学们用手机传上来的作业，在线上批改作业是一件相当辛苦的事情，批改之后眼睛要疼好久，即便如此还要准备第二天的课件。网课期间我仍然履行班主任职责，每天负责学生打卡，并统计每节课的听课报表，及时向家长反映听课及完成作业情况，对于发现的问题尽一切可能与家长及学生沟通，不能因为在家学习就放松对自己的要求，保证学生认真完成每天各科老师布置的任务。功夫不负责有心人，在返校后的全市一模测试中，班级大多数学生的名次提升显著，这些学生在随后的中考中也都考取了理想的高中。直到现在仍有家长会发来感谢的短信，每每这时是我最幸福、最骄傲的时刻，虽然这些不关乎名利，但于我来说是最大的表彰。淡泊之心，令我未负师名，何求其他？

伴随着孩子们成长的足迹，送走了数不清的披星戴月！经历了多少风雪雨雾的历练！我也一起收获了成功的喜悦。沉甸甸的收获里有着岁月的刻痕。在以后的工作中我将一如既往默默地耕耘，无私地奉献，孜孜地追求，把一生矢志教育的心愿化为热爱学生的一团火，将自己最珍贵的爱奉献给孩子们，用自己的一生谱写为教育事业奉献的新篇章！

点燃智慧火花，照亮学生心灵

——浅谈疫情期间班级管理的智慧与技巧

孙 瑶

摘 要： 新冠肺炎的爆发和流行，给我们各行各业带来了一场严重的灾难，教育行业亦是如此。面对传染性的疾病，学校不得不长时间停课，防止大规模传染。学校可以停课，但是学生的教育不能停止。在疫情长时间的爆发之下，学校依据教育部门的指示，开始进行网络在线教育。疫情期间，这种不能面对面交流的教育方式，对班主任的班级管理工作提出了更高的要求，而且管理难度加大。初中生较于小学生，虽然有了一定的自制力，但是还是容易受到外界的影响，尤其是在网络信息时代之下，学生很容易被游戏，小视频等所吸引。这就对班主任的班级管理工作、学生管理工作提出了更高的要求。只有班主任多花时间，想方设法地去加强班级管理，才能使网络在线教育取得良好的教育效果。本文重点探讨了在疫情期间班主任班级管理工作中的智慧与技巧，以供大家参考。

关键词： 疫情期间 班级管理 智慧与技巧

疫情期间，学校开始实施网络在线教育，这种在线教育的典型弊端，就是教师不能观察学生的学习状态，导致一些自制力差的学生会开小差。要想真正搞好在线教育，让其与线下教育达到同等效果，班主任必须承担起重要的管理职责，而且管理工作的实施离不开家长的监督和支持。因此班主任必须在管理工作中，发挥家长监督的重要职能，随时与家长保持沟通，了解学生的学习状态和精神状态。班主任也必须制定一些新的规章制度，来约束学生的行为，以期达到最良好的教学效果。那么采取怎样的方式方法能把班级管理工作做得更好？就是班主任需要重点思考的问题。班主任应该看到问题，解决问题，然后总结问题，再采取措施，运用管理智慧实施有效的技巧，让学生保持良好的学习状态。

一、疫情期间班级管理工作的难度及问题

此次疫情是一场传染性疾病的大范围扩散，其传播力之强，给学校教育工作也带来了困扰，学校必须按照国家的规定，尽可能地让学生待在家中，不出门不串门，防止交叉感染。在全国各行各业停工情况之下，教育行业得益于网络信息时代的发展，可以实施在线教育，让学生仍旧能学习到文化知识。但是不可否认，在校上课和在家直播上课有很大的区别，一个人学习和一群人学习，学习氛围就有很大的区别。疫情期间班级管理工作的难度及问题具体如下：

（一）学生在家进行网络在线学习，班主任难以观察每一位学生的学习状态，不能及时地解决学生出现的问题，引导学生的行为。这导致一部分自制力差的学生上课开小差，学习效果不能保证。

（二）学生的家庭情况不一，有些学生家里网速比较慢，班主任在传达教育工作时，信号不好，导致学生接收信息不及时，会影响班主任管理工作的开展。有些家庭，学生上课的时候，受到家里其他人的影响，使得教学不能有效持续。

（三）在线教育，使得师生之间的交流依赖于网络这个平台，而且整体的氛围环境和学校学习不一样，学生之间也没有任何的交流，学生集体意识不强。

二、疫情期间班级管理工作的有效策略

（一）借助班级班委小组，促进班级学习氛围

网络教育，师生之间，学生之间，互动交流比较少，难以形成有效的班级学习氛围。班主任可以借助班委班干部成立临时的班级管理团队，让班干部和学生结对组成小组学习，并且班干部承担起小组组长的职责，及时观察和反馈自己小组中各个组员的学习状态，作业完成状态，督促小组成员及时地参与课题学习，定期地与他们交流学习中存在的问题，然后再反馈给班主任。班主任针对问题，和任课教师进行沟通交流，及时地解决问题。这样以来，班主任借助班干部这个管理团队，就把自己的管理工作细化，既增强了师生之间、学生之间的黏性，又使大家相互之间保持一个良性沟通状态，达到促进整个班级的学习氛围的目的。

（二）依托信息设备载体，随时掌握学生情况

在疫情期间，针对教育行业的在线学习，一些网络公司开发了很多 APP 或者小程序，这些 APP 或者小程序有很强大的功能，可以让班主任良好的展开班级管理工作。比如钉钉，就是一款功能强大的学习软件，在上面有许多功能，可以方便班主任开展管理工作。简单的日常工作，每日的体温统计、直播上课、

师生互动、作业批改等等，都可以在这个软件上实施。还有很多其他的软件，基本上也能实现这样的功能，班主任可以依据班情，选择合适自己的办公软件。总之依托信息设备载体，随时掌握学生的学习情况和生活情况。

例如，我们班级选择的就是钉钉软件，疫情期间日常的防护工作不可或缺。我们每天都让每个学生在钉钉的体温上报模板中报告自己的体温，便于班主任及时观察学生的身体状况。这些软件的使用可以让学生每天按照学校的作息时间上课学习，做作业等等。还有班级微信群，群里我会定期发送一些疫情的日常防护知识，布置作业，与学生之间进行一些互动交流等等。

（三）制定在线教育制度，要求学生形成规范

在实践的网络教育中，肯定会出现这样那样的问题。俗话说，无规矩不成方圆。班主任要想搞好管理工作，就必须制定一套合适网络在线教育的管理教育制度，让学生遵守。班主任首先制定一套行为规范，让学生在上课期间遵守规范的各种要求。班主任还可以每天召开晨会，每周召开班会的形式，来与学生交流班级管理中和学生学习中存在的问题，并设立一定的奖惩制度，来约束和引导学生的行为。

例如，我制定了一套在线教育制度，制度中规定学生在上课的时候，不能床上躺着，沙发上坐着，必须端坐在学习桌前，身体挺直，以这样的形式来学习，这才是一种良好的学习风貌。因此，在直播课中，我会时不时地抽查学生的坐姿状态。还有在上课的时候，学生不得随意离开座位，不能吃东西等等，总之要保持和学校课堂上一样的姿态。如被我发现违法了规定，我会对学生进行一定的惩罚。在班会之中，我会对一些表现好的学生予以表扬，在班级中树立榜样，让学生进行学习。总之，制定教育制度规范的目的，是让学生保持和学校一样的学习状态，只有如此，才能取得良好的教育效果。

（四）实施家校共育机制，强化家长监督职责

疫情期间的教育，班主任的管理工作的开展只能依赖于线上，那么家长便承担了重要的监督职责。班主任一定要实时地与家长保持一个畅通的沟通状态，把在线学习的各项规章制度交代给家长，让家长实地观察学生的学习状态，及时和教师沟通，二者相互配合，共同促进学生的教育工作。并且提示家长要给学生创造一个安静的学习环境，保持良好的亲子关系，给学生学习提供最好的支持。

总之，疫情期间班主任班级管理工作和在校期间的管理工作有所同，也有所不同，班主任必须抓住网上教学的特性，然后制定相应的管理策略，才能达到高效管理的目的。

关爱弱势学生，培养积极心理品质

张　弘

　　摘　要：面对教育改革全面发展的战略要求，班主任必须有效加强学生的心理健康教育，尤其是要关爱弱势学生，重视初中阶段弱势学生积极心理品质发展转折期的培养，灵活运用多种方式和策略，帮助他们走出困境，焕发生命的光彩。

　　关键词：弱势学生　积极心理品质　和谐教育

　　教育改革"坚持全面发展"的战略主题中指出，"加强心理健康教育，促进学生身心健康、体魄强健、意志坚强"，从而为培养社会主义的优秀接班人奠定坚实的心理基础。随着社会经济的发展，人们的物质条件和精神生活发生了高速变化。在市场经济与多元思潮的撞击下，学校中弱势学生群体，包括残疾学生、离异家庭学生、"留守"学生、贫困家庭学生、学困生等，他们的心理障碍不仅不利于自身心理健康的发展，而且不利于构建和谐校园。因而，教育教学工作中，我们更应该关爱弱势学生，制定有效的干预方式，提高弱势学生积极心理品质及学生心理健康程度，构建和谐教育。

　　美国心理学家赛格里曼为积极心理学定义了六大美德和24项积极心理品质，具体如下：一、智慧与知识包括：好奇心、爱学习、判断、灵活性或独创性、社会智力、观察，二、勇气包括：英勇、坚韧性、正直，三、人性和爱包括：仁慈、爱，四、正义包括：公民的职责和权利、公平、领导能力，五、节制包括：自控、审慎、谦卑，六、超越包括：美的欣赏、感谢的心情、希望、灵性、宽恕、幽默、风趣。基于此，在七年级和八年级的学生中，通过问卷调查、个例座谈，对弱势学生的班级团队活动、课余活动热情度，教师关注度，父母呵护关心度、家庭教育模式、父母文化程度、父母期待值，对积极心理品质了解程度等因素进行分析。结果显示，对弱势学生的积极心理品质影响的因素有教师关注度、父母期待值、对积极心理品质的了解程度、人际关系、学习生活、抗压承受度等。基于此，我们才能有的放矢地展开对弱势学生的积极心理健康教育。

对弱势学生进行积极心理健康教育的过程，必须遵循主体性、针对性、全面性、民主性、互动性、参与性和体验性等原则，灵活运用多种方式和策略，才能有效地培养弱势学生的积极心理品质。

首先要重视初中阶段弱势学生积极心理品质发展转折期的培养，全程关注爱、信念、希望、友善、宽容、谦虚等积极心理品质。学校重视对弱势学生的积极心理健康教育，七年级和八年级开设心理课，有专业老师授课教学，设置心理咨询室，九年级增设中考心理解压室。引导弱势学生发现自己的优势，成立学生团体，丰富学生的课余生活，让每个学生都可以找到适合自己的团队，更好的发挥自己的优势。强化校园软环境的作用，精心设计校园内的每一个角落，从墙图宣传语到室外大屏幕，从班级国学晨读到午间校园广播，让每一处都成为激励学生的丰碑，用环境感染学生。

其次要根据弱势学生学习生活迫切需要有针对性地培养积极心理品质。针对其独立意识与独立能力之间的不同步带来心理发展上的尖锐矛盾，可以开展初中生心理发展特点的专题教育，然后再通过积极心理品质的培养来帮助弱势学生解决这一阶段的主要问题。例如通过友善的教育培养人际关系问题，融洽的同学关系能给弱势学生创造良好的人际关系基础和外界环境。通过执着教育培养解决抗压抗挫、意志力薄弱问题，让弱势学生肯定认可自己的地位，有效地控制自己的情绪变化，助其形成乐观、勇敢、自信的积极心理品质。

再次，积极心理品质是个体在活动中有所体验、有所感悟、有所触动而形成的，所以培养弱势学生的积极心理品质要以体验和活动为主，引导其在活动与体验中自主成长。从人的本质来说，人人都是教育者，人人都是自我心理的调适者，人人都有积极的心理潜能，都有自我向上的成长能力。积极心理品质培养就应充分挖掘个体人性中的积极成分，引导学生自我教育、自我发展，让他们在学习与生活中自觉、积极、主动地追求美好，创造幸福。弱势学生是一个特殊的群体，他们也有自我展示、自我教育的需要，他们需要在参与中获得动力，在鼓励中获得力量，在活动与体验中获得成长。

积极心理教育的一个显著特点就是"活动"，让学生在各种各样的活动中获得心理体验，形成积极的心理品质。我们在教育教学中开展丰富有趣的各种活动，去挖掘并逐渐培养弱势学生自身存在的勇气、乐观、希望、诚信、毅力、快乐等积极心理品质，以抵御心理疾病的困扰，让他们在活动与体验中获得积极健康的成长。例如学校确定每月的班团活动主题，如"合作""宽容""坚持""感恩"等；活动主题确定后以年级组为单位组织丰富多彩的与主题相关的升旗仪式、阅读感悟、班会团会等活动，让学生在活动中构建爱、感恩、坚持、团队精神、宽容等积极心理品质。

如笔者在七年级第二学期的"团结合作，热爱班级，共创和谐班集体"的主题班会中，通过挖掘生活中的课程资源，激发学生的内心情感，使学生用心感受班级变化，融入班集体。班会活动形式丰富，用整齐的阅兵式图片，促进培养强烈的民族自豪感和集体荣誉感，用数字引发学生对个人和集体关系的思考，引起学生展开对讨论话题的交流兴趣。通过设置情境组织活动，在活动讨论中，使学生更形象地了解明确集体和个人的关系，然后逐层深入，展示班级荣誉，形成集体荣誉自豪感，为自己生活在这样一个优秀和谐的班级而骄傲。发表为班级争光的感言，促使学生在学会赏识别人的同时弥补自己的不足、完善自我，认识到在集体生活中人人都是重要的，学习、思想、行为上相对弱势的同学离不开集体的帮助，离不开老师细心的指导，大家共同努力才能创造一个良好的集体氛围和学习环境。适当的活动可以释放弱势学生的紧张情绪、心理压力，可以促进其乐观自信品质的形成。如果在活动中担任一定的角色，更有利于减少弱势学生自卑心理，增加自信心和自豪感。

最后，重视学科渗透的教育方式，如在语文、历史等学科中渗透积极情感的教育，培养爱、勇敢、友善、真诚、信念和希望等人文积极心理品质。例如在语文教学《论语》的课堂中，重视儒家文化经典优秀思想对学生的影响和熏陶，充分借用"吾日三省吾身""有朋自远方来""人不知而不愠"这些千古名句，在情操修养、立身处世、为人治学等方面做好恰当引导，在涵咏体味中培养弱势学生乐观积极的人生观，健康坚定的价值观和乐善好学的品格。七年级语文教材中，《走一步，再走一步》是美国心理学家莫顿·亨特的作品，其中一个精彩的语段是"我生命中有很多时刻，面对一个遥不可及的目标，或者一个令人畏惧的情境，当我感到惊慌失措时，我都能够轻松应对——因为我回想起了很久以前悬崖上的那一课。我提醒自己不要看下面遥远的岩石，而是注意相对轻松、容易的第一小步，迈出一小步，再一小步，就这样体会每一步带来的成就感，直到达成了自己的目标。这个时候，再回头看，就会对自己走过的这段漫漫长路感到惊讶和骄傲。"这篇课文在教学中就非常适合引导弱势学生遇到挑战、威胁、挫折、痛苦时，要勇敢面对，不退缩，意志坚定，培养"勇气""勇敢""坚持"等积极心理品质。

为有效开展弱势学生的积极心理品质健康教育，必须实行全员、全程、全方位的具体操作，以学生为主体，学校为主导，家长配合，齐抓共管，全面提高弱势学生的积极心理品质培养，充分开发潜能，形成健全人格。面对弱势学生，我们应帮助他们走出困境，焕发生命的光彩，让弱势学生健康发展，享受和谐教育，创建完美人生。

参考文献：

［1］孟万金．积极心理健康教育．中国轻工业出版社

［2］韦志中．积极心理学．台海出版社

光影流年　成长自得

——浅谈班主任成长的几点感悟

周　潇

摘　要：初中年段是青少年人生观、世界观初步形成的关键时期，班主任在教育过程中不断学习，提升教育能力，完善教育方法，把教书育人作为责任，从而达到了教学相长。

关键词：教师成长　班主任工作　班级管理

教育，指影响人的身心发展的社会实践活动。在初中阶段，教育的对象是十三岁到十五岁的孩子。大学毕业至今，我学习做教师十九年，学做班主任十三年。教书不易，育人也要得法。在做班主任管理过程中，我有几点感悟。

一、班主任不仅要有热情，有方法，还要善于学习与合作

大学毕业的第二年成为七年级的班主任。刚当班主任，事无巨细，有热情，有干劲，班会开得有声有色，班级文化建设月月更新，有幸得到学生的喜欢。但是没有治班经验，教育方法单一，严防死守，遇事没有一定之规，教育学生的时候觉得语气严厉、嗓门大一些就会有震慑力，回想起来，当时班级管理事倍功半，教育过程中出现了很多的不足和遗憾。

参加一些班主任培训之后，我学到很多经验。第二届新生到来之后，我静思己过，励志成长。把学到的先进经验结合自身特点，从模仿开始。在班级建成之初，根据学生特点，进行班级三年的整体规划，学生民主选举班级干部，集体制定班规，然后着手开展班级图书角的建立，特色卫生角的设置，我细致观察学生，把握学习态度的和学习力。我发现班级管理真是：世事洞明皆学问，从容练达需学习。

开好家长会，遵循一加一大于二的法则。从 2012 年开始，每届第一次家长会都以"艰难困苦，玉汝于成"为题，明确教育教学目标，家长认识到家校联合教育是对孩子最直接最有效的途径。我和家长并肩努力，和家长一起成长。

家长和孩子换位思考，老师和家长换位思考，家校联盟形成了合力，工作开展顺利，合作使教育更加有效落实。

多学习理论、多借鉴先进经验、多观察、结合自身特点常常反思是教师成长的有效途径。

二、成为有智慧有温度的班主任，既要纸上得来又要躬行摸索

初中生养成教育很重要。培养学生的自律性需要一个长期的过程。运用智慧把听课的规范，书写的规范，学习资料的整理，错题整理，时间的合理规划，爱国爱校爱家教育，感恩教育，尊重教育，劳动教育，生命教育等一一落实。随着学生成长特点和学年不同，要对教育内容做出相应改变和提升，我的教育方法会随着自己的眼界拓宽而多样化，借鉴的经验通过不同的生命个体而随时调整。很长一段时间里我一直在摸索中爬行，有时候甚至停滞。要相信有教无类，要给学生成长的时间，要静待花开，这也是班主任工作中的一场自我的养成教育。

建立学生成长档案，让学生回顾成长经历时有踪迹可寻，自查不足，自我进步。我尝试在班级建立学生成长档案，建立尖子生档案。每个学生参与各类活动都有记载，在期末表彰大会上，肯定学生的进步，指出不足。很多家长都感慨，他们关注孩子每次考试的成绩，忽略了孩子其它方面的变化，看到自己孩子的成长档案，才真切感受到成长不仅仅是成绩的提升，发现孩子的优势和短板更为重要。尖子生档案也激励了尖子生奋发向上的热情，在同学中起到先锋模范的作用。

制定目标，一路向前。对于中考，毕业班初始，学生以"青春如诗，奋斗有我"为主题班会，结合自身实际定好目标。距离中考一百天，借助学校的"百日誓师"大会再次激发学生的学习原动力，一路风雨兼程，一路倾情陪伴。每年端午，包粽子，系红绳，和学生感受传统，感受亲情，感受别样的幸福。送每一届学生到中考的警戒线处，学生和家长信赖的眼伸让我心中一次次升起职业的自豪，决心下一届扬长避短，再接再厉。

养成教育和跟踪记录一路同行，要善于发现和总结，有利于增加班主任的智慧，提高管理的温度。

三、班主任要关注学生青春期心理，牢记安全至上，生命至上

做班主任的时间拉长，关注的角度也随着学生不同而有侧重。关注学生的心理健康，可以查阅一些心理学案例，关注一些教育公众号，学习一些新的方

法，对学生进行适宜疏导。班级中有一部分孩子家长离异，由姥姥奶奶抚养，有的孩子胆怯自卑，有的不爱学习，习惯差，还有一部分孩子青春期叛逆，"鸡飞狗跳"之后家长节节败退。针对个体问题，通过谈话了解情况，让学生认识到自身问题，教会学生正确面对问题，面对原生家庭的变故，努力学习。多次的引导让学生修正自己的行为，健康成长。

　　让学生安全快乐地成长，不要以成绩作为衡定一个学生好坏的标准，作为班主任要认识到生命成长充满变数。

　　苏霍姆林斯基说过"教育首先是一种人学"。以德树人，以理服人是对青春期学生好用的法宝。尊重每个生命个体也是尊重自己。"爱人者，人恒爱之；敬人者，人恒敬之"，学生在班级里享受到自由、个性的发展，有约束下的自由，才会更加快乐。每年学校的篮球赛和运动会让学生感受到生命的蓬勃和朝气，在呐喊加油声中释放了压力点燃了热情。增强了班级凝聚力，增强集体荣誉感，认识到个体和集体密不可分，班级的温暖和集体的力量助人自信成长。

　　师生关系要融洽，简单的压制不是教育，给学生释放自我的机会，也是班主任不断检验自我成长的时机。

四、班主任要抓住教育时机，引导学生树立家国意识，要有责任和担当

　　疫情期间，学生回不去教室，让家长老师焦急万分。幸好有了线上课堂，从讲台前到屏幕前，刚开始，学生对网络课堂有好奇感，也解决了家长的无奈。几天过后，我发现线上课堂对于一些自律差的学生来说是偷懒的好机会，家长监督力度减弱。针对这一情况，我立即召开网络家长会，和家长一起想办法，借助钉钉平台，监督学生上课的时间长度，利用摄像头随时点名，随时开摄像头，情况好转一点，但还不尽人意。我决定每天课前和学生一起关注当日疫情，给武汉加油，大国卫士以及平凡人的担当激励着屏幕后面少年们的心，我们一起探讨生命的意义。学生认识到学习既是任务也是责任，当灾难来临的那一刻我们要成为被需要的那个人。终于学生认识到安心在家，闭门学习，也是对社会做出了贡献。我得以平稳时效地落实了教学任务。

　　在疫情期间，我和学生感受到了社会制度的优越性，生在中国的幸福感，我也更加有了一份做教师的使命感和责任感。

五、做好立人育人的教育，把小事做细，健全学生的人格，拥有更宏大的格局

　　学校的教育理念"为学生的一生幸福奠基，为学生的终身发展负责"是我工作中日日践行的准则，每个学生个体都是一个家庭的希望，教育无小事，涉及到学生的都是大事。班主任想着大问题，做的是小事情。

开学之后，我设定开学第一课的内容是《节约粮食从我做起》——光盘行动是责任，也是道德教育。苏霍姆林斯基说："信念是照亮全面发展的一切方面的光源，而同时又是人的个性的一个个别的特殊的方面"。回归教育的本真，寻找契合的时机和做法，生活处处是养成，养成处处需教育。

班主任工作让我成长，在教育的大环境下，我珍惜成长的机会，每天一面是学习，一面是传授。教书育人，教学相长，教下去的是希望，育出来的是良才。做学生的引路人，学习做一个自燃型、智慧型的教师是我的成长追求。

参考文献：

［1］张书娟．在班级活动中助力学生健康成长［J］．中国教育学刊，2018（S2）93－94

［2］林文良、李文送．全方位赋能，教师成长自然来［J］．人民教育，2020（Z1）85－87

［3］李湖江．班主任要学会"装"［J］．教学与管理，2018（34）28－29

［4］苏启敏．评价素养：班主任核心素养的必要视域［J］．教育科学研究，2017（03）35－40

第二部分

02

教学方法

好之者不如乐之者

——初中阶段提高学生文言文阅读兴趣二三法

王智秀

摘　要：初中阶段的文言文教学任务量大，要求高，而学生的语言习惯决定了学习文言文的困难比较多，好之者不如乐之者，那么教师如何培养学生的学习兴趣就尤为关键，探寻文字的本义，了解词语的层次，翻译文言小段，填入文章句读，属对、赋诗、填词，做个有古风的现代人，循序渐进，必定收效可观。

关键词：文言文　阅读　兴趣　教法

文言文是中国文化的瑰宝，是现代文的基础，从仓颉造字开始，一脉传承至今，现代文是文言文的继承和发展。文言文教学是我国坚守传统文化，增加文化自信的重要举措，也是我们文化传承的重要手段，所以初中语文新课程标准（最新修订版）要求古诗文背诵篇目达到50篇，普通高中课程方案和语文学科等课程标准（2017版），背诵推荐篇目由14篇暴增到72篇。

早准备，准受益。

进入初中，一个全新的环境，本已经使学生茫然不知所措了，而且正处在学生形成个性，发展个性的关键时期，对新事物的求知欲与畏难情绪是并存的。因为语言习惯的影响，学生学习文言文是比较费力的，如不适时加以辅助引导，畏难情绪会成为影响文言文学习的最大障碍，所以要激发学生的学习兴趣，要强调教学活动是为培养学生的兴趣，培养学生学习的能力，那么就做好第一步：好之者不如乐之者。

我在实际的文言文教学中尝试了几个方法，收效甚好。

一、寻本溯源激趣法

寻本溯源就是追究根本，探索源头。如果我们让学生知道了一些文字词语的本义，了解一些文字词语的情境，就会让学生对词语本义产生浓厚兴趣，自然对文言文产生兴趣。

（一）探寻文字的本义，激发对文字的兴趣

东汉许慎所著《说文解字》首次阐发了六书理论，象形和会意是其中两种造字法，甲骨文中许多象形字和会意字，不但解释了文字最初的本义，而且形象地反映了殷商时期的社会生活状态。很多字的本义都出乎学生的意料，每每抛出这些本义时都会让学生惊讶不已，学生每当这时，都会兴致大增。比如："为"这个字，甲骨文是"𢏚"，像人手牵着大象，表示有作为的意思。在西北冈王陵区的考古发掘中，发现两座比较特殊的墓坑：一座埋一匹大象和一个人，另一座只埋放一匹大象。其中单匹大象是亚洲象的幼象，象的前肢上面还有一只小猪的骨骼。那么这个墓坑最值得注意的地方是什么呢？是大象脖子旁边有一个铜铃铛，表明了这是被人类驯服的大象。由此可以推断：殷商时期，中原地区包括安阳一带，气候比现在暖和，也有大象活动。"为"字的形体及《吕氏春秋》提到"殷人服象，为虐于东夷"的记载，都表明在殷商时期，我们的先祖已经能够驯服和驾驭大象了。随着气候的不断变化和历史的变迁，现在大象已经不是生活在我国中原地区的动物了，这个字也就超出学生的认知范围了，而初中阶段学生的心理特征决定了好奇心强，求知欲强，对此类知识自然而然的兴趣浓厚，也就激起了学习文言文的欲望。

（二）探寻词语的层次，激发对词语的兴趣

古代词语表达是层次分明的，比如表达悲伤意思的"哭"，这在古代可有着好几个层次呢！"涕"是眼泪，"临表涕零"就有默默流泪的意思，强调的是流泪，但"涕"相较于"潸然"，又缺乏了不由自主的意味。"泣"是小声哭，强调的是无声或低声地哭，成语"泣不成声"就一直沿用这个义项。"哭"是因痛苦悲哀等而流泪发声，强调了有声音。"号"则是大声地哭，并且"以哭有言者"。"街号巷哭"形容悲痛至极。更细致的还有"哀声"是出声地哭。"悲声"是悲伤地哭。"啼"是哭的声调高。"大恸"是极悲哀地痛哭。

这么丰富的层次，顿时打开了文言文奇妙有趣的大门，让学生有继续探索的欲望。教师在此时还可以给学生一些提示，比如"行""步""趋""走"，是古代行进的好几个速度，比如"瞥""睥睨""顾""望""眺"，是古代目视的好几个情态！然后让学生继续寻找相似的词义表达，互相交流，有分享的喜悦就会有前进的动力，就会体验到学习的乐趣，必然对文言文的教学大有裨益。

需要注意的是，教师在引导上要表现出"无须多言，一字抵千言，真是太奇妙了"，而不是让学生感到文言的复杂，否则南辕北辙，不利于学生兴趣的激发。

二、小试牛刀激趣法

初次接触文言文小段，学生是有畏难情绪的，所以在这个阶段，我对学生进行两步激趣训练。

首先，语段训练。选择比较浅显的文言文小段，打消学生的畏难情绪，循序渐进地进行文言文教学。中国的孩子是在古代故事中长大的，比如"凿壁偷光""司马光砸缸"，那么就将这样的文言小段作为敲门砖，同时给出几个重点实词的释义，学生依据以前的故事印象和现在的实词释义就可以顺利完成文章翻译，初次与文言文的较量，会有大获全胜之感。

其次，断句训练。练习开始之前，要给学生讲：对于更早的古代文献，原来都是没有标点的，随着社会交往的发展，人们越来越认识到没有标点的文章很难阅读，所以到了汉代发明了"句读"符号，语意完整为"句"，语意未完为"读"，那么能给原文断句是最有本事的，它决定了文本研究的最后结果。正式练习时，给出不带标点的原文，同时给出本段的译文，让学生根据译文给原文断句。注意：教师要选择译文能明确引导断句的文段。有了译文的辅助，给原文断句就轻而易举了。这是给学生增加文言文学习信心非常好的方法。

三、学以致用激趣法

学以致用是学生学习最高效的方法，学生能切实地感觉到学的知识有用，从而反向促进学习。教学中，我分两步进行。

（一）做个生活里的有心者

生活的细碎是要用心体会的，更是要记录的，用古诗文来记述看到的自然美景、风土人情，体会到的人情冷暖、世态炎凉。赋诗填词，将写景抒情、叙事抒情等写法运用其中，学生的潜力无限放大，能偶尔写出佳句更会冲劲十足。开始阶段教师尽量提小建议，不要大删改，帮助学生建立自信。一段时间后，学生间互相修改，然后展示佳作、结集成册，学生拿到作品集的激动是最好的促学习良方。

（二）做个网络里的文化人

网络时代，谁都会说几句网络流行语，但是这种表达太直白了，全然没有诗书的味道。那么把这些流行语用古诗文的形式表达出来，学生颇有兴趣。例如"能靠长相吃饭，却偏偏要靠才华"就可以用"陌上公子颜如玉，偏向红尘费思绪"来表达，这其实是赋诗填词的一个延伸，只是学生在这种方式下更容易获得自豪感。

在实际教学中,我们无论用怎样的方法,都要注意由浅入深,循序渐进。总之,以给学生"打开一扇新大门,开辟一个新天地"为原则,切忌急功近利,大面积铺开,适得其反。

当然,可以激发学生兴趣的方法还有很多,我们要不断地尝试,从而提高学生学习文言文的兴趣和能力,为培养学生文化自信做贡献。

参考文献:

[1] 刘一曼. 我所亲身经历的殷墟考古与甲骨文重要发现

养其根而俟其实

杨晓丹

　　摘　要：语文教师为什么教语文？又该用什么方式教语文？这是每个语文教师深思的问题。当下"学科核心素养"成为教育热词，然何为繁忙的教学中落实核心素养呢？不妨从每日晨读、每周周记、每月读书报告会及学科评比入手，或许在化大为小、日日坚持中，让语文教学成为真正的语文教学。

　　关键词：语文　素养　写作　读书　活动

　　"养其根而俟其实，加其膏而希其光。根之茂者其实遂，膏之沃者其光晔。"韩愈在《答李翊书》中如是说。是的，在我心中，教育教学，不仅仅是课堂的几十分钟，不单单是眼前的或高或低、令人内心不停纠结的数字，而应该是一种养料，润泽生命，丰盈岁月。于是我的教育教学的课堂不仅仅在课内，更在日常教育教学中——力求在日常教育教学中夯实学生的综合素养。如何夯实并且有效落实呢？化大为小，充分利用小时间，日日坚持，将其与日常校园生活有效连接，让课堂通过我的行为可以不断延伸，或许，我延伸的不是课堂，是一种生命中不断追求与自我超越的态度，这条延伸的小路，可以让您找到幸福与快乐，遇见最美的自己。如果真的达到我所期望的，我想我的教育教学的生命就不会干瘪。幸其所行，有其所得，于是有了些许方法，飨与同行。

一、朗读记忆法——日中之一：晨读《论语》

　　"杨老师，班级最近朗读量有些少，孩子最近朗读有些费劲。"一位家长善意地提醒着。似乎一句漫不经心的话语，在我的内心却掀起滔天巨浪。从事初中语文教学十年之久，很少听到初中教学在任何形式下的大型朗读，而"听说读写"是初中生要达到的四大能力，因此，我一直主张课堂上得大声朗读，但也仅限于课堂。如何能让这两个问题及时得到解决？在反复思量中，我首先确定时间段，每个早读时间提前十分钟，即七点二十分到校，七点二十分至七点三十分为朗读时间。可读什么呢？"半部《论语》治天下，万世师表耀古今。"读《论语》吧，读圣贤书，纵使不能为圣贤人，但一定于语文素养的形成及人生观的确立大有裨益。于是从 16 届孩子入学初，我们就开始每天坚持读《论语》，一天读十分钟，一天读三遍，一天读十则，每周一个人领读，天天读，周周读，月月读，从不间断，终于历时 64 周，《论语》诵读完毕。诵读中不仅有效解决学生语速语感的问题，而且提升学生的古文阅读理解与翻译的能力，家长也多次表示，读《论语》后，孩子在生活中经常会运用《论语》的名言评价生活现象，相信不久的将来，我的学生皆可用智慧的眼光揣度人生。每天一点点，三年塑造智慧人生，将古文化引入课堂，进而化作养料滋养生命。或许，生命结出的果实，会超出我们最初的想法与预期。

二、成果展示法——周中之一：一篇周记

最初决定写周记，源于 2013 年军训回来后的第一个星期，以《军训有感》为题的一篇篇流水账的稚嫩文字有些让我头疼，怎么办？或许，最笨的方法最有效？写吧！度量自己的精力，遂决定写周记，周周写，周周批，周周展。伊始，能读的文章还是很少，我就找优点，多表扬，孩子的心似水一般纯净，哪经得起我这样的"轮番哄骗"！不久，文禹心的文章就有了生活的味道，《一个生命的消逝》从生活角度写出一个孩子对生活的思考。果然，在她范读之后，一石激起千层浪，很多孩子开始有了更强的写作欲望，一下把写作视角转向平时的生活，于此佳作频出；在周记中你会读出马铭阳的隽永，小宋的从容，吕昕芮的灵动，石惠宁的自然，吕相宜的清新，姜楠的辛辣，牛晨阳的轻松，沙艺玮的流畅，丁姝宇的妥切，宋雨霏的传神，刘琪的质朴，赵航的简达，冯源的精准，曲峰睿的真实……你会知道小沈的神经大条，孔令旭那些嘚瑟的岁月，那个被众人称为学霸的小代的别样世界，王智宏细腻文笔展示的丰富内心，袁浩然的错乱与撩闲，文禹心用敏感与优美的文笔慢炖的尘俗生活……你会懂得力哥、奚浩"今生最帅"那难以自拔的自恋，王澜与班长来生也不会互相妥协的针锋相对……你会熟知男生与女生对掐的文字阵仗，各具情态粉墨登场的科代表们，孩子们对生活的感慨及思考……平淡的生活用文字调味，以真情调制，架上兴趣这口大锅，一下就咕嘟出真实、熨帖、准确的滋味。周记一写就再未停下来，两年半的坚持，八百多个日夜的延续，每个孩子五十一篇周记的累积，他们已经用执着站成一棵开花的树，结着文学的果，酿着写作的香。这么好的文笔，这么好的青春，这么好的往昔，用什么作为见证最好？于是周记集《守望一段年华》应运而生，二百页，一百一十八篇文章，记录的不仅是孩子的成长，更是他们坚持与蜕变的身姿，或许会濡养他们的精神禾苗，不惧寒霜，笑对酷暑。看过周记集的家长纷纷给我发来消息致谢，也纷纷发朋友圈表达内心的喜悦之情。小沈妈妈在朋友圈写道"儿子三年生活即将结束，我作为老师和家长的双重身份可以说度过不一样的三年，儿子班主任给了我非常美好的惊喜，用别样的方式记录孩子人生最绚丽的一段，突然我觉得儿子得到了受益终生的财富。感谢上天让这么优秀的老师陪伴孩子度过青葱的岁月，感谢老师让我的儿子自由发展收获快乐，快乐不就是人生最高的追求吗？"嘉瑞爸爸对此举的评价是"利在当下，功在千秋。""知之者不如好之者，好之者不如乐之者"，孩子们在兴趣的引导下写作水平完成质的飞跃，中考语文高分段与平均分均占年级首位，尤其是班级理科强势的男生，语文成绩均在 113 以上。已经升入高中的孩子回来看我，纷纷表示语文作文非常容易拿高分。如今，我将其又传至 16 届新生班，效果也十分显著。如果我的精力充足，允许我继续延续这种做法，我一定会坚实地行走在路上，直至每个孩子将热爱深扎古文化的土壤，足可撑起生命辽阔的苍穹，从不孤单。

三、兴趣引导法——月中之一：读书报告会

"杨老师，我儿子一点也不愿意读书，语文成绩也不好，怎么办呀？"家长会后若干个家长站在我面前，异口同声地说。我耐心解释，读书会提升语文素养，但并不见得就会体现在分数上，而且读书是为了让孩子在以后的生活中遇到更好的自己。望着家长似信非信的背影，我深刻意识到，在读书上我该做点什么了？做什么能让学生爱上书呢？深思熟虑中，"读书报告会"应运而生。最初只是一种简单的想法，选班级几个喜爱读书的孩子，利用一节课时间来介绍一下读书心得，当然形式不限。从 2013 年的《一然说》到 2017 年的《追风筝的人》《时生》等等，除了毕业年级外，一月一次的读书报告会雷打不动，但未想到，一经开展，深受学生喜爱，而且家长好评如潮。记得开展读书报告会的第一个暑假，我在路上偶遇一位家长，家长看见我满脸堆笑：杨老师，我带儿子刚刚买书回来，这么多年第一次让我去书店给他买书。站在欣喜母亲身后的壮硕小子是我班体育生，手中紧紧攥着一本《袁飞说历史》，这正是假前最后一次读书报告会的内容。不爱读书的郭一然假期就开列了一系列书单，用一然妈妈的话说，家里的书架不再落灰了。如此，读书报告会成为一把金钥匙，激发学生浓郁的读书兴趣，班级风气中书香的味道越来越浓。到现在，不仅在班级开展每月共读一本书外，我还每两周给学生一节阅读课。由此，学生读书的情况大有好转，尤其读书热情高涨，这也让我坚信，我的教育教学是将综合素养

转化作生命根基的行动，并且在书籍的濡养下，每个生命的成长都不会缺少阳光。

四、兴趣激励法——测试之一：小组评比

为改变学习中综合排名令各层次的后进生难以产生成就感，我将班级学习能力相当、相近水平的同学编进一个小组，定期进行组内选评，评选组内成绩最高者为小组状元并给予奖励，评选组内进步最大的同学给予奖励。奖励内容具体并且有实效，如免错误、免写基础作业及主持读书报告会等。调整与评比的时间为一个月一次，调整与评比的依据就是每次月考的成绩，班级墙壁上的专属展板，定期展示状元们的照片。我称它为"学习小组竞争机制"。果不其然，"学习小组竞争机制"的推行，令尖子生团队呈现群虎相争，互不相让，整体推进式；学习能力中等的学生也具有饱满的积极热情，成绩均有提升；学习能力稍弱的学生也从未丧失学业热情，弃学者少之又少；所以我带的班级未有一个学生掉队，而且班级整体成绩一直名列年级前茅。其中受益最为显著的是13届一班的高铭阳。高铭阳，入学成绩五百多名，在"学习小组竞争机制"的不断激励下，成绩由五百名上升为年级一百零几。在家长会的发言中，铭阳妈妈这样说：自第一次在"学习小组"拿到状元后，孩子每天坚持要学到十二点，已经不用家长像以前那样天天督促学习了……从孩子自信的笑容中，我读到的是一种在学习中体验到的尊严感与存在感。或许，一种坚持，一种勤奋，一种提升皆是"养其根而俟其实，加其膏而希其光。根之茂者其实遂，膏之沃者其光晔"之境的最美诠释。

"养其根而俟其实"教育教学之路我幸福快乐地前行着，虽未有胸怀天下的格局，但我有着神圣的使命感。这一路，我将这种理念分别落实在教育教学的每一个契机中，如一周一段美文及背诵，一周一次《论语》十则批注的整理，一次测试学习小组选评状元并为状元写颁奖词等等。时光有多长久，历史有多漫长，我并不清楚，但我知道，在教育教学的路上，我的"养其根而俟其实"教育教学理念永远不会改变，一如既往。最后我用一首自拟的小诗来概括我的教育教学理念：

数木争春皆秀色，一桥逾川碧润心。

几许春风醉桃李，溪澜似涛有余音。

新时代下语文学科教学方法的实践探究

王彩云

摘　要：基于时代特点，创新教学方法，以个性化教学为基点，以切实有效的教学方法，全面培养学生语文核心素养，构建并完善中学语文教学实践体系。从语言建构与运用，思维的发展和提升，审美的鉴赏和创造，文化的理解和传承四个维度，探索语文教育发展路径。

关键词：语文　教学方法　核心素养　实践探究　时代特征

语文课程标准指出：语文课程必须根据学生身心发展和语文学习的特点，关注学生的个体差异和不同的学习需求，爱护学生的好奇心、求知欲，充分激发学生的主动意识和进取精神，教学内容的确定，教学方法的选择，评价方法的选择，都应有助于这种学习方式的形成。

一、创设个性发展实践探索法，培养学生语文学习能力

（一）按照学生年龄特点，创设个性发展实践探索方法

初中学生按照学年特点可以分为三个阶段。七年级是基础阶段，学生刚从小学步入中学，对语文认知还停留在小学认知水平阶段，此学年度以基础知识积累为主，现代文以原文概括为主，探究现代文教学。文言文则从成语故事和耳熟能详的《论语》等入手，开展文言文教学，让学生在认知上以循序渐进的方法走进初中语文教学。八年级主要以提升和探索为主，根据时代现状，引入时政写作探究，让学生能够在生活写作基础上，提升自身对事件把握能力，用洞察眼光看世界，给予客观评价见解，提升语文思辨能力。九年级则是思维整合阶段，一方面全面完成中考语文教学，同时以语文素养为根基，提升学生的人文情怀，培养学生语文学习能力。

（二）依据语文基础底蕴，创设个性发展实践探索方法

学生语文底蕴不同，决定学生对语文的感悟和再创造能力不同。因材施教分梯度教学，是语文能力提升的基本途径。语文基础知识稍差同学，以语文基础知识学习为主，加强阅读，提升语文感知力。语文基础较好同学，要以语文学习的人文性为指引，探究语文学习的提升路径，建构健全的语文课内外学习知识体系，化教为主动探求，依据个性特点，探求适合自己的语文思维路径。

二、依据时代特征，创设教学方法，培养语文核心素养

（一）注重语言的构建与运用，创设"生活感受法"

新时代发展创造出更多的语言新词汇，从"酒吧""网吧"等具有特征性的名词出现，到每年的网络用语"奥里给""盘他""我太难了""我不要你觉得，我要我觉得"等等，这些网络用语体现了语文的创造力，强调语言和人们生活方面不可分割的联系。由此，可以让学生搜集网络用语，以"生活感受法"为教学方法，让学生从生活中探寻时代发展下的中国语言特点，明确语言文字基本用法，同时通过建构与运用，让学生正确看待"新词汇"，以新时代新用语为基点，探究新语言产生的原因，分析"网络流行语"的利弊，让学生从生活中探究"新时代"语言的新特征，更深一步解读语言的构建与应用与现今生活有着密切的联系，探究语文人文性特征。

（二）注重思维的发展与提升，创设"思维拓展法"

语文思维发展与提升是语文核心素养的第二个维度，也是从基础语文教学到语文教学探索重要的一步。以往的语文教学主要是"填鸭式"语文教学，课堂上教师以"一言堂"为主要教学方法，学生则以全盘接受为学习方法，文言文教学过程中甚至需要背诵个别试题答案，以求得遇到类似试题时，能够用备用答案解决相应问题，完全违背了语文教学的探索探究精神。新时代发展，要求学生更有个性认知。思维能力的发展与提升是鉴别学生是否有语文探知能力的基础。语文教学思维拓展法主要是依靠辩证法提升学生的语文认知能力。从语文基础活动中，首先，要找到适合的语文思维能力，有敏锐的观察力，从语文书和语文生活中寻求个性认知。其次，要有个性独到的语文辨识力，遇到问题，能够从个性认知角度探究思维发展的方向。最后，要辩证地看待事物，从多维度认知语文，以辩论会等形式拓宽学生思维，从意识培养角度，用"思维拓展"法，创设情境，让学生能够认知事物，并从中展现语文思维性，在阅读和写作环节都有独到的个性认知。

（三）注重审美鉴赏和创造，创设"美学育人法"

语文学科兼具人文性的特点，在育人角度，更注重美学感受，教学方法探究方面将从以下角度谈语文教学方法探索实践路径。

1. 利用经典研读法，培养语文核心素养

时代在发展，经典在沉淀。初中语文教学的课外必读书目是审美鉴赏的基础。在教学过程中，注重教学方法探究，例如开展"微信线上读书会"，让学生在看书基础上，积极参与探索和思考。通过线上不受空间限制的行为方式，碰撞学生思维火花，让学生以美的感受分享阅读感悟；线下，通过演讲比赛等形式让学生对语文学习有审美探索，从而通过活动展现个性见解，从而有美的感受，提升语文鉴赏能力。

2. 利用作文提升法，培养语文核心素养

写作教学是提升学生审美再创造的有效途径。古人教学，一篇文章定前程。现今时代，教学方法更要从写作角度探究语文发展方向。教学方法要从感知生活入手，让学生能够细致地观察生活，并从中得出自己的见解，无论是记叙文还是议论文都有自己的生活再创造，审美再创造，进而有了个人见解，写作有了真情实感和理性思考，更推进学生的语文核心素养提升。

（四）注重文化的理解和传承，抓住时代特征，创新教学方法

1. 抓住时代特征，利用线上线下结合教学方法，理解传承中国文化

中国文化博大精深，积累是理解和传承的必经之路。2020 年的线上教学在知识积累方面给学生提供了更广阔的空间，学生通过网络媒体能够有针对性的积累掌握，例如在学习《论语》时，让学生通过网络媒体找到关于《论语》中孔子及其思想的言论，并通过"美篇"分享阅读感悟，学生在有效时间内积累、阅读、分享个人见解，通过图片文字相结合形式看到班级同学的见解，大大提升了学生对中国文化的认知。线下教学则通过面对面小组讨论；"文化知识我知道"展演活动；"我这样看中国传统文化"演讲比赛等活动形式开展线下活动，让学生能够从展演角度再次深化对语文文化的辨别力，增强语文核心素养。

2. 抓住时代特征，借助展演法，培养学生语文素养

学校有校园文化，依托传统文化为中心开展"赛诗会"，这是语文教学的文化盛宴，本活动通过多种形式展现中国传统文化，这是理解和传承文化的良机。学生以文化为中心，不断理解文化内涵，同时依据时代特征和个性认知，给予文化新的理念，并通过展现的方式突出文化内涵。依据此形式，班级教学将《琵琶行》融入歌舞诗歌中，将《廉颇蔺相如列传》融入到戏剧演出中，将中国传统文化以单口相声形式呈现，同时结合时代特征，现代舞搭配中国古典诗

词，让学生在喜欢领域有更高的文化建树。增强学生的语文核心素养。

结语：时代发展赋予语文新的内涵，紧跟时代步伐，探索教学方法，进而提升语文核心素养，是语文教育者不断追求的目标和方向。

参考文献：

[1] 温儒敏.温儒敏论语文教育 [M].北京大学出版社，2010（01）

[2] 余雪芳.论语文教学中讲授法的合理运用 [D].上海师范大学，2007

[3] 曾德葵.基于核心素养导向的初中语文教学 [J].中华少年，2019（02）

五点法教学模式在地理课堂上的应用

于晨艳

摘 要： 地理课堂教学不仅仅是教给学生知识，更重要的是培养学生的综合能力。

关键词： 五点法教学模式

地理教学赋予每一位地理教师的使命是：学习生活中有用的地理，学习对终生发展有用的地理。地理知识深入于我们的生产生活，从看到的日月星辰东升西落，到感知到的冬冷夏热，到地震洪水的侵袭，再到每一个人每一天的衣食住行……时时处处都体现着地理的知识，彰显着地理的魅力。地理教学中蕴含了丰富的思想教育和技能训练内容，既是陶冶学生情操的场所，又是丰富学生知识的乐园。因此地理课堂教学不仅仅是教给学生一种知识，更重要的是培养学生的综合能力。为了更好地完成这些教学任务，提高教学质量，特提出地理课堂上的五点教学法。

一、激发兴趣点

都说兴趣是最好的老师，那么兴趣从何而来，如何培养？最简单也是最直接的方法就是——参与。让学生参与其中体会到学习的乐趣，让学生动手动脑释放出学习的快乐。通过分析七八年级学生的心理和生理的特征可以得出，他们的学习兴趣更大于责任性，因此，在地理课堂上必须不断地更新教学方法，激发出学生学习知识的兴趣点，才能使课堂充满生机和活力。在学习《经纬网》这一节时，我在黑板上画出一幅经纬网图，标好经纬度后告诉学生："现在我们一起来做个游戏，假如你就藏在这幅图中的某处，看谁能把你找出来，藏的一定要隐秘，找的一定要神速。"学生们马上活跃起来，指指画画地找自己的藏身之处，找的同学也不甘示弱，急急忙忙到黑板前点出这点的位置，就连一些较为特殊点的地理坐标，还没等我讲解，他们也已经化难为简，轻易地攻破了。

73

在学习《天气与气候》时，找一名同学模仿播音员向大家预报今天的天气情况，学生们绘声绘色、兴致盎然，颇具播音员的素质，对下文的学习，当然显得轻松愉悦了。

每节地理课前，我还安排一名同学带领大家"每课一游"，学生们积极准备，踊跃报名。从金字塔的宝藏到大洋底部的探险，从冰期、间冰期的变化到宇宙太空的漫游，从朝鲜到英国……从学生的言语中我真的体察到他们的心间原来有那么宽广的天地！作为教师怎么能不让他们去想，不让他们去说呢！

二、化解疑难点

化解疑难点是地理课堂上的中心问题，这就要求教师不断地提高自身的素质，在深入钻研教材和大纲的基础上，设立出重点和难点，并提出相应的解决办法，围绕学生的实际学习水平正确处理好重点、难点内容。例如，在学习区域地理中各国经济发展的条件时，无外乎这么几点：有利的地理位置、充足的人力资源、雄厚的科技力量、丰富的自然资源。但作为分区地理的开篇——《日本》这一节课来讲，它的经济发展条件就成了学生难以理解的一个知识点，如果由教师一味地讲解，既干燥无味，又不能使学生获得一种学习方法，因此在这一部分的处理上我分以下步骤进行：设问—分析—结论。

（一）设问：日本发展经济的有利条件和不利条件各有哪些？日本是如何扬长避短，充分利用有利条件发展经济的？

（二）分析：列出以下图表1. 日本主要工业产品在世界地位表。2. 日本主要工业原料从国外进口百分比图。3. 日本工业原料来源示意图。4. 日本工业产品占世界市场比例表。然后逐一分析得出日本工业发展特点：进口原料出口产品，依赖国际市场，成为经济强国。最后由学生自己总结出日本经济发展的条件，这样，在以后的"美国""俄罗斯""巴西""澳大利亚"等国的学习中，就能更高效地完成地理课堂的教学任务。

三、设计启发点

启发教学贯穿于整个地理教学之中，是地理课堂上的基本点。巧妙地设疑能将知识性、现实性、趣味性、思维的广阔性融为一体，从而诱导学生"生疑"，启发学生"解疑"，继而达到"知疑"之目的。这里一定要注意的问题是：启发点要适量适度，若问题太难，则如空中楼阁，学生可望而不可即；问题太易，又不能使知识升华，反而让学生感到"没劲"。只有设立出适合一定年龄段学生的知识水平的启发点，有意识地设置障碍，制造矛盾，设疑问难，强化思维，才能达到效果。

对于"宝地——台湾的地形，宝城——台湾主要城市"这两部分内容的学习，我主要采取"读""思""讲"的方法综合完成。学生按座次自然分组，6人一组。由于八年级的学生已经具备了一定的逻辑思维能力和分析资料、想象推理的能力，因此我给他们安排如下任务：1. 每一组提出一个问题，指定别组回答。2. 每组派一名学生随机抽出一张城市卡片，准确贴到黑板上台湾岛图的相应位置。3. 每组派另一名学生归纳出地形特点或城市分布特点。答对得分，累计积分看哪一组获胜。这种兴趣学习竞赛学习的方式，既吸引学生的注意力，激发学习的兴奋点，又培养了他们的合作意识，动脑动手，学在课堂，乐在课堂。

又如在学习"气温的年变化"中，先出示"某地气温年变化曲线图"，让学生学会读出该地的最高月平均气温和最低月平均气温，并会计算气温年较差。再出示三条不同纬度的气温年变化曲线图，让学生去分析理解，这三条曲线有什么不同，为什么会产生这样的差异，它们分别代表哪一温度带？学生在循序渐进的学习中理解和掌握气温年变化的真正内涵。最后再出示南北半球的气温年变化曲线图，海洋和陆地的气温年变化曲线图。从会读图到会分析，最后达成能理解，这样由浅入深的启发点，带给学生学习的自信和乐趣。

四、对比相似点

地理知识是包罗万象，紧密联系的，有许多地理知识都具有相似性，因此在学习新课过程中，就要努力抓住这些相似点，用表格的方式对比它们之间的差异和联系。对比相似点的优势在于用精练、醒目的表格，把冗长的文字简化、重点突出、一目了然，容易被七、八年级的学生接受和掌握。比如在《中国的自然环境——河流》这一节中，就涉及了许多类似的问题，像内流河、外流河及内流区、外流区的对比，外流河的水文特征对比，长江和黄河的对比等，用表格对比更能使知识明晰，内容简化，记忆扎实。

五、概括知识点

这一步主要指板书设计的体系化。每一节课都要按照地理知识的体系，把分散的知识点联成完整的知识结构，突出重点知识，注意点面结合。

（1）板图式：把一个区域或国家的轮廓图画在黑板上，边学习边讲解，边充实边练习，更利于学生对知识的掌握和理解，也更能提高学生的填图能力。这一方式在七下地理中应用得更普遍。

（2）数字式：用数字概括出本节课的重点内容，让地理的学习更具趣味性。比如《美国》可以概括为：一二三四五。"一"最大的移民国家、最大的农产品输出国、工业产值居世界首位；"二"地跨两大洲、两个海外州、两个邻国；"三"濒临三大洋、三大地形区、三大工业区；"四"国土面积第四位，拥有世界第四长河；"五"五大淡水湖、五大著名城市。

（三）文字或简笔画：言简意赅地体现一节课的精髓，同时边讲解边完善板图，更能吸引学生的注意力，提高课堂的学习效率。比如：用"寒"字构成的板书更能体现《极地地区》的主要特征；用"疆"字作板书，对于《新疆》一节的学习起到画龙点睛的作用；用"百叶箱"的简笔画组成板书，在《天气和气候》理解性的学习中更增添了几分生机。

总之，五点法教学模式既单独存在自成体系，又紧密联系、相互促进，需要教师努力挖掘教材中的学法指导因素，把学法指导纳入地理教学内容，把学法指导与传授知识的具体过程紧密结合，才能使五点共举，融会贯通，充分调动学生的学习热情，从而达到培养学生的核心素养之目的。

初中英语误区与方法指导

陈　莹

摘　要：学习英语的最大误区就是记忆了很多所谓的固定用法，完全忽略语言是表意的这个事实。英语是表意的，遵循逻辑的，是用来沟通信息的。改变英语学习的理念，让表意先行、语法随后，英语学习也必事半功倍。

关键词：初中英语学习误区　语法　固定用法　表意　逻辑翻译　语境信息

现在学生学习英语的最大误区就是记忆了很多所谓的固定用法，完全忽略语言是表意的这个事实。英语学习成了考试工具而不是表达交流的工具，从而使英语陷入前所未有的困境。英语是表意的，遵循逻辑的，是用来沟通信息的，所以我们要遵循语法是为表意服务的这一理念进行英语学习。如，I did what I could _____ （help）her. 大多数同学第一次碰到这样的题，总是沉不下心来把句子读完，看到情态动词 could，就记住老师说情态动词后加动词原形，所以填写 help，而正确答案填的是 to help，这句话的意思是，我做了我所能做的去帮助她。再如，It's not easy _____ （work）out the problem. 我们已经对这样的题没有什么忍耐程度了，看到就填写 to work，因为系表结构大多数加的都是 to do。但是学生习惯性地不经过思考，不翻译句子，那么下个题就错了。It's not easy _____ （be）your age. 正确答案是 being。这涉及 doing 现在分词和 to do 动词不定式基本含义的区别，doing 的基本含义是，正在做、经常做、或者做了，to do 的基本含义是，去做或者为了做。这句话翻译成，你这么大不容易啊。你到这个岁数已经是个事实，所以用 being。最后还要避免非此即彼的思维，比如下面两句话：It is fun to boat on the lake. It was fun boating on the lake. 前一句泛泛而谈在湖上划船有趣，后一句是之前的那次划船有趣。不同的语法形式，都对应了不同的含义，语法形式和规则都是为表意服务的。

一、单词和词组的基本含义是表意的基础

我们必须通过学习过程深入了解单词的基本含义，这样就能避免学英语很长时间之后还需要进行大量的单词辨析。首先，当两个词组意思不容易看出区别时，最好的方法就是替换一下位置看一下意思有什么变化。比如很多同学分不清楚 for oneself（亲自地）和 by oneself（单独地）的区别，我们替换之后翻译一下就好了。商店在做广告时会写：See for yourself。翻译成请亲自来看一看。意思是亲自体验，不要让别人"代替你来"。如果换成 See by yourself，就成了请单独来看一看，意思是，不准和别人"一起来"，那么结果就是这个商店客人越来越少，倒闭了。可见我们说话表意或者逻辑是多么重要，而这个逻辑跟汉语是大致一样的，如果需要区别，只需要找到英语和汉语的各自特点就可以了。其次，单词和词组的翻译不仅需要准确也要符合汉语的说话习惯，比如，another time 不能翻译成改次，应该翻译成改天。最后，翻译要把细节处理好，不要让细节的不准确成为英语学习的一个障碍，比如"建议"这个词语，汉语就一种表述，英语却是两种：advice 和 suggestion，所以需要在基本含义上进行区分，如果都翻译成建议，那么之后就需要进行单词辨析了，当单词基本含义不容易总结时，我们可以放到词组中，some advice 一些建议，some suggestions 一些条建议。

二、词组的对比让表意更加清晰

词组的正确总结有利于学生断句和造句，可以帮助学生们初步形成语感，避免学生在造句过程中进行单词堆砌。一个单元的词组，必须包含绝大部分单词，而且单词的用法或者说知识点必须包括进来。没有对比就没有鉴别，一个词组的含义只有与另一个词组进行对比，才能立刻明确这个词组的真正含义和用法，比如"a friend of me"我的朋友，强调是我的朋友不是别人的朋友，a friend of mine，我的众多朋友中的一个，强调我有很多朋友，他是其一。再如，a picture of me，我的照片，照片中照的是我，a picture of mine，我所拥有的众多照片之一，强调这些照片都是我的，至于照片内容没有说。再如，很多同学 look like 和 take after 掌握得不好，掌握的同学也不能很好地进行翻译，look like 翻译成看起来像或长得像，take after 翻译成（性格，习惯等）像，但是它仍然解决不了一些问题，比如如果你和你同学性格习惯很像，能用 take after 吗，当然不能。因为 take after 通常指晚辈像长辈，一般有血缘关系，那么我们不如按照汉语的说话方式翻译成"随"某人，形象生动更易理解。还有，不要迷信所

谓的"固定用法"，这个词语提法害处是很大的，要注意不同的写法有不同的含义，比如 do some cleaning 一般翻译成打扫或者打扫卫生或者大扫除，那么遇到以下情况就完全被打得无还手之力：He never does _____ cleaning. 他从不打扫卫生。你用 some 还是 any 呢？do some cleaning 用在肯定句中，否定句中我们基本见不到 any cleaning 这样写法，在网络上或者词典上也找不到相应的解释，而更常看到 do the cleaning 的用法，我们把 do some cleaning 翻译成做一些打扫的活儿，也就是说它不是什么"固定短语"，而且我们日常说的打扫大多都是自己家庭和自己教室的打扫，所以用 the 特指也就非常好理解了，这样我们通过 some/any/the 了解了语意上的区别。还有，在写出 do chores 这个词组之后一定要跟随 do housework，do chores 翻译成做杂物。很多把这两个词组等同，认为只不过是可数不可数之分，又错了，do chores 翻译成做杂物或者日常零星工作，有时也翻译成令人厌烦的活，do housework 翻译成做家务，词组本身没有情感趋向，而且两个词组所指范围也不一样，比如，repair the bike 和 go shopping 不属于 housework，但属于 chores。还有不要让固定短语漫天要价，如，in winter，在冬天，泛指冬天，而 in the winter 则特指那个冬天，我们通过句子的表意可以很容易进行区分，Grass comes out in spring. But in that spring, grass didn't come out. 春天草发芽，但是在那个春天，草没发芽。这只不过是不同写法翻译成不同的意思罢了。

三、逻辑和语境是灵活表达的前提

首先，句子的使用涉及到上下句的背景或者说逻辑关系。如果回答是 The food and the people there. 你可以问 What do you like about it？而不可以问 How do you like it？因为 How do you like it？翻译成你觉得它怎么样，是问你对 it 的评价或者感受，回答只能是 It's great. 或者是 I like it a lot. 之类的句子。其次，不同的问题对应不同回答格式，这种格式可以从翻译上入手，尤其是需要观察英语和汉语之间的对应和差异，比如 When did it happen？回答 1980 不行，应该是 in 1980. When 是一个表时间的疑问副词，只能对应副词或者介词短语。同理，Where did he went？应该回答 To London。Where does he live？In London，去掉 in 也不行。再如，What did he do yesterday？回答 Play computer games 是错的，动词原形开头这是一个祈使句，翻译成请玩电脑游戏，意思没对应上，应该回答 He played computer games。再如，Why did he buy the meat？Make dumplings 和 Because he made dumplings 都是错的。有两种正确回答，一是 Because he wanted to make dumplings，二是，(In order) To make dumplings。因为 why 表原因，表目

的时相当于 what...for，所以用 because sb wanted to do 或者 to do 目的状语的方式都可以回答。再如，Which is the best way to learn English? Watch English videos 是错的。根据原文在 To watch English videos 和 Watching English videos 之间进行选择。How do you study English? Watch English videos 不行，因为这是祈使句，应该用 I watch English videos. 或者 By watching English videos. 再如 How do you go to school? 用 On foot 或者动词 I walk 也可以。最后，不要单纯地把两个词组或者句子等同，从字面就可以看出两者的差别重要与否，比如，同意对方想法时，I agree 或者 I think so 完全没有问题，但是 That's true 就可能有问题，如，I think Peter is hard-working. 可以回答 That's true. 但是，I think there will be robots in the future. That's true. 就不对了。因为它的意思是，那是真的或那是事实，将来的事情没有发生，不存在真和事实这个意思。所以不要死记硬背，记住单词，词组和句子的真正含义才是根本。

情景交际则以问答句为基础，但又增加了全文语境，同时也涉及不同问答句在语境下的选择和多种答案的问题。在这个过程中，语境、逻辑和灵活性要尤其注意。比如下面的对话：

A: There is a new movie on called Kungfu Panda tonight.

1. _____?

B: Sure. There are three cinemas not far from here, Sun Cinema, Moon Cinema and Dream Cinema.

2. _____?

A: Dream Cinema. It has the biggest screens and the best sound.

B: What about the long waiting time to get tickets?

A: 3. _____.

There are a lot of people working there and you can get tickets very quickly.

B: Sounds good.

4. _____?

A: We can take a number 12 bus there.

B:

5. _____?

A: It takes about 10 minutes by bus and 5 minutes on foot.

B: 6. _____?

A: At Dream Cinema at 5:30p. m.

B: Can we make it a little earlier?

A：What about 5：00？

B：7. _____ . See you then.

A：See you.

对于邀请看电影的话题同学们很熟悉了，所以第 1 题很多同学会填写 Do you want to go to a movie with me? 如果你翻译一下并看看上下句之间的逻辑关系，你就知道并不是邀请对方看一场电影，而是特指看 Kungfu Panda 这场电影，所以应该把其中的 a 换成 the，或者写成 Do you want to see it with me? 第 2 题学生也根据课本原文直接写成 What's the best cinema? 仔细分辨会发现跟书上的情境是不一样的，此处列出了三个电影院可供选择，所以应该使用 which 从中挑选，填写 Which is the best cinema? 之类的句子。所以在平时的英语学习中就要分析上下句之间的逻辑关系，避免答非所问的现象。第 5 题则需要区分 10 minutes by bus 和 5 minutes on foot 表示距离还是时间，根据对整个句子的翻译，应该是这件事花费乘公汽的十分钟和步行五分钟，所以表示时间，答案应为 How long does it take? 因此，依赖于语境的翻译显得尤其重要。

这种改变英语学习思维的方法，让学生们更好地链接了汉语和英语，让他们完成了从死记硬背固定用法和说写汉式英语到灵活地依靠语境进行表意和说写较地道英语的转变，学习效率成倍提升，逐渐从题海战术中脱离出来，并且成绩显著地提高。

总之，语法的掌握能让语言学习者更加方便地学习语言，但不应该成为语言学习的障碍，也不能说了一堆话而对方根本不知道你在说什么或者答非所问。语言是承载信息的载体，是我们交换信息、解决生活问题的一种工具。一种语言形式对应一种意思，根据我们要表达的意思选择恰当的形式才是语言学习的方向。改变英语学习的理念，让表意先行、语法随后，那么英语学习也必事半功倍。

新课改指导下初中化学教学方法研究

程　波

摘　要：新的课程改革需要教师在实践中与时俱进，转变教学观念，不断地钻研，努力探索出新的教学方法，从而提升学生各个方面的能力。

关键词：新课程改革、教学方法

一、教师适度引导，提升学生自主学习的能力

"授人以鱼不如授人以渔"。教师要充分相信学生，适度引导学生学会自主学习化学知识，使学生能够主动参与整个化学教学过程，变被动为主动，这样才符合新课程的理念。在教学实践过程中，教师要因材施教，及时准确地发现不同学生身上的闪光点，学生在受到鼓励和重视后，会更加自信，潜能得以充分释放，教学效果非常明显。例如：我在进行九年级上册第一单元课题3《走进化学实验室》的教学时，化学实验仪器在学生的生活中并不能接触到，过去采用直接教学生这个仪器叫什么，有哪些注意事项，课堂耗时较长，一段时间后学生会遗忘一些仪器的名称，写错别字，随意给仪器起名字。针对这点，我采用了课前让学生先预习常见的仪器名称和用途以及注意事项，并画仪器的简笔画。学生在课堂上展示预习成果，教师再在课堂上展示仪器，学生们很准确地说出了仪器名称，并争先恐后地回答问题。学生在预习的过程中，发现广口瓶和集气瓶的形状相同，通过观察知道了区分这两种仪器的方法，广口瓶瓶口内表面有磨砂面，集气瓶瓶口上表面有磨砂面，进而明确了磨砂面位置的不同是与两种仪器的用途相关联的。学生对这个知识点很轻松地掌握了，且不会遗忘，课堂效率显著地提高了。学生在自主学习的过程，身临其境，通过细致认真地观察发现问题，通过思考解决了遇到的问题，体验到了化学探究的乐趣，更加有信心学好化学。自主学习既有助于学生化学学习能力的提升，同时也更加有助于培养学生终身学习的意识。

二、通过竞赛形式，培养学生的合作精神

化学教学不仅仅是传授知识，我们还肩负着为学生未来发展奠定好基础的重任。我们要在教学过程中有意识地培养学生的合作意识和合作精神，这样可以让学生在以后走上工作岗位的时候，能够学会与他人分工合作。因此针对教学中的难点可以适当地改变教学策略，在教学中可以不断地渗透这种合作意识。例如：在学习酸碱盐的溶解性口诀时，相互关联度不大，学生记忆时较为困难。不同的学生对新知识的理解掌握能力差别较大。因此在教学实践中我也做了一些尝试，将学生分成六个互助小组，分组时充分考虑到同一小组的同学能力的差别，将学习程度不同学生分为一个小组，同学之间沟通交流也比较顺畅，且相互比较了解，很容易找到解决问题的方法和途径。实际上每个学生都有比较强的集体荣誉感，会尽全力。在这个过程中，实现了整个小组的共同进步，同时也充分体现出了个人的价值，每个人都体会到了成功的喜悦。教师在课堂上分组检测计分，会发现即使平时不爱学习的学生也会给我们惊喜，同伴的鼓励，教师的肯定，都增强了他们学习的自信。学生相互协作获得的成功，比个人的成功更能让人获得满足感。通过合作学习，每一位学生都乐于参与其中，扬长避短，每一位学生也都能够有所收获和提升。化学教学中学生潜移默化所形成的合作意识，为学生将来能够很好地发展奠定了基础。

三、通过化学实验，唤醒学生的探究精神

在化学教学过程中，我们也在不断地对比分析，学生通过什么样的方式获取知识效果会更好。我发现，学生在做实验时，通过亲自操作，可以增强探究精神和创新意识。实践出真知。学生只有亲自体验了实验的过程，才能够真正理解所学的知识。在学习自制酸碱指示剂时，我有意识地引导学生寻找生活中带颜色的水果，如：石榴等，蔬菜如：红心萝卜、菠菜等，各种颜色的花朵，在家庭中用捣蒜器捣碎，再用酒精溶液浸泡，然后再过滤，得到了溶液，再用厨房中的白醋和纯碱溶液分别滴入所得到的溶液中，仔细观察，得出生活中哪些汁液可以做酸碱指示剂，哪些不可以。学生通过对实验过程进行拍照和拍小视频制成课件，写成小论文，与同学分享实验成果，并从其他同学那里学习成功的经验。学生在家庭中还可以用硬水和肥皂洗涤衣物，或者观察水壶内壁，明确硬水的危害，并能够深刻体会到硬水软化的必要性，进而理解硬水软化的方法和原理。在此过程中，学生的这种探究意识逐渐形成，这将会对他今后的生活起着重要的影响，从而拉近了化学与学生生活的距离。通过实验探究促进

学生思考生活中的哪些物质和现象与化学有关，用生活中的物质又可以做哪些实验。从生活中认识化学，将化学与学生的生活实际联系起来，使学生感受到化学无处不在。

四、通过先进的数字信息化手段，提高课堂效率

教师要不断地探索、更新、开发新的教学资源，接收一些新的信息，学习先进的教学手段，以适应日新月异的变化，提升教学能力。如在进行水的净化教学时，将学生分成五个小组进行实验，通过手机实时将学生的实验过程通过投屏软件，投屏到大屏幕上，供同学之间互相学习，总结经验教训，顺利完成实验。并将学生的错误操作及产生的后果与学生的正确操作进行拍照对比，更能比较直观地使学生体会出规范的操作对实验结果的影响有多大。让学生将过滤前和过滤后的液体进行对比，分析成分有哪些差别，进而体会出过滤能除去哪些杂质。在进行一些习题讲解时，也可采用实物投影设备将试题投影到大屏幕上，比较直观地分析讲解，引导学生读题时应注意学会找出并圈划关键词，避免因审题不认真造成不必要的错误。将学生同一道题中不同形式的错误进行拍照，以图片的形式在大屏幕上展示，与学生共同分析错误的原因，找出不同学生出错的点在哪里，有哪些知识点是有疏漏的地方，寻找切入点，透彻地分析，让每位学生能够清晰地知道自己错的原因，并从别人错的地方引起注意。只有这样有针对性地讲解，才能避免以后学生再出现同样的错误。这在纠正错题方面可以起到事半功倍的作用。教师也可以收集各种素材，如：生石灰与水反应的爆炸实验视频，该视频既说明了二者反应放热，同时也要通过这个视频对学生进行安全教育，即使生活中容易获得的物质，在对它的性质和危害不是很清晰了解的情况下，不要轻易去尝试，否则后果会非常严重。教师也可以通过各种视频软件进行进行线上教学，录制微课等。我通过对这些方面的学习和实践提升了课堂教学效率。通过这些方式，教学重点可以得到很好地落实，有难度的知识点也可轻松化解，使学生更透彻地理解了所学的知识。

新的课程改革从以教师为主导向着以学生为主体的方向转变。基于此，教师在教学过程中要针对不同的班级、不同的课题，采用多种具有创造性的教学方式，鼓励学生参与教学过程，激发学生学习化学的兴趣。

参考文献：

[1] 义务教育化学课程标准（2011版）中华人民共和国教育部制定，北京师范大学出版社

良好的开端，如旭日阳光

——浅谈道德与法治课的导入艺术

戚骄阳

摘 要：精彩的导入，是教师授课的点睛之笔。本文对温故知新法、故事寓言法、图片漫画法、录像视频资料法和情境导入法等五种导入法进行探究，力求达到激发学生学习兴趣、提高学习效果、发挥教师潜能、提高教学技能的目的。

关键词：道德与法治 导入法

良好的开端，如暗夜中的灯塔。一部好的电影，有一个激动人心的序幕，让观众目不转睛。同样，一节深入人心的好课，更离不开有效的导入环节，只有抓住这个环节，才能抓住学生的心理，学生学习的积极性和主动性才能得到充分调动，课堂才会充满生机和活力。在几十分钟的授课过程中，开头几分钟是非常关键的。因为恰恰就是这几分钟才能抓住学生的好奇心。教师运用生动有趣的语言导入新课，能够引领师生共同完成教学任务，课无定法，导无定式，采用灵活的方式和精练的语言导入，必能激发学生参与的兴趣，从而愉快而主动的学习，收到事半功倍的效果。因此，教师在教学新课前，要针对学生的生理和心理特征，结合教材的特点，精心设计好不同形式的导入新课的方法，运用寥寥数语或优美的意境，为学生提供一个温馨、快乐的开头，让学生的身心得到真正的放松，提升课堂教学的整体效果。这种方法也能使学生一开始就抓住教材的重点，有效地完成学习任务。

在使用新教材的过程中，我十分重视导入艺术的教学中所起的作用，也总结出一些具体的做法。

一、温故知新法

这是一种较常见的导入方法，良好的课堂导入可以激发学生的学习热情，使学生的思维更加活跃，温故知新法就是充分调动学生已有的学习知识和经验，从上节课的复习内容导入新知识技能，促进学生牢固掌握已学知识，又利于学生在此基础上发现问题，探索新知识，建立新旧知识之间的联系性，如：在讲《八年级上册合理利用网络》这一节课时，我首先让学生回忆上一节课所学的主要知识点，网络是把双刃剑，有利也有弊，这样学生根据自己所学到过的内容回答网络的积极影响，然后，教师再循序渐进提出，那在现实生活中，网络又有那些弊端？学生一一列举，最后得出结论，我们应该合理利用网络。这样就导出了这节课的学习重点内容，为接下来的教学活动做好铺垫，同时也会让学生更了解旧知识与新知识之间的逻辑关系，进一步深化和理解本节课所讲解的重点内容。

二、故事寓言导入法

初中道德与法治课由于理论性强，内容枯燥乏味，因此学生对这学科失去了学习的兴趣和动力。在初中道德与法治的教学中，教师可以灵活地根据课文的内容运用故事寓言导入法吸引学生注意力，并且根据寓言故事提出问题，这样可以让学生在轻松活泼的课堂中，通过思考，开发学生的智力和拓展学生的思维。例如：我在讲《遵守规则》这一节课时，给学生讲《克雷诺夫寓言》中"马和骑师"的故事：一位驯师训了匹好马，一天，骑师骑着马在原野上遨游，马非常的温顺、驯服。骑师认为给这样的好马加上缰绳简直是多余的，于是下马解下马的缰绳，然后重新上马，马在原野上飞奔，他什么也听不见，什么方向也辨不清，最后它把骑师摔下来，自己冲向悬崖，摔得粉身碎骨了。同学们思考这个故事给我们什么警示？从寓言中学生明确了自由不能随心所欲，它需要被社会规则所约束。既然社会有规则，就需要人人遵守规则，我们怎样遵守规则呢？这就是本节课我们要学习的重点内容。

三、图片漫画导入法

漫画是道德与法治课中最常用的导入方法，漫画内容大部分都是来自生活实际，与学生的生活息息相关，选择以漫画形式导入，可以迅速抓住学生的好奇心和探索新知的求知欲。例如：我在讲《我国的资源和环境问题》一节课时，首先让学生欣赏一组生活中清晰优美的图片，然后又观看了一些我国资源和环境被破坏的图片，形成鲜明的对比和反差，使学生在心灵上感到震撼，从而认识到解决环境问题的紧迫性。能让学生感受到保护环境从我做起，人人有责的使命。

四、录像、影视资料导入法

对于道德与法治课的学习，学生期待以更多形式和载体引入课堂教学，录像、影视资料的呈现必然比直接授课或以文字为载体的资料更具直观性。因此，在初中道德与法治课中，教师可以利用影视资料导入新课，让学生在一节新课的学习之初便建立起对新知学习的兴趣，例如：《在社会生活离不开规则》这一节内容教学中，教师便可以用多媒体播放视频，将重庆市公交车失事的案例导入新课，并提问如果公民缺乏规则意识，将会出现什么危害？这个视频结合本节课教学内容，对学生的心理冲击较大，学生站在不同角度分析问题，更能体会到社会规则的必要性和重要性，人们在漠视社会规则的同时，必然会损害自身利益。在这样的导入形式中，视频给学生带来了极大的震撼，学生受到这一视频的吸引，其注意力集中程度和稳定程度也必然获得一定的提升。此外，视频与本节课的内容联系较为密切，与此同时，在本节课讲解社会生活规则的作用时，也可以再次利用视频资料进行分析。因此，在教学结尾的分析中还能回扣新课导入时的视频资料也就成了贯穿整节课的亮点。因此就能体会到先用与教材内容紧密相连的录像内容为切入口导入，可以激发学生的学习热情，为本节课教学奠定基础。

五、情境导入法

教师情境导入的设计有没有效果的关键在于情景模式的设计是否合理。情景模式设计合理，能够引导学生自主探究学习，师生在其中能够进行心与心的互动，达到情景交融的教学效果。无论是从培养学生感情启迪思维，还是发展他们的想象空间，都有独到之处，最关键的是能够让学生在自我探究当中提高自己分析问题、解决问题的能力。这种导入方式运用到道德与法治的教学中能让学生入情入境、借境悟理、主动学习。如：在讲解第五课《法不可违》时，我就用多媒体展示四个情境，让学生分析这些镜头是不是违法行为？违法了会受到什么制裁？教师通过情景设立问题，鼓励学生积极动脑、独立思考，激发学生提出独特的见解和看法。在师生的互动下，本节课的教学内容就拉开了序幕。

总之，良好的开端，如旭日阳光。无论是哪种导入方式，都是为了使枯燥的道德与法治课堂充满情趣，使学生愉快地学习。当然，在实际生活中，也有一些事例和重大事件材料可用于导入新课，使学生在充满时代气息的氛围中接受新知识，从而调动学生学习的积极性，例如：在讲"党的基本路线"时，我向学生介绍改革开放后的巨变，同时引导学生例举经济、社会发展变化的大事，如：修建举世瞩目的三峡工程、实施西部大开发战略、九八年抗洪抢险的胜利、申奥成功、加入世界贸易组织以及成功地召开党的十六大和十届全国人大等，从而认识到这些成就的取得是坚持党的基本路线的结果。没有良好的开端，内容再精彩都缺乏吸引力。因此，在当前初中道德与法制课的教学中精心设计导入环节，不仅能够为学生的学习奠定扎实的基础，而且对于提升教师的教学技能也大有裨益，促进教学相长。

综合实践活动中开展发明创新教育的策略

李向东

摘 要：国家的发展、民族的进步离不开创新。新的时代更把改革创新放在核心的地位。青少年学生肩负着我们国家社会主义现代化建设的重任，青少年学生要不断提高创新能力，培养创新意识，这是新时代赋予青少年学生的历史使命，关系到国家的未来发展。如何让青少年学生提高创新能力，学校综合实践活动中开展创新教育意义重大。作者在综合实践活动的四个学习领域开展发明创新教育进行了阐述。

关键词：综合实践活动 发明创新教育 策略 研究性学习

国家的发展、民族的进步离不开创新。新的时代更把改革创新放在核心的地位。"少年强则国强，少年智则国智"，新时代的今天，青少年学生肩负着我们国家社会主义现代化建设的重任，青少年学生不仅要学好学科文化知识，还要不断提高创新能力和创新意识，这是新时代赋予青少年学生的历史使命，关系到国家的未来发展。让青少年学生不断提高创新能力和创新意识是摆在教育工作者面前的一项重要工作，应该改变落后的教育观念，积极开展创新教育，将学校作为培养学生创新能力的主要阵地，让青少年学生积极参加创新实践活动，获得创新实践体验。将综合实践活动课作为创新教育的载体，在综合实践活动中开展发明创新教育，点燃学生创新的火花。

如何在综合实践活动中开展发明创新教育，以下是我几点策略。

一、通过综合实践活动的研究性学习开展发明创新教育

在研究性学习中让学生不断提升发现问题、提出问题、解决问题的能力，学习科学研究的方法，获得科学知识，丰富实践体验。学生可以在研究性学习过程中选择自己感兴趣的课题，既调动了学生积极性，又充分发挥学生学习的自主性和主体性，研究性学习这种新的学习方式能使学生的潜能不断被挖掘出来。我在七年级开展了《创新在我身边》为主题内容的研究性学习活动，从身

边常见的小的事物入手，让学生以身边的学习用具、家中厨房用具、家中日常使用的工具等事物为着眼点，发现某种事物存在的缺陷并利用掌握的各方面知识加以分析，反复研究推敲，最后形成新创意并制作出实物，完成创新的项目。创意不错的学生创新项目如："纯净水桶搬运车""多功能蔬果处理刀具""高层楼房玻璃清洁擦""防指甲屑飞出的指甲刀""快速黑板清洁装置"等等，这些创新项目在省级科技创新大赛中获得奖项。学生在这样的学习中不只是获得亲身的体验，而且还形成主动与他人合作、共同研究、向专家和专业人士学习相关的知识的习惯，获得科学知识和解决问题的方法，学生在自主、合作、探究的轻松的氛围中，创新的火花会不断地迸发。

二、在劳动与技术教育实践活动中开展发明创新教育

劳动与技术教育学科是学生学习生活劳动、生产劳动知识和技能的课程。在劳动与技术教育课中让学生不断形成创新意识和创新能力效果显而易见。劳动与技术教育课以实践操作为主，体现了以学生为主体。劳动实践过程中，动手动脑，解决生活中和生产中的实际问题。在劳动与技术教育教学实践活动中，教师要做好学生的指导，激发学生的兴趣，巧设问题，让学生带着疑问去实践、去操作，启发学生的创新思维。我在七年级劳动与技术教育课上开展了《纸桥承重探究》和《"玩"转纸飞机》主题探究学习活动，让学生以小组为单位进行探究学习、设计制作模型、分享交流并进行小组间的比赛，学生在学习活动中不仅提高了独立思考和动手实践能力，也让学生的创新能力和创新意识不断提升。

三、在社会实践和社区服务实践活动中开展发明创新教育

综合实践活动体现了以学生为主体的新的教育教学模式，倡导多元化、多样的学习方式与课程设置类型。社会实践和社区服务实践活动改变了以往学生在教室内听老师讲课的教育教学模式，学生走出教室，走出校园，走进社区参加社会实践和社区服务。通过社会实践和社区服务实践活动让学生贴近生活，从现实生活实践中发现问题并提出问题，这是创新的开端，不能发现问题就不可能有创造性。在社会实践和社区服务实践活动过程中，让学生自主地发现问题和提出问题，用自己具备的知识与经验反复思考分析，或者请教他人（专家、专业人士）找到解决的办法，学生形成质疑、探究的好习惯并提高了解决问题的能力。我在七年级开展了《口香糖的调查研究》这一主题活动，让学生对社区广场、社区运动场所、路面等地点进行观察，学生们发现口香糖残胶污染现象比比皆是，学生制定解决方案，进而开展清理口香糖残胶的实践活动，通过

活动让学生形成对自然的关爱和对社会、对自我的责任感，同时提升发现问题和解决问题能力、创新能力和创新意识。"口香糖的调查研究"活动步骤：首先是发现问题，提出问题；第二是探讨解决办法；第三是社区实践，实践活动一：用自己设计制作的工具清除口香糖残胶；实践活动二：制作宣传海报，向公众宣传保护社区环境的意义。实践活动三：在社区适合的地方安装保护环境提示牌。此次走进社区清除口香糖活动，让学生了解、认识社会；在社区实践过程中，增强了学生对社会的认识与理解，进而反思社会现象，增强学生社会责任意识，促使学生对出现的一些问题进行积极思考，并站在自己的角度上探寻解决的方法，提高学生综合能力和素质。学生在社会实践和社区服务实践活动过程中，走出课堂，充分发挥自己的想象力，独立思考，提出自己大胆的想法，在实践中锻炼、学习，创新能力和创新意识不断提高。

四、在学生社团活动中开展发明创新教育

（一）激发兴趣，成立学生创意社团活动小组，培养创新意识。社团活动是根据学生兴趣开展研究的，容易让学生产生好奇心，教师要把握住学生的好奇心，用多种方式激发学生的兴趣，例如：观察、记录、试验、设计、制作等方式。成立社团活动小组，有计划地组织学生去探究某一方面主题内容，学生保持浓厚的兴趣去学习，在学习活动中学生的创新意识不断提高。

（二）组织学生观摩、参加青少年创新比赛和竞赛，在观摩和比赛中学生开阔了视野、开拓了思维、不断提高创新能力和意识。

五、在综合实践活动中开展发明创新教育要保证教师的有效指导

在综合实践活动中不断提高学生的创新意识和创新能力，教师的指导是必不可少的。首先，教师指导学生分析其研究（学习活动）内容是否有研究（学习）的价值，确立的研究项目（学习活动主题）是否具有新颖性、创新性和实用性。其次，教师要在学生研究过程中给予方法的指导，教师引领学生找到灵感，抓住灵感，把自己的想法、灵感记录下来，避免遗忘，然后进行不断地创作和完善。掌握创新发明方法是发明创新成功的关键，教师除了给学生介绍有关的创新知识，还要对创新发明的方法详细指导，学生学习到更多的方法才能激发联想，学生思维才能更开阔，学生的创新意识才能不断提高。

在综合实践活动中开展发明创新教育的教学实践活动中，以上几种策略行之有效。此外，作为创新教育指导者的我们应不断地提升自己、发展自己，才能更好指导学生的发明创新实践，帮助学生找到通往创新大门的钥匙。

浅谈网络在道德与法治课堂的有效应用

刘　洋

摘　要：本文从分析网络利弊两个角度研究网络对道德与法治课堂乃至整个学校教学的不同影响，从道德与法治课堂培养学生核心素养的教学目标出发，研究网络在道德与法治课堂的应用策略，让网络成为更好为道德与法治课堂服务的工具，在当前大网络环境下，让道德与法治课堂成为培养社会主义合格公民的沿线阵地。

关键词：零零后学生 道德与法治学科 网络 网课 核心素养 教学 网络平台

一、前言

网络对于零零后来说并不是新鲜事物，加之 2020 年新型冠状病毒的爆发迫使学校不得不关闭教室、打开网络，开启网课教学的新模式。钉钉、腾讯会议等以前离课堂教学十分遥远的 APP 陪伴全体中国师生度过八个多月的网课，从此也昭示着传统教学模式转变的新时代正式开始，从此教学模式的主体不再是传统课堂，而是传统的面对面课堂与现代的云端课堂相结合的新式教学模式。因此，将网络进一步深入课堂，充分发挥其有效性，将网络有利的一面发挥到极致，成为各学科老师应当重视并深入研讨的内容。

二、网络在教学中的应用策略

（一）利用网络培养学生核心素养

政治认同、公共参与意识、创新精神、法治素养等都是道德与法治学科培养学生的核心素养目标，网络是一把双刃剑，如果运用得当，则能够更好地服务于道德与法治学科课堂教学，达到道德与法治课堂立德育人的教学目标。

1. 通过直观演示法展示网络优质素材，以牢固学生政治认同

道德与法治课堂有着贴近生活、源于生活并高于生活、指导生活的特点。

优秀的道德与法治课堂能够贴近学生心灵、引导学生思想、激发学生更加热爱生活的特点，所以以多媒体课件的素材选择宜多选择互联网上的热点素材。网上的优秀资源，比如一些图文并茂的网页、喜闻乐见的小视频，能够更好地激起学生的同理心，比教师直白真诚的讲解也更加能够触动学生的心理，比如对于社会主义核心价值观、民族精神、中华文化等九年级内容的理解，如果引用优质的互联网资源能够引发学生更深刻的理解和感悟，以牢固学生的政治认同。

2. 通过引导法在课堂正确运用网络以引导学生提升网络法治素养

网络生活有利有弊，网络信息良莠不齐，学生在上网时也会呈现一种迷茫状态，有的是无法分辨对错，有的是无法抵制诱惑。但是现代社会谁也无法离开网络而生活，与其逃避，不如正确引导。

道德与法治老师可以通过素材的援引或者直接向学生推荐优质网站引导学生，在道德与法治课堂体现对于网络的正视与有效运用，本身就是对于学生进行了一种如何利用网络的方法指引，同时也可以提高学生在上网时的法治意识，培养学生的法治素养。

3. 通过任务驱动法、直观演示法、讨论法等了解时政以提高学生公共参与意识

时政新闻的掌握，不仅是初中道德与法治学科中考的考试内容，更有助于提高学生对于国家大事和社会热点问题的认知度。在民主课堂鼓励学生发表见解的同时，师生结合教材内容，教师以正确的方向引导学生，从而培养学生更高的社会责任感和公民意识。

可采用任务驱动法，布置学生轮流上网或查阅相关报刊资料，进行新闻播报，或者以直观演示的形式在校课余休息时间播放时政新闻，比如提前下载与时政新闻有关的具有一定权威的 APP，如人民日报、新华社等。有条件的学校可选择班级多媒体白板进行播放，或者选择用广播进行全校播放。无论采取上述哪两种方法，都要对某一具有代表性的重大新闻进行全体讨论，这样能达到全体学生都统一了解时政新闻，提高公共参与意识的有效目的。

4. 通过自主学习法有效获取互联网信息以培养创新思维

课堂上的知识是有限的，生活中的知识是无穷的，如果学生在上述指导之下获得了正确运用网络的方法和技能，就可以运用网络自学很多课堂上学不到的技能。如在八年级下册或九年级上册，学生可以运用思维导图的形式总结知识点，而学生对于思维导图不够熟悉，可以上网查找并自主创作思维导图，这样既达到了自主学习的目的，也培养了创新思维和创新意识。

（二）利用网络平台以提高教学有效性

1. 课前——通过网络平台进行问卷调查

网络平台，如钉钉、QQ等都可以进行问卷调查。道德与法治学科的人文性特点，要求我们的课堂要以人为本，真正的去尊重学生的想法、关注学生的内心，只有课堂活动是从学生的角度出发，才能更好地引发学生的共鸣，以同理心的方式去关注学生精神需要，并有针对性地进行课堂教学活动。因此，课前进行问卷调查是了解学生内心状态的良好途径。

以七年级上册教材内容为例，学生刚进入初中，如何适应新的学习环境，在青春期即将到来的懵懂之际又如何更好地学习、生活，与朋友、老师、家人更好地相处，怎样面对青春期的懵懂情感，这些如果课前能在网络上进行问卷调查，让教师有准备地去进行课堂活动，相信这样的道德与法治课堂，一定是充满人情味，更具信服力。

2. 课后——通过手机录屏软件进行一对一讲授法

九年级大量做题的阶段，师生都会共同面临一个难题，就是如何在有限的时间内更高效、更有针对性地进行试卷讲解？课堂时间有限，学生众多，所面对问题各具特色，考试科目众多，知识点繁杂，学生面对错误又很难在短时间内理解并达到深刻记忆。针对这种情况，教师可以在试卷讲解时，将所讲内容拍在手机里，再使用手机软件，将所讲试卷重点内容一边标记一边进行录播，课下发到学生的学习群中，以便学生根据需要进行复习巩固，除试卷外，复习课或者新授课也可以适当采用此种方式。

（三）利用网络社交软件以培养学生学习习惯的策略

1. 自主学习法——利用网络平台进行学习资料的发放

道德与法治教师可以建立单独学习群组，如微信群、QQ群、钉钉群等。在群中发放预习学案，复习提纲，预习学案和复习提纲可以在课余时间以在线知识问答问答的形式呈现。以钉钉为例，学生完成选择后，平台会自动生成学生答题结果，每一道题都有数据分析。教师可以通过平台统计学生作业成果，精准了解学生知识掌握程度，进行有针对性的复习。从学习的角度，作业更加高效，批改也更高效；从环保的角度，节省纸张，体现环保理念。

2. 一对一讲授法——作业的批改

日常作业都是当天布置，当天提交或者第二天提交，在短时间内的批改讲解，由于学生记忆犹新，教师可以通过即时批改将作业结果反馈给学生，学生及时改正，教师也可根据学生作业情况进行课堂巩固或分层作业。但是如遇十一假期、寒假暑假，作业量大且完成时间较长。学生作业如果等待开学一起提交，作业量很大，不仅教师负荷过重，批改效率低，而且学生也极容易出现对已完成作业的遗忘情况，这时即使通过讲解并改正，也难以达到印象深刻、举一反三的效果。所以在假期时间，学生可以在已经成立的社交平台群组（如微信群，或者钉钉家校本）提交作业，教师及时进行批改并反馈给学生，在学生记忆犹新的时刻形成深刻印象。

3. 一对一讨论法——解惑

学生在学校时间有限，科目众多，导致会有存疑情况。学生可以在网络平台与教师进行一对一有效沟通，除学习问题外，网络上的一对一，由于脱离面对面谈心的尴尬也让部分学生可以对老师产生信赖感，敞开心扉，畅谈内心所想，寻求老师帮助。

三、结论

教师有针对性地对网络进行有效应用，不仅可以提高课堂教学成果，更加体现了道德与法治学科以学生为本、关爱学生心灵成长的人文性；牢固学生核心价值观、政治认同的思想性；培养学生良好利用网络的实践性；立德树人，树立学生法治理念和道德素养的综合性等特点。

让学生在网络愈加发达的环境下，成为更加热爱生活、珍惜生命、具有高度社会责任感和法治意识、政治认同感的优秀公民。

浅议初中英语写作教学

苗 卉

摘 要: 写作是英语教学中的重要组成部分,却令学生闻之色变。本文就英语写作教学中的一些常见问题进行了分析并提出了有效解决策略。

关键词: 写作教学 有效策略 途径 批改技巧

一、相关背景介绍

《英语课程标准》(2011 年版) 要求学生着重发展听、说、读、写四项基本技能。在这四项技能中,"写"是语言输出的重要途径,也是教与学中的一大难题。现行《新目标》英语 5 册书共有 55 个写作。写作体裁丰富,有记叙文、应用文、说明文。题材广泛,以学生的个人生活、学校生活、家庭生活、社会生活为主要写作内容,贯穿整套教材。因此,如何有效地培养和提高学生的英语写作能力是新课标下初中英语教学的重要目标之一。

二、英语写作教学中的常见问题

当下,初中英语的写作教学中还存在着很多的问题,具体表现如下:

(一) 学生对于英语写作普遍存在畏难情绪

七年级下学期,我在所任教的两个班级中进行了一次问卷调查,发现有50% 以上的学生对于自己能否写好作文缺乏信心。90% 以上的学生希望在此方面得到老师更多的帮助与指导。

(二) 学生整体写作质量低

具体体现在:书写不规范,卷面脏乱;词汇匮乏,写作的时候低级别的简单词汇反复使用;受母语干扰,汉式思维严重;语法概念不清,常出现多个动词排列使用的现象,语法错误丛生。这些问题导致教师批改费时费力,效果却不如人意。

（三）教师缺乏对学生系统的写作指导

在教学中，有些教师把过多的时间和精力放在了对话和课文教学上，写作教学往往在单元课程结束时一带而过，或直接布置为作业，草草收场，出现虎头蛇尾现象，成为教学中的鸡肋。学生考前临阵磨枪，突击背诵范文应付考试。

三、提高英语写作教学的有效策略和途径

（一）立优秀作文标准，降教学难度，树学生信心

在新生入学初，笔者就给出了初中写作训练的目标：书写要规范整洁；单词，语法要正确；语句要繁简结合，地道流畅；过渡要自然顺畅，段落要清晰明了。把初中三年作为整体来设计教学目标，结合教材，有计划，系统地安排教学任务。

（二）不同年级的英语写作教学要各有侧重

七年级伊始，把写作教学的重点落在规范书写、连词成句、背诵默写课文上。同时展开扩句训练。

为了使句子表达的含义更生动、细腻，可以引导学生添加定语，状语等成分来扩展句子。由易到难梯级增加汉译英翻译训练，为英语写作打下扎实基础。指导学生运用逻辑连接词来体现写作思路。

例如表示顺序关系的，可以使用 first, second, third, next, then, finally，first of all, at last, in the end... 表示递进关系的有 in addition, what's more, moreover, on the one hand, on the other hand... 表示总结可以使用 in a word, in short, in general, all in all, on the whole, for these reasons... 表示转折可以使用 though, although, but, yet, however...。几经训练，学生的作文达到段落清晰，过渡自然，符合逻辑。增强了他们写好作文的信心。

八年级写作教学的重点是进行话题整合，广泛积累素材。

教材所编课文是写作素材的聚居地。以五本教材 24 个话题为依托，一边讲授新课一边整合教材，不断充实写作素材。改变以往把教学压力集中在毕业年级的陋习。比如在讲到校园旅行这一话题时，笔者把该话题又细分为：

假期活动

1. I visited my grandparents in the countryside. ［七（下）Unit 11 P62］

2. We climbed the mountains there and saw a lot of flowers. ［七（下）Unit 11 P63］

3. We visited the science museum and it was really interesting. ［七（下）Unit 11 P65］

4. The rooms were really dark and it was difficult to take photos, so I did not take any. ［七（下）Unit 11 P65］

旅行活动

1. My family is taking a trip to Wuhan at the end of this month to visit my aunt and uncle. ［八（上）Unit 9 P69］

2. I camped in the mountains with some friends. We put up a tent and cooked outside. ［八（下）Unit 9 P66］

3. This small island in Southeast Asia is a wonderful and safe place to take a holiday. ［八（下）Unit 9 P71］

活动感受

1. My school trip was great! We had so much fun/enjoyed ourselves a lot! ［七（下）Unit 11 P63］

2. It was my first time there, so everything was really interesting. ［八（上）Unit 1 P3］

学习过八（上）Unit 1 Where did you go on vacation? 介绍假期活动后，带领学生仿写语段 1，重新回顾七（下）Unit 11 How was your school trip? 介绍校园旅行活动，帮助学生完成了该话题的原始积累。八年级结束的时候，学生们已完成了 18 个话题的最初积累。同时对教材的脉络、主线有了初步了解，为九年级的深入学习打下了坚实的基础。

九年级写作教学的重点为继续充实写作素材，为迎接中考做好准备。

九年级，学生们加深了课内外阅读，拓宽了写作素材的积累渠道。他们广泛挖掘手头资料中的好词、好句、好段，按照已有话题分类充实自己的写作素材库。笔者还要求学生按照规定的字数限时缩写长课文或指导学生利用提示短语限时写段落。教师提供的提示词语从最初的 10 个逐渐减少至 5 个，让学生有更大的自由发挥空间。在难度不断升级的写作训练中，学生的能力日益提高。为避免重复使用同一单词或词组，指导学生完成由初级到高级的词汇表达积累。例如表示"喜爱"可使用 like，love，enjoy，be interested in，show a great interest in，lose oneself in...等。学生们举一反三，高级词汇与句型使用的日趋娴熟。最开始，提到"好的"，学生只能想到 good，到后来可以随口说出 nice，fine，well，wonderful，terrific，excellent，perfect，outstanding……学生也由最初写作时无话可说转变为写到 100 字尚且意犹未尽。

（三）改变传统批改模式，重视结构支撑，突出内容亮点

传统批改中，老师往往把主要精力放在了纠正学生的单词拼写和语法错误

上，造成批改中费时费力，批改后收效寥寥的局面。为了改变这一状况，笔者使用了以下批改方法：

1. 翻阅作文，不做批改标注，把学生作文中的典型错误摘抄下来，写到黑板上集中讲评总结。下发作文，让学生自行修改，教师收回复批。

2. 在学生作文中批注大致有几处错误，学生先自己找，再求助于组长，最后找老师帮忙。

3. 指导学生们互相批改。学生在检查自己作文时往往对错误视若无睹，但在寻找他人作文中的错误时却是火眼金睛。

4. 课堂上限时写作文，写完后教师听写范文，学生自己对照范文修改，教师再收上来批改。

5. 投影中上等水平作文，大家集体找亮点，再挑错误。学生参与的积极性大大提高。通过对文章结构、段落、句式安排、逻辑是否顺畅等方面的讨论，同学们进一步明晰优秀作文的标准。

学生通过集体找错、改错，提升了写作兴趣。老师则节省了批改时间，提高了工作效率，可谓一举两得。

三、总结

在写作教学中，笔者经过二十几年的摸索与实践，坚持多种方法与措施并用，不断加以修改和完善，取得了令人欣慰的教学成绩。七年级上学期末全市统考英语写作的平均成绩为 4.37 分。经过师生三年的共同努力，九年级模拟考试的英语写作平均成绩提升到 8.34 分。学生们养成了整合、积累学习素材的能力，形成了自主学习的意识，为高中英语学习打下了良好的基础。

参考文献：

[1] 中华人民共和国教育部. 义务教育《英语课程标准》（2011 年版）. 北京师范大学出版社，第二页

在历史习题中培养学生的历史核心素养

庞俊华

摘　要：初中教育阶段是培养学生素养的关键时期，本论文围绕什么是历史素养，在初中历史习题中如何培养学生的历史素养，结合当前历史教学现状，对材料分析题和综合探究题进行研究，使历史核心素养生根落地。

关键词：历史素养　课标内容　命制试题

2011 版《历史课程标准》指出，"历史教育对提高学生的人文素养有着重要的作用。"这表明初中教育阶段是培养学生素养的关键时期。历史学科素养是学生在学习历史过程中逐步形成的具有历史学科特征的思维品质和关键能力，是历史知识、能力和方法、情感态度和价值观等方面的综合表现，主要包括时空观念、史料实证、唯物史观、历史解释和家国情怀五个方面。随着历史学科素养的确定，历史老师们展开了热火朝天的探讨研究。目前主要聚焦于课堂教学的落实，如何在平时命制试题中落实核心素养的研究还相对较少。基于此，我在平时教学中进行了一些尝试。

一、研命制试题

（一）体现史料实证素养，培养学生的家国情怀

【例题】：培养史料实证意识是形成史学素养的必要途径。结合表格提供的材料，回答以下问题。

主题一： 近代化探索	"救中国、建共和、首先进行思想革命。" "欲想共和名副其实，必须改变人的思想" <div align="right">——陈独秀</div>
主题二： （　　　）	一组数字：1839 年 6 月 3 日至 25 日，110 多万千克 关 键 词：邓世昌　黄海大战

（1）为了"救中国、建共和"，资产阶级革命派进行了哪场政治革命？（1分）写出这场革命的一项成果。（1分）

（2）为了"改变人的思想"，以陈独秀为代表的知识分子进行了哪场思想革命？（1分）写出这场思想革命的主要阵地。（2分）

（3）写出"一组数字"相关事件名称。（1分）为主题二拟一个恰当的主题名称。（1分）

（4）搜集历史资料有很多途径，请写出一个。（1分）

史料的选择是教师有意识地落实"史料实证"的前提。选用怎样的史料展现历史全貌，需要教师首先明确研究对象，同时又依据实际的教学需求。在设计此题时我结合中考课标要求，思考初中生历史能力，明确试题考查范围以及考查重点，选取一手文字材料和课文文字材料，以材料解析题的形式呈现出来。学生根据"主题一"中"救中国、建共和"和题干中"资产阶级革命派"的信息获得了解题线索从而得出结论，综合考查了初中生的史料解读和运用能力。另外，学生根据"主题二"给出的"数字"和"关键词"，在明确史料直接信息的基础上，准确地找出其隐藏的信息，帮助初中生获得更多的解题线索，提高了初中生归纳分析与联想分析的能力。通过练习，强化了初中生利用史料来论证其历史观点的能力，培养了学生的史料实证和唯物史观的历史素养。

（二）落实唯物史观，培养时空观念素养

【例题】：阅读下列材料，回答问题。（7分）

材料一：四大文明古国示意图（见部编版九上历史第14页）

材料二：希腊、罗马的古典文化体现在神话、文学、艺术、哲学、科学、史学、法学、体育等各个方面。

材料三：阿拉伯帝国统治区域曾是世界文明的摇篮……阿拉伯人创造的辉煌文化成就令世人瞩目，他们在不同文明之间搭起了文化交流的桥梁，促进了这些地区文化和经济的发展。阿拉伯人对世界文明作出了重要贡献。

（1）依据材料一和所学知识，分别写出尼罗河流域、两河流域、印度河流

域的代表性文明成果各一例。（3分）

（2）古希腊哲学成就突出。依据材料二和所学知识写出古希腊的一位著名哲学家。法学方面的成就是罗马人最伟大的成就之一。请写出成为后世罗马法典乃至欧洲法学渊源的是哪部法律？（2分）

（3）依据材料三和所学知识，写出阿拉伯人对世界文化的独特贡献是什么？（1分）

（4）以上三则材料给你的启示是什么？（1分）

我通过"四大文明古国示意图"的设计把中国史和世界史放在同等位置，避免了时间观念和空间观念的分裂。而时空观念是指对事物与特定时间及空间的联系进行观察、分析，是历史学科的核心思维。此题设计让学生在以时间为轴线的基础上，还以空间为横线，全面展开。让学生从全球视野的角度感悟人类文化的多元性、共容性和发展的不平衡性；感悟到中华文明的辉煌灿烂在世界史中的地位。这样的习题设计培养学生的时空观念和家国情怀。

再通过解读文字材料，再现情境，设置问题与史料对话，在对话中加深对历史知识的认识与理解，旨在培养学生在依据相关史料、了解客观史实的基础上，理性分析、客观评价历史事物的态度、能力和方法，培养学生对材料信息的归纳能力、对基础知识的运用能力和史料实证、历史解释、家国情怀等素养。

（三）体现时序观念，培养历史关联能力

【例题】某校九年级同学决定结合近代欧美大事年表开展"思想理论与社会发展的关系"的主题探究活动，请你参与完成。（8分）

近代欧美大事年表	根据所学历史知识回答下列问题。（8分）
但丁在世　　（1265—1321年） 莎士比亚在世　（1564—1519年） 英国资产阶级革命　（1640—1688年） 孟德斯鸠在世　（1689—1755年） 伏尔泰在世　（1694—1778年） 美国独立战争　（1775—1783年） 法国大革命　（1789—1794年） 马克思在世　（1818—1883年） 恩格斯在世　（1820—1895年）	（1）但丁、莎士比亚是欧洲哪次思想解放运动的代表人物？请写出其中一例意大利人的代表作品。（2分） （2）伏尔泰、孟德斯鸠是欧洲哪次思想解放运动的代表人物？大事年表中哪些大事是在这次运动影响下发生的？（3分）
	（3）在马克思、恩格斯所处的时代，一个先进的无产阶级思想理论的诞生震撼了世界。它诞生的标志是什么？在它的指导下法国建立了哪个无产阶级政权？（2分）

近代欧美大事年表	根据所学历史知识回答下列问题。（8分）
启示	（4）从思想理论与社会发展的关系方面谈谈你的看法。（1分）

本题设计是以罗列欧美大事年表相关的历史人物和历史事件的方式呈现出来，从长时段、时代的视角审视历史，有助于培养学生的时序观念，推动因果分析，同时注意选取史料间的内在历史逻辑关系，使学生的思维更加流畅。这样通过问题情境引导学生思考大事年表中所反映的史实深层次的原因，让学生意识到解释历史现象要将史实放在特定的时空环境中，以唯物史观为指导，分析历史发展的内在关系和规律。问题的设计启发学生一看到这些信息就能够归纳整理并结合问题与教材中学习到知识，考查学生对材料信息的归纳，对基础知识的理解运用能力和时空观念、史料实证、历史解释、家国情怀等学科核心素养。

二、探命题规律

三道试题，十六个问题，分别考查学生的基础知识、关键能力和学科素养，考查层次环环相扣、由浅入深、层层递进。

（一）找寻历史内在联系

虎门销烟、黄海大战和辛亥革命三个看似无直接联系的事件，实际上明线与暗线交织，把中国近代史探索与抗争的主题体现出来。又如把四大文明古国示意图、希腊成就和阿拉伯人的成就罗列在一起，考查学生认识不同民族对世界文明的贡献，体会历史事件的异同。而把世界近代史几个重大事件和人物按时间排列起来，实际上锁定一个主题，考查历史之间的联系。

（二）探寻历史发展规律

三道试题均由四个小题构成，其中第四个小题即为本题的题眼和主旨，是全题的升华之处，均考查学生对某一时期历史发展规律的认识。第1题考查学生对中国近代史探索与抗争的认知所体现出的家国情怀的理解。第2题考查学生理解不同文明对世界的贡献和全球视野，体现中国文明的的重要性。第3题考查思想解放在人类文明中的作用。

（三）落实学科核心素养

史料何以实证？历史如何解释？这是历史教学和考试的重要方法论，时空观念是历史学科的本质体现，而唯物史观和家国情怀则是重要的价值目标。三道试题紧扣历史核心素养，所引素材均来自教材，符合初中学生的认知水平。学生能够在真实、可靠的史料基础上得出历史结论，并且能以史料为依据形成对历史事物理性分析的能力与方法。尤其第二道题让学生认识到人类文明的进步是世界各地区、各民族共同推动的结果，树立起正确的世界意识，培养学生用理解、尊敬、吸收其他民族文化精华的心态对待世界各国各地区文明和面向世界、面向未来的家国情怀。

三、思教学启示

通过对命题的研究，笔者认为我们在初中历史教学中应具备几点认知：

（一）命题应紧扣课标，感知教学目标

第一道中国史题考查课标内容：了解辛亥革命和新文化运动的史实；知道甲午中日战争中广大爱国官兵抗日的史实和主要战役。这些内容体现学生掌握的识记层次要求。又如第三道题考查课标内容要求通过法国大革命；初步理解法国资产阶级革命的历史意义；通过马克思、恩格斯的主要革命活动和《共产党宣言》的发表，理解马克思主义诞生对人类历史发展的意义。这些内容体现学生掌握的理解层次要求。教师和学生都有必要对课标要求进行认真研究，知道识记层次、理解层次、运用层次的要求，形成清晰的认识。

（二）把握新教材新理念

新教材特别是部编版历史教科书，依据课程标准，落实核心素养，贯彻国家意志，是中考命题的重要载体和依据。部编教材的新内容、新提法、新理念应是中考题的关注点，也成为我们日常教学的关注点。

当前历史素养的培养是历史教学不断探索的目标。这个目标的实现离不开鲜活的课堂教学，需要教师有更加深厚的专业素养，需要学生长时间知识的沉淀和理解。但是由于时间有限，我们更需要一些"短""平""快"的有效策略作为抓手，那就是依托试题，借题发挥，小题大做，帮助学生厘清知识点之间的内在联系和逻辑关系，构建科学完整的知识体系，这对教师和学生大有裨益，也让学生的历史学科素养的培养生根落地。

参考文献：

【1】中华人民共和国教育部.《历史课程标准》.北京师范大学出版社，第1页 第18页 第26页

如何引导学生欣赏和创作漫画

沈　健

　　摘　要：漫画是初中的美术课中学生非常喜爱的内容，我在讲授漫画这节课中发现它的难点是如何引导学生欣赏和创作具有丰富想象力和创新意识的漫画。我从思想教育上、艺术审美上、构思上、造型方法上、课堂练习创作上以及课后拓展六个方面运用多种方法启发学生的认知和想法，让学生大胆地把心中所想表现出来。

　　关键词：漫画 变形 夸张 联想 构思 造型 教学方法

　　绘画里面包括漫画这一画种，漫画就是用最简洁的用笔夸张的手法强调事物的本质、特点的绘画。一般运用多种表现手法和形式。漫画具有很强的讽刺、歌颂、文娱等方面的功能，还具有审美等多种辅助功能。

　　中国的漫画没有其他国家出现的早，但是后来者居上。中国漫画是在 1925年开始出现的，最早始于丰子恺的画刊，这也是"漫画"的名称第一次在报刊上出现。众所周知的三毛这一人物形象是我国漫画里面的典型代表形象，它属于幽默漫画范畴，在 1935 年由漫画大师张乐平所创作，是中国漫画史上一个标志性的代表作品。中国漫画比外国差的一个主要原因就是缺乏对生活的细致观察和描绘能力。其次就是没有创新意识，那么怎么改变这种状态呢？除了要有丰富的想象力之外还需要有自己的想法。

　　漫画这一课是中学美术的必修课，属于新课程标准中"造型、表现"学习板块。美术课程标准里对于"造型、表现"也作了具体的说明，这一领域的宗旨目标鼓励学生大胆创新，拓展学生的认知。

　　我是从以下几个方面引导学生欣赏和创作漫画的。

一、运用讲授的方法从思想上引导学生

　　在思想教育上，欣赏张乐平的《三毛从军记》其实就是爱国主义教育的一

种生动体现。这幅作品是以历史事件里面的真实人物创作改编的。画家以画笔为武器揭露当时国民党军队的腐朽。让我们现在看到仍然觉得很震撼，极具爱国情怀。其实这里也有作者参加抗战的感受在里面。我在上漫画这节课中从思想上引导学生，通过欣赏《三毛从军记》的第一幅图片实现了教育意义。

二、运用欣赏的方法丰富学生的想象力

在艺术审美上，多欣赏中国特色的漫画。中国漫画的鼻祖，被公认为中国"漫画之父"的丰子恺的作品，讲课中我拿出几幅大师的作品让学生欣赏，学生既感兴趣又提高了眼界。通过这种方式的学习，会让学生的审美能力有大幅度的提高。优秀作品中好的创意也丰富了学生的创造力，对于激发学生的创作有很大的帮助。提高学生的想象力，丰子恺的很多漫画作品都是从生活中来的。他有一张画，画的是两栋楼，楼和楼中间是个铁栅栏，题目是《邻人》。这就是说人和人之间的隔阂，彼此防备，互不信任。还有一幅作品叫《瞻瞻的车》，画的是丰子恺的长子丰华瞻，画面中年幼的瞻瞻用手捏着两把大蒲扇做的脚踏车，表现出了孩子天真快乐的模样，有很强的想象力。尤其《最后的吻》这幅漫画，小狗有母亲在身边，人却没有母亲在身边了，让人心痛。漫画不仅创作美的东西，更应该贴近社会，反映世间百相。漫画不仅仅是笑的艺术，还能使人流泪，使人振奋。

三、结合生活现象构思出表达自己思想感情的作品

在构思上，画漫画需要思维，把自己的所想所思融入到画里面。就像爱因斯坦曾说过想象力很重要。要鼓励孩子大胆构思，一幅好的漫画构思是至关重要的。要引导孩子多观察生活，及时把身边可笑的事记下来，见多识广是丰富想象力的重要手段。鼓励学生构思大胆，想象奇特，手法自由来表现自己的体会、感觉和想象。让孩子自由想象，如果孩子们能把自己所想的事物画出来，自然他们就有了自信心，有了自信，就可以描绘自己的生活。通过欣赏大师的漫画作品分析漫画家是如何构思的，教师向学生出示几幅不同的图例，每一张的构思方法都不一样，以此引导学生的创作思路，构思出能表达自己思想感情的作品。因为漫画这一画种的特殊性能引起人发笑和深思，学生在欣赏和创作的时候能更感兴趣，从而达到了很好的课堂效果。在练习中引导学生多联系实际，让学生平时多观察生活，平时大脑不空，这样在创作中才能组织起自己想要表达的情感和内容。我们地处松花江沿岸，一到夏天同学总愿意三三两两结伴到水边，稍不注意就容易造成溺水事故，孩子们安全健康地成长是每个父母

最关心的事情。开车的礼让行人，走路的遵守规则，我们应该从我做起，遵守社会公德，让我们的城市更文明。校园内发生乱扔垃圾破坏环境等等。通过提问引导学生注意发现生活中的现象，多注意观察，从生活的细节中积累材料，提高学生的观察能力、想象能力及表现能力，从而让学生自身的素养得到提升，让我们的孩子们更加健康、阳光、快乐。

四、运用演示的方法让学生掌握重点和造型方法

在造型方法上，教师引导学生分组讨论，总结出漫画的造型方法有夸张、联想、变形。采用哪种联想？画什么题材？用什么形式表现？通过讨论使这一系列问题迎刃而解，活跃了课堂气氛，同学之间相互启发，促进。教师引导学生开拓思路，丰富构思，使学生通过讨论掌握了方法，激发表现欲望和兴趣。教师画一幅马云的肖像漫画，请同学们根据老师的绘制过程来总结一下造型方法。学生通过总结掌握本节课重点。在画人物的时候，把人物的脸型进行夸张，抓住人物的特征，大的地方把它放得更大，小的地方让它画得更小，从发型到五官再到身体，教师边演示边讲解，运用直观的教学手段激发兴趣。马云是南方人的特征，宽额头，脸短短的有些方，老师把人物脸型给它变得方一些，身体变得小一些。马云的头发不是很浓密，嘴巴有些扁，可能因为瘦的缘故，眼睛显得比较大。说到夸张，王庸声在他的论述里边指出夸张就是把本质的主要的东西加以强调，把缩小的放大。夸张造型首先我们得有丰富的想象，其次要和真实的事物不太一样。

五、运用练习实践方法让学生进行创作

在课堂练习创作上，运用学生最容易掌握的线条。不要过分强调绘画的技能技巧，让学生根据命题自由构思，自选技法。有同学画了班级同学的肖像漫画，教师展示让同学们猜，能抓住同学的特征，收到了很好的课堂效果。

六、运用展示法不断激发学生的学习兴趣

在课后拓展上，让孩子坚持下去，引导学生自己编本小漫画集或者参加学校展览，不断激发孩子们画漫画的兴趣，引导孩子们如何画好的漫画，让孩子们在生活中学会自己去体会、感受、判断，由此产生想创作的欲望。

通过欣赏一些作品，让学生对漫画有相对专业的了解，并能判断出什么是好的漫画作品。通过课堂练习巩固所学，效果很好。其实经过启发，我们的学生都会有自己的认知和想法。有没有绘画基础不重要，让学生用手中的画笔大胆地把心中所想表现出来，这是我们美术课的意义所在。

参考文献：

［1］刘黛琳.《美术教学参考用书》.北京：人民美术出版社，2012

［2］王庸声.《现代漫画概论》.北京：海洋出版社，2005

道德与法治教学中变式训练法

施金玉

摘　要： 在道德与法治课堂教学中，适时、适度地使用变式训练法，强化审题训练，灵活运用变式训练法，训练学生思维能力，不仅能提高解题能力，而且也能深刻把握知识之间的内在，从而熟练运用知识解决实际问题，优化学生思维结构，提高课堂教学质量。

关键词： 道德与法治　变式训练　解题能力

有人考一个著名的智者说："有一位聋哑人，想买几根钉子，就来到五金店，对售货员做了这样一个手势，左手食指立在柜台上，右手握拳做出敲击的样子，售货员见状，先给他拿来一把锤子，聋哑人摇摇头，于是售货员明白了，他想买钉子。聋哑人买好钉子，刚走出商店，接着进来一位盲人，这位盲人想买一把剪刀，请问盲人将会怎么做？"智者顺口答到："盲人一定会这样。"他伸出食指和中指，做出剪刀的形状。这个人笑到："哈哈，答错了，盲人想买剪刀，只需开口说：'我买剪刀'就行了，他干吗要做手势呀？"

这就是"思维定式"——一种学生在学习过程中常有的习惯性思维方式，鉴于此，在课堂教学的各个环节上，要加强对学生相应的发散思维训练，以减少因思维定式造成的审题失误，就显得尤为重要，而在道德与法治课堂教学中，适时、适度地使用变式训练法，强化审题训练，对于优化学生思维结构，提高课堂教学质量，往往会起到明显效果。

一、变换情境

情境变换即通过新、旧文字、数字、图表、图片等不同文本材料之间的科学变换与组合，从而改变题干的的情境，引导学生从新的思维角度去思考问题，以求得到问题的解决。

（原题）阅读《今天的中国》这首小诗的部分内容，回答问题。

春也走过，秋也走过/只是今天的中国日子红火/城市旺了，乡村富了/小康的脚步越来越宽阔/人民吐气扬眉/好事喜事多多—节选自《人民日报》

（1）城市旺了，乡村富了说明了什么？

（2）简要说明出现这一现象的根本原因。

答案：（1）说明我国经济建设取得了巨大成就。

（2）根本原因是坚持了党在社会主义初级阶段的基本路线。

变式1：漫画点评：（图略）

图一：钱包鼓起来 图二：私车多起来

图三：通讯快起来图四：学历高起来

图五：寿命长起来图六：歌儿唱起来

（1）出现的六幅画面说明了什么？

（2）简要说明出现这一变化的根本原因。

二、置换设问

设问置换即通过变换命题的设问视点和方式，主动引导学生从多个角度去思考问题，进而提高学生辨证思维的能力。材料不变，问法角度和方式变化。

（原题）阅读材料回答问题。

我国用近50亿吨的自然资源创造了1.6万亿美元的GDP（国内生产总值），而日本用20亿吨却创造出5万亿美元；不到50年，韩国人均GDP由87美元跃升至1.4万多美元，靠的是技术进步和创新，中央提出，未来15年建成创新型国家，走中国特色自主创新道路。

（1）上述材料反映了我国面临的现实问题是什么？（至少写出两个方面）

（2）某中学九（六）班决定组织一次以"节约资源从我做起"为主题的社会实践活动，他们深入社区走访，收集相关材料，最后形成一份调查报告，下面是调查报告的一部分，请你帮助完成。

为响应国家提出的建设节约型社会的号召，提高同学们的节能意识，我们对周边资源节约与浪费的情况，开展了一次调查活动，调查结果表明：总体情况比较好，但也发现存在一些 问题，主要表现在：＿＿＿＿＿＿＿＿

为了解决上述问题，我们的建议＿＿＿＿＿＿（写出两点）

变式：（原题材料，略）

（1）请结合材料分析我国建设创新型国家的必要性。

（2）建设创新型国家，走自主创新的道路，我们必须要坚持哪些战略？

（3）提高科技创新能力，首要的是什么？

（4）作为当代中学生，你打算怎样使自己逐步成为创新型人才？

变式后，原题变得更加系统并有了一定的理论高度和思维高度。

三、题型转换

题型转换即通过改变试题的题型（单项选择、简答、辨析、漫画分析、实践探究、案例分析）让学生熟悉和区分各类题型的解题方法与技巧，从而加深对已有知识的理解，做到有的放矢，灵活处置。

（原题）选择题：《中华人民共和国国民经济和社会发展第十一个五年规划纲要》中明确指出，国家将大力发展个体、私营等非公有制经济，鼓励和支持非公有制经济参与国有企业改革，进入金融服务，公用事业、基础设施等领域。国家这样做的理由是（　　）

①只有大力发展非公有制经济，才能保证国民经济和社会发展的社会主义方向。

②非公有制经济是我国社会主义市场经济的重要组成部分。

③对充分调动社会各方面的积极性、加快生产力发展具有重要作用。

④非公有制经济是我国国民经济发展的主导力量。

A. ①②　　B. ②③　　C. ③④　　D. ①④

变式一：简答题

2007年6月24日，十届全国人大常委会第十八次会议第二次审议了就业促进法草案。草案规定："国家鼓励、支持、引导非公有制经济发展，扩大就业机会，增加就业岗位"。那么，国家为什么要这样做？

以上三种方式主要侧重于对学生求异思维的培养。"见人之未见，思人之未思，行人之未行"。求异思维的内核是：生疑、存疑、质疑。并由此派生出带有发展性、创造性、突破性的新构思、新思想、新思维。倡导求异思维，并不是让学生不着边际地胡思乱想，去异想天开，而是要在科学理性、科学方法的引导下，辅之以必要的训练。才会有正确的方向和积极的成果。

四、颠倒因果

因果颠倒是通过改变试题考察的常规思路，颠倒题设与答案，从而达到思维训练的目的。

例1原题：现实生活中，经常有不尊重他人隐私的行为，下列行为中属于侵犯隐私权的有（　　）

①王老师关心学生，经常与学生谈心。

②小红母亲担心女儿早恋，私拆小红信件。

③某用人单位有意泄露应聘人员的身份证号码等信息。

④某校长不允许对学生考试成绩进行公开排名。

A.①②   B. ②③   C.③④   D.①③

变式："小红母亲担心女儿早恋，私拆小红信件；某用人单位有意泄露应聘人员的身份证号码等信息"。请你分析以上两种现象是什么行为？

例2原题：学生在村街道旁的围墙上摘录了几则标语，请你运用九年级思想品德有关知识，简要分析这些标语所包含的道理。

既要金山银山，又碧水青山

再穷不能穷教育

小家富带动大家富

变式：九年级思想政治课学习保护环境基本国策和可持续发展战略；科教兴国战略；共同富裕的社会主义根本原则，请你分别写出体现以上观点的标语。

这种训练方式是训练逆向思维，就是指从问题的相反方向去思考问题的方法。在思想政治课教学中，积极引导学生进行逆向思维，就能较容易地调动学生思维的积极性，有效消除思维疲劳，提高学生思维能力，拓宽学生的思路，促进教师教学水平和学生学习水平的提高。

五、旁敲侧击

所谓横向思维，是指运用借鉴、联想、类比的思维方法，将其他领域中的知识、信息、方法、材料同自己头脑中原有的问题或课题联系起来，从而提出创造性的设想和方案。旁敲侧击就属于这种类型，即通过对原题某一知识、信息以及题型上的拓展，进而达到训练思维的目的。

原题：新学期开学之际，某省城乡义务教育阶段中小学全部免除了学杂费，并对农村困难家庭的学生提供免费的教科书和补助寄宿生活费，这一措施（ ）

①有利于促进义务教育的发展 ②有利于减轻学生的家庭经济负担 ③有利于保障公民享有义务教育的权利 ④有利于彻底解决当前就业问题

A.①②④   B.①②③   C.②③④   D.①③④

变式一：材料中体现国家保障公民的哪项基本权利？此权利的含义是什么？

变式二：答案中提到义务教育，那么什么是义务教育？有哪些特征？

变式三：从此题中我们感受到国家对教育的重视，那么教育对个人成长的作用如何？

变式四：根据此题你能概括出免除义务教育阶段学费的好处吗？

教学中灵活运用变式训练法，训练学生思维能力，不仅能提高解题能力，而且也能深刻把握知识之间的内在联系，从而熟练运用知识解决实际问题。

初中物理考试答题技巧指导

田红梅

摘　要： 初中物理是学生正式学习物理的第一个阶段，中考中物理分数占比较高，因此物理的学习成绩直接影响了总成绩。初中物理考试的考点内容广泛、逻辑性和综合性强，因此失分点较多，这就要求教师提高对考试技巧辅导的重视。本文针对物理考试技巧辅导中的答题原则和不同考试题型的答题技巧进行探讨。

关键词： 初中物理 考试技巧 答题原则 答题技巧

物理是自然科学的带头学科。吉林省中考的 8 门考试中，物理学科的总分值为 70 分，是仅次于语文、数学、英语的第四门科目。从应试的角度讲，物理成绩的好坏影响着中考成绩。初中物理主要讲授的内容包括力学、电学、声学、光学、热学的基础知识，学习内容涉及的方面广、逻辑性强、理论和实践相融合，因此学生普遍反映物理的学习难度大，考试中失分点多。此时就需要老师在考前对学生进行答题原则和答题技巧的讲授，使学生建立自信心。本文从考试答题原则和不同题型的答题技巧两个方面总结了初中物理教师考试技巧的辅导内容。

一、物理考试中的答题原则

（一）充分预览试卷，合理规划答题顺序

很多学生在拿到试卷之后就立即开始作答，因为不够了解试卷题型和难点而失分。教师应教导学生充分预览试卷，对题型和题目的设置有一个大概的了解，明确考试的难点，合理地规划答题顺序、分配考试时间。在读题时要注意关键字，明确题目的问题。在平时的作业及课堂训练中要训练学生审题细致，思考全面，避免因审题不清和思维定式而失分的现象。

（二）优势优先

物理考试的考点涉及到的方面很广，涉及了很多基本的物理规律，而每位学生对不同物理知识点的掌握的水平都不尽相同。因此，教师应充分了解每位同学的优、劣势，有针对性地辅导学生规划答题顺序和时间。对于掌握得更好的优势考点，应在保证正确率的情况下尽快作答，将节省出的时间留给掌握不好的考点，保证分数最大化。

（三）拓宽解题思路

物理考试中的基础题目直接运用公式、概念或定理即可解决，还有一些综合拔高题，需要整合数学、化学等学科的知识来解决。因此，物理教师考试技巧辅导时要注意培养学生的创造能力，讲解考题时要注意学生的"另类"解题方法，鼓励从不同角度解题，并教会学生一些常见的解题思路，如逆向思考、抵消、中和、特殊值等方法，尽可地得拓宽解题思路。

（四）不留空白

考试卷面有题目不作答会破坏老师的阅卷印象，导致失去印象分而使得卷面的整体成绩偏低，因此，教师在考前应特别教导学生不要空题。在考试结束前，应该对所有题目进行检查，对于没有把握或不会的题目，可以把与题目相对应的公式写上，其他的步骤能写多少就写多少，不留空白，力争拿下能够拿到的得分点。

二、不同题型的答题技巧辅导方法

（一）选择题

选择题是客观性试题中最广泛的一种题型，初中物理考试备选答案中正确答案和错误答案往往非常相近[1]。要做好选择题需要认真审清题干，同时也应该在平时课堂上注重基本学识的培养。常用的解题技巧包括以下两个方法：

1. 直接判断法：利用已经掌握的物理概念、公式和现象，通过计算等方法直接判断出唯一的正确答案。

2. 排除法：当不能利用直接判断法选出正确答案时，需要用排除法进行作答。排除法又包括正面筛选和反面筛选两种方法。正面筛选是指根据题干叙述的特点条件对备选答案逐个筛选，排除错误答案；反面筛选是指以备选答案为条件逐个排除与题干相矛盾的选项。

（二）填空题

物理考试填空题的考察内容比较综合，包括基本物理概念、计算性问题、实验题等。对概念性的问题要回答出关键字，用词应简练、准确；对计算性的问题要在草稿纸上根据公式正确计算后再填回考卷，特别要注意数字的位数、单位等，计算比例的题目千万不要上下颠倒分子和分母。

（三）计算题

计算题是初中物理的必考题型，占有很大的分值[2]，是教师平时训练的重点题型。初中物理考试中的计算题不仅考察单个知识点，而且还考察物理知识的综合应用，这就要求教师在平时训练时要注重学生的思维培养和综合应用能力。辅导物理计算题解题技巧主要分三个步骤，首先要仔细审题，抓住题目中的关键词，然后挖掘题目中的隐含条件，根据已知条件，找准研究的对象，最后开始解题。在解题过程中，可以利用画图法来帮助分析问题，最后的结果要注意数字与单位的统一。

（四）简答题

简答题是初中物理考试中失分最多的一种题型。简答题主要包括判断叙理型、情景识图型、解释现象型和材料分析型几类，考察了学生对物理概念的理解和综合知识的掌握[3]。教师在辅导简答题解题技巧时需要依托课本的基础物理知识，总结物理规律，培养学生的实践和观察能力。需要通过科学分析，透过现象，看出本质。这类题的解题辅导内容主要是答准知识点，语言要简明。常用的解题思路和方法包括：

1. 演绎推理法：演绎推理法是一种最常用的物理解题方法，它是指基于物理概念、定理和规律，通过已知的条件，推理出未知的答案。

2. 透视揭纱法：考题中常常会出现隐性已知条件，尤其是在应用性简答题中，隐性条件更加普遍，此时需要透过现象看清本质，并结合相应的物理规律科学地作答。

3. 信息优选法：在题干给出大量信息的时候，要准确地找出主要矛盾和主要现象，并结合相关的物理知识点解答出矛盾问题。

（五）作图题

作图题主要考察的是学生对物理基本概念和规律的理解力、分析问题的能力和动手实践的能力。初中物理考试作图题主要涉及的领域包括力学、光学和电学。在解答作图题时，要力求做到规范、准确。如：在同一图中画不同力的时候要注意区分力的方向和大小；辅助线（包括法线）画虚线。

（六）实验题

物理学科作为一门自然科学，它的实验性非常强，大多数的物理规律、现象和概念都是通过实验来发现和验证的。在物理课堂中，教师通常会通过观察实验现象，进而推理，得出科学结论。在物理考试中设置的实验题与课堂讲授的实验相似，但综合性更强，这就要求教师在平时要培养学生的推理和综合运用能力，通过训练提高学生对实验题的解题技能。初中物理考试的实验题主要包括测量型实验题、探究性实验题和设计型实验题等几大类[4]。

1. 测量型实验题的解题过程主要有以下三个步骤。第一步，根据题目选择合适量程和精度的仪器；第二步进行实验操作，注意操作顺序，否则会给实验结果带来较大误差，第三步记录实验数据，实验数据要实事求是地记录，然后对实验数据进行相应的处理。

2. 探究实验题是近年课程改革后的新题型，这类题型的出题内容是在特定的实验情境下，对实验的设计、过程和结论进行探索，考察了学生基础原理、实验技能和逻辑推断的综合水平。答题时，应注意题目中的隐性条件，依托课本的定理、概念和规律，对题目进行分析，遇到实际性较强的题目时要扩宽解题思路，避免经验常识的思维定式干扰，组织语言，准确地表达出实验所得的结论。

3. 设计型实验题要求学生根据基本的实验原理和实验仪器自行设计实验方案，独立完成实验操作，分析实验结果从而得出结论。为做好这类题型，在教学过程中，教师应该注意培养学生的思维能力和动手能力，并创设出发现问题、探索规律的环境，培养学生对物理实验的兴趣，并教会学生控制变量法、等效替代法、类比法等常用的物理研究方法，通过基础物理知识的积累和举一反三能力，设计出现象明确、简单的实验，根据实验过程选择合适的实验仪器，真实可靠地记录实验结果，最后得出实验结论。

参考文献：

[1] 吴升友. 试论初中物理选择题的方法 [J]. 数理化学习（初中版），2017（07）：46-47

[2] 孙健丽. 初中物理计算题失分原因及解决策略 [J]. 黑河教育，2020（04）：20-21

[3] 夏琦尧. 中考物理简答题的解题策略 [J]. 试题与研究，2018（26）：113

[4] 余敏. 初中物理创新实验题的类型及解法分析 [J]. 中学生数理化（教与学），2019（11）：87

步步为营，构建高效课堂

田世宝

摘　要：本文论述了为了构建高效课堂，教师所做的课前准备和课堂教学的组织，让学生对英语感兴趣，从而使学生英语能力得到提升。

关键词：高效课堂　兴趣　课前准备　课堂教学组织

构建高效课堂，需要分析学生、分析自我、分析师生配合、分析课堂效果、分析学生学习英语的兴趣，从而匹配出针对教材、知识点、学生的多点合一的教学流程。

一、课前准备

（一）要做到充分了解学生，学生是学习的主体

备课时，心里时刻装着学生，想学生之所想，分析学生，分析学情，分析知识储备。课上应该引导学生做什么，说什么，由谁来做，由谁来说。课后学生分别可以达到怎样的水平，获得哪些知识，精确地制定目标。学生存在差异，作为教师，我们应该清楚所任班级学生的性格、学习英语的兴趣和所具备的英语水平。

（二）从学生实际出发，精确定位教学目标

《英语课程标准》针对学生特点，对教学目标做出了科学而具体的规定。这一标准是我们英语教师制定教学目标的依据。比如七年级的课程目标是：对英语学习表现出积极性和初步的信心，能与教师和同学就熟悉的话题交换信息等。这只是整体目标，我们应该做的就是领悟课程标准，将目标细分到每月、每周，甚至每堂课。每堂课所设计的目标应该是班级的百分之八十的同学可以达到的，如果过高，学生达不到，会失去学习英语的兴趣，过低呢，达不到教学的目的。因此，设计目标时要依据学生的水平，分层设计出难度不同的问题。

（三）深入研究教学内容，合理选用教学资源

教师应该是新课程标准课程内容的构建和课程资源开发中的重要角色，是自主构建和开发课堂教学资源的基础和核心。新课标鼓励教师根据自己的教学实际对教材进行灵活运用，补充、删减、扩展和调整教学顺序和方法。此外，我们还应利用其他课程资源，如多媒体、录音、录像资料、教具、实物、网络资源、报纸杂志等，多多设计学生感兴趣的话题，增加学生获得语言运用规则和技巧的教学活动，从而培养学生的语言能力。

（四）设计合理的教学步骤

这是课前准备的重要环节。教学流程的设计尤为重要，这是课前准备的最重要内容。除了常规设计外，我认为有两个内容特别重要：

1. 教师要发挥主导作用，设计好各个环节的衔接；预想各个教学环节中可能会出现的问题，并提前找到解决办法。设计好新旧内容之间的衔接，使学生明确所学内容的作用、让学生明确活动所需的时间、教师对教学内容安排的时间、活动的结束提示、学生提出疑问的时间、总结所学内容的时间。

2. 在设计教学流程时，可以把生活引入课堂。贴近学生生活，使英语课堂具有生动性，提高学生运用英语的能力。

（五）设计要新颖，尤其是开头，让学生上课开始就进入积极状态

课堂开始非常重要，它甚至能决定一堂课的成功与否。如果开始学生的注意力和兴趣都没调动起来，那么整个一堂课就犹如一潭死水，沉闷没有活力。上课开始可以采用不同的方法引导学生进入英语课的状态。

二、课堂教学的组织

课堂教学的组织要注意几个方面：

（一）出现语法错误怎么办

回答问题时，学生会不可避免地出现语法错误，我们在听学生回答问题时还要同时提醒纠错，为了尊重学生不给予纠错是不恰当的。老师不停地给学生纠错会削弱他们的信心，也不能培养大声说英语的习惯。为此，我特意安排几位上课容易走神的同学来回答问题，同学纠错，但必须等其他同学回答完毕。这一方法，一举两得。如果这几位同学找不出错误，我们可以全班共同纠错。

（二）活动影响班级纪律怎么办

语言学习要有模拟场景的演练，因此会有大量的课堂活动，活动多了，纪律就难控制了。有的学生活动时过分活跃，大声嚷嚷，有的却躲在一边开小差，是该批评呢还是停止活动呢？根据初中学生的年龄特点，训斥和过多的管理都

不会有很好的效果。所以在分组时要精心考虑，搭配合理。例如：我针对 45 个学生的班级进行的分组教学，首先对学生各个方面进行了全面了解后，我把他们分成 8 组。分组原则是，为了班级管理，座位基本不变，让学生们动静结合，这便于培养学生的性格，按考试成绩搭配，也可以适当地调整座位。要选好组长，为了培养中坚力量，挑选负责任的，活动能力、语言表达能力、成绩不是最好的学生担任组长，同时安排几位容易溜号的同学专门纠错，组长和纠错的同学定期轮换。设置小组间的课堂活动考核，以激发他们的上进心。经过一段时间的努力，每个小组都有了充分发展。原本只有十来位同学能和老师对话交流，几个月后，有三十多位同学能达到这一水平。我想，这种合理的分组功不可没。

（三）课堂上教师的站位

老师除了要在黑板上写板书外，其他时间我们不需要站在讲台上，而是要走到学生中间去。在学生回答问题时，更接近他们，学生会有亲切感，在英语薄弱的学生看来，这是一种鼓励；有的学生上课溜号或者做小动作的时候，教师的走动也是一种善意的提醒；在学生做活动时，走到他们身边，可以解决一些同学的困惑，提供一些新的词汇和表达方法。

（四）学生在课堂上提出新问题怎么办

应该鼓励学生提出问题，并及时解决。质疑是学生认真参与学习、积极思考的表现，也是学生思维能力和自学能力的重要表现，同时质疑也是培养学生积极向上的情感需要。学生在讨论交流中解惑，成为主动探究者，有时还会提出新的观点，这不仅发展了学生的创新思维能力，还提高了英语的学习能力。

（五）课堂总结并布置作业

也许很多教师会忽略这一点。一堂精彩的课再配上一个五六分钟的课堂总结，那么就起到了画龙点睛的作用。作业的布置要有针对性，主要是针对本堂课的内容，要让学生清楚，所布置作业的目的，多长时间，什么时间完成。在下课前布置作业，如果学生有疑问，他们可以提出，如果等下课后布置作业，有的同学即使有疑问也未必提出。

作为一线英语教师，我们必须不断提高个人业务水平和素养，本着"一切为了学生，为了学生一切"，不断地改进和创新教学方法，努力构建高效课堂，与时俱进。相信在师生的努力配合下，学生的英语能力会与日俱增！

播种经典，静待花开

王 丽

摘 要：博观而约取，厚积而薄发，利用经典润泽学生的生命，滋养学生的人生，引领学生诵读经典，走进经典。

关键词：经典 播种 等待

在教育的心田上播种经典，耐心等待花开的季节。这是我前一阶段，非常幸运地参加了部编语文新教材七年级上的试教工作后最真切的感受。

试教《诫子书》一课，我经历了从不理解到理解，到最终释怀的心理过程，教学方法的正确运用在其中起到了重要的作用。

《诫子书》是我国古代修身立志的名篇。其文短意长，辞约意丰，句句是至理名言，因此对于七年级刚刚接触文言文的学生而言，理解起来有一定的难度。怎样在课堂上既呈现《诫子书》文章本身的经典魅力，又能引导学生理解文章提到的"静""俭"在修身养德方面的作用，以及"静以修身，俭以养德"与后文提到的"学""才""志"之间的关系，真正领会诸葛亮写这封书信的用意，这是我在备课过程中，遇到的第一个纠结了很长时间的难点问题。为此，我曾一度想要放弃本课的试教，觉得对于七年级的学生来讲，理解起来太难了。无情节、无人物的满篇教诲之语，到底要怎样讲，才能不辜负编者的用意，彰显诸葛亮这篇经典名篇的魅力呢？随着备课的深入，从本单元的单元提示到本课的预习建议到课后的思考探究、积累拓展，我渐渐理解了编者的良苦用心。其实编者也没有让我们老师深挖它的思辨色彩、论证结构，是我们固有的思考模式束缚了自己的教学思维。走出固有的思维模式，我明白了编者就是希望我们带领学生掌握关键词句，理清文章思路，理解文章内容，聆听先哲教诲，汲取精神养料，勤学励志，修身养性，记诵经典，并由此引领学生走向更广阔的读书天地，丰厚文化底蕴。于是我在教学设计时及教学过程中做了如下尝试。

一、补白

在问题的设计上，有意引导学生充分调动他们现有的知识储备及认知水平对课文内容做适当的补充扩展，把诸葛亮自己的经历、历史上的经典事例和学生自身的经历以及相关的名言警句、诗词名句融入文章内容的理解中，与文本中阐述的道理对接，期待学生在缤纷多彩的内容中，自由穿越时空的隧道，借助耳熟能详的事例，深入文本，感受经典的魅力，从而化解难点，让学生初步认知"静修身、俭养德、学广才、志成学、学须静"的道理，慢慢生出对诸葛亮教诲之语的领悟与认同，唤醒学生透过简练谨言的文字，领会《诫子书》穿越千古而流传至今的智慧理性的人生思考，汲取文本中的精神力量，明白"静""俭""学""志""才"在人生成长中的重要意义，引古人之精神在静修身，俭养德，淡泊明志，宁静致远中涵养自己的性情。

二、引领

中国人比较重视家庭教育，往往借助家书传达教诲之意，除了我们今天读到的《诫子书》外，还有许多名篇佳作。正好借助《诫子书》的经典魅力，引领学生拓宽阅读的视野，深入阅读更多的经典作品。本着这样的理念，在拓展延伸环节，我做了这样的设计，和学生一起品评了《曾国藩家书》中的一段文字。并在课后布置学生阅读《曾国藩家书》和《傅雷家书》，并摘抄、记诵、写感悟，开学后举行"我读家书"交流会。

在实际教学过程中，学生理解起来虽然有一定的难度，但是《诫子书》不愧为古代名篇佳作中的经典，难度有，但兴趣不减，课后一部分学生能够全篇背诵。看来对于类似《诫子书》这样的经典篇章，我们要足够重视，不能怕学生读不懂，而放弃对如何教授经典篇章的思考。

那究竟如何教授《诫子书》这类的古代经典名篇呢？

第一、对接，用经典解读经典

就拿《诫子书》一课为例，将相关的名言警句诗词名句融入文章内容的理解中，如"少壮不努力，老大徒伤悲""白了少年头，空悲切""我生待明日，万事成蹉跎""世人若被明日累，春去秋来老将至""黑发不知勤学早，白首方悔读书迟""勤俭节约，未有不兴，骄奢倦怠，未有不败"等这样的警句与文本中阐述的道理对接，让学生在缤纷多彩的内容中，自由穿越时空的隧道，借助耳熟能详的经典名句，深入文本，感受经典的魅力，感悟经典的内涵。

第二、播种，用经典引领经典

教材只是提供了一个范本，至于最终怎么用，要看老师自己的处理。实际上这是在提醒我们老师要学会用教材，而不是教教材，不能把教材当作唯一的资源。每学期只靠薄薄的一本语文书，学生们是永远学不好语文的，更谈不上提升学生的语文素养了。我们可以把教材当作一个例子或引子，借助这条线牵出一条大鱼，基于教材，而后超越教材，带动相关内容的阅读，有意识地拓宽学生的视野，由课内的阅读点燃学生读书的热情，带领学生由课内到课外，走向更广阔的读书天地。

《诫子书》就是一个很好的范本，它既是家书，也是家训。在它的引导下，我们才有了了解家书的由头。我们可以借此机会顺势推荐学生课后阅读《曾国藩家书》和《傅雷家书》，做摘抄，记诵，写感悟，举行"我读家书"交流会。如果有可能，可以做成一个系列，纳入家训类的读书内容。由《诫子书》这篇经典引领学生阅读相关的经典作品，与学生一起徜徉在中国传统文化的百花园中，去采撷那芬芳的一朵，感受家书这种重要的家庭教育的方式，丰厚学生的文化底蕴。

第三、反刍，借时间消化经典

"经典是什么？不是字，不是词，而是作者用文字组成的生命"，是历经时间的淘洗沉淀而成的珍宝。也许他们暂时读不懂，但是我们知道初中阶段，尤其是初一学生的记忆力是最好的，他们曾经读过，记诵过的经典篇章或句段就会像一颗种子深埋在他们的心底，随着时间的推移，年龄的增长，阅历的增加，可能在将来的某一天，它就发芽了，开花了，内化为学生生命价值的取向，长成最为壮丽的生命图景。所以，在学生有时间，记忆力最好的年纪，推荐他们多读经典，记诵经典，丰厚他们的文化底蕴，丰富他们的人生储备。这样才能在回味品咂时，不会感叹书读得太少。

博观而约取，厚积而薄发，利用经典润泽学生的生命，滋养学生的人生，引领学生诵读经典，走进经典，激活学生的情感，营养学生的德行，使他们的心灵世界通明透亮，让他们拥有志存高远的追求，厚德载物的品质。这也许就是编者将《诫子书》编在七上的最终意图吧。

总之，这一次试教带给我很多感悟与思考，希望今天，今后我都不会忘记我不仅是教知识的人，还是播种者，在孩子的心田播种经典的人，我愿意成为学生聪慧与高尚人生的奠基人。

于无痕处悄然前行

——层递式教学法在初中语文作文教学中的运用分析

王　帅

摘　要：首先，对层递式教学的概念内涵进行了介绍，并阐明了层递式教学在初中语文作文教学中运用的优势价值；其后，从以生为本、联系生活两个角度入手，分析了层递式教学在初中语文作文教学中运用的策略要点；最后，围绕主题引导与文本理解两个方面，提出了层递式教学在初中语文作文教学中运用的实践思路。

关键词：层递式教学 初中语文 高效课堂

作文教学是语文教学体系的重要组成部分，其在学生遣词造句能力、逻辑思维能力、语言表达能力、阅读理解能力、情感抒发能力、文字加工能力等多种素养的培养中扮演着重要角色。但从实际情况来看，传统教学模式下我国初中语文作文教学的质量与效率并不理想，学生学习热情不足、作文内容空洞苍白、作文元素同质严重等负面现象普遍存在，对教师在教学理念、教学方法等方面的拓展探索、创新尝试提出了很高要求。基于此，我们有必要对层递式教学在初中语文作文教学中的运用展开探究讨论。

一、层递式教学的概念内涵

简而言之，所谓"层递式教学"，即层层递进、由浅入深的教学，它既是一种先进的教学理念，也是一种科学的教学模式。在教学实践中，教师应从基础性、浅层性的教学内容出发，将知识的种子播撒到学生心中。其后，再遵循一定的原则和逻辑，逐步提升教学内容的难度、层次和丰富性，促进知识种子的茁壮发育，最终长成参天大树并开花结果，使学生收获充足的知识积累与素养提升[1]。

123

二、层递式教学在初中语文作文教学中运用的优势价值

与传统时期的教学模式、教学理念相比，将层递式教学运用到初中语文作文教学中具备明显的优势价值，具体来讲：建构主义理论指出，人的认知结构是在"同化"与"顺应"两种形式下逐渐发展起来的，通俗地讲，"同化"即量的积累，"顺应"即质的提升。同时，建构主义理论还重视人在认知学习中的自主性，强调学习者要主动探索、主动发现、主动建构。在传统教学模式下，绝大部分课堂知识是学生在教师的直接灌输下获得的，故而很容易出现只"知其然"而"不知其所以然"的问题，不利于学生深度学习能力与稳固素养体系的建构形成。同时，传统教学在内容、方法上存在一定的限制性，无法满足外化拓展、环境刺激的教学需求，学生"同化""顺应"的认知活动也就难以开展。这样一来，一方面会导致学生知识储备、能力发展的严重受限，另一方面也会引发"同质化"的负面写作现象[2]。

在运用层递式教学后，上述问题均能迎刃而解。在层递式教学中，语文教师并非写作知识的直接传授者，而是学生知识学习、认知建构过程的引导者、辅助者与推动者，进而充分保证了学生在学习中的主动性，与初中学生的认知特点、学习规律高度契合。在此基础上，层递式教学倾向于"授之以渔"而不是"授之以鱼"，教师在初中语文写作教学中所关注的，不仅仅是某个词汇、某段语句、某篇文章的合理、完整与否，更是学生逻辑思维、写作思路、创作意识、审美观念、创新能力等方面的锻炼培养。在逐层掌握灵活、系统的思路与方法后，学生将写出出自己手、发自己心的优秀作文，"同质化"现象也会随之消除于无形。

三、层递式教学在初中语文作文教学中运用的实践思路

（一）层递式教学在初中语文作文教学中运用的实践要求

1. 层递式教学要做到以生为本。在开展层递式的初中语文作文教学时，教师应始终尊重学生的课堂主体地位，切实分析学生的基础水平、个性差异、兴趣取向、现存问题等，并以此作为教学方案制定、教学活动开展的主要依据。例如，在明确意识到同班学生的写作能力、基础水平参差不齐后，教师便不宜采取统一化的教学方案，而应选择不同的教学起始点、层递切入点，为学生提供分层性、针对性的教学支持。对于作文结构混乱、写作语病频出的学生，教师应从最基本的遣词造句开始，引导学生逐渐使写作语言变得通顺无误、用词准确。然后，再按照"句→段→篇"的顺序，实施促进学生完成"进阶学习"，最终使学生掌握写出结构完整、内容明了的作文的能力，达到"夯基础"的教学目的；对于已经保有基础写作能力的学生，教师则应致力于提高学生写作的美感与个性，避免"同质化"现象的形成。在实践中，教师可引导学生进行扩句练习，按照"讲事件→加修辞→添细节→增美感→完善整体"，使学生在层层递进的学习中实现由言之有物到文辞优美、情感浓厚的提升[3]。

2. 层递式教学要做到联系生活。结合教学经验来看，写作素材匮乏是导致学生作文质量低下的重要原因。在开展层递式的初中语文作文教学时，教师应带领学生以写作主题为起点，将写作思维、素材视野向生活领域层层递进，这样一来，可充分保证学生所写内容是发自内心、富有真情实感的，从而在消除同质化现象的同时，促成学生个性创新能力、生活观察能力、行文表达能力等素养的提升。

3. 层递式教学要做到寓教于乐。认知学习是一种主动行为，只有学生处在动机强烈、注意集中、热情充足的良好状态中，层递式教学才能达到步步衔接、环环相扣的最佳水平。所以，在教学中，教师还应通过穿插课堂游戏、提出开放问题等方式，持续调动和维系学生的积极性，积极营造寓教于乐、轻松活跃的课堂气氛。

（二）层递式教学在初中语文作文教学中运用的策略思路

1. 主题引导的层递。在初中语文作文教学中，绝大部分写作活动是有主题的，既可以是"自拟题目，谈谈你对'苦'和'乐'的理解""发挥联想和想象，自拟题目，写一篇有关于未来生活的文章"等开放性主题，也可以是"最是难忘那表情""凝固的瞬间"等全命题或半命题。若直接要求学生围绕主题撰写作文，将很难激发学生的写作欲望，其写作的效率与质量往往也不甚理想。对此，教师可进行层递式教学，按照"导入→解读→探讨→实践"的思路，引导学生逐步了解作文主题的概念含义、发散方向，素材范围，从而使学生对"写什么""怎样写"等问题得出明确回答，并顺畅、高效地完成写作活动。

2. 文本理解的层递。对材料文本或自身文本形成由外而内的全面理解，是学生形成良好写作能力的必要条件。在层递式教学模式下，教师无论是在带领学生分析作文材料时，还是在引导学生规划作文结构时，都应注重文本理解能力的深化培养。实践中，应先与学生一同分析文本的叙事结构，如"总分""分总""总分总"等。其后，再带领学生对文本的语言细节、修辞手法、叙事方式等进行探究。最后，深入了解文本隐含的主题思想、情感基调、精神内涵，并审视文本外在语言与内在信息的相互关系。这样一来，学生便能充分掌握文章的构成要点，并将学习收获迁移到材料阅读、写作实践当中。

　　总而言之，层递式教学模式强调课堂教学要层层递进、由浅入深，与初中学生的认知特点、学习规律高度契合，因此在语文作文教学中具有可观的应用价值。实践时，教师应贯彻落实以生为本、联系生活的原则要点，并将层递式的教学理念、教学方法融入方案制定、思维引导、写作辅导等多个工作环节之中，以实现高效课堂的顺利构建，促使学生的写作能力乃至综合素养"于无痕处悄然前行"。

参考文献：

　　［1］林女珍. 层递式教学模式在初中语文作文教学中的应用［J］. 西部素质教育，2020 - 6（13）：193 - 194

　　［2］钟志杰. 刍议层递式教学法于初中语文作文教学中的相关运用［J］. 语文教学通讯·D 刊（学术刊），2019（03）：36 - 38

　　［3］杨桃. 初中作文教学中整合层递式教学理念研究［J］. 文学教育（下），2018（03）：112 - 113

创设情境活跃思政课堂

王振伟

摘 要：根据部编《道德与法治》教材的内容和学生特点，选取贴近学生，贴近实际的情境案例，真正构建和谐的有效课堂，增添思政课堂的活力。创设情境具有重要的作用。运用合作讨论、开展合作学习理解中国梦。运用诗词歌赋的文学艺术体验陶醉生活。运用文化典籍，传承、践行中华美德。运用公益广告让学生学会观察生活。运用生活创意，让创新与环保相联系，充满乐趣。运用图片的形式，激发学生学习兴趣。总而言之，生活中美好的东西，都可以打破学科的界限，走进我们的思政课堂。

关键词：情境教学 情境创设 学习兴趣

虽然政治在中考中所占的分数比例并不高，但是由于其高度的知识融合性和在学生思辨能力提升方面的巨大影响，使思政教育能够让学生在学习过程中更好地结合自身的实际生活。借助诗词歌赋、文化典籍以及公益广告等方面，创设有价值的情境来丰富我们的课堂。换言之，当代的思政教育，要以调动学生的积极性为目标，转变传统照本宣科的课堂模式，才能更好地构建高效的思政课堂。

一、创设情境所具有的重要作用

古今中外的教育大家，无不承认学习兴趣的提升对于学习效果的积极作用。在课堂气氛日益活跃的今天，情境的创设无疑可以很好地帮助我们对于高效道法课堂的构建。

（一）可以激发学生的学习兴趣

教师用设计好的情境的内容、过程和反馈，使学生与课堂教学更好地融为一体，真正实现课堂角色的转变，实现知识与能力的双重取得。

（二）可以提高教师的教学水平

教师用自己多样的教法与教学艺术来指导学生，拉近与学生的距离，更加敏锐地捕捉学生的反馈信息，从而帮助自身发现授课过程中的不足。

（三）有助于学生提升的认知水平

帮助他们以更完整的视角来看待社会生活，生活中有许多不同的体验，学生多参与情境会有更好的体验，将美好生活思维注入生活的点滴。

（四）可以让学生爱国、爱校、爱家

把自己对自己和家人的爱上升到对学校、老师、同学的爱，把这种大爱融入生活中，让这种爱一生相伴，直到永远。

二、思政课堂情境创设的几点建议

说说我在课堂上创设的几个典型的情境事例。

（一）运用合作讨论、开展合作学习理解中国梦

关于"中国梦"内涵的界定，需要明确以下几个要点。其一，"中国梦"绝不仅仅限于经济范畴，还辐射到其他相关领域的全方位复兴。其二，"中国梦"并非是一个遥不可及的幻想，而是一个全中国人民通过切实劳动，在党和政府的科学领导下，于21世纪50年代左右就可以初步实现的战略预期。其三，"中国梦"是中华全体人民实现伟大复兴的共同理想，代表着当代党和民众的集体利益诉求，任何将其进行割裂的想法都是错误的。以上述三个要点为基础，在课堂上组织学生针对社会上存在的一些错误观点进行反驳，并引导学生分析其中存在的偏差之处，从而帮助学生更好地理解"中国梦"的精髓。在相关情境的设计中，教师不要拘囿学生的思路，鼓励他们大胆发言，让学生通过探究和分享，提升对中国梦内涵的认识，培养全面看问题的能力。

（二）运用诗词歌赋的文学艺术体验来陶醉生活

诗词歌赋是我国的传统艺术精髓，它们不仅具有高超的艺术性，就算是放在现在社会，也拥有不俗的思辨价值。如唐代大气磅礴的边塞诗歌与宋代温婉辞令中关于美丽景色的描绘，都可以用来让学生更好地体会《共筑生命家园》这一课的内容，使学生更好地理解发展所关联的各种问题。创设将思政教育与文化赏析相结合的情境，让课堂彰显生命的张力。让绿色、可持续的发展理念刻入学生的思想深处。

（三）运用文化典籍阅读，传承、践行中华美德

古代的文化经典同样可以用来丰富我们思政课堂的内容。不论是学生们从小就开始接触的《三字经》《千字文》等蒙学经典，还是进入初中后详读的

《论语》《诗经》等儒家经典，都具有较高的育人价值。当代的初中学生，思想状态同 20 世纪乃至 21 世纪第一个十年的学生相比，已经有了很大的不同，他们的思想更加开放，也更加多元化。教师在课堂上单纯地说教已经无法满足他们的认知需求。教师唯有借助更多的辅助，才能充分调动他们的积极性。将文化典籍作为容器不失为一条有益的探索。

在网络信息高度发达的今天，学生对于占据世界文化主流的西方价值观接触更多，后者在某些方面的"自由"渲染也更容易获得青少年的认同。与此形成对比的是，他们对于我们的文化典籍内容却知之甚少，这对我们开展社会主义核心价值观教育是非常不利的。因此，教师可以利用多媒体等工具，在课堂上借助文化典籍中的经典语句来营造情境，帮助学生更好地把握思政学习内容与传统优秀文化一脉相承的联系。

（四）运用公益广告引导学生学会观察生活

现实生活中的许多事件对于学生有着不可忽视的教育意义，而针对这些事件所制作的公益广告则将一些道德融入简单的语言之中，如关于"环境保护""孝敬老人"等主题的公益广告都是不可多得之素材。教师引导学生认识到自然资源是人类生存的物质基础，必须合理使用才能共生共存。创设有利于情感交流的课堂氛围，也可以搜集有关环境保护影视作品，引发学生共鸣与思考。

（五）运用生活创意，让创新与环保相联系，充满乐趣

通过废物利用的手段来加强学生的环保意识，是近来较为流行的情境创设手段，教师可以鼓励学生说说自己"变废为宝"的经历，并在课堂上大胆展示出自己的作品。

教师引导学生表达自己的心理感受。一方面是在看到创意的感受，另一方面是自己制作创意作品的感受，从而让学生意识到创意、创新给生活带来的影响，包括心理层面的感受。活动立意在于从生活细微之处感受创新，在创新活动中体味乐趣。

三、总结

思政课堂教学是学生素质和能力提高的主阵地。以立德树人为时代目标的新时期思政课，不论是教材编写还是考察重点，都更加贴近时代需求，也更有助于学生核心素养的培养与提升。选取贴近学生生活，具有时代价值的情境案例，融入我们的思政课之中。让学生了解国家、社会、学校、家庭中发生的事情，同时用自己的看法和认识来指导实际生活，使学生成为国家的主人，成为全面发展的高素质中学生。

参考文献：

[1] 汪丽.情景教学在初中政治教学中的应用探讨 [J].读与写（教育教学刊），2019,16（04）：104

[2] 向玲玲.基于初中政治教学渗透立德树人理念的实践分析 [C].2020全国教育教学创新与发展高端论坛会议论文集（卷二），2020

[3] 刘礼清.新课改背景下初中政治教学的有效性策略探究 [J].考试周刊，2019 - 000（010）：145 - 146

利用情境激发学生学习英语的兴趣

吴春湖

摘 要： 自新课程标准提出之后，初中英语教学有了符合时代发展趋势的指引方向，在教学效果上有了非常显著的提升。情境教学法在日常教学中得到了大量的应用，学生的学习兴趣被高度调动。但是，其中存在的一些问题也困扰着广大英语教师，如情境设置如何实现功利性和多样性的结合、学生英语学习能力如何提升、英语人文知识的渗透深度等等。此类问题的存在，已经严重制约了新时期英语教学的可持续发展。

关键词： 初中英语 情境模式 学习兴趣

教育变革已经成为 21 世纪我国最热门的话题之一，尤其对于从事一线教育工作的英语教师而言，英语课堂教学必须要从知识灌输、学生被动记忆转为激发学生学习兴趣、主动进行学习的方向转变。唯有如此，才能更好地将学生由知识的"存储器"转变成具有创新能力的人才，使其在未来能有更好的发展空间。

一、情境教学法的内涵

情境教学法指的是教师在教学过程中，按照既定的教学目标采取引入或新创场景的形式来激发学生的态度体验。由于情境的创设通常具有情绪化、形象化、生动具体等特点，从而在增强教学的易感知性和学生的课堂投入度等方面都有很大的帮助。可以说优秀的情景教学，是教师摆脱对与教材和相关知识的单纯讲授，把自身对多年教学经验和社会生活体验给予高度提炼和融合后作用于学生身上的。它的形式多样，优秀榜样、互动游戏、课堂随机事件以及角色扮演等都能够成为创设情境模式的因子。

二、英语课堂情境教学法创设中存在的问题

情境教学理念提出之后，诸多一线教师投入了大量精力，取得的成果非常喜人。但必须要重视的是，仍旧有许多问题亟待我们去继续解决。

（一）情境设置过于功利性

现阶段，教学成绩仍旧是考核学生学业和上级学校选拔学生的重要标准，同时也是衡量教师教学能力的"硬核"。因此广大英语教师在课堂教学中不得不将知识的讲解和落实作为重中之重，在情境的设置目标上也会围绕知识的讲解和渗透，导致学生对于情境的参与积极性有限。在对我校初一学生进行的调查中，有43.2%的学生认为教师所设情境存在着明显的功利性。横向对比的数据也能体现出该问题，现阶段初中英语教师在课堂情境设计过程中，很多是"为了情境而情境"，缺乏同学生的情感链接，且几乎每堂课都要进行运用，学生产生"审美疲劳"。

（二）情境设置忽视学生能力的提升

在经过一系列听课过程后发现，英语课堂的学生活跃度几乎是最低的。如果没有教师的提问，从不主动回答问题的学生占50%以上，这表明现阶段初中学生有相当部分对于参与英语课堂的主动性非常低下。就算是在情境授课模式下，他们英语学习对于教师的依赖性也比较突出，如果教师不进行督促，他们同教师的互动大都停留在很浅的层次。对此笔者也深有感触。在一线教学二十余年，面对的最大困难不是知识的传授，而是怎样提升学生的课堂参与性和帮助学生摆脱在英语学科中被动、依赖的学习习惯。许多学生学习过程中一切围着教师转，讲——听、问——答、写——抄、考——背，受这样的学习习惯主导，他们的思维能动性很难主动激发，英语思维的培养和提升更是无从谈起。

（三）英语人文知识不够重视

加强英语人文理解是提升学生英语综合能力的重要层面，但是目前绝大多数教师和学生都认为课堂教学中向学生介绍英语国家的风俗习惯、科技文化、生活方式等方面知识内容，对于学生英语学习并未有多大帮助。长期以来部分英语老师过分注重书本知识的输入而忽视多元文化的摄入，情境教学中一些配套的人文知识都是一带而过。在他们的教学经验中，英语成绩提升所要依靠的，最终还是词汇量和语法的存储量。这在实际上是忽视了英语也是多元文化的载体这一事实。

三、提升情境模式课堂效果的几点建议

笔者通过将自身教学经验与情景模式构建的学习心得相结合，对于提升情境模式课堂效果提出以下几点建议。

（一）以调动学生学习兴趣为核心

英语教师在英语教学中，应尽力摆脱情境设置的功利性，构建全方位、多目标的教学体系，在情境模式的设置上避免使学生产生生硬和突兀的感觉。让情境的进入和发展都能够自然而然地进行。与此同时，教师对于情境的利用也应该更加多元化。学习兴趣的提升就是一个非常值得利用的切入点。如笔者在学校的英语年会中，选择了一位平时对英语学习兴趣不高的学生参与全年组的集体合唱，并在第二天让他在班级进行单独演唱，经过这两次锻炼，该生在英语学习方面的兴趣和自信明显提升，不仅英语考试成绩提升，课堂参与度也较之前积极许多。

（二）由浅入深地设置情境

运用英语思维进行英语学习是培养学生英语核心素养的重要手段。英语是一种语言工具，且与我国传统语言有着较大区别，学生运用英语进行思维必然会经历从不熟练到熟练的过程。教师在情境设置过程中，如果能够让学生运用英语思维来进行参与，那么无疑会对学生英语学习能力的提升大有裨益。要想解决这个问题，广大英语教师一定要注重培养学生的英语思维，帮助他们养成用英语来思考教师提出的相关问题的习惯。在课堂情境的设置上，应本着由浅入深的原则，慢慢培养学生的英语思维。长此以往，学生课堂反应加快，同教师的交流和互动也就更容易衔接。

（三）加强英语人文知识的渗透

在日常教学中，教师应注重英美等国积极文化因子的渗透和熏陶，只有加强对相关背景的了解，学生们才能够更好地应用英语这门交际工具，而非单纯地将其作为学习的科目。通过英语人文知识的掌握，学生们能够深层次地了解和掌握教师情境设计之目的。这方面的知识，学生在之前接触的较少，很难独立完成。这时建议教师采取小组讨论的形式，让学生通过集体协作，来表达自己对于英汉文化在遇到此情景时不同处理方式的理解，提升他们的理解能力，借此来刺激学生的学习积极性和主动性。

四、结语

多年的教学实践证明，情境模式是一种行之有效的课堂教学形式，它在学

生学习积极性的调动和能力提升方面有着较大的优势。情境模式的实施，应该遵循"以学生为主体"的教育理念，将教学目标从知识的灌输和学习成绩的提升转移到学生英语思维和学习能力的培养层面。这就要求我们英语教师在情境设置时充分考虑到它的新颖性和有趣性，让学生在欢乐中进行思考，实现学思共进的目标。

参考文献：

[1] 张雯芳. 创设情境，激发学生的学习兴趣 [J]. 魅力中国，2016 000 (024)：286

[2] 崔文广. 情境体验教学模式在英语教学中的应用 [J]. 中外交流，2019－000（001）：208－209

[3] 覃春梅. 创设情境学习新知识的技术研究 [J]. 新智慧，2020 000 (011)：69

经典咏流传

——强化传统文化教学

阎峪铭

摘　要：学习国学经典，是学生了解与弘扬华夏传统文化最为重要的手段。诵读经典，可以儒养身心，让学生了解传统文化的魅力，感悟民族精神。诵读经典，可以陶冶性情，让学生传承民族美德的内涵，提高自身素质。强化记忆，注重积累，才能使课内外国学经典形成良性循环，才能激励学生向圣贤之道靠拢，以完成"为天地立心，为生民立命，为往圣继绝学，为万世开太平"的使命。

关键词：国学经典 传统文化 语文教学

近几年，语文老师肯定有很深切的感受：随着国家舆论的倡导，家长及课外兴趣班已经越来越重视对孩子国学经典的培养，很多小学生能背诵《三字经》《弟子规》《增广贤文》甚至《笠翁对韵》等国学经典读本。这场教育界的文化思潮始于中央台的《百家讲坛》，盛于《诗词大会》和《经典咏流传》。十多年的积淀，对我们初中语文教学来说是事半功倍的好事——学习国学经典，是学生了解与弘扬华夏传统文化最为重要的手段。

诵读经典，可以濡养身心，让学生了解传统文化的魅力，感悟民族精神。初中教材中的古诗文或述咏名胜，或抒怀幽思，表达了古圣先贤对操守的执着，对理想的追求。这对学生"三观"的形成有着"润物细无声"的效用。背诵"见贤思齐焉，见不贤而内自省也"，学生就会体悟到自我反省的重要意义；学习"先天下之忧而忧，后天下之乐而乐"，孩子们就会认同并培养自觉以天下为己任的奋发情怀，识志"学然后知不足，教然后知困"，求知的心田就能不断获取学习延展的快乐；铭记"生，我所欲也，义，亦我所欲也，二者不可得兼，舍生而取义者也"，年轻的心灵中升腾出蓬勃浩然之气……

诵读经典，可以陶冶性情，让学生传承民族美德的内涵，提高自身素质。

当孩子们捧卷吟咏时，"沉舟侧畔千帆过，病树前头万木春"的豁达通透，"春蚕到死丝方尽，蜡炬成灰泪始干"的坚贞诚挚，激发了他们真善美的情愫；当孩子们掩卷思索时，"安得广厦千万间，大庇天下寒士俱欢颜"的无私呐喊，"但愿人长久，千里共婵娟的"的美好愿望，涤荡他们尚稚嫩的胸襟。俯仰之间皆学问，耳濡目染传统文化，对学生世界观的形成甚为重要。

那么，如何在初中语文教学中有目的，有方法地加强学生对传统文化的解读呢？我在"读书指导"的传统教学方法之外，结合学情，在自主学习法的道路上摸索，从而达成学生"自觉——自发"层进式的飞跃。

一、强化记忆

在课堂教学中，对所涉及的文化典故适当讲解剖析，可以使学生更理解诵读过的华章内涵。以学生最熟悉的《三字经》为例，我会通过信手拈来的小例子深入浅出地完成"解惑传道"的知识和德育目标。比如了解《孟子三章》作者时，会联系《三字经》中"昔孟母，择邻处""孟子者，七篇止"；介绍"四书"文学常识时，会引申"论语者，二十篇"；"做中庸，子思笔""作大学，乃曾子"；了解《教学相长》时代背景时，可由"大小戴，注礼记"导入；品读《蒹葭》《关雎》时，介绍六艺"曰国风，曰雅颂"；在翻译《曹刿论战》前，让学生通过"三传者，有公羊。有左氏，有谷梁"知道《春秋三传》；由《水调歌头》引出"苏老泉，二十七。始发奋，读书籍"的"三苏父"；分析《咏雪》时，以"谢道韫，能咏吟"，肯定其在中国文学史上难得的地位……

做对联题时，回顾《笠翁对韵》，让学生更清楚地明白如何对字最经典，并要以此发散，不墨守成规。"天对地"固然重要，"雨"对"雪"也未为不可；除去押韵的特点，"大陆"对"深海""高山""小流"也是可以的。

在培养孩子优秀习惯方面，如果说《弟子规》是古代版的行为守则，虽三字一句，却处处透出封建士大夫的端方，那么《增广贤文》就是警句大全，很多佳句已经如普世哲学一般根植于我们的思想深处。比如面对时光流逝，我们会说"一年之计在于春，一天之计在于晨""长江后浪推前浪，浮世新人换旧人"；处世接物方面，我们会贯彻"远水难救近火，远亲不如近邻""贫贱之交不可忘，糟糠之妻不下堂"；用"良药苦口利于病，忠言逆耳利于行""听君一席话，胜读十年书"来表示我们的受教；以"路遥知马力，日久见人心""人无远虑，必有近忧"印证居安思危的重要……

虽说国学幼儿读本有限，而且孩子们的语文成绩可能会参差不齐，但大多数孩子蒙学所读的经典已经烙印在他们心底，所以教学过程中很容易引起共鸣。

二、注重积累

（一）每节语文课前，预铃之后课代表领诵本册书要求背诵的一首古诗词或一段文言文。夯实课内知识，永远是拿分的王道。语文学科对传统文化的熏陶和渗透的优势绝对可以称得上是无处不在。

（二）初一的课前演讲，在课外古诗文经典中选取素材。这既锻炼了学生的口头表达能力，也扎实了古诗文名篇的积累。试想，全班轮一遍下来，每位同学就能"混个眼熟"四五十篇古诗文，这对语文试卷中"课外文言文阅读题"题型的能力培养肯定功不可没；如果能直接"对对碰"，那就更是能确保提分的意外之喜了。

（三）在教材所要求教授的古诗文篇章之外，我会选择主题或内容相关、相近的配套资料，以初高中各种版本的语文教材为界，请学生誊抄到"每周练笔册"上。这种迁移教学，有助于激发学生举一反三的能力及争相背诵的热情；不但规避了"为了背诵而背诵"的盲目性和随意性，而且识记名篇更可以提高学生作文的辞采。

（四）以古典诗文的小册子来奖励学生。假以时日，学生手中的图书就可以汇聚成系列。这样，不但形成了班级人人有古诗文经典可读的局面；在孩子们彼此借阅的过程中，加强了他们对所读书目的感悟交流，促进他们"自发阅读"的量变。

（五）安排古诗文知识比赛。全员参加，或个人，或小组竞赛。比赛分客观题（及书面评分题）和主观题（即抢答竞赛题）。比赛内容涉及面广，题型丰富，甚至还设计接龙题、抢背题、表演题等。孩子们背诵的积极性被充分调动起来，各种成绩的学生都愿意参与，有效减缓学生对古诗文死记硬背的痛苦无奈。

当然，这些小举措可能短期内不会收到成效，但只要坚持，就能使课内外国学经典形成良性循环，对学生的阅读写作，身心修养的提高都是非常重要的。所谓"读书破万卷，下笔如有神""熟读唐诗三百首，不会作诗也会吟"。诵读古诗文经典，只有激发学生声情兼备地感悟意境，创造性地再现作品，才能拉近我们与古人的距离，提高学生古为今用的意识，丰富知识储备，夯实我们"大国梦"的文化储备。

初中生正处于确立正确人生观的大好时机。涵泳经典，浸润其中，可以激励他们向圣贤之道靠拢，迈进。所谓"为天地立心，为生民立命，为往圣继绝学，为万世开太平"，这正是传统文化教学的使命所在。经典咏流传，愿我们这盛世，能真正实现为国人确立文化价值、为人民确保生活幸福、传承文明创造的成果、开辟永久和平的社会愿景。

实心球的教学方法探讨

张　昆

摘　要：实心球教学是初中体育教学的一项重要内容，也是发展力量素质训练行之有效的方法。近年来，实心球作为中考体育测试项目已经在多个城市展开。当下，初三学生时间紧，任务重。利用体育课上有限的时间，采用科学合理的教法，来提高实心球的成绩势在必行。教者结合自己多年的教学经验，在实心球的出手速度、角度、和上下肢协调配合方面出现的问题上，针对性地提出了自己的见解。

关键词：实心球　出手速度　出手角度　上下肢配合

一、实心球运动概述

（一）实心球运动的特点

实心球运动是一项以力量为基础，以动作速度为核心的投掷项目，学习过程较为枯燥乏味。当下，实心球作为中考体育测试项目越来越得到各方面的重视。它对技术的要求很高，不但要有快速的出手速度，合理的出手角度，更为重要的是，要有上下肢的协调配合。唯有掌握正确的技术，加上专项的力量速度训练，才能在实心球运动中有所建树。

（二）实心球运动的重要性

掷实心球作为中考测试项目，说明它有很高的锻炼价值。前掷实心球的练习，能发展学生上下肢肩带肌及腰腹肌力量，及身体的协调性，更能增强学生的自信心，培养学生吃苦耐劳，拼搏向上，勇于进取的意志品质。并且学生通过学习实心球的投掷，在遇到问题的时候，能从多角度、多方面去进行分析，寻求多种解决问题的办法，对学生人格的塑造起到不可忽视的作用。

在正确认识实心球运动及其重要性后，我们应该抓准重点进行教学。这对今后的教学是至关重要的。课上究竟选用什么样的教学方法、练习方式，才更能提高学生的运动成绩，达到事半功倍的效果？这成了笔者这些年一直在思考的问题。掷实心球的过程中，每个细节都会影响最终的成绩。所以在练习中，不容忽视任何一个动作细节。

二、实心球练习中存在的问题

（一）出手速度过慢

在实心球的准备发力环节、开始发力环节和最后发力环节，任意一个环节出现问题，都会导致最后出手速度过慢。实践中，学生们往往存在上体后仰不够，没有形成满弓形，或后仰幅度过大，发力时蹬地不充分，鞭打速度慢，腰腹肌收缩不明显等诸多问题。

（二）出手角度过大或过小

受制于学生之间的个体差异，在实际的练习中就会出现各种问题。例如，肘关节过早下降，或甩小臂现象，导致出手角度过小。再如，球出手时直接弯腰，将球砸向地面，降低了出手高度，减小了出手角度。还有，出手点过于滞后，出手时机过早，向前上方鞭打意识不够，造成出手角度过大，球只高不远。

（三）上下肢不能协调配合

课上经常会出现有的同学单纯依靠上肢力量将球拨出，而不会全身协调用力，或者是上肢用力过早，下肢用力不够充分，造成动作脱节现象。因此，上下肢协调配合练习至关重要。

三、实心球教学教法的感悟

（一）提高出手速度

常言道，速度决定一切。同样在实心球运动中，速度是训练的核心。掷实心球出手速度的快慢，对最终的成绩起着决定性作用。从准备姿势到最后发力，所有动作都是为出手速度服务的。那么怎样才能把全身的力量快速集于一点呢？这就需要从实心球发力的三个阶段：准备发力阶段、开始发力阶段、最后发力阶段来说。每一阶段的蓄势待发都与最后的出手速度息息相关。如果在准备发力环节，上体后仰不够，就会造成力的作用距离短，时间长，导致出手速度慢。解决这个问题首先要让学生明白只有"弓"拉满了，射出去的箭才更远，这就要求整个身体从腰背肩到手臂，要充分伸展成满弓形，形成良好的超越器械状态。要事先储存大量的弹性势能，加大最后作用距离，以便在最后发力时，能最大限度地将势能转化成动能。对于有的学生发力时，后腿蹬地不够充分，挥臂慢的问题，教师先做完整示范，再指导学生反复做蹬伸，挺胸，展髋，送肩，快速挥臂鞭打动作。教师站于学生后方，在学生最后用力前，在后面轻拉其肩，推其背，让学生注意挺胸，为最后获得最快的出手速度创造条件。再如，在单杠上挂一根细绳，指导学生反复做快速蹬伸，挺胸，展髋，送肩，向斜上方做快速挥臂鞭打练习，先单臂后双臂。或是两人一组，面对面坐下，投掷沙包或者实心球，体会挥臂动作。或两人前后站立，一人从身后在上面抓住另一人手臂，帮助其做挥臂动作。

（二）采用合理的出手角度

实心球出手角度的高低，直接影响到最终的投掷距离。所以掌握合理的出手角度，对提高实心球的成绩至关重要。课堂上，教师通过演示高、中、低三种不同出手角度，让学生观察落点与投掷线的距离，说出哪种出手角度能把球投得更远。最后教师根据学生的回答，引出运动抛物线的原理：若不考虑空气阻力，掷实心球出手角度为45度时，能使球的飞行距离最大化。学生在明白这一道理后，练习时就会进行自我暗示，在最佳的角度出手。练习方法有两种：一是在距离投掷线三至四米，或四至五米处，放置两个杆，杆上系着皮筋，皮筋的高度与学生的站位成合理的角度。学生根据自己的身高和身体素质，自由组队，选择适合自己的高度。先用轻的沙包投过这个皮筋，再过渡到实心球，达到正确的动作定型。二是对墙抛实心球。在墙和地上分别画一条线，站在地上的线后，将球投到墙上的标志线处，逐渐增加地上的标志线与墙的距离。如此反复练习，直到动作定型。

（三）上下肢的协调用力

实心球的发力顺序是自下而上的。只有上下肢协调用力，才能最大限度地把下肢蹬地的力量依次传递到腰、肩、手臂，力量集聚一点，才会把球投得更远。有些学生做动作时，上下肢不能协调发力，导致力量损失，发力不充分。针对这一情况，让学生背对肋木站立，双手从头上抓住肋木，反复做蹬地、送髋、挺胸、收腹、挥臂动作练习，体会上下肢的协调用力。直至形成正确的动作定型。

掌握了合理的抛球技术后，还需要加强个人的身体素质训练，二者是相辅相成、缺一不可的。尤其要进行力量素质的练习。它会使掷实心球的成绩锦上添花。因为掷实心球毕竟是一项以力量为前提的运动项目。基于这种情况，在课堂上，笔者选择了几种简单的发展上下肢及腰腹肌力量的练习方法，指导学生去练习。

1. 发展上肢力量的引体向上，扶墙斜撑，做手臂屈伸练习。

2. 发展下肢力量的蛙跳、深蹲跳。

3. 发展腰腹肌肌肉力量的仰卧起坐、俯卧背弓、悬垂举腿。

四、结论

实心球运动作为初中体育教学的一项重要内容，广泛存在于各地中考的体育测试项目中。但是实心球运动在教学实践中，存在着诸多问题：出手速度过慢，出手角度过大或过小，上下肢不能协调配合。这导致了学生的实心球成绩得不到提高。对此，教者从自身二十余年的一线教学经验中出发，提出实心球教学的一些新的思路：强化出手速度，正确调整出手角度，完善上下肢的协调配合。同时，在力量训练方面，提出了发展上下肢及腰腹肌力量的练习方法。实心球运动发展到今天，在中考测试项目中占有一席之地，同时在生活中也能起到强身健体的作用，但在技术动作方面，还需要进行一定的练习调整。

历史教学的"可视化"初探

张秋晶

摘 要：历史课程的改革和建设，需要历史教师从人文的视角出发，基于历史学科特点和学生的学习心理，研究学生学习历史的全过程，从而满足全体学生真实性、个性化学习的需求。历史教学"可视化"方式探索可以为历史教学中"核心素养"的默化锦上添花。

关键词：历史教学 可视化 核心素养

"以人文情怀关注学生的成长历程，为学生一生的发展奠基"是我的教学理念。在历史教学的道路上 26 年，锲而不舍，孜孜以求，且思且行。我始终相信：全心投入会看到未来的山花烂漫。

一、修炼匠心，探索历史教学的适用模式

历史教学是基于课程标准和部编教材，落实学科核心素养的实践。历史教学的一切环节、一切手段、一切活动都应该以传承、创新、互动为契机，都必须以学生的全面发展为终极追求的目标。

"可视化"是指通过直观化、图形化的方式展现内容的关键特征，以实现知识的有效表达。在历史教学过程中，"可视化"的基本方法是：把教学内容中大段文字为主的抽象化表述转换为以图示、图片、影像、动画等为主的形象化表述进行呈现。这种可视化的研究探索，就是要对历史事物的大局整体进行认知，从不同的角度和方向，全面、发展、联系地看问题，从局部到整体，由分散到联系，从而加深学生对历史的认识和理解。

教师可以通过"可视化"的教学方式，引导学生借助教师提供的相关资料思考问题，进行符合逻辑的推理。通过学生对问题的回答来展示他们的思维推演过程。教师的关键作用在于设计、引导和促进。设计是教师根据课程标准和教学目标，有针对性地设计"可视化"的教学环节，将学生生活的实际与历史

的发展联系起来；引导是教师在"可视化"的环节有明显的问题呈现，学生回答问题时，指向明确并表达清楚；促进是指教师能否积极地促进对话，倾听学生表达，鼓励和引发学生提问或质疑，对学生的反应有建设性的反馈。以"可视化"为支点，探索历史教学的适用模式。

二、砥砺匠韵，默化历史课堂的核心素养

在历史课堂上，进行"可视化"模式的尝试，拓展学生的思维广度，培养学生的关键能力，强化学生的历史思维，提高历史学科核心素养。下面将围绕历史学科的五大核心素养的默化，举例说明。

（一）"可视化"——史料实证核心素养的默化：历史学习的过程中，加强学生对某一历史现象、历史问题的理解，教师要借助一些有价值的史料信息，用实证的方式去提升学生的史料搜集、整理、辨析、阅读的能力。

例：讲述"荆轲刺秦王"，科学合理地运用两种史料。

1. 山东嘉祥武氏祠的汉代画像石"荆轲刺秦王"图片。

2.《史记》记载："秦王发图，图穷匕首见……（荆轲）乃引其匕首以掷秦王，不中，中铜柱。"

"可视化"的教学方式首先是以视角感知为切入口，是一种融其他感知活动于一体的思维活动历程。图，是首选。

在历史课堂上，指导学生对两种类型的史料——图片资料 a 和文献资料 b 进行对比分析，相互印证，培养学生的实证能力。学生首先对史料的来源和可信度进行考证，充分认识到图片史料和文献史料的价值，然后学生会解释较为合理的事实。最后，教师帮助学生将"荆轲刺秦王"知识进行延展，实现单元内知识网络的构建，促进学生史料实证能力的提升。

（二）"可视化"——时空观念核心素养的默化：历史教学中，培养时空观念尤为重要。因为学生缺乏时空观念，就记不住历史事件发生的时间、地点，历史线索不清，地理概念也不清楚。针对时空观念，在历史课堂上，通过教材整合，利用时间轴、框架图、大事年表、历史地图进行"可视化"的教学设计。经过一阶段的实践，学生从起初的面面俱到、不会取舍到精选事件、关键节点，编出语言精练、契合主题的时间轴、框架图、大事年表。

例：世界近代史框架图

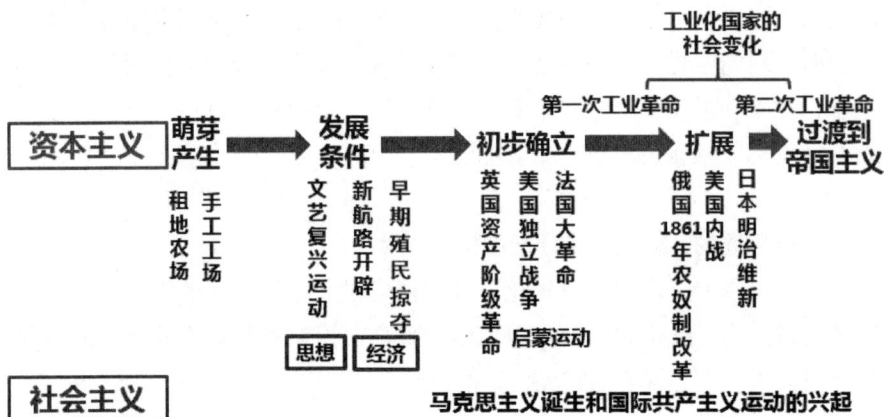

历史地图能直观地显示地理要素，能形象地说明一些不易于文字表述的内容，有助于通过时空的因素来认识和理解历史。图文并茂是历史书籍和历史典籍的基本形态。由此可见，地图对历史学习的重要性，在课堂上，历史地图是我们以时空观念为突破口，进而默化学生历史学科核心素养的最佳素材。

地名、疆域和政区的变化比较复杂，变化过程用文字很难说清楚，在地图上却一目了然。既能根据地图提供的信息，联系该地当时的政治、经济、文化、民族关系、外交等状况，形成对图示所驻地域的整体认知。也可以重构教学内容，有助于更好地实现教学目标，提升师生的历史学科核心素养。

（三）"可视化"——历史解释核心素养的默化：在核心素养的背景下，学生分析教材、解释文本内容、揭示因果关系，接近历史真实是历史教师要面对的一个重要课题。历史课堂上，教师精选专题进行"可视化"训练，让学生知道对同一历史事物也会有不同的解释，促使学生能够认识历史解释的重要性，对历史事物之间的因果关系做出合理解释。

例：戊戌变法、明治维新的异同

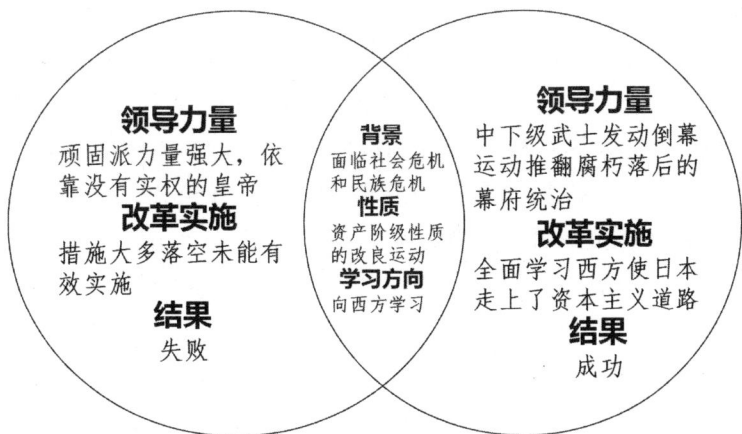

双气泡图的"可视化"设计，把历史事件、历史现象和历史背景都放到特定的环境中，做对比、做分析。认识历史现象所反映的历史时代特征，从当时的历史条件下去分析这些历史问题。这样的历史解释才能让学生更好地理解历史。

通过历史解释，学生能够理解课堂教学所述史事的含义，设身处地地想象、感悟这些史事的实际情况，并且与所学的知识建立起合乎逻辑的意义联系。

课堂上，历史解释是要表达出来的。表达的训练，提升学生交流、合作和探究能力，指向了中国学生发展的核心素养，共同彰显于学生历史学科核心素养的默化当中。

（四）"可视化"——唯物史观核心素养的默化：历史课堂上培养学生"大历史观"的关键教学环节，教师可以引导学生运用唯物史观的立场、观点和方法，对历史进行全面、客观的认识。

例：利用系列图片做动态演示来解释生产力决定生产关系，生产关系适应生产力的发展。战国时期从牛耕到铁器的出现。生产力决定生产关系，出现了重大的历史事件——商鞅变法。再往后面进行延展练习。战国时期，商鞅变法采用的是重农抑商的政策，在当时是有利于经济发展，是进步的。但到了明清之际，继续进行重农抑商的政策，不利于社会经济的发展。

（五）"可视化"——家国情怀核心素养的默化：主张大教材观。教师可以在历史课堂上将电影、电视、杂志、报纸作为补充教材，重视选择"可视化"的历史情境，在"神入"历史中渗透家国情怀。

例1：历史活动课《家国命运中的抉择》。通过活动课进行教材延伸。一个时代——19世纪末20世纪初；3个人物——张謇、孙中山、谭嗣同；一个目的——救国救民，发展民族资本主义。

选择符合活动课主题的历史人物，剖析他们的心理活动，同理他们的时代感受，尊重他们的历史抉择。因为责任感和使命感是一种深层次的文化心理密码。在活动中，让学生深刻认识到家国情怀的实质：个人是基石，家庭是纽带，国家是最大的家。希望每个人都能做出日后回想起来不会让自己后悔的抉择。

例2：精选历史纪录片、影视作品

选择能够引起情感共鸣的、古今中外的史实进行动态的媒体展示，让学生了解中华民族优秀的传统文化，具备传承和弘扬优秀传统文化的意识，对学校、家乡、国家、民族有了解和认同，努力维护人类的社会正义、基本伦理，人与人相互友爱，国与国之间和睦相处，这些是人类最基本的价值准则。

三、化解匠气，展现历史教师的时代风采

教师学习先进的教学理念，将其健康地移植于历史教学，历史课堂就会成为有温度、有生命力的课堂。基于此，我们认为在历史课程下进行"可视化"的研究、可视化的探讨、可视化的实践，是推动历史教育教学水平提升的重要途径。

学生可以依托这些"可视化"的教学环节，在任务驱动下展开探究活动，并在整个的过程当中自然地完成对历史知识的掌握，进而逐步形成历史学科的核心素养。

历史学科这些核心素养当中，时空观念和历史解释是显性的素养，唯物史观、史料实证和家国情怀是隐性的素养。

"可视化"的教学设计带给学生的变化显而易见，组织形式也并不像有些教师和学生想象得那么复杂和难以理解。只要教师能够准确地理解"可视化"的内涵，精心设计教学流程，用心思考其背后孕育的教育理念与历史学科的核心素养，"可视化"的探索一定会在更大的范围内得到推广并广泛实施。

正是因为有了明月和繁星的点缀，浩瀚夜空才如此神秘和美丽；正是因为有了理念和专业的碰撞，历史教学才有了适用模式的创新发展。"可视化"教学方式的探索，只有目标，没有终点……

第三部分 03

| 教学案例 |

"望梅止渴"

——对"反射"的探究学习

陈希勇

摘　要：在生物学科的"反射"教学环节中尝试着利用教育机器人组件作为学具组织学生进行探究学习，在落实教学重点、突破教学难点方面起到了事半功倍的效果。能够满足学生的不同认知风格和起点差异，同时有助于展开知识建构，引发高层次思维活动。

关键词：教育机器人 "反射" 探究学习

新课程标准对学生的全面发展作了全新的定位，初中生物学的课程目标要求将知识与技能、过程与方法、情感态度与价值观这三维目标有机整合，并关注学生核心素养的培养。于是，我在《反射与反射弧》的教学中尝试了新的方法。

一、发现问题

生物学是一门以实验为基础的自然学科，实验是生物学教学中不可缺少的环节，有着无法替代的地位和作用。然而受各方面因素的制约，很长一段时间以来，初中阶段的生物学实验，尤其是解剖和生理方面的实验在实际教学中很难有效地开展，初中生物学中的一个重要环节——"反射与反射弧"的教学就是一个典型的例子：

教材中设置了学生的"膝跳反射"实验，然而在实际教学当中，教师们通常只是指导学生分组进行了"用手掌缘叩击膝盖下方的韧带处"这一实验环节，和让学生观察到"小腿向前抬起踢出"这个实验现象，然后就用文字和图片介绍反射与反射弧的知识。学生仅仅是亲身参与了实验的前期准备就观察实验现象，没有深入思考和探究。结果往往是学生仅仅牢牢地记住了"膝跳反射"中的"用手掌缘叩击膝盖下方的韧带处"这一实验条件和"小腿向前抬起踢出"这个实验现象，而对反射与反射弧这组关键的知识点却印象不深，甚至是一塌糊涂。

我们在教学过程中也曾努力地进行了各种尝试，试图用 PPT 幻灯片、视频、动画等方式来解决这个问题。但是，以上几个方式都是非交互式的，仅仅是让学生处在用眼睛看、用脑思考的状态，却不能让学生动手操作，不能亲身体验揭开谜底的过程。这样的结果是学生不能获得最直接的感性认识，失去了对科学奥秘探知的兴趣，不利于实验技能的培养和知识的巩固。

二、解决问题

在教学实践和研究摸索中，我尝试用教育机器人套装组件来搭建模拟"反射与反射弧"的实验来解决上述问题。

（一）具体方式

在进行了"用手掌缘叩击膝盖下方的韧带处"这一实验，观察"小腿向前抬起踢出"这个实验现象以及在组织学生观看反射弧的结构图片以后，指导学生动手参照反射弧的图片将教育机器人套装中的部分组件拼装出一个模拟的反射弧：一个触动传感器（模拟反射弧中的感受器）、一个主控板（模拟反射弧中的神经中枢）、一个小电机风扇（模拟反射弧中的效应器）和两根导线（分别模拟反射弧中传入神经和传出神经），将这些组件依次与主控板连接好后，再利用模块化的编程软件快速编出一个非常简单的程序，一个反射弧便诞生了。

（二）科学原理

当按动触动传感器时，模拟反射弧中的感受器感受到刺激，并把刺激转化为神经冲动，与触动传感器连接的导线模拟传入神经，把神经冲动传导到模拟的神经中枢——主控板，主控板会按照预设好的程序做出反应模拟神经中枢的调节过程，发出指令沿另一根导线（传出神经）传到小电机风扇（效应器），小电机风扇旋转表示效应器产生反应，反射完成。

接下来，学生通过反复试验和拼装，使眼、手、脑充分调动起来，大脑始终处于高度的兴奋和探求状态，很自然地将"反射与反射弧"的相关知识深刻地印在了脑海里。

而且，在拼装的过程中和编程中一旦出现了错误，则正好验证了另一个重要的知识点——反射完成的前提是反射弧必须完整。

而不断地调试和修改的过程也同样印证了反射的调节过程。

通过这个方式，一个原来只能用图片或动画片演示，而无法亲身实践的教学重点和难点被学生轻易而且兴趣十足地突破了。

在接下来的练习巩固阶段，同样通过指导学生结合制作好的反射弧学具来探究习题。

　　学生们主动地投入到这种别开生面解答习题的过程中，创造力得到了充分的发挥。比如：不少学生尝试改变反射弧的搭建方式，使得教学效果更加明显、生动。此时的生物学课堂成了老师有针对性地解惑答疑、师生互动交流、思维碰撞、共同进步的天堂。在这个天堂里，学生的心智技能和动作技能在解题的过程中得到了提升，学生的学习自信心得到了加强，学生的学习兴趣得到了激发。

　　（三）学具延伸

　　鉴于用机器人教育套装模拟"反射与反射弧"的实验在教学中取得了令人满意的效果，因此，在解决本节课另一个教学难点"条件反射"时，我再一次运用了机器人教育套装作为教学手段。

　　在这一环节当中，教材中给出了"望梅止渴"的典故，由教师引导学生通过分析探究对比出简单反射和高级反射的区别和联系，以及对人类特有的高级反射的理解。

　　对此，我做了以下的探究设计：

　　1. 创设科学合理的探究情境

　　由于上述的反射活动的神经中枢都是在大脑皮层，所以我先利用3D打印技术分别打印出人体头部等比例模型和人大脑半球等比例模型，以此创设出科学合理的学习情境。

　　2. 模拟出"吃梅止渴"的简单反射

　　组织学生动手将主控板固定在人体头部等比例模型上，在口腔的舌尖部位处固定一个触动传感器模拟味觉感受器，在口腔内的相应位置处固定一个环形LED灯，模拟人口腔中的唾液腺。在人大脑模型上找到躯体感觉中枢和躯体运动中枢区域，分别在这两个区域各安置一个LED灯。然后通过导线将上述组件分别与固定好了的主控板连接。这样一来，便模拟出"吃梅止渴"的简单反射弧。

　　整个过程一气呵成，现象明显，学生能直观地判断出该反射活动虽然有大脑的躯体感觉中枢和运动中枢参与，但由于该反射是由味觉接收到直接刺激而产生的反射活动，属于人类先天具有的特点，因此是非条件反射，是简单的反射。

　　3. 模拟出"望梅止渴"的条件反射

　　在"吃梅止渴"的简单反射的装置上，再组织学生动手在人体头部等比例模型的眼睛位置安装一个人体感应传感器，在人大脑模型上找到视觉中枢的区域，在此安装一个 LED 灯，用两根导线分别将二者和主控板端口连接上，"望梅止渴"的条件反射弧便做成了。

由此过程，学生能直观地判断出这种反射明显要比非条件反射复杂。

4. 模拟出"谈梅止渴"的高级条件反射

在"望梅止渴"的条件反射的装置上，再组织学生动手在人体头部等比例模型的耳位置安装一个声音传感器。在人大脑模型上分别找到听觉中枢和语言中枢的区域，在这两个区域上各安装一个 LED 灯，用导线分别将三者和主控板端口连接上，"谈梅止渴"的高级条件反射弧便做成了。

随着 LED 灯的不断亮起，一个个位于大脑皮层的功能区的活动原理依次展示在学生们的眼前，学生们直观地了解了各种反射活动的过程及特点，又一次轻松地将抽象、晦涩的难点转化为直观形象的知识，为本节课画上一个完美的句号。

三、案例反思

在教学实际中发现：教育机器人套装搭建拼装的优势被学生们发挥得淋漓尽致，尤其是学生们针对习题而制作的作品五花八门，但都体现出了"反射及条件反射"的特点，这说明学生们思维的开放性、多元性、生成性在此处已经被充分调动起来。

在教学效果上来看，该方式在落实教学重点、突破教学难点方面起到了事半功倍的效果。能够满足学生的不同认知风格和起点差异，同时有助于展开知识建构，引发高层次思维活动。

教育部颁发的新课程标准明确要求初中生物学在课程内容的设置上应注重知识的形成过程，关注学生获取知识的过程，从而更好地培养学生的核心素养。将教育机器人与初中生物学教学融合的尝试与探究，充分开发教育机器人的资源潜力，让学生通过自主参与研究的过程来进行学习以获得亲身参与研究探索的积极体验，使学生获得科学探究的初步体验，加深对自然、对社会、对生活等方面的积极思考和感悟，逐步形成一种在日常学习与生活中喜爱质疑、乐于探究、勤于动手、努力求知的心理倾向，激发探索和创新的欲望。

参考文献：

[1] 义务教育生物学课程标准. 中华人民共和国教育部制定，2011 年版

[2] 教育部关于进一步推进高中阶段学校考试招生制度改革的指导意见. 教基二 [2016] 4 号. 教育部制定，2016 年 9 月 19 日

［3］关于深化教育体制机制改革的意见. 中共中央办公厅、国务院办公厅印发，2017 年 9 月 24 日

［4］吉林省教育厅关于进一步推进高中阶段学校考试招生制度改革的实施意见. 吉教办［2018］16 号. 吉林省教育厅发布，2018 年 2 月

Photoshop《我爱我家》课堂中美术的延伸

高雪莲

摘　要：在 Photoshop 的教学过程中，从提高学生审美的角度，我把美术知识和信息技术课整合，让学生不仅仅学会处理图片的知识，还能欣赏名人字画、提高摄影技术，使学生得到全方位的发展。

关键词：Photoshop 图像处理 美术

随着社会日新月异的进步，计算机已经成为人们生活中的必备工具。软件的开发也是层出不穷，从办公室 office，到网络信息的 Wechat，无所不包。这些软件实现了在人们日常生活中所需要的各种功能。在这些软件当中，平面设计软件 Photoshop，CorelDRAW 等满足了针对图片处理、产品设计、广告设计等方面的需求。电脑绘图脱离了传统的手绘，通过计算机来完成我们对艺术的加工，展示我们的想法和创意。

《我爱我家》这节信息技术课中，需要使用平面设计软件 Photoshop。这节课不只是简单地教授软件工具的使用，而且包含了美术方面的大量信息，让学生掌握软件工具使用的同时，充分激发他们的主观能动性，创造出有特色的作品。

一、在《我爱我家》课堂中实现对色彩变化的处理

色彩在大学当中是作为一个专业课来开设的，但对于初中生来说复杂，在《我爱我家》课上要着重使学生学会应用 Photoshop 工具来完成对图片色彩处理。

这节课中，要求将家庭照进行各种操作——变幻图片的色彩，把图片局部改成学生喜欢的颜色。学生尝试将多种工具结合使用。例如：有的学生使用 Photoshop 魔棒工具的选取、曲线的功能完成对图片色差的改变、颜色的替换；有的用填充颜色、替换颜色等多项操作。在这种体验过程中，学生了解了三原色，体悟到对色彩操作需要学习并掌握美术里很多色彩的相关知识以及如何用

数值去表示色彩。

Photoshop 给学生带来的不仅仅是直观地看到简单的事物通过工具的操作变成令人惊叹的作品，而是告诉学生人类的智慧所能达到的一种程度，开阔了学生的眼界。

二、在《我爱我家》课堂中学习并应用多变化的图片样式

美术里面的素描、水粉、油画……不同手绘画笔绘制的作品，让人们看到艺术的不同形式的美。在 Photoshop 工具中有图层样式和滤镜等这些功能，可以使图片达到水粉、油画的效果，这些功能的学习成为这节课的难点。

如何让学生掌握样式概念?《我爱我家》在讲到图层样式和滤镜时，课前准备好家庭或者个人图片——这些图片是油画、水粉、国画等，让学生直观感受不同材质画出来的作品，以及相应的风格，然后学生在 Photoshop 中对同一图片进行不同风格的设置。在这一过程中学生逐渐了解了图片样式的多样化。每个学生都有自己的偏好，在熟悉工具以后学生可以按照自己的爱好来选择图片的样式。

三、绘图工具的使用

Photoshop 有画笔、橡皮擦、拾色……工具，这些绘图工具为学生在电脑绘图上提供了很大的方便，也是 Photoshop 教学中必不可少的内容。学生用 Photoshop 的画笔在电脑画布上绘画出自己的图案，学生用鼠标代替了铅笔、橡皮……在打开的个人图片里，同学们用画笔工具绘画出各种线条和图案。最后输入文字，图文并茂。

四、对摄影作品的综合处理

对摄影作品的综合处理是《我爱我家》这一节中难点之一，因为这考察了学生的综合运用能力。

首先每个学生都提前准备好上网下载的有关父母合影照、个人照、全家照等优秀摄影图片。这些图片在学生处理图片之前，通过局域网演示优秀的摄影作品。这样做的目的有两个:

（一）让学生欣赏到不同角度里的世界，提高学生的审美能力。

（二）学生在观看图片过程中，对摄影构图、光线的变化有一个形象的记忆，并对这些记忆的信息进行整合，形成自己的概念。这个概念会在脑海里形成一个图案。对图案的加工以及完成、再现，就是由 Photoshop 来完成。

对于初中生来说，喜欢摄影的同学，可以通过在课堂中根据所学内容，把自己拍摄的家庭生活照片、同学合影、自己有意义的活动等进行相应的操作。例如：简单的图像处理包括——旋转、缩放、抠图、重叠等。

1000 个学生都使用一个软件 Photoshop，可以创造出 1000 个作品。这是"千江有水，千江月"的效果，是源于学生的创意思维不同。

艺术的创作离不开想象。在课堂上保留学生的创造性思维，不去强制地要求他们处理图片必须按照统一的模式，而是在工具掌握以后给他们自由发挥的时间和空间，随意发挥他们的想象，优秀的作品就产生出来。

在这一节《我爱我家》photoshop 应用课上，既使学生学会掌握 Photoshop 工具的综合应用，又能发挥学生主观能动性。把自己喜欢的照片，进行艺术处理，让学生体会到学以致用的快乐，同时也加强了学生对美术的理解。

五、《我爱我家》课堂中渗透热爱祖国艺术的意识

有了国家才会有我们个人的小家。《我爱我家》这节课不仅要求学生准备个人家庭的照片、网上人物的摄影图片，还要求学生根据自己爱好上网下载国家地理、历史、美术等各方面的图片。在信息技术课中，他们可以了解中国著名的国画和画家、书法家。在课上可以看到《洛神赋图》《清明上河图》《富春山居图》《汉宫春晓图》等，以及了解中国著名画家——齐白石、张大千、傅抱石等，并欣赏书法作品——王羲之的《兰亭序》、欧阳询《九成宫》……

局域网的优点可以使学生在同一时间，同时看到演示内容。利用局域网这一特性，学生在课堂上能够欣赏到图片，体会到国画、书法的独特。这样可以不断提升孩子们的审美意识，更主要的是通过这些内容，加强国学文化传播。增强学生的爱国意识。了解自己祖国的特有文化并热爱它，这是初中信息技术课堂教学当中必不可少的重点内容。

六、教学反思

（一）由于初中信息技术在课程安排中受课时限制，对 Photoshop 的一些复杂特殊功能不能做到完全讲解。

（二）授课教师不是美术老师，对于美术方面的知识有待于更深一步的学习。

（三）学生对美术理解还需要加强引导，不仅仅是电脑上画画，而是对事物多角度的思考，在生活中发现美的存在。

信息技术是一门应用学科。在 Photoshop 初中信息技术教学中对老师的要求

不仅仅限于教会学生 Photoshop 工具的使用，还包括对美术这一学科的整合。美国心理学家马斯洛把审美列入五大心理需求里面，说明审美对人必不可少。学生作为一个人的存在，需要具备审美能力，为了在未来的生活里面生活得更为美好。这是我们作为教育者应该想到并且引领他们完成的。

　　我们不是美术老师，但是我们可以利用信息技术无所不包这一特性，在课堂上将信息技术教育与美术两者有效地融合在一起，提高学生的审美意识，开发他们的创造性思维。

　　与时代同行！突破学科界限——在学生初中这一人生关键阶段里，为他们的以后发展奠定一个良好的基础。做到初中信息技术教师鼠标下的人生——"虽无三尺讲台，我依然鞠躬尽瘁"！

多彩的语文　灵动的课堂

高雪松

　　摘　要：培养学生人文素养，有兴趣有效地学习。在外界因素干扰情况下，如何定下心来学习本节课内容，这是一个挑战。做智慧型教师，对自己有充分的认识，有十足的信心。要让课堂灵活变通起来：形式上的变通，内容上的转移，教法上的改变，学法上的灵活处理。

　　关键词：兴趣 智慧 灵活 变通 转移 改变 多彩

　　语文课堂上，我们不仅要教授语文基础知识，提高学生语文听说读写能力，我们更应该担负起的责任：培养学生人文素养，使学生具备科学精神，让学生学会健康生活，具有责任担当和具备实践创新等素养。我觉得，信息技术环境下，让学生如何学习，怎样有兴趣、有效果地学习，尤其是当学生被外界事物干扰，能让学生坐住板凳倾听你的课从而安心学下来，这也是一项很重要的课题。

　　2018年的五月份，教学中就遇见这样一个场景。在我觉得一瞬间进入课堂尴尬之时，我及时地做了调整，使学生有兴趣地上完一节课，而且教学效果很突出。

　　五月的阳光洒在美丽宽阔的操场上，一台"轻吟诗韵，舞动青春"经典赛诗会正在校园隆重举行，市局领导也都如期而至，整个操场沉浸在一片喜悦与沸腾中。作为本校教学特色活动的经典赛诗会，每一届孩子只有到初二年级才有幸参加一次，那是孩子们在初中所向往的一台大型盛会，是集配乐朗诵、歌曲演唱、诗韵舞蹈等多种艺术形式的演绎经典，是孩子们整个初中生活最难忘最美丽的记忆。

　　此刻，下午的阳光同样照进九年十四班的教室，恰巧，这节是语文课，我拿着一沓刚刚批阅的作文走进教室，打算开启一堂写作讲评之旅，可是看到的却是与以往不一样的课前情景：全体学生虽然已经按座就位，然而，孩子们的头却都偏向一方——教室的窗外。班级在四楼，孩子们想要在座位上看到窗外的情景实在是有些困难，有几个孩子已经抬起屁股半弓身体努力抬头伸直脖颈向外费力地张望，有的孩子因胆小想看又不敢站而显现出为难焦急的样子，还有的孩子因平时一贯遵守课堂纪律不敢大动身体，可眼神中却流露出对老师的一丝乞求。

铃声响起，属于我的四十分钟开始了。一瞬间，我陷入了一种窘境：怎么办？这节课真的难上了。外面轻歌曼舞、乐声悠扬、诗韵飘香、激越高昂，我在教室里枯燥地讲评作文？作文写得再有理有趣又怎能吸引学生？我讲得再有声有色又怎能让孩子们坐住板凳？从未有过的课堂尴尬真的让我遇到了。那一刻，大脑高速运转：与其上一节没有效果的作文讲评课，不如上一节能起效的古诗文背诵赏析课。我决定临时改变教学内容。"同学们，外面的赛诗会确实是吸引了大家，去年这一季节我们参与的情景似乎还历历在目。可是如今我们中考在即，重任在身，我们要驰骋笔试的赛场，在中考的考场上也要风光无限，到时候我们可要大显身手啊。眼下我们必须先积累诗文，做好铺垫，任何事情都不能让我们此刻分心。我们的学弟学妹们在外面比赛诗文，不如我们在教室里用另一种形式与他们竞技，也来进行赛诗会，怎么样？""好！"同学们异口同声，看来此方法暂时奏效，能稳住他们。

初中课本里的古诗文，我们一般都做了一些背诵扩展。孩子们往往在背诵处有问题，在理解处有偏差，抓住这一薄弱环节，我马上确定本课时计划与目标：根据窗外传来的诗文提示，进行相关诗文的背诵和赏析，以便于加强巩固所学诗文的内容理解。

"却看妻子愁何在，漫卷诗书喜欲狂"，窗外吟诵有力，诗意正浓，好吧，我们来破解杜甫，齐背"国破山河在，城春草木深。""安得广厦千万间，大庇天下寒士俱欢颜，风雨不动安如山！"，室内高声回应，而且学生们分析道：杜甫的心系苍生、胸怀国事正是他被称为"现实主义诗人"的具体体现。窗外"君当作磐石，妾当作蒲苇"，室内"万里赴戎机，关山度若飞""雄兔脚扑朔，雌兔眼迷离"……乐府双璧，怎能少了《木兰诗》？学生们当即对乐府诗又做了回顾与分析。窗外乐音悠悠传来，似乎是羌管笛声在大漠回荡，边塞特有的诗韵响起，室内我领着学生们进入到李贺的《雁门太守行》，"角声满天秋色里，塞上燕脂凝夜紫"，战争场面的豪壮激烈，将士们的誓死报国正被学生们所牢记，继而吟诵岑参的《白雪歌送武判官归京》，"轮台东门送君去，去时雪满天山路"，进一步感受边塞大漠的奇特风光，学生们又即兴讲到北方边塞特有的寒冷与凄苦，送别友人的无奈与忧伤。窗外，有学生在扮演文天祥面对元军的劝降而视死不从，室内，同学们自然而然高声朗诵"人生自古谁无死，留取丹心照汗青"。外面不论演绎着什么经典，室内孩子们都能找到与此相关联的诗文加以回应，高潮时起，意趣盎然。我忽然间想起了沈从文的《云南的歌会》的第一个场景：各自蹲踞，互不见面，应答酬和，即物起兴，比赛机智才能。此时此刻，这窗外和室内情景，不正是"歌会"的场景吗？只不过是变换了内容和形式而已。

四十分钟是如此之快，下课铃声响起，室内还是一片火热，孩子们兴奋通红的脸上似乎还留有飞扬的诗韵和未了的诗情。

每当想起这节课我都回味无穷。学生们不仅没有受到外界干扰，反而增强了比赛的激情。学生们在一种没有压力、快乐的氛围中温故知新、领会知识，这何尝不是一种幸福的感觉？那朗读时高涨的情绪，参与时火热的激情，渴望回答举起的小手，回答被肯定后那兴奋的眼神，都在验证着学生们真正学到知识并学出兴趣的事实。

回想那时，课堂教学遇到尴尬，临时改变教学内容和方法，这一大胆的改变不是每个人都能做到的，因为没有预先准备，临时的改变也许会给一节课造成影响。但是，当你有把握能上好这节课、并能让学生带着兴趣上这节课时，为何不去试一试呢？智慧型科研教师，首先一定要对自己有充分的认识，并要有十足的信心。我们要让课堂灵活变通起来：形式上的变通，内容上的转移，教法上的改变，学法上的灵活处理，都可以试一试。语文是丰富多彩的，课堂教学也是灵活多样的，构建灵动课堂，回归生本世界，激发学习兴趣，让语文课堂绽放奇光异彩。

"小微世界"

——《细菌》教学案例

高 莹

摘 要：作为新课程改革的实践者，以"教师为主导，学生为主体，师生参与、积极互动"的原则，贯穿于整个教学过程中。以细菌的形态结构为主线，利用学生已有的生活常识，激发学生学习的积极性，通过动手、动口、动眼、动脑，使学生全面而正确地了解和认识细菌。

关键词：细菌 教学 学生 生活

一、认真分析，理清思路

（一）教材的地位及作用

《细菌》是人教版初中生物学八年级上册第五单元第四章第二节的内容。细菌是单细胞的生物，以前面学过的动植物细胞的知识为基础，细菌的营养方式又需要利用植物体内的叶绿体以及光合作用的知识来加以引导，细菌的个体微小，需要借助显微镜观察，又必须要有显微镜的知识，而学习了细菌的形态、结构、营养和生殖方式才能为理解细菌在生物圈中的作用打下基础，因此本节课起到了续前辅后的作用。为了学生能更好地掌握本节内容，编者按细菌的发现、细菌的形态和结构以及细菌的生殖方式三个部分进行编写，并配以一系列的插图帮助学生更为形象地理解知识点。

（二）学情分析

本节课的教学对象为八年级学生，八年级学生在分析解决问题的能力和动手实践的能力方面尚有点欠缺，课外知识也不够丰富。但是，这个年龄段的学生已经有一定的学习主动性，有一定的求知欲望，有一定探究问题的兴趣，能够和老师配合，通过师生互助，不断发展自己，完善自己。

在日常生活中，绝大多数八年级的学生会"闻菌色变"，认为细菌总是与感冒、痢疾等疾病联系在一起，因此片面地认为细菌是人类的敌人，而并不了解细菌也有对人类有利的一面。所以我抓住八年级学生的年龄特征和他们活跃的形象思维能力，以及喜欢表现自己的特点，逐步引导他们认识细菌，从而让他们用一分为二的观点去正确认识细菌与人类及大自然的关系。

二、依据课标，确定目标

（一）知识目标

1. 了解细菌的发现过程。

2. 描述细菌的基本形态；掌握细菌的结构特点。

3. 理解细菌的营养方式。

4. 正确认识细菌与人类、大自然的关系。

（二）能力目标

联系生活实际，引入数据，引导学生关注生活，培养学生善于观察、思考、勇于质疑的能力。

（三）情感目标

1. 通过了解细菌的发现和巴斯德实验，让学生认同科学发展与技术进步密切相关的观点，同时树立用实践去检验真理的科学观点。

2. 通过对细菌繁殖速度的认识，减少细菌的感染，养成良好的卫生习惯。

（四）教学重点

掌握并描述细菌的形态和结构以及营养方式；细菌的生殖特点。

（五）教学难点

细菌的发现史；培养学生用一分为二的观点去认识和分析事物。

三、优选教法，研究学法

（一）教法

作为新课程改革的实践者，我把"教师为主导，学生为主体，师生参与、积极互动"的原则，贯穿于整个教学过程中。为了让学生更好地理解本节课的内容，我以细菌的形态结构为主线，利用学生已有的生活常识，激发学生学习的积极性，通过动手、动口、动眼、动脑，使学生全面而正确地了解和认识细菌的结构、形态以及细菌与人类、大自然的辩证关系，从而突出教学重点、突破难点。

（二）学法

在上述教法的指导下，利用一环扣一环的问题启发学生，引导学生发现知识，归纳知识结构，思考分析，得出结论，让他们体验成功的喜悦，从而掌握学习重难点。

四、教学安排，课前准备

课时安排：1 课时

课前准备：制作多媒体课件及细菌分裂的 flash 动画

五、学为主体，以导为教

（一）创设教学情景，激发学生兴趣

兴趣是最好的老师，对于八年级的学生来讲，激发他们的学习兴趣尤为重要。所以上课一开始，我首先给学生播放舒肤佳的广告视频，随后向学生提问："同学们，视频中，妈妈为什么要求小明在饭前洗手呢？"以学生熟悉的生活现象创设情境引入课题，使学生产生学习兴趣与积极愿望，同时让学生感受到本堂课的内容是与自己有关的，并积极参与进来，这样体现学生的主体性。"细菌是无处不在的，同学们见过细菌吗？你们能描述它的形态结构吗？"从而激发学生的探究心理，顺利由生活走进课堂。

（二）合作探究学习，突重点破难点

我请两名同学到台上来做一个演示实验，要他们用放大镜观察自己的手。很简单，学生不可能观察得到细菌的结构及形态，此时我向学生们陈述："虽然细菌普遍存在，但由于它非常小，我们只有在放大倍数较大的显微镜下才能观察得到它。"紧接着我再次向学生发问："既然如此，那最开始人们是怎样观察到细菌的呢？"带着这个问题，请学生阅读教材了解细菌发展的相关内容并且做出相应的回答，老师则根据学生做出的回答检测学生的自学效果并做出相关的补充和修正，同时教师应该让学生仔细思考巴斯德的实验给我们以什么样的启示呢？学生的答案是丰富多彩的，老师要对学生的回答加以肯定，同时也要向学生发表自己的观点，要求学生用实践检验科学的真理，不能人云亦云。

在学生了解了细菌的发展后，我给学生展示细菌、动物、植物细胞的结构示意图，要求学生观察这三种细胞的结构示意图，并在自己的作业本上列表比较这三种细胞的相同点和不同点，通过这个环节的学习学生能初步地了解细菌的结构特点，此时老师从旁观察并选出两到三名有代表性的答案的学生公布他们的答案，并通过提问的方式，将同学们在列表过程中普遍存在的问题加以解决。最后教师再引导学生一起归纳出细菌具有无细胞核、无叶绿体、有细胞壁等结构特征，从而突出了本节课的教学重点。同时老师提问："叶绿体可以通过光合作用制造有机物，那细菌没有叶绿体它又是怎么生存的呢？"带着这样一个问题进入细菌营养方式的教学。

教师用多媒体给学生展示生活中的一些实例，如饭菜变质，伤口消毒，然后引导学生一起分析，让学生体会细菌具有腐生和寄生的生存方式。此时教师可以提这样一个问题："同学们认为细菌与人类的关系应该是朋友还是敌人呢?"根据平常的生活经验，大部分的同学认为，细菌是人类的敌人。此时教师应该结合现实生活中的例子，如：我们常常饮用的含乳酸菌的酸奶，它有可以促进人肠胃功能的作用，让学生体会到细菌也可以是人类的朋友。同时教师加以补充细菌具有分解自然界动物尸体、生活垃圾等作用以促进自然界物质循环，让学生知道细菌是人类和大自然的朋友，学会用一分为二的观点去分析和观察事物，从而突破本节课的教学难点。最后教师给学生播放细菌分裂的动态变化过程，让同学们明白细菌快速繁殖的这样一个生殖特点，以达到培养学生养成良好的卫生习惯的目的。

（三）联系生活实际，做到学以致用

教师让学生结合课堂上所学的知识和现实生活中的经历，写一篇名为《细菌的功与过》的文章，让学生学会从生活中学习，在学习中生活的良好学习习惯，做到了学以致用，并有利于培养学生良好的情感态度价值观。

参考文献：

义务教育生物学课程标准．中华人民共和国教育部制定，2011 年版
郭荣辉．在初中生物学教学中培养学生模型建构能力的举措
韦利苹．生物科学史对发展学生核心素养作用的实践探究

语文学科网络教学模式的探究

孔彦力

摘　要： 2020 年的疫情给传统教学模式带来了巨大冲击。因为防疫的要求，全国学生新学期的授课基本是在线完成。授课形式的变化，必然促使教学模式的改变。另一方面，网络技术的发展也使教学资源呈多元化发展，语文学科的教学，在复杂的背景下，需要教师不断探索新的教学模式以适应社会发展的需要。利用翻转课堂的教学理念，在线进行语文学科网络教学实践，是现代教学中的一种新模式、新方向。

关键词： 初中语文　网络教学　教学模式　翻转课堂　语文教学核心问题设计

一、教学案例说明

《紫藤萝瀑布》为部编版七年级下册第五单元 17 课内容，本单元主要讲解借景抒情的写作手法，并以此提高学生写作能力。本课是疫情期间网络授课的主要内容之一，实践中采取了"翻转课堂"的授课模式，以利于网络教学的形式。

二、案例再现

（一）预习提纲内容

1. 请同学们欣赏以上三幅图片，想一想作者为什么以"紫藤萝瀑布"为题？课文中哪些语句体现了紫藤萝与瀑布之间的相似之处？

例如：像一条瀑布，从空中垂下，不见其发端，也不见其终极。（把所有相似之处在书中标注）

2. 通过对文章标题的分析，同学们想一想，本文主要运用了哪种写作手法？

3. 自学完成作者简介及写作背景：宗璞，当代女作家，原名冯钟璞。著名哲学家冯友兰之女。主要作品：中短篇小说《知音》《弦上的梦》《红豆》，散文集《丁香结》。中篇小说《三生石》，获全国优秀中短篇小说奖。

写作背景：这篇散文写于1982年5月，作者因小弟身患绝症而沉浸在悲痛忧郁之中（小弟于1982年10月去世）。一天，她独自徘徊在初夏的庭院中，忽然遇见一树紫藤萝。那淡紫色的瀑布一般的藤萝花闪烁着生命的光辉，她不由得停住了脚步……

4. 基础知识：迸溅 繁密 沉淀 忍俊不禁 仙露琼浆 枯槐 凝望 伶仃 酒酿 稀零 盘虬卧龙

5. 提交预习，利用QQ作业功能，批阅预习提纲，对教学内容和学生掌握情况提前了解。有针对性地设计教学重难点。

（二）第一课时：提炼信息，仿写文章

1. 在线视频交流：明确本课的写作手法为借物抒情。

2. 仿写：默读课文，在无讲解的条件下，提炼文中有用信息，拟定仿写提纲。

教师给出仿写提示：文本结构——注意文章首尾、段与段之间的"串联语句"；文本内容——注意写作手法；文章主题——注意主旨句的含义。在文中画出你喜欢的语句，可以针对喜欢的语句做相应仿写。

第一课时说明：安排一课时仿写提纲，是为第二课时落实写作目标做铺垫。如果仿写不认真，则无法有效落实写作目标。因此，这一环节在教师监控下完成，解决语文教学中作文教学的困难。此外，便于教师掌握学生自学效果，为下节课针对学生疑惑重点突破做好蓄势。

3. 提交仿写成果：当堂完成的学生，在QQ作业把提纲交给老师；未完成的同学，待利用个人时间完善后，提交到QQ作业。从学生的答题情况来看，有这样几类问题：

仿写结构不清晰；

段与段之间的过渡不好，串联语句的使用不恰当，不自然；

借物抒情的写作手法学生理解得不好；

景物描写部分，同学们大多都仿写比较准确，但修辞用得并不十分恰当。

（三）第二课时：依据仿写提纲串讲课文

课时教学目标：依据仿写提纲串讲课文，提升写作水平。围绕"状物对象、写景层次、抒发情感"几个角度明确"寓情于景"散文的写作特点。

1. 老师在充分掌握仿写提纲优劣的情况下，找出仿写较好与仿写较差的作品，朗读给大家。师生共同揣摩，使好的作品提高层次，使较差的作品不断完善进步。

2. "串联语句"的妙用编织成文。（解决学生仿写出现的问题。）

开头与结尾，结构上相互呼应；语义上表明受到启迪、鼓励后，由思想上的提升带动行动上的提速。

第二自然段，段首句"从未见过开得这样盛的藤萝，只见一片辉煌的淡紫色，像一条瀑布，从空中垂下，不见其发端，也不见其终极。"照应第一自然段，引出要状的景物。语气强烈，突出欲状物的特点，即给作者留下的强烈视觉冲击和强烈的心灵震撼。

第七自然段，"我只是伫立凝望，觉得这一条紫藤萝瀑布不只在我眼前，也在我心上缓缓流过。"由状物自然转入抒情，点明写作原因。

第八自然段，首句"这里除了光彩，还有淡淡的芳香，香气似乎也是浅紫色的，梦幻一般轻轻地笼罩着我。"由眼前花引出回忆的花，通过对比，更加突出紫藤萝的顽强、生命力旺盛。

第十自然段，首句"花和人都会遇到各种各样的不幸，但是生命的长河是无止境的。"由花及人，赞美花的精神的同时，也赞美了人的顽强，寓情于景。

（通过串讲，梳理出了文章的结构和情感的变化，学习本文寓情于景的写作手法。）

展示同学们仿写的小句子，说出借鉴的是原文的哪句话？运用了什么修辞手法？（主要归纳赏花部分）

原文在描写紫藤萝部分所用的修辞有：比喻、拟人、排比、通感。绝大部分同学找出并仿写了比喻、拟人的修辞。如原文中："紫色的大条幅上……在和阳光互相挑逗。""每一穗花都是上面……就要绽开似的"等。个别能力较强的孩子，还找出了通感的修辞。例如"香气似乎是浅紫色的"。

借鉴本文写景状物的方法，利用修辞生动形象地展现景物的状态和生机。

3. 归纳结构：

焦虑	赏花	——在眼前	光彩	精神的宁静
悲痛	悟花	——在心上	芳香	生的喜悦
	悟人生	——生命的长河		

（学习本文清晰的结构安排）

三、案例分析

本案例中，学生通过预习提纲和视频了解了本课的作者介绍和写作背景，掌握了本课的基础知识，理解了文章标题的作用，并初步探究本文的写作手法。授课时，颠覆了传统教学的知识讲授环节，使学生在无教师指导的情况下，独立完成仿写提纲，明确本文借景抒情的写作手法。这是对传统教学模式的突破，学生仿写提纲中存在的问题，恰是他不理解的知识点，也是老师教学的重点。因此在第二课时，依据学生的仿写提纲来串讲课文，既解决了学生习作中的问题，又提高了写作能力，同时加深了对文章内容的理解。这种"翻转课堂"的教学模式，真正地提升了学生的综合学习能力。

四、语文网络教学模式探究

"翻转课堂"教学模式在语文网络教学中的优势：它秉持着以学生为主的教学理念，关注学生的个性化发展，不仅让学生知道学什么，解决了语文学科中诸多的核心问题，减少了知识传授环节，提高了课堂效率；还让学生知道如何学，使他们的学习能力得到了很大的提高。教学实践中解决了不能面授课的问题。因为这种新型授课模式，在课前问题设计上与传统不同，传统教学设计的问题多为师生交流一问一答式，网络授课中运用"翻转课堂"的教学模式，主要以学生自学老师考察为主。所以在问题设计上，每一个问题都是有价值的。"翻转课堂"在问题设置上，重点在调动学生自学能力同时，问题对文章整体的把握和引领上有较高价值。

"翻转课堂"教学模式，让学生知道如何学：

1. 品鉴并学习文章的语言："翻转课堂"使学生能够运用所学的语文知识来鉴赏一篇文章的语言风格，并借鉴其语言特点进行专项训练，对提高语言的实际应用能力会有很大益处。

2. 用文章标题来解读文本：解读一篇文章，可以从标题入手，来解读文本中许多重要的内容和含义：很多标题恰是牵动全篇的关键，是串联文章的线索，是审美对象，是作者寄予浓厚感情的载体，引领学生从标题入手进行大胆猜测、判断、想象，进而去验证、去求索，从而实现对学生学法的引领。

3. 快速抓住文眼：所谓文眼，是指能够表现主题思想的词语或句子，简言之，文章的眼，就是提示文章中心的字眼，它是文章的窗户，就像眼睛是心灵的窗户一样，通过它就能窥探到文章的中心。

4. 利用文本结构来指导写作：组材过程中详略得当，既突出中心，又不失重点。由此延伸、拓展到自身的写作实践，持之以恒地训练，学生的写作能力就可大幅度地提高。脑海中会存储多个清晰、形象的认识。注重对文本结构的分析与鉴赏，利于学生文字构架能力的提升。

5. 借鉴文本中的写作方法：例如：《紫藤萝瀑布》中借鉴借景抒情的方法进行写作练笔。

"翻转课堂"的教学理念和方法，在教学实践中，注重培养学生观察、思考、表达和创造的能力。在分析课文内容的同时，把有代表性的，值得写作借鉴的方法，形象直观地传授给学生，使学生易于动笔，乐于表达，善于表达。这不仅适合网课教学，同时也是语文课程标准中培养学生语文能力的要求。

参考文献：

[1] 语文课程标准

[2] 曾贞. 反转教学的特征、实践及问题. 中国电化教育，2012.07

宇宙医院就诊记

——探究教师角色重塑

李　莹

摘　要：通过《宇宙医院就诊记》来为地球发烧生病就诊的过程，探究教师不仅是知识的传授者，也担负着多元角色：既是学习者和学生学习的引导者，又是心理教育者；既是教育教学过程中的行动研究者，又是教育创新者。教师角色重塑要通过实施问题解决、因材施教、促进自主学习等教学策略进行转变。

关键词：教师角色重塑　教学策略　问题解决　因材施教　自主学习

一、问题背景

（一）教材内容设置

本课是人教版第七单元课题2《燃料的合理利用与开发》。其内容是联系社会生产、生活的重要素材，关注的是作为化学物质的燃料在给人们生活带来进步的同时，对人们生存的环境也产生了负面影响。这些负面影响直接关系到人类的健康状况及生活质量。通过对本节课的学习，学生学到的不仅仅是一点点化学知识，更重要的是开始关注身边的社会问题，关注自己的生活环境，用所学的知识，消除或减少负面影响，成为有社会责任感的公民。在这里，显性的化学知识只是成为挖掘隐性知识即有关情感、态度、价值观知识的载体。

（二）学生学情分析

1. 从学生的心理特点来看，初三学生经过一段时间的学习，已具备一定的解决化学问题的能力。他们的表现欲非常强烈，不喜欢满堂灌，希望教师给他们发表自己见解和展示才华的机会，以满足他们创造的愿望。

2. 从认知水平上看，本节课内容综合性强，与生物、地理、物理等学科联系，注重从化学的视角去研究能源问题，让学生做到各学科知识相互渗透，提高学生综合运用知识分析和解决问题的能力。教学内容中加入了与社会发展、新科技等相关的资料，开阔了学生的视野。

3. 从能力水平上看，初三学生已具有初步的观察和实验能力，有较强的学习主动性，通过问题情境激发，可以自主去发现和解决一些问题。

二、情境描述

通过动画《宇宙医院就诊记》表现地球发烧生病，在就诊中又发现了地球其他的健康问题，请同学们以医生的身份，通过望、闻、问、切等手段为地球诊断。

主题1：皮肤病——风中有朵酸雨做的云？

（一）组织学生诊断——望诊

展示地球因酸雨而引起的皮肤病的图片和视频。

（二）组织学生诊断——问诊

播放视频——地球主述近两百年来，自身环境的变化，人类大量使用化石燃料后，天空总有朵酸雨云的经历。

（三）组织学生诊断——切诊

为判断那朵酸雨云对地球的影响，设置学生探究实验。

【课前准备】提前一周做酸雨影响植物种子发芽的活动探究。通过学生的观察和记录，比较自来水和酸雨对植物种子萌发的影响。

【课堂探究】

实验用品：二氧化硫的水溶液、植物叶子、锌粒、大理石

（四）组织学生诊断——会诊

加入物质	实验现象
植物叶子	叶子由绿色变黄色
锌粒	有气泡放出，锌粒逐渐溶解
大理石	开始有少量气泡放出，大理石逐渐溶解

根据实验所观察到的现象，分析地球所患这种慢性皮肤病的原因，以及酸雨会对地球哪些皮肤组织造成伤害，讨论并得出治疗方案。

学生提出的治疗方案可能有以下内容：

1. 加强对空气质量的检测与公告。

2. 发展新能源，使用低硫煤。

3. 燃煤前，通过洗煤减少煤中硫的含量。

4. 改造火电厂，完善脱硫设备。

5. 治理化工、冶金、建材等行业，实施清洁生产。

6. 将煤燃烧的烟气，经过石灰乳或活性炭脱硫后排放。

7. 城市集中供热。

8. 净化汽车尾气。

9. 筛选和培植抗酸雨农作物和树种，大面积绿化造林。

10. 研制和开发耐酸的各种新型材料。

在学生提出方案过程中，通过阅读，利用数据，请同学们分析使用氢能和其他新能源的优点，及亟待解决的问题。同时在讨论中，利用每一位学生已有的知识扩大教学容量，不仅丰富师生的视野，也加深了对本节课重点内容的理解。

主题 2：哮喘病——都是汽车惹的祸？

（一）组织学生诊断——望诊

展示经济发达地区的城市空气污染的图片和视频。

（二）组织学生诊断——问诊

地球主述近百年来，汽油、柴油等燃料油的大量使用。

（三）组织学生诊断——会诊

学生们通过地球的自述，分析其患哮喘病的病因，讨论治疗方案。学生提出的治疗方案可能有以下内容：

1. 改进发动机燃烧方式

2. 使用催化净化装置

3. 使用无铅汽油

4. 管理上加大监测和检测

5. 使用新型汽车

6. 其他方案

主题 3：综合会诊——化石燃料是不是该安静地走开？

随后对两次的会诊进行综合讨论，提倡使用清洁能源，引导学生辩证地看待事物。通过学生的讨论，在尊重其看法的基础上达成共识。

二、教学反思

本节课以"地球发烧生病"的情境设置，除了增强本身的趣味性以外，还可以让学生产生环境危机的情感体验，会使他们在随后的学习中积极投入，引导他们产生保护环境的责任意识。

这一过程中，教师角色已经发生转变，教师不仅是知识的传授者，也担负着多元角色：既是学习者和学生学习的引导者，又是心理教育者；既是教育教学过程中的行动研究者，又是教育创新者。

探究教师角色重塑要通过实施问题解决、因材施教、促进自主学习等教学策略进行角色转变。比如：上述"酸雨危害的模拟实验"学生是第一次接触，他们没有这方面的认知。教材只是给出了实验的操作步骤，为什么选取这三种实验材料？它与生活中受到酸雨危害的物体有什么关系？教材并没有直接说明。我挖掘出这一隐含的知识线索，设计课前准备、课堂探究的方式，通过实验探究，学生已经对模拟实验的目的、模拟对象、选取实验材料的依据和实验原理有了一个清晰的认识，所以及时安排学生进行总结归纳——设计模拟实验的一般思路和方法。目的是让学生在获得体验性知识的同时，掌握方法性知识。

学生对知识进行总结和归纳的过程，实际上也是一个由具体到抽象、由特殊到一般的认识过程，在这个过程中学生的已有知识和新知识之间相互作用，使知识更加结构化、条理化、有序化，能帮助学生主动地建构新知识体系。

以上的实验探究活动为学生开辟了自主创新的空间，打开了学生创新思维的大门，使他们领悟到了学即有得、得之有用、用之有效的学习魅力。学生只有在真正有效的交往与互动中，获取的知识才是内化了的，增长的能力才是货真价实的，养成的情感才是真真切切的，因为这是他们在自主的活动中通过动手、动口、动脑积累下来的一种亲身体验。

为了使学生体验创造的价值和魅力，激发他们的创新精神，满足他们探究的欲望，我又安排了学生的课外探究：设计温室效应的模拟实验，使学生"学以致用"。

在这一过程中，教师不仅是问题解决者，也要依据学情灵活调整自己的教学方式，教师逐步发展成为有意识的问题情境创设者、问题解决的引导者和激励者，学生逐渐成为积极问题的发现者、主动问题的提出者、成功问题的解决者。教师根据学生的能力、性格、学习状态等不同特点，对学生提出不同要求，从实际生活出发，发现问题，引导学生深入探究和学习化学知识，从而服务于社会的需要。通过小组合作实验探究学习，既锻炼学生的动手实验能力，又鼓励学生向其他学生学习，鼓励学生积极寻求他人的支持和帮助以解决学习问题。

教育，是民族振兴的基石；教师，是教育发展的根基。在当今社会中，教师扮演着多元角色。唯有教师自身不断锐意进取，作为人类财富的知识才能转化成滋润学生心灵、激发生命活力的"琼浆玉液"。

参考文献:

［1］刘良华．校本行动研究．四川教育出版社，2002 年 8 月

［2］林崇德．21 世纪学生发展核心素养研究．北京师范大学出版社，2017
年版

［3］申继亮．教学反思与行动研究．北京师范大学出版社，2008 年版

［4］姚小明．做会研究的教师．西南大学出版社，2012 年版

［5］高凌飚．新课程背景下教师教学观初探．华南师范大学学报．社会科
学版，2004 年第一期

［6］汤丰林、申继亮．论基于问题学习的教师观——兼论我国新课程实施
中教师角色的变化．高等师范教育研究．2003 年第四期

干吗用两只手呢

刘国占

　　摘　要：本文主要采用文献资料法、观察法和技术对比法，通过对初级中学生篮球课上，正确运用技术和习惯动作的矛盾开展的实践验证，合理地处理了教与学之间呼应，讨论并通过实践让师生达成共识——不论是什么运动，都需要有正确的技术做基础，才能有更好的发展。同时也避免在体育教学中教师的视线照顾不到，学生盲目练习，产生错误的运动习惯。也提示我自己在教学中要细心观察和耐心指导，及时巧妙梳理，引导，让不利变有利。只有这样才能使学校篮球运动有一个良性的发展，学生对篮球运动的爱好程度也随之加深，学校在篮球运动开展及教学理念上应加大改革力度，让篮球运动在中学这一阶段得到更好的发展。

　　关键词：篮球运动　习惯　动因　动作纠错　新课标　反思　单双手

一、背景介绍

　　篮球是每一个学生都喜欢的运动之一，双手胸前传球又是篮球运动的基础动作，双手胸前传球是本节课的主要教学内容。传接球是篮球运动中主要的基本技术，是全队进攻的重要手段，是更好地学习各种技术和战术的基础。基本技术并不复杂，但要做到准确、熟练、隐蔽、快速，同时要同其他技术动作衔接转换，比较困难。因此本课中要解决在原地不动的情况下，学生传接球的能力，为以后更好地学习篮球技术做好准备。

　　在体育教学计划中，每个学段都有整个单元的教学任务，特别是在水平四阶段，教学计划中七、八、九年都有篮球的教学任务，是初中体育课的必修课。篮球教学是成系统教学过程，包括球性练习、技术、战术等等。目的在于使学生初步了解正确的篮球动作，能熟练运用各种篮球技术动作。培养团结互助的精神和团队意识，促进篮球运动的发展。但是在八年级男生的篮球教学中，因一些学生可能接触过篮球活动一两年，有一定的篮球实战经验，存在一些个人习惯技术动作，难免出现在实践中令全队难以信服的局面。为了能让学生在篮球运动中掌握正确的动作技术，我在教学中特别加入一节篮球纠错课，使全体学生都具有正确认识和合理的动作。在八年的男生课堂中，主教材是篮球双手胸前传球，副教材是教学比赛。我讲解示范后，学生分组练习。我巡回指导时，发现有几个男生没有练习双手胸前传球，而是用的单手间传球。我走过去问："你们为什么不按老师说的练习呢？"这几名学生理直气壮地说："一个手就能传，干吗用两只手呢？"

二、事件描述

双手胸前传球是教学内容，而且动作特点是传球准确、速度快，是篮球高级比赛必备技术，对初学者，动作有点难，对有过篮球运动基础的同学，不理解单手和双手动作的含义和规范。这几个学生正是班里的篮球小明星，不但拒绝学习，而且还拖慢了我的教学进度，并对此提出疑问。问题正是教学发展的关键的促进环节，我没有批评他们，而对他们提出挑战："一会儿比赛时你们也用这个动作吗？"他们争着说："我们平时都是这么玩的。"

比赛前我故意挑几个身材小但灵活的同学和我一组，让那几个小"明星"一组。他们看挑的几个同学，无论是身高还是球技都不如他们，脸上露出嘲笑的目光，不屑的眼神。我布置任务，主要是针对利用单手传球慢、准确率低的特点。我组队员采取快速移动，阻滞对方进攻速度的方式，同时利用单手传球失误率高进行抢断。在这种情况下，小明星队或者无法有效配合，或者个人进攻失利，最主要的是被抢断的次数太多了，失去了多次得分的机会。反过来整场比赛，我们组进行了积极的传球配合，采取的正是双手胸前传球的动作，不用过多运球，位置拉开后，球能比较有效地传出，避免单打独斗，形成集体配合，弥补个人能力的不足，最终我们以大比分获胜。看着那几个小明星满脸疑惑的样子，我相信这课给了他们极其深刻的印象。我及时做了课堂小结，也布置了课后延伸任务，回家看一场 NBA 比赛，统计传球的方法，说出双手胸前传球的特点，下节课我们一起讨论。

可想而知，第二节课收到了预期的效果。

三、分析与反思

（一）教学中的纠正和指导，尽可能使用理论和实践相结合的示范方式。习惯性错误产生的原因在于错误的理论和实践的运用，因此将正确的理论实践进行有效示范，对心理有极大的触动，启发进一步的探索顺利进行。错误的行为，如不加及时纠正，会越走越远。及时用事实做纠正，学生由内而发，才能达成教学效果。

（二）重视教学中出现的问题，以此为契机培养了学生探究的学习方法，学会利用集体的力量解决问题。同时也注重了学生的个性发展，增强了师生亲和力、信任感。为学生营造一个平等、友爱、互助的人际环境，从而使系列的教学活动得以有效运作。

（三）由于课堂教学时间有限，老师在备课要多备一些突发事件和及时纠正的方法，甚至必要情况下教师要主动提出反驳问题，以供研讨，达成教学的延伸性，让学生的学习贯穿整个生活中。

（四）学生的个体差异较大，对一些有特长学生，及时发现，课前课后要多接触，多沟通，使教学成果在他们身上先有体现，带动整体的发展。

（五）教师这个职业是人类社会最古老的职业之一。按照行业规范，在时间节点内，向学生传授科学文化经验技术。在社会发展中，教师是人类文化科学知识的继承者和传播者。对学生来说，又是学生智力的开发者和个性的塑造者。那么体育教师就更应该是学生身体、心理健康的指导者，因此我们要向学生进行集体主义、勇敢顽强、吃苦耐劳、拼搏进取等良好品德的教育。通过课堂的多样化学习，体育教师本身要多做总结和反思，把一些经典的教学案例积累下来，时间久了，不但能丰富自己的课堂驾驭能力，还能及时有效处理课堂突发情况，能更好完成教育教学任务。此外，体育教学与其他课教学形式不同，体育课要求在上课的时候，按一定的组织形式进行，在练习时还要对学生进行保护与帮助，这些严格的纪律和严密的组织，都蕴藏着德育的因素，并有利于提高学生对自己行为的责任感，培养学生正确处理个人与集体、个性与共性的关系，形成团结互助，自觉遵守纪律、关心别人的良好思想品德。

参考文献：

［1］胡琴竹. 体育与健康课程标准. 北京师范大学出版集团，2011

［2］耿培新. 体育与健康. 八年级教材人民教育出版，2012

［3］钟秉枢. 中美校园篮球训练有感. 中国学校体育，2019.03

［4］李明扬. 影响初中生篮球运动兴趣的因素及对策. 素质教育论坛，2010.03

［5］徐鹏. 如何激发学生参加体育锻炼的积极性. 素质教育论坛，2010.03

课堂《家乡美》中建构主义方法的应用

孟 磊

摘 要： 在初中信息技术教育课堂中运用建构主义理念的主要学习方法－－合作学习与发现学习，在解决一定任务的过程中通过个体发现、找寻、尝试word 工具的使用或者小组合作分享等的方式，让学生熟练掌握并应用 word 的实践操作技能。同时也培养学生的多元思维、与人分享沟通的能力。

关键词： 建构主义 合作学习 发现学习 小组操作 小组合作

建构主义自产生以来成为经典理论，成为教育教学的葵花宝典，必不可少。建构主义的学习方法在信息技术学科中的使用可圈可点。它的前世与今生在各个学科领域里都大放异彩。

一、建构主义学习方法简介

（一）建构主义的根源

建构主义主要根源于瑞典儿童心理学家皮亚杰和苏联心理学家维果茨基的研究，这两位来自不同国家，不同时期的心理学家都强调——只有先前的概念与新信息不一致，个体经历了不平衡的过程时，认知变化才能发生。

（二）建构主义的学习观

建构主义认为理解是一个系列过程，学习者发自内心去发现、转换复杂的信息，然后内化于心，熟练掌握并应用它。强调学生从复杂问题、方案、任务入手，通过探索发现并掌握解决问题或完成任务所需的基本知识技能。

1. 合作学习

合作学习是建构主义教学的主要学习方法。学生在讨论问题时，通过相互交流能够发现解决问题的多种方式，以及对事物的新概念更容易建立。进而在原有知识基础上提升一个新的高度。

2. 发现学习

发现学习是当代建构主义理论中的一个重要成分。在发现学习中，学生通过教师的鼓励，自己探索、发现找到规律。而这一过程中，学生在积极的动机产生的动力下创造出新的事物。

大脑不仅仅是用来记忆，每天面对纷飞复杂的信息，除了接收，而且还需要对信息进行加工、处理、选择等。这是我们作为一个人的思考，而不是简单的学习记忆机器的存在。

二、案例分析

在课堂《家乡美》中结合建构主义学习方法进行课堂教学。下面我们共同品读一下：

通过在个人探索、发现 word 图片、自选图形等处理工具的基础上使用互联网完成家乡美的设计。在不同领域里搜索家乡吉林的风土人情，每个组内容不同，完成后进行作品展示。

增强学生对脚下生他、养他这片土地的感情。在课堂里渗透人文的思想，丰富课堂的内容——课堂不再单纯培养技能，冰冷的机器变得有温度，暖人心。

在教学当中对 word 文档插入图片、自选图形、文本以及相关工具的使用成为本节课里学生首要掌握的基本技能。输入文字，字体设置，下载图片，对材料综合处理等内容对初一学生来说有些复杂，需要通过学习来掌握。

三、合作学习和发现学习在教学过程中的操作

（一）显示出目标方案

目标方案起到抛砖引玉的作用，目标方案的完成其实就是学生内心想法的实现过程。

（二）小组操作方案

1. 将班级 40 – 45 个学生分 6 组。

2. 每组选择不同范围的内容。

例如：A 组 选择吉林市的饮食

B 组 选择吉林市的雾凇……

3. 每小组在有效的时间内完成目标。

4. 小组完成目标形式不固定，具体操作由每组成员共同商讨完成，形成小组自身的学习策略。

5. 完成目标后小组选择一人，通过网络向全班展示小组方案并对方案进行讲解（每组时间：2分钟）。充分利用局域网络共享这一特性，全班学生都可以看到每组的作品。

例如：一年12班7个小组完成方案后，7名同学分别展示出他们利用互联网下载的不同类别的吉林市文化特色的图片。民俗、小吃、博物馆、雾凇、松花湖、红叶……一堂信息技术课演变为家乡美的展示课。

（三）在方案的操作实现中完成合作和发现学习

"你们小组怎么是进行的？"

"我们在一起讨论选择什么，然后有两人下载图片，有4人在word里面查找工具的使用，最后有一人操作，用到哪个工具，其他同学进行指导……"

"请告诉我这些工具是怎么样使用的呢？"

"我在word插入菜单里看到，有图片和自选图形，自己就练习尝试操作。"

"色彩，线形如何完成？"

"呵呵，开始我们插入了图片和形状，但是设置颜色还有其他功能对我们来说有些困难。"

"那怎么办啊？"

"有一个同学说上百度搜一下啊。"

"在百度的帮助下，我们会使用了。"

"这节课大家学会了什么？"

"学会了图片工具的设置。"

"谁教你的图片工具设置？"

"同学！"

"看来你的老师很多啊！"

"互联网有很大的作用！"

学生的答案没有唯一的标准，这是他们的收获。

设定时间完成有效的任务，提高学习效率。

1. 在学生完成自定方案过程中，每个小组成员都规定在一定时间内完成任务。为了避免学生做其他活动，根据学生注意力特征，限定在特定的时间完成。小组同学都在同一任务下做着不同的工作，个人的拖延会影响整个小组方案的进度。这就要求学生合理地组织分配并有效地利用时间，达到在小组内所分配学习或合作任务的完成。

2. 由于每个人有自己承担的任务，在规定时间里完成后，每位同学的学习收获实现在方案上，犹如积木的搭建。知识和经验的共享出现在最后的环节上。

例如：图片下载完毕，文字编辑工作已经完成之后，word 文档插入图片和自选图形操作才可以顺利进行，这时需要知识整合。通过讲解、观察、询问等方式完成，共同交流掌握 word 工具中图片、自选图形以及文字处理综合的应用。

和传统的教学相比，合作学习和发现学习体现在教师在课堂中角色定位不再是主体。因为每个小组方案是不同的，学生对自己所从事的活动有很多的选择机会，彼此之间互动很大。大部分时间都是在进行共同学习探讨。方案的多样性使每个学生必须参与其中，进而激发了学生的学习内在动机。

课堂上教师和学生共写脚本，形成导演和主角之间的关系。有效地控制时间、组织课堂等成为教师主要任务。

四、信息技术教学不同于其他学科

计算机是学生在实践中操作的主要工具。在组织教学中更适合应用合作学习和发现学习。在家乡美这节中，学生使用互联网查找图片资料，在百度上搜索家乡吉林市的风土人情。在使用 word 工具完成对图片和文字的整理过程中尝试地使用各种工具……这些培养了他们的解决实际复杂问题的能力，对开阔学生的视野，扩展他们的思维起到一定的作用。

五、教学评价

1. 自我测评，包括教师、学生。

2. 教师和学生之间测评。

3. 学生对课堂效果测评。

4. 课堂分配有效时间。

5. 对学生在课堂中的表现，教师做到积极地反馈，做到及时提问、回答、表扬、奖励等等。

六、课堂中出现的问题

（一）个别学生综合能力较弱，效率较低，无法完成自己的任务。

（二）有少数学生不参与任务——独自一人，以静默、观望的态度来学习。找到背后的原因，逐步地引导他们加入小组当中。

（三）学生的沟通技能、助人技能等需要进行指导。

七、注意以下几点

（一）教学目标需要明确。

（二）设计课程时，考虑学生完成任务所必须掌握的技能是很重要的。例如，在"家乡美"这节课当中学生是否具备文字处理、利用互联网寻找资料、下载图片等技能。

（三）对课堂中常出现的问题，教师应用所了解的建构主义方法进行改善。

八、总结

教师合理地运用建构主义理念的学习方法，帮助学生实现这样的转变——"从告诉我怎么做"到"参与小组合作学习，探索发现问题，进行开放性地思考"。

在逐步提高信息技术教学品质，通过不同的角度引导学生掌握各种技能——沟通、助人、合作、分享……让他们真正地实现自我教育。不仅适应日新月异变化的社会，还要为仁而为人。这是我们作为教师教书育人的最终教学目标。

参考文献：

[1] 美国罗伯特·斯莱文．教育心理学：理论与实践

搭平台　设情境　促潜能　提素养

——《美国的独立》的教学设计与实施

王呈艳

摘　要：有效整合教学资源，充分发挥学生的主体地位，激发学生潜能，提升历史素养是我们需要不断探讨和实践的一个关键任务。为学生主动学习搭建活动平台，创设情境，提供宽松和民主的环境，更能促进学生学习的主动力和发现力，激活思维，以达到提高素养的目标。

关键词：教学设计　主动力　核心素养

从教 24 年我一直秉承着不断跟进最新教育理念，调整自己的教学定位和具体操作的方式来充盈我的历史教学课堂。

历史新课程理念倡导落实核心素养，立德树人。《课程标准》（2011 年版）在课程基本理念中也明确提出历史课程要充分体现育人为本的理念，那么如何践行历史学科育人为本的理念，我认为重要的就是培养学生的历史素养。《普通高中历史课程标准》明确要培养的历史学科核心素养有五种：时空观念、史料实证、历史解释、唯物史观、家国情怀。理念最后落地成目标必须靠教师的教学活动来实现，否则就是空谈而已。在具体指导教师怎样做才是新时代需要的历史教育时，专家学者们各显身手，侃侃而谈。其中我非常认同《中学历史教学参考》第 491 期中的观点，"体在生活""根在人格""命在思想""魂在价值"的历史教育才是合格的。我的理解就是历史教学内容要有内涵；要促进健全人格成长；要激发学生思维发展；要有行为选择担当。

以下我以人教版世界历史九年级上册第 18 课《美国的独立》的先行课的案例分析来谈谈我的教学设计与实施。

案例一：课前的准备工作。要求学生通读教材正文内容，把每班的同学分成固定的四组，选出一位负责人主要与我沟通（这是每学期较固定的组合），课前为他们分配不同的任务。按照本课的时序把同学们分成四组。第一组：民族形成组。第二组：渴望自由组。第三组：争取自由组。第四组：保障自由组。我会提前为各组提供相关的素材，要求各组围绕各自的中心内容进行分工合作和资料查找，然后提交他们的成果。在各组提交的材料中我会选择部分同学的资料加以引导，让他们自己选择是否走上讲台与大家交流。

分析：学生课前的准备是否有实效性和可持续性，主要在教师的主导切入点是否合理和可操作，是否能让学生产生兴趣并有成就感。对大多数的孩子来说，课前的预习比课后的作业更有吸引力。《美国的独立》课前准备工作中，我给学生提供的素材包括文字材料、图片材料、短小精悍的视频材料等。以这些资料为基础，学生会更有针对性和可操作性。学生参与了部分的教学设计和实施，通过对资料的整合和发挥形成自主探究能力、创新能力和个性发展能力。这是在课前给学生搭平台，设情境，促潜能，提素养的环节。课前准备是课上实施效果的保障。这种小组形式的互动和师生的互动更有利于增强学生间的交流与合作，促进师生的和谐沟通。

案例二：导入环节。我为学生提供背景音乐美国国歌和幻灯片展示：美国国旗、美国地图、自由女神像、白宫、特朗普、男篮、华尔街。用语言创设情境：以上的图片和音乐都展现了一个超级大国。大家知道是哪个国家吗？老师相信每个同学都知道美国，谁能告诉我或猜猜这首空灵感的优美的背景音乐是哪一首歌曲？一提到美国，地球人都知道，那么你认为美国是一个什么样的国家？大家可以畅所欲言。我进一步深入：当今的美国无论是政治、经济、军事、科技都是一个超级大国的存在，在国际事务中有着非常重要的影响力和感召力。我们对今天的美国有很多了解，但是对这个国家形成的历史可能还很陌生，今天就让我们共同追忆那段历史——美国的独立。

分析：创设情境精彩导入，让学生在最短的时间内进入我为他们创设的情境当中去。一段美国的著名歌星惠特尼·休斯敦清唱的美国国歌《星条旗永不落》，在饱含深情的背景音乐中的一组能产生共识的图片可以直接吸引学生眼球。精彩的导入可以让不同的学生从中获得不同的体验，同时又给学生以心灵的触动。在此基础上我用诙谐的语言如"一提到美国，地球人都知道"等，为学生创造一个情趣盎然的良好环境，给予学生一个主动、富有个性的学习平台，发散他们的思维，引导学生进入高效的课堂。

新时代教师不可能满足所有学生的知识个性化需求，以学生为主体的教学模式中的定位应该是：越来越少地传递知识，越来越多地引导学生的参与和思考。在课堂教学中利用一切可行方式激发学生潜能，创设情境有效地组织起让学生有期待感和成就感的课堂教学活动，引导其发现力与创造力，提升核心素养。

案例三：课堂教学流程展示。四组成员按时序性参与流程，在各组提交的资料中我选择了一部分，请他们代表本组展示给大家。

第一组民族形成组。课前准备成果中我选择了一幅插图——《英国人在北美建立的第一个殖民据点——詹姆士顿》的简单介绍；美国感恩节来历的故事；美利坚民族最初的组成介绍。这三个资料完全可以落实第一部分的知识：美利坚民族最初的形成是建立在英国殖民扩张的基础上，由印第安人、黑人、欧洲移民等组成的一个新的民族。

第二组渴望自由组。在课前准备成果中我选择了英国对北美殖民地的相关限制；英国在殖民地征收苛捐杂税的几幅漫画；波士顿倾茶事件的简单经过。这样学生就通过这几个片段认识到美国独立战争的根本原因是英国的殖民统治严重阻碍了北美资本主义经济的发展。

第三组争取自由组。课前准备成果中我选择了莱克星顿枪声的简介和其中涉及的一首诗；新生的美国人在战争中的艰苦斗争的相关的图片；萨拉托加大捷的简介；约克镇战役投降仪式彩图介绍。这一组的内容比较多，学生搜集的资料大多集中在他们感兴趣的事件中，对于建国事件：《独立宣言》发表的相关内容我并没有发现学生的可利用资料，所以这一部分以我讲解为主，并通过让学生集体朗读内容摘录和抢算美国现在的年龄来加深对这一事件的理解。这样学生就可以全面掌握美国独立战争过程中的重大事件和理解《独立宣言》对美国的重要性。这一组介绍结束我引导学生共同探究"美国为什么能取得这场战争的胜利？"

第四组保障自由组。我只选择了一位同学的资料——现在美国的宪法序言。这样有利于与现实结合，学生能更容易理解1787年美国宪法的内容和意义。

四组结束后讨论探究：华盛顿为首的美国人在独立战争中和建立民主政权过程中表现出来的什么精神让你感动和钦佩？你认为这些精神有什么现实意义？

分析：流畅而轻松的课堂，充分利用学生的课前准备成果，让一部分同学走上讲台来讲述历史。这样可以对其他同学起到榜样效应，让学生充分认识到课堂是他们展现自我的一个很好的平台，同时在展示的图文并茂创设的情境中得到熏陶感染，潜移默化地接受和理解知识，并能产生共情提升素养。其中有几位同学的精彩表现不仅让同学们记忆深刻而且为之感动。民族形成组中一位同学给大家讲的美国感恩节来历的故事，把现实与历史很好地结合在一起，使同学们在情感上共鸣。渴望自由组的一组漫画形象地反映了英国殖民统治的残酷和对北美资本主义经济的阻碍，学生看到漫画先会笑，然后会想，专心听，最后会留下深刻的感受。争取自由组的一组图片再现了北美殖民地人民战争中的艰苦，再配合学生有感情的解说有利于学生情感、态度、价值观的共鸣。探究和讨论可以使学生提升合作意识，树立自信心，养成自主探究的学习氛围并促进潜能提高素养。

我的教学设计和实施是在双边的课前准备，双边的课堂实践中，发挥了主导地位，从而突出了学生主体地位。我将以不断学习的态度去寻找更好的师生互动的切入点，给学生搭平台，设情境，大胆实践，促进学生自主学习、独立思考，充分发展学生的个性和潜能，增强学生的历史思考力，最终达到用历史教育涵养学生心灵，引领学生成长的目的。

信息技术课之任务驱动

王春婷

摘　要：用不同的教学模式来完成同一节任务驱动教学法的信息技术课，通过对比、反思、总结，观察每一次教学模式的转变给课堂带来的不一样的效果。在一次次摸索实践中，慢慢地使任务驱动式教学法在信息技术的课堂中发挥最大的作用。

关键词：任务驱动 模式 对比 反思 自主学习

近些年，在信息技术学科的课堂上，教师大多运用任务驱动式的教学模式授课，给学生接收新知识提供了很大的帮助。但是同样是任务驱动的课堂，用不同的教学模式，却会得到不同的效果。从教十几年来，我一直坚持每节课后都进行教学反思，更新教学方案，进行教学对比，最终在课堂上通过任务驱动式的教学，与学生一起感受到通过自主学习收获新知识的喜悦。在此与大家交流，同一节课利用不同的教学方案授课所获得的心得。

下面以任务驱动式的课堂教学案例（同一节课的不同授课方式），进行分析并总结任务驱动在信息技术课堂中的应用。课程讲解软件：Microsoft Office PowerPoint 2007。知识要点：幻灯片母版视图的相关操作。

一、对版式页的操作：修改标题字体样式、插入适当的背景图片。

二、插入新的版式：重命名，插入背景图片。

三、插入占位符，并对占位符进行样式修改。

四、分析总结母版的作用（更改母板中的版式，可以修改幻灯片中多个页面的背景样子，即在母板中的版式里面修改一处，整个系列的内容都将被改动）。下面用三种教学方案授课进行对比。

本节课的任务：

一、打开母板视图，在母板视图中找到标题幻灯片版式页，修改它的母版标题样式为深蓝色，华文琥珀，加粗，母版副标题样式为深蓝色，华文行楷，做完后，回到普通视图中观察本文档中第一张标题版式和第二张标题版式的幻灯片的字体格式是否变化了？是否和母版中设置的一致？

二、回到母版视图中，在标题幻灯片版式页中，上方插入图片1，大小100%，位置水平0，垂直0。下方插入图片2，大小100%，位置水平0，垂直17.07。回到普通视图中观看第一张幻灯片和二张幻灯片的效果有没有变化。

三、回到母版视图中，插入版式（就是自己新做一个母版版式），将其命名为"封面封底"。（因为我们要做一个封面，一个封底，这两张幻灯片要求一样的版式）在页面中插入图片，A，B，C。使三张图片的位置如下：A大小100%，位置水平0，垂直10；B大小100%，水平17，垂直11；C大小85%，水平0.2，垂直2.38。

四、回到普通视图中，在第2张幻灯片的下方，新建一张"封面封底版式"的幻灯片，在页面中插入图片D，大小为：100%，位置水平：4.96，垂直4.37。

案例一

授课方式：通过多媒体网络教室，按照步骤给学生做详细讲解，让学生清楚地看到制作过程，以便学生能很好地吸收知识。

学习情况：听完教师讲解后，学生们觉得内容非常简单，开始动手完成自己的任务，学生们动手积极性很高。

学习效果：看似简单的内容操作起来却出现了很多同学不会做的情况，课堂实践过程并不理想。

看来这种方法，学生们记不住老师讲解的多个知识点，并不能很好地体现课堂的魅力。为此，我又对课程的编排设计做了如下的改动。

案例二

授课方式：通过多媒体网络教室，用窗口教学的方法，让学生清楚地看到制作过程，边听老师的讲解，边跟着老师的操作内容完成任务。

学习情况：学生们制作积极性很高。跟着教师的讲解一起来动手完成本节课的知识点。手眼并用，学习氛围看起来很好。

学习效果：通过检查课堂实践成果，有些基础差的学生，跟着老师做一个完整的作品，在制作过程中，要是落下一个步骤，整个作品都无法完成了。课堂实践过程并不理想。

看来这种学生们"照葫芦画瓢"来完成作品的方法，使大多数学生都能成功地完成作品，但是所学的知识并没有变成自己的，也不能很好的体现课堂的魅力。为此，又对课程的编排设计做了下面的改动。

案例三

新知识点播：

一、视图选项卡中的幻灯片母版

二、版式页：将鼠标停留在每种版式上，会自动弹出不同的名称

三、插入版式中的文本版式

四、关闭幻灯片母版

授课方式：提前做好学习课件，通过多媒体网络教室，教给学生课件的学习方法，给学生分组，进行讨论，完成知识的学习过程。在学习过程中找到自己不明白的地方，再通过网络教室，由已经解决问题的同学来讲解知识点。

学习情况：学生们学习积极性很高。主动找到制作方法，每位同学在动手操作的同时，又可以找到新学的知识点，互相探讨，吸收知识。虽然课堂看似有些活跃，但学习气氛非常浓厚。

学习效果：在自主学习的过程中，同学们互相帮助互相讲解，不仅锻炼了学生的动手能力，还很好地锻炼了学生的语言表达能力和发现问题、分析问题、解决的能力。

由此可以看出，真正的自主学习，才能让学生们获得更多的能力的锻炼，这样就充分体现了课堂的魅力，并真正实现了教师把课堂还给了学生。

同样是任务驱动的教学法，教师使用的教学方案的不同，会使课堂效果有着天壤之别。所以作为教师，我们不仅仅要完成知识的传递，更要教给学生获得知识的方法。正所谓"授之以鱼不如授之以渔"。

初中学生认为自己现在信息技术水平已经很高，小学学习过的内容何必再学，可是当任务下发给学生的时候，真正能独立完成任务的又有几个人呢？因为小学曾经学过信息技术学科，所以好多学生的基础都不一样，为了让学生能够更好地掌握知识，又设置了新的环节。互相讲解，先学习完的学生要给不会做的学生进行讲解，这样互相帮助，自主学习的能力都有了大大的提高。充分发挥了学生的主观能动性，开发了学生的创造性思维，全面提高了综合素质，使之成为适应时代发展、符合人才要求、满足社会需求的实用型人才。

通过摸索经验改变我们任务驱动方式的教学模式，可以大大提高我们的课堂效率。我们将坚定信念，不懈努力，为教育教学的百花园再添一道新的风景，为教育事业做出我们应有的贡献。

参考文献：

［1］陈承欢，聂立文，杨兆辉．办公软件高级应用任务驱动教程．中国工信出版集团电子工业出版社

用心打造语文高效课堂

——以《云南的歌会》为例

温　森

摘　要："驰隙流年，恍如一瞬星霜换。"回首14年的语文教学工作，我觉得自己是课堂这个战场上的士兵，日复一日，期待着自己能有美丽的记录。然而一场仅有短短40分钟的战争，要如何发挥出自己的全部工作能力，取得佳绩？下面我以《云南的歌会》为例，浅谈自己的经验。

关键词：教学　云南的歌会　课堂

一、深入研读教材，明确教学目标

教材分析是教师熟悉教材、把握教材并达到驾驭教材的重要途径！

《云南的歌会》是人教版八年级下册第四单元的一篇讲读文章。该单元以传统中国民俗旅游文化为主题，几篇相关的文章主要涉及了许多充满乐趣的、多姿多彩的民俗风情，主题明确，结构严谨，文笔生动，妙趣横生。本文作者沈从文大师选取了中国云南最具特色的歌会，以精妙的笔触展现了云南优美秀丽的山野风光、古朴淳厚的风俗人情、美妙动人的歌会场景，句句真情，字字真心，充满了对景、对人、对艺术的赞颂。歌会现场，不仅专注于内容，而且高端的创新方法，闪闪发光，尽显中国云南歌会的万千不同风味。

散文阅读教学过程中应当抓住"形散神聚"的特点。本文的"神"是通过三种民歌演唱方式的介绍，向我们展现云南淳朴自然的民风和云南人民的开朗活泼及勤劳智慧。从文大师期盼人们能够停下急匆匆的脚步，欣赏自然，珍惜生命，健康快乐地生活！这种文化精神超脱的心境对现实中又忙又累的学生，自然会更加容易导致强烈的社会共鸣。因此，我设置的教学目标是"把握歌会的民俗特点"；"品读文章的言语情味"；"激发学生的生活热情"。

二、巧抓重点内容，激活学生思维

抓住重点内容，巧设质疑点，在探究中激活学生的思维，是高效课堂的重中之重！

我在导语中说："一谈到湘西，人们自然会念及沈从文；自学成才的大学教授；创作《边城》的文学大师；星斗其文，赤子其人！一篇《云南的歌会》会演绎出怎样的生命颂歌？我们一同走进那充满歌声的世界！"这样设计是让从文大师走进学生心里，让文章重心"生命颂歌"引领学生。

细节和字句就像研究分析文章的两扇窗户，只要我们轻轻推开，就会发现天光云影、意味无穷。在教学中，我设这样一个问题："这篇文章哪里写得最好？说出你的理由。"优质的问题是思维的源泉，思想的方向，以及思想发展的程度。本题旨在让学生集中学习三种不同的演唱场景，为了达到"点"与"面"教学境界的组合。我担心个别学生把握不好问题方向，我又加了友情提示：提示学生多种赏析角度：从重点词语着手，品句子之精髓；从修辞角度出发，品句子之精妙；从表现手法切入，品句子之作用；从联系上下文入手，品句子之深意。

同学们静静默读的场面令我很感动，孩子们一边画一边写，这种批注读书法已经成为他们的习惯了。我很好奇，同学们会对哪个场面最有感觉呢？于是仔细巡视着孩子们的笔端。大多数同学的目光集中在第四段。这虽然打乱了我原定的分析顺序，可我还是尊重孩子们的选择！

（一）领略山路漫歌的环境美：先来品味"山路漫歌"这一场面的精妙写法。待学生兴致勃勃地谈出自己的想法后，我及时总结出"山路漫歌"的描写美点：同学们，作者在这一段呈现给大家的花也好，鸟也好，都充满灵气和感情。这是一个美丽自然的立体画面。美在于"有高有低"的观察角度；美在于"有动有静"的写景方法，美在于写作"有人有物"的研究对象；美在于"有详有略"的笔墨分布；美在于"有景有情"的文化内容；美在于"有线有珠"的结构设计。大有朱自清《春》的神韵和意境，似诗如画，让人心旷神怡。在纯美的自然环境中长大的女孩自然歌声动人、情韵动人，两者相得益彰，浑然天成，不知不觉中让我们想到了"一方水土养育一方人"。人与自然相会融合，仿佛进入了陶渊明的"桃花源"。这不正是作者对自然的赞赏吗？"赶马女孩子的歌声，吸引了大自然和我们，那么，文中还介绍了一位云南最强音。她是谁？"这一问，自然地将学生引入"山野对歌"部分。

（二）揣摩山野对歌的人物美：我会引导学生把注意力集中在"这种对于年轻女人在中国昆明城市附近我们村子中多的是"这句上。顺势引导：同学们，"年轻女人"是指何人？由于这一问题的枢纽，对歌人物进入学生的头脑，实现升值的自然感觉。然后，将写服饰板块去掉修饰词部分让学生进行信息分析对比研究阅读，从而总结出我们可以同时通过描写方法，修饰词和叠词的运用等方法分析人物特点，归纳人物形象。

（三）讨论村寨传歌的场面美：村寨传歌部分中，将壮美的演唱场景之"面"与七十年代的"吹鼓手"之"点"结合起来。我一方面引导学生欣赏点面结合的场面描写。另一方面，又启发学生"是什么将他们这种热情激发出来的呢？"这一问掀起了高潮，引出这个问题，其意是要学生认识到云南人民对赖以生存的土地的热爱，对唱歌的热爱，对生活的热爱；要学生明白这里的人们从物质生活中解脱出来，享受自由自在的精神生活，这一张一弛正是生命的本色！这不正是作者对鲜活生命的赞颂吗？因此，作者说"从马背上研究老问题，不免近于卖呆，远不如从活人中听听生命的颂歌为有意思了。"自然引出了文章的写作背景。

三、落实一个统一，工具人文并重

教学不是一个人孤零零地进行语言文字训练，也不是脱离文字凭空感悟，而应该将理解语言和体会情感有机地结合起来，这样方可达到三个不同方面不同文化维度的整体工作推进，让学生的情感澎湃起来。因此，在教学中，我引导学生"悟情味"。这篇文章写于1963年，云南的人们刚刚经历了三年自然灾害，人们生活在水深火热中，可是云南的人们为什么还在唱歌，还在欢笑呢？设计此问题是想让学生清楚云南人民乐观旷达的生命态度，不轻言放弃的精神。让"语文"贴近学生生活，走进学生心灵，呵护学生灵魂，让语文教学从口头上的文化层面进入深度素养层面。此时进行教师小结：我们跟随沈从文的脚步，听着沈从文的心跳，他告诉我们，一个国家，只有健康强大的生命力，阳光坦诚的生活态度，才能腾飞在世界之林！同学们，中国梦，民族梦，希望在你们身上。最后希望同学们让清风明月永驻心间！

《云南的歌会》一课结束后，自己的心里有淡淡的喜，浅浅的笑。在教学设计上，我采用了让学生越走越近的理念：站在中国观众的视角，做一个欣赏者、一个品尝者、一个研究者。从欣赏者的角度，自主地去感受云南的美妙精彩的歌会，完成对文章的整体感知。从品味者的角度，逐步探索文化创意特色的歌曲中包含的观点。从研究者的角度来看，与文本、作者展开对话，在问题和答疑中探求作者的生活态度和审美追求。在不知不觉中完成角色的转变。如果从生命意识发展形态链接上自我，相信我们每一位同学都会转变为生活的热爱者、珍惜生命的参与者。

真实有效的语文学习，必须建立在充满学生自主性和创造性的课堂教学基础上。因此，我们要充分发挥文本的多样性和开放性，理清教学主线，构建问题链条，以多种阅读形式为辅，寻求最优的教与学的结合点。

以上我的几点浅薄认识仅供大家参考，望其达到"抛砖引玉"的效果。

参考文献：

［1］步进. 语文教学通讯：初中（B），2012

［2］李淑丽. 黑河教育，2011

［3］康翠玲. 学周刊：上旬，2014

培养地理学科素养　提升高效课堂质量

——《降水和降水分布》教学设计分析

徐邦孚

摘　要：通过对《降水和降水分布》一课的教学设计解析，阐述如何在教学实践中培养学生的地理学科素养，以达到实现高效优质课堂的目的。

关键词：地理学科素养 高效课堂 优质课堂 课堂活动

地理学科素养包含很多内容，初中阶段地理学科中着重培养学生的地理核心素养，包括树立人的协调观、养成地理综合思维、明确区域地理认知和发展地理实践力，如地理知识、地理观念、地理学科能力、地理方法、地理思维等等素养的养成。在教师授课中，着眼点由"课本死知识"转向"生活活知识"，把"知识落实"向"方法应用"转移；重视学生能力的提升和学法的探究，培养完善学生的地理素养，以此达到学生更实用、更高效、更轻松地学习地理的目的。所以，构建高效地理课堂，探究怎样培养学生的地理素养至关重要。下面笔者将以初中地理《降水和降水的分布》一课的教学为例，对此问题进行阐述。

一、选择与设计教学策略，彰显地理核心素养

（一）注重知识的应用：降水及其分布不仅是地理学科基础的学习内容，而且在生产生活中应用十分广泛。依据课标理念"学习生活中有用的地理"，在上课中结合问题设计情景，让学生能学以致用，完成地理知识的储备。

（二）注重能力的培养：受班级授课，封闭式学习的影响，课上只能是"纸上谈兵"，为了真正把课上的内容和生活实际相结合，完成地理思维由理论向实用、由平面向空间的互换，设计了雨量器自制与实际观测相结合的环节，以此促进学生地理思维方式的生成。

（三）活动逐级深入：按照由近及远，由简到繁的思维逻辑，先设计简单活动，再设计较复杂活动，最后设计运用到生活中的活动，这样层层递进的方式，有利于学生由浅入深获得收获，掌握地理学习的方法和技巧。

（四）采取合作互助方式：本节课采取小组式学习，搭建互动式的教学平台，创设互助式学习环境，建立学习共同体，以合作互利共同进步为荣。实现为用而学，用中求学，学了就用的地理实践力。

二、学习者特征分析，挖掘地理素养潜力

知识储备现状：在已有的基础上，学生了解了气候的基本概念，明确气候的主要要素是气温和降水。通过对气温的学习掌握了一定的学习方法。这对本节降水的学习有一定的借鉴意义，同时为后面世界的气候学习埋下伏笔，实现知识更新。

学习能力现状：对于七年级学生来说，由于他们的认知水平较低，对降水的变化只有生活中的直观认识，而缺乏系统规范化的认知，图文转化能力差，需要实现薄弱能力的提升。

提升空间潜力：鉴于学生的认知水平和能力，采用读图分析法、合作探究法、动手实践活动法、创设情境法等多种教学手段，在客观、科学的学习平台下，帮助学生建立科学的地理学习模式、地理思维模式。

三、教学目标制定，着眼地理理念认知

新的课程标准是地理课堂教学的依据和准则，依据地理课程标准初步确定教学目标。依据教材内容加以完善和细化教学目标，制定教学方向，能够从根本上建立地理理念。教材是进行教学的"资源"，因此要挖掘地理教材中所含的三维目标并不断具象化，以形成重点，突出地理的核心价值观。

教学目标如下：

知识与技能：运用降水量柱状图分析年内某地方降水季节变化。使用数据信息，绘制降水柱状图，进一步读图归纳降水时间变化规律。

过程与方法：1. 讨论合作——降水对生活、生产的影响；2. 小组协作——析图概括降水季节变化的特点；3. 全员探究——根据资料数字，绘制降水柱状图。

情感态度价值观：1. 关注生活中的地理现象，感受地理探究的乐趣；2. 通过描述降水与人类生产、生活的关系，培养学生热爱生活和学习地理的兴趣；3. 通过参与降水季节变化的课堂活动，发展创新探究和合作意识；4. 认知降水

的复杂性。

四、构建课堂教学高效，实现学科素养提升

（一）情景导入明确人地观

导入：学生观看一组教师事先准备的有关"雨雪"图片。配文：雾中青山雪中梅，湖上荷叶雨中莲。屏幕的画面仿佛给我们带来丝丝清凉，大自然中这些变幻的现象成为诗人的寄托。提问：你知道诗中情景描写的大气状况吗？本节我们共同来探讨降水和降水分布。设计意图是由古诗导入增加课堂趣味性和生动性，设置情境自然地引出问题，学生主动思考，朗诵并判断诗中描述的大气状况，同时暗中明确人地关系论。

（二）活动设计养成综合思维

通过系列活动：春风"话"雨——都来量量、水滴石穿——绘图绘制、呼风唤雨——合作概括、冰雪聪明——能力综合、风雨无阻——灵活应用等活动名称，拉近学生形成与降水一课吻合的氛围，生成地理视角的敏锐度。借助不同的教学手段，引入多样的教学资源与设备，开展多角度的课堂活动，结合演示激趣、问题设计、直观图象、影像运用等环节达到培养学生地理思维、地理理念、地理能力的终极目的。

1. 培养学生实地测量降水，学会推断月降水量及年降水量的测量。以及利用图表获取信息并对提出的问题进行表述。

2. 培养学生实际动手能力，形成良好的小组学习氛围，引入竞争机制，鼓励学生思维敏捷、头脑灵活、行动快速，掌握利用图表获取信息的意识，培养表述图表信息初步归纳图表信息的能力。

3. 培养进行简单地理图表的描述能力，会分析地理图表，能够发现一定的地理规律，提炼概括地理图表的基本技能。

4. 培养过程循序渐进，由浅入深，一环紧扣一环，关联性强。每一因素分别引用不同的方式方法：读图分析法、图片直观对比法、视频辅助指导法。方法多样，问题灵活，在创设的问题情境中建立联系，让学生真正成为课堂的主人。同时学生学习的线索性较强，有助于形成严密的地理逻辑思维。

附表：《降水和降水分布》课堂活动

活动一： 春风"话"雨 都来量量	组织并指导：测量降水量 制作：利用矿泉水瓶现场制作雨量器。 思考：谁会对刚才的降水进行测量？谁想当气象员，测一测降水量？ 迁移：我们如何用已知的日降水量得到月降水量、年降水量呢？	测量：用刻度尺观测实际降水，读数时，明确单位。 演示：上讲台演示人工降雨。 自制：简易雨量器。 动手：说出观测数据。 明确：降水量是累加值。
活动二： 水滴石穿 绘图绘制 利用已知不同城市降水数据动手绘制柱状图。 活动三： 呼风唤雨 合作概括	布置任务：分四组绘制不同城市降水柱状图 提出要求：准确、快速、高效 判读：降水柱状图 ①全年各季节降水分配是否均匀？②降水最多及降水最少的是哪个月份，各是多少？③哪个季节降水多，哪个季节降水少？④该地区降水的季节变化特点？ 游戏单元：五个不同的降水柱状图找到对应的季节分配特点。	绘制：降水柱状图 竞赛：小组内，谁最快展示；小组间，比赛哪组最先完成；黑板上找两组同学搭档完成；同桌间互相挑毛病。 作答：汇报并展示。 探究：完成连线。 归纳：降水季节变化特点。
活动四： 冰雪聪明 能力综合 总结降水的空间规律 活动五： 风雨无阻 灵活应用	质疑：降水的空间分布规律 影响降水的因素 1：读图分析法出示地球五带图 2：图片直观对比法 给出：图片信息。 出示：两地的不同位置。 3：视频指导法 播放：地形雨的形成视频。 理解：云过山坡湿，雨过山坡晴。	完成填图：赤道两极、回归线附近 中纬度地带 讨论：从气温高低、水分蒸发快慢，降水情况，地处纬度进行分析。 比较：两地降水的分配，一多一少。 归纳：海陆位置 观看：地形雨的形成视频。 描述：地形雨的形成过程。 解析：湿坡指迎风坡，晴坡为背风坡。

五、完成教学评价，达成高质量课堂

学生相互评价，填写组内成员的名称，根据成员的参与程度和学习态度，学生自行打分。成绩分为学神、学霸、学糕、学酥，逐层提高。课堂上对主动参与回答问题，积极思考问题的同学给予鼓励性评价，实现面向全员的最大化。根据学案的科学性、严谨性、美观性进行评价，教师和学生选出公认好的，进行班级展览或者是全年级展览，实现优中取优的引领示范作用。

生活中缥缈的风、变幻的云、散落的雨、纷飞的雪是大自然赋予我们的恩泽。笔者仅以《降水和降水的分布》为例展开对学生地理核心素养的培养及高效地理课堂的建立。总之，培养地理素养如渭城朝雨细无声，提升课堂质量似春夜喜雨润无声，充分挖掘学生的潜在能力，实现地理课堂优质高效是每一位从教者的毕生追求。

参考文献：

[1] 义务教育地理学课程标准. 中华人民共和国教育部制定，2011 年版

[2] 段玉山. 地理核心素养解读. 上海教育出版社，2018 年 4 月

第四部分
04
| 教育教学心得 |

浅谈初中历史学习兴趣的激发和培养

韩　静

　　摘　要：历史教学中组织丰富多彩的教学实践活动，为学生学习营造一个兴趣盎然的良好环境，能激发学生学习历史的兴趣。兴趣是从事某项活动的原动力，能直接转化为学习动机。只有学生感兴趣才会有高度的热情，积极主动去学习。因此，激发、培养学生学习历史的兴趣非常重要。

　　关键词：初中历史 激发培养 学习兴趣 高效课堂

　　苏霍姆林斯基说："在每一个年轻的心灵里，存放着求知好学、渴望知识的火药，就看你能不能点燃这火药。"激发学生的兴趣就是点燃渴望知识火药的导火索。爱因斯坦也说："兴趣是最好的老师。"兴趣对学习有着神奇的内驱动作用，能变无效为有效，化低效为高效。所以，培养学生的学史兴趣是提高历史教学有效性的重要途径。那么，如何才能培养学生的学史兴趣呢？

一、精彩导语，激发求知

　　学生对新知识学习的欲望、参与教学的程度及学习的效果，都与我们教师的导语有很大关系。历史课堂教学中的导语具有温故知新、承上启下和启发引导作用。授课前一段精彩的导语，能够引发学生的好奇心，集中学生的注意力，激发学生的求知欲。所以一堂成功的历史课，首先须看课堂导语是否精彩。设计的导语要精，简洁明快，不能过长；要巧，有趣味性；要找准切入点，使学生的思维能够顺势进入新课的轨道。

　　（一）组织精彩语言，以言激趣。讲《鸦片战争》时，可以说：我们知道1997年7月1日，举国上下一片欢腾，因为这一天是香港回归祖国的日子，这一天也结束了英国统治香港百年的历史。那么，同学们知道香港是由哪几部分组成的吗？当年英国又是如何一步步侵占香港的？

（二）选取相关歌曲，以歌导趣。讲《经济体制改革》时，播放著名歌唱家戴玉强的《凤阳花鼓》，引入中国农村改革开放第一村——凤阳县小岗村。探究在农村实行家庭联产责任制前后的变化，激发学生学习的兴趣。

（三）设置思维导图，以图增趣。可以借用图表进行归类，明确要学习和掌握的要点，减轻记忆负担。搜集图片或视频，增强直观效果，加强学生对历史的体验。

导语的设计，要根据课堂教学内容、学情、教学环境等因素综合考量，符合教学实际即可。

二、营造氛围，使生乐学

课堂教学的空间不是真空场所，它充满着无形的但又最敏感的人为因素。课堂气氛主要是教师行为的产物。一名优秀的教师，必须要具备良好的学科业务素养和一定的课堂管理能力，这样才能在课堂教学中，充分发挥教师的主导作用，为营造良好的课堂氛围创造条件。

教师要发挥主导作用，就必须充分展现教学艺术的魅力。教学艺术是教师达到最佳教学效果的知识、方法、技巧和创造能力的综合表现。在影响课堂氛围的因素中，教师的教学艺术是一个重要的因素。一个能精心组织课堂教学，巧妙把握语言艺术，善于用良好的情绪、情感感染学生，同时又善于处理课堂问题的教师，显然更容易创造出良好的课堂氛围。

三、质疑设问，以疑激趣

学贵有疑，有疑才有所思，有思必有所得。古人曾说过"疑是思之始，学之端""小疑则小进，大疑则大进"。学习新知识，实际上就是设疑、解疑的过程。教师在教学中要有意识地设置一些疑问，把疑问摆在学生的面前，使他们先感到"山重水复疑无路"，后激励他们去寻求"柳暗花明又一村"。当学生找到"又一村"后，就会产生一种成功的快乐，这种快乐又能引发学生进一步学习的兴趣。

四、情境创设，以情求趣

在教学中创设能激发学生情感、有吸引力的环境，可以利用各种教学手段，如图片、录音、影视、多媒体等，创设、渲染出历史教学具体、形象、生动的环境和氛围，把学生引入课文内容所描述的情境中，让学生仿佛身临其境，使学生在感情上受到震动，从而达到激发学生学习兴趣的目的，又使学生在潜移默化中受到教育。

五、换位思考，洞察学情

每一个学生的成长过程不同，环境不一样，性格不一样，习惯养成也不一样。家长和老师的期望与孩子的现有水平多数是有一定差距的，过分的强压和管束也许会适得其反。不管是鼓励还是严厉都要把握好度，让学生从内心深处去接受，才能去做好每一件事情。当学生做得不好或不完善的时候，不要用粗暴的语言去一味地指责，要选择合适的话语去疏导、去帮助学生调整，尽可能地保护他们的自尊心和自信心，否则可能会影响到孩子的终身发展。

六、语言生动，触发兴趣

语言是最普遍、最直接的教学手段，语言的魅力是一堂课的关键。一位教育家曾说："教育语言应是导火索、冲击波、兴奋剂，要有启人心智、激人思维之功效。"作为教师，应该加强自身的语言修养，讲课时做到满腔热情、抑扬顿挫、富有激情、具有演说家的风范，能鼓动学生主动积极地学习本学科。

通常获得历史知识的途径，主要是听（听他人讲述历史）、读（阅读有关历史的书刊）、看（考察历史的遗迹）等，而学生获得历史知识的途径，也不外如此。其中，听课又是获取历史知识最主要的渠道之一。如果历史教师放弃讲授历史，就可能阻断了学生对历史知识的系统学习。教师的讲授内容是具体的，教师的讲解分析是深刻的，教师的教学语言是简明形象、生动幽默的，就能够调动学生的学习积极性，引发学生进行积极的思维。如果教师的讲授适应于学生的兴趣、情绪、情感、愿望等心理需求，能够使学生受到启迪，产生共鸣，就一定会受到学生的欢迎和回应，出现师生之间真正的互动、心灵上的交流。

七、良好习惯，高效课堂

"态度决定细节，细节决定成败"。学习习惯的培养要从小处着手，我认为应从以下几个方面做些思考：

（一）借用一些典故、历史人物或朝代的兴衰，端正学生学习历史的态度，明确学史可以明志，知史做人。可以学会从失败中总结成功的经验和教训，可以从前人成功的过程中学习到为我所用的许多东西，可以找到自己努力学习的榜样，可以找到不断激励自己前行的原动力。一旦学生想学习历史了，那历史课堂的高效就有了基本的保障。

（二）抓好课前预习，养成预习新课的习惯。通过预习，了解新课的基本内容，掌握一些基础的知识点，明确学习中的一些困惑的知识点，从而在学习新课的过程中有目标地听，提高听课的效率。

（三）养成边听边记的习惯。学习就应该有记录，不用刻意的去记笔记，但在学习的过程中边听边记是必要的。在教师的指导下，将教材变成笔记，将教材内容用不同的标记进行梳理，在课本相关内容的旁边做一些必要的记录，有助于对内容的理解和学习，有助于学生找到适合自己的学习方法。

总之，在历史学科教学过程中，教师必须采用多种形式增强课堂教学的趣味性，只有这样，才能创新历史课堂教学，才能激发学生学习历史的兴趣。学生有了兴趣后就愿意去学习、去探索、去求知，在轻松、愉快的气氛中牢固掌握并灵活运用知识，从而提高教学质量。

"互联网+"时代下信息技术教师
角色转型与发展

徐 佳

摘 要：新时代不仅造就了全新的互联网文化，也造就了"足不出户便可知天下事"的新局面。互联网从一门技术发展至今，已经同我们的生活息息相关，延伸至方方面面。在互联网与教育行业深度融合后，信息技术教师的角色定位也随之产生了变化，2020年新冠疫情的爆发，更是加速了他们角色的转型升级。传统的知识传授者、监督管理者逐渐向信息分享者、共同学习者，甚至教学主播"跨界"发展，将桌面化变为信息化。下面我们就来详细谈一谈，初中信息技术教师在顺应时代浪潮的大环境下，如何积极提升自己的专业素养，为教师角色的成功转型创造条件。

关键词：信息技术 互联网+ 转型

随着科技发展的日新月异，信息技术这门课程已经在初中学习阶段占据不可忽视的地位，对于学生的信息素养和技能的培养起到重要作用。同时，信息时代的来临，更凸显出其重要性。但是目前来看，很多初中信息技术教师依然沿用传统的教学模式，这样一来，学生的学习兴趣不高，课堂教学的有效性被抑制。在"互联网+"的背景下，教学模式的短板显而易见，所以，初中信息技术教师如何转型、初中信息技术课堂如何打破传统教学模式将是我们所探讨和分析的内容。

一、"互联网+"时代下教师角色的转型趋势

"互联网+"时代下的教育发展是一种创新型的教学模式，这种教学模式打破了传统理念，引领了一场现代化的教学革新。现代教育的迅速发展形成了全新的网络教学平台、全新的教学共享资源、全新的教学系统等诸多形式及理念。这些理念不仅能够将网络资源有效地与传统课堂相结合，因材施教，满足更多

求学者的要求，还能使教育模式向多元化发展，实现传统教学方法和教育体系的重新建构。

从"数字化时代"到"互联网时代"再到当今的"互联网＋"时代，教育模式已发生质的改变。"线上课堂"应运而生，学生不仅能随时随地接触到新颖的课程，还能打破空间和时间的限制。这些新兴的教育方式不仅迅速获得了学生的喜爱，更有教学主播悄然走红，带动了"互联网＋"时代下教师角色的转型升级。

"教师"二字是一种身份，既表明了教师在社会中的地位，也包含了古往今来人们对教育工作者的多重期盼。随着"互联网＋"的持续发展，教师们也受到了一定影响，这种影响不仅体现在技术层面，还体现在传统教育的思想上。"互联网＋"时代下教师的"跨界"发展，开始呈现出多方面的转型趋势：由单回路教育实施者转变为双回路教育探索者；由纯粹理性的课堂主宰者转变为以人为本的知识解构者；由传道授业解惑的知识传授者转变为学生学习的引导者和助产者。

二、"互联网＋"时代下初中信息技术教师如何转型

更新教学观念，成为师生互助学习的"同盟军"。初中信息技术教师长期以来已经对传统教学模式有了固定的思维。要将"互联网＋"有效地运用在日常的教学过程中，势必要打破传统教学方式，推陈出新。要根据自身的特点进行调整和改革授课方式，让学生成为课堂中的主角。除此之外，教师自身应对当前流行的互联网形式和资讯进行充分了解，与时俱进。教师既是传道授业解惑之人，同时也是学生们的"大朋友"。传统的课堂中，信息技术教师都是课堂的主导者，随着时代的变化，教师应该转变为引导者，让学生自主创新，开拓思维，更多地参与到课堂文化中。这样一来，激发了学生的学习兴趣和设计组织能力。在进行学习资料查询和整理时，教师可以让学生自主进行。通过同学之间的协作与配合，既完成了教师布置的任务，同时也能培养他们相互协作的意识，了解知识的同时也能提高实际操作的能力，一举多得。

合理设置学习项目，从讲授者到引导者。学生学习的过程是一个知识建构和创造的过程，是对信息进行捕捉、筛选、构建、内化、升华的过程，不仅包含知识的学习，还包含知识背后的思维方式、学习方法、经验链接、价值文化等的学习。初中信息技术的教学模式已经受到"互联网＋"的影响，逐步转变该学科的教学方法，教师也要从讲授者转型成为引导者。课堂上，根据每一个学生的特点和他们的兴趣关注点，合理分配学习任务。在进行学习任务的布置

的同时，根据年级的不同，结合每班学习进程和具体情况，选择难度适中的教学任务进行分配，让学生不会因任务过于困难而放弃，也不会因为任务过于简单而轻视，达到既锻炼学生实际操作的能力，又提高学生学习能力的效果。其次，教师可以结合学生感兴趣的实践活动，让学生能够在实际操作中明确知识点的运用，教师讲无数遍都不如学生实际操作一次的效果更佳。最后，教师在教学任务的设置上，要逐渐深入，让学生们有一个循序渐进、由浅入深的过程，提高学生自主学习的能力，去探索未知的数字世界，这才是信息技术这门学科的最终成效。教师还可以让学生们通过小组学习的方式进行讨论、研究，根据学生的实际情况，结合初中生可以运用的信息技术知识来设置学习内容。比如说，初中生在学习过程中已经学会如何运用 WORD 办公软件，教师可以设置相应的题目，让学生根据题目制作学习海报。在此过程中，学生可以利用 WORD 锻炼打字速度、插入图片、使用文本框等知识点，再分别进行展示，不仅可以锻炼学生的能力，也可以检验学生的学习成果。

发挥学科优势，成为学生素质发展的"设计师"。受到多种因素的影响，我国的中小学在信息技术方面的发展较为薄弱，目前还处于发展阶段。因此，为了解决信息技术教学内容重难点问题，信息技术教师要大量学习互联网新态势、新技术的相关知识，利用最新的资讯、科技内容重构当前的知识内核，从而将其融汇到课堂中，让学生们能够在实践中学习、在操作中成长，将信息操作转化为技术、技能，促进综合素质提升。信息技术教师还可以通过组织学生成立兴趣社团，提供有效平台，助推职业生涯前期规划。有些学生在课余时间接触互联网更多的都是在玩游戏，建立兴趣社团，让学生们明确互联网真正的用途、信息技术课程的实用性。在这一过程中，学生们的逻辑思维、计算思维、实际操作能力都可以得到有效地提升，让学生真正地学以致用、学有所成，树立终身学习的目标与动力，为学生未来职业生涯发展、规划提供前期导向。

随着互联网与信息技术的不断发展，未来，学科间的融合共研将是教学发展的必然趋势。在这个过程中信息技术教师的优势凸显出来，他们可以帮助带领其他学科教师提高信息技术应用能力，顺应时代浪潮，推广创新"互联网＋"教学模式，让这种模式"常态化"，实现提高教育质量，抓住"互联网＋"发展机遇。并在不断提升个人专业素养的同时，提升学生综合素质，促进课程信息能力融合提升，打破传统教学模式，为新时代教育多元发展创造条件，营造新局面。

参考文献：

［1］杨爽．"互联网"时代的教师角色重构［J］．教育理论与实践，2016，36（32）：33－35

［2］陈佳莹、田秋华．"互联网＋教育"环境下教师的课堂角色转型及其实现路径［J］．教育导刊，2019（12）

［3］赵春芳．后疫情时期"互联网＋教育"的反思与应对［J］．法制与社会，2020（15）：186＋199

［4］白慧春．智慧校园背景下中学信息技术教师面临新的挑战与机遇［J］．科教导刊旬刊，2019，362（01）：74－75

予你彩凤翼

陈 婷

摘 要：经典书籍是人类传承下来的文化瑰宝，本文以经典之作《孟子》一书为例，阐述了为什么要让学生多读书，读好书，读整本书。

关键词：读书 孟子 智慧 语言 思想 心灵

《语文课程标准》明确指出，要让学生"培养广泛的阅读兴趣，扩大阅读面，增加阅读量；要少做题，多读书，读好书，读整本书"。在考试的压力下，学生的文学视野逐渐缩小到考试所限定的狭小范围内。师生整天忙于答题技巧的训练，很少有人再重视读书的作用。其实读书可以丰富学生知识、提高学生素养、完善学生人格，帮助学生成为真正的有用之才。教师不仅要自己广泛涉猎传统文化经典之作，更应抛弃功利之心让学生多读书，读好书。现在就以传统文化经典之作《孟子》一书为例，来谈谈怎样通过读书给予学生提升素养的彩凤翼。

孟子是战国时期著名思想家、教育家，儒家思想的重要代表人物。地位仅次于孔子，有"亚圣"之称。《孟子》一书是孟子的言论汇编，是儒家的重要经典之一。与《论语》、《大学》、《中庸》并称"四书"，由孟子及其弟子共同编写而成，记录了孟子的语言、政治观点和政治行动。《孟子》有七篇传世：《梁惠王》上下；《公孙丑》上下；《滕文公》上下；《离娄》上下；《万章》上下；《告子》上下；《尽心》上下。在这部书中处处充满能让学生受益无穷的智慧，对于培养学生的学习能力、启迪学生的智慧、润泽学生的心灵都有重要的作用。

一、孟子智慧的语言

孟子的语言气势磅礴、议论深刻、充满哲理的智慧。孟子善用排偶，留下许多精彩的名言警句。如"得道者多助，失道者寡助"，"天时不如地利，地利不如人和"，"富贵不能淫，贫贱不能移，威武不能屈"，"老吾老以及人之老，幼吾幼以及人之幼"，都成为传诵千古、脍炙人口的经典语句。孟子不仅善用排偶，且善用比喻、对比、举例等多种论证方式，说理鞭辟入里，令人叹服。如在论证舍生取义的道理时，以鱼比喻生，熊掌比喻义，用人们熟知事物生动地说明生与义的轻重关系，寓深刻的道理于生动形象的比喻中。并用舍生取义和见利忘义进行对比，以证明见利忘义行为的不可取。论证生于忧患、死于安乐时，孟子又连举六个事例，以充分的事实来论证忧患能磨砺人才，使人奋发有为。

在初中语文教学中，不少学生一提写作文就头痛，语言苍白乏味，毫无个性，对议论文写作更是避之唯恐不及。针对这种情况，教师如果引领学生走近《孟子》，会让学生的语言也变得大气磅礴，富有个性。而且，《孟子》就是很好的写作教材，教师有效的指导，会让学生也学会如何有力地论证观点，做到议论深刻透辟。

二、孟子智慧的思考

《孟子》一书不仅在语言上充满魅力，更大的魅力还在于书中处处闪烁的智慧火花。如"尽信《书》，不如无《书》"。告诉了我们学习时要有质疑精神。如果学生将书中所说照单全收，在实践中尽数应用，只怕会培育出无数个书呆子，而且我们的科学和文化也不会再有进步，两千多年前孟子就阐明的道理，我们更应明白。"今夫弈之为数，小数也；不专心致志，则不得也。"围棋虽是一门小技艺，如果不专心致志，也学不好啊。无论学习什么都是如此，如果不专心，终难有所成。再如"得道者多助，失道者寡助"、"天时不如地利，地利不如人和"，让我们明白人心所向、内部团结才能取得成功。再如孟子以"攘鸡"一例，说明当你发现错误，就应立刻改正或要做某事时，应马上去做，而不要借故拖延。

这些智慧的火花会让成长阶段的孩子们受益无穷。两千多年前的古人尚且有质疑精神，何况 21 世纪的学生们？学生只要稍经点拨，自然会在学习中明白，要在学习中多一份自己的思考。而学习应该专心、做事应该团结、应及时改正错误而不是借故拖延等道理也是学生应该懂得的。

三、孟子智慧的心灵

在《孟子》这部书中最值得我们汲取的，还应是孟子智慧的心灵。"生于忧患，死于安乐"，孟子认为忧患是人生可贵的财富，它能磨炼人的心志，锻炼人的筋骨，锤炼人的耐性，激发人的潜能，经受得住苦难，才能担当大任。对很少经历挫折的现代人来说，孟子教给我们正确面对苦难的态度是更宝贵的财富。孟子认为生与义相冲突时，应舍生而取义。虽然时代已变迁，但我们仍应在孟子的指引下，勇于为了国家集体利益而舍弃个人利益。"富贵不能淫，贫贱不能移，威武不能屈"一直激励人们坚持正直的操守。"老吾老以及人之老，幼吾幼以及人之幼"正是我们提倡和谐社会所应有的大爱精神。心灵的强大才是真正的强大，对于思想正逐步走向成熟的学生来说，还有什么比这样的智慧盛宴更好的精神食粮呢？从小在舒适的环境中成长，未经受过任何风雨、心灵脆弱的学生，应该明白如何对待可能突如其来的苦难。传统文化的浸润，会让他们懂得，国家集体利益值得舍弃个人利益，对别人要多一份关怀。当然，"富贵不能淫，贫贱不能移，威武不能屈"的骨气更是优秀下一代不可丢弃的精神瑰宝。

四、如何让学生真正读书

书籍虽好，但是对于教师来说，怎样才能让繁忙的中学生对阅读书籍感兴趣，并且愿意抽出大量的时间去阅读课外书籍，甚至是耗费精力去读整本书呢？

首先，日日读，月月读，让学生每天抽出一点时间，坚持读书。"万石谷，粒粒积累；千丈布，根根织成。"每天坚持抽出点滴时间读书，日积月累，三年时光，师生都会发现收获巨大。读一本书，任务量太大，但是教师可以选取一些精彩语句、片断，以每日一句或一段背诵的形式，带领学生感受孟子语言的魅力，坚持去做，就会积累足够的阅读量。

其次，传授智慧的形式是多种多样的，教师可以通过读书会、辩论赛、撰写读书报告、读后感等多种形式将孟子的这些智慧思考传承下去。也可以对《孟子》一书的精彩之处，采用教师点拨，学生仿写、展示、评比等多种形式学习孟子的智慧，提高学生的写作水平，例如《生于忧患，死于安乐》就是很好的写作范文。

再次，可以通过集体讨论《孟子》，开展以"读孟子，论孟子"为主题的班会，用孟子的眼光评论时事等多种形式，让学生拥有智慧的心灵。

阅读好书，教师可以从引导学生阅读传承传统文化的经典著作入手。时间是最公正的评判者，淘漉尽平庸之作，只留下能代表传统文化的经典之作，所以《孟子》中的智慧光芒穿越千年，依然指引着我们前进的方向。让经典著作走进语文教学，才能让智慧浸润学生心灵，培养一批批真正的栋梁之才，给予学生提升学习水平、实现理想、塑造完善人格的彩凤翼。

参考文献：

[1] 杨伯峻. 孟子译注. 中华书局出版

[2] 南怀瑾. 孟子旁通. 复旦大学出版社

以美育人"乐"翔星空

——浅谈"立德树人"与高效音乐课堂

白继红

摘　要： 音乐课堂上老师应该将"立德树人"融入其中，将音乐教学与"以美育人"的思想融入课堂，以达到"以美育人"的教育目标，打造"立德树人"为主题思想的音乐高效课堂。

关键词： 立德树人　高效音乐课堂

随着新课程的进一步推进，音乐教育在学校的作用越来越重要。音乐课是许多学生喜爱的一门课程，能够缓解学习压力，陶冶情操，让学生在潜移默化中接受到美的熏陶。音乐课堂上教师应该将"立德树人"融入其中，将"以美育人"的思想融入课堂，进而达到"以美育人"的教育目标，打造"立德树人"为主题思想的音乐高效课堂。

一、"立德树人"是构建音乐高效课堂的前提

（一）提升修养，促进发展

中华民族的传统美德是"立德树人"，将其运用于音乐课堂能够极大地提升学生的文化素养，帮助学生形成良好的品格，培养责任意识。初中时期是学生树德修品的关键时期，音乐教学中突出传统文化和中华传统美德，能够帮助学生树立良好的品德修养。在音乐中感知、在音乐中"乐"知，从而促进学生的全面发展。

（二）美育教育，时刻感知

"立德树人"贯穿于音乐课堂，通过音乐的聆听、体会，引发学生感知音乐的美，感知音乐的社会意义，能够帮助学生树立正确的人生观，提升审美层次，达到音乐教育的效果。音乐教育的目的不仅在于通过音乐作品了解其内涵，还在于潜移默化地影响学生的精神面貌和思想感情，培养良好的道德品质；帮助学生认识生活的同时，也影响学生形成积极向上、坚忍不拔的意志品质。

二、"立德树人"是探究音乐高效课堂的关键

（一）创新模式，师生共建

传统的音乐课堂教师是主角，学生是配角，学生被动地听、被动地练，不利于构建高效的音乐课堂。将"立德树人"理念贯穿于音乐课堂，重视学生的想法，学生为主角，教师为配角，师生角色转换。

课堂上建立相应的学习小组，发挥团队优势，集体的力量随着独立思考，个性与共性得到统一，激发学生的学习兴趣。比如在欣赏《春江花月夜》时，将学生分为五组，每一组都用自己喜欢的形式来表现音乐内容，学生们积极热情地讨论之后，展现出各自的特色。分别用诗、画、舞蹈、太极拳、拉丁舞，来表现他们眼中的作品，形式多样回味无穷。在解读《嘎达梅林》时，为了更好地理解音乐作品，将学生分为四组，每一组都用不同的节奏类型。在音乐的伴奏下，同学们手舞足蹈、分工合作，既加深了记忆，增强了兴趣，又能深入地理解作品。

在授课中，为了形成师生良好的互动，以学生思考为基础，以小组讨论为原则，借助于视频观影，建立相对直观的感受，在视觉、听觉和谐统一的课堂氛围下激发学生的学习兴趣，产生共鸣，达到构建高效音乐课堂的目的。

（二）打造氛围，夯实内容

精神层面的文化构建，必须将"立德树人"和"社会主义核心价值观"与音乐课堂相结合，培养学生良好的品德、良好的习惯，树立正确的世界观、人生观、价值观。音乐是表达人类思想感情的最好方式，学生可以通过音乐放松自己，提高学习效率。教师可以利用多种形式和主题的音乐活动，让学生在音乐活动中，提升自己的兴趣及音乐技能。

在教唱《牧歌》时，利用大屏幕渲染气氛，当银屏上缓缓出现蓝天、白云、草地、牛羊成群的画面时，跟进音乐的娓娓道来，恰当地表现出音乐风格，使同学们对蒙古长调音乐的理解深入人心，情景交融、身临其境。讲解《鸿雁》时，为加强学生的学习兴趣，更好地区分蒙古长短调，节选央视"诗词大会"的片段。选手们紧张的神情，主持人犀利的话语，现场屏住呼吸的观众，当董卿用标准的普通话有理有据地讲解长短调的区别时，观点明确，同学们的疑虑解开了，此环节印象深刻。

课堂教学中，教师可以结合教学内容，设置学生演奏、演唱及情感分析评比等环节，由学生选出优秀的小组或个人，给予肯定和表扬。通过引导学生对音乐作品的赏析，帮助学生树立爱祖国、爱家乡、爱人民的情感；通过学生的

表演、学生间的评判，建立学生对音乐课堂的参与活动，增强音乐氛围，帮助学生在音乐赏析中感受音乐的魅力，建立"立德树人"教学意义。

三、发掘教材是实现"立德树人"的前提

在音乐课堂体现美育价值，要求教师首先要对教材中蕴含的美育线索进行研究、发掘、提炼，设计教学过程中的美育因素，通过分析概括，加以强调，从而培养学生的审美兴趣。如：音乐的节奏、律动、速度，加强学生的体验，从而激发各种情感，学生在音乐学习中不断加深对美的认识和理解。注重引导学生对音乐整体的想象力、感受力和综合理解力，培养其知识和技能，让学生感受音乐的内在美。在音乐教学整个过程贯穿对音乐美的培养，培养学生对音乐记忆、音乐想象、音乐认知能力，引导学生对美的感受能够运用到音乐练习之中，获得音乐表现的愉悦。

聆听《草原牧歌》时，在了解了蒙古音乐的节奏、曲式、舞蹈动作、声音特点之后，同学们跃跃欲试，都想用自己喜欢的形式来表现蒙古音乐的特点。当音乐响起，同学们纷纷走向讲台，预唱预舞预演，男同学的舞姿更是赢得了全场的阵阵喝彩，老师也忍不住加入其中。介绍贝多芬《月光曲》时，同学们结合语文课本的知识，添加了音乐情景剧的表演：当音乐响起，盲人姑娘和鞋匠哥哥的画面映入眼帘，兄妹间的对话如泣如诉……音乐的铺垫、同学们的表演拿捏得恰到好处。

四、良好的师德是实现"立德树人"的保障

音乐教师是审美教育目标的落实者，教师的素质、艺术修养、专业能力、知识结构等都是实施美育的先决条件。实施美育要求教师要树立良好的职业道德，爱岗、敬业、乐业。努力营造美的课堂教学氛围，正确引导学生理解音乐的自然美、艺术美及社会美之间的联系，才能圆满完成教学任务。

例如，在学习和欣赏《我的中国心》时，教师可以选取一些爱国歌曲，比如《精忠报国》《中国功夫》《龙的传人》等，又或者播放时下最流行、被广为传唱的歌曲《我和我的祖国》，引起学生的共鸣，使他们在欣赏歌曲的过程中感受浓浓的爱国情怀，感受祖国山河的壮阔，激起学生的民族自豪感。

总之，将"立德树人"应用于音乐课堂，可以培养学生正确的价值观、道德观、人生观，突出"立德树人"的第一目标，促进学生的全面发展，以美育人"乐"翔星空。

畅游地理世界　品味百味人生

才　爽

摘　要： 职业是一个人终身的奋斗目标，是一个人在世间运行的轨道。它是一种习惯、一种态度、一种责任。选择什么样的职业，注定了什么样的人生。本文主要从地理教师的角度，阐明了地理教学对性格、对爱好、对自己视野的影响，以及地理教学对学生人生观和世界观的影响。

关键词： 地理观　性格养成 学习方法 人生观

初识地理，跟现在的孩子们一样，是在初一年级。那个时候地理课本系统性、专业性很。我对地理的感觉跟现在的孩子们一样，觉得地理是个小科，不参加中考，甚至没有会考，迫于班主任是教地理的，所以学地理就是把期中、期末考试应付过去。再识地理就是在六年之后，进入大学，阴差阳错地选择了地理这个专业。当时我对地理全然不知，连中国有几大高原，几大平原都不知道，经过两年的强制性改造，终于知道地理是怎么一回事；再后来参加工作以后，将地理和教育相结合，一干就是28年。在这28年的时间里，地理如影随形，相依相伴，理论和观念慢慢被消化、理解、吸收，深入血肉，渗入骨髓，潜移默化地影响到了我的性格、生活和工作，甚至整整一生。

一、地理对性格的影响

（一）学地理，我学会了宽容豁达

地理是研究地理环境以及人类活动与地理环境相互关系的一门科学。地理科学既关注地球表面的自然环境，也关注由人类活动引起的人文环境，它是一门兼有自然科学性质和社会科学性质的综合性学科，所以人们常用"上知天文，下知地理"来形容一个人知识的广博。

世界之大，地理之广。地理学的研究，上可达到距离地面几千千米的大气上界，下可达到地下几千千米的地球球心；大可达到整个宇宙空间，小可达到每一个空气分子；远可以研究距今 46 亿年地球的起源，近可研究当下世事的变迁。

世界之美，地理之真。当你翻开自然地理这部人类巨作，一幅幅鬼斧神工，造化神秀的自然画面跃然纸上：或有浩如烟海的繁星，或有巍峨高耸的群山，或有波澜壮阔的海洋，或有气势磅礴的河流，或有波起峰涌的云海……沉浸其中，你会感到日月经天，江河行地的壮阔；留恋之余，你会领会乾坤浩大、宇宙无极的宽广；品味之后，你会慨叹世事变幻，皆法自然的随遇。心灵和灵魂徜徉在这份博大宏伟的自然奇观之中，你会有一种"气吞宇宙行天地，通古达今跨千秋"的豪气，有一种"心若大海容风雨，志若高山纳藓苔"的大气，有一种"海日生残夜，江春入旧年"的真气，有一种"宇宙大美而不言，万物定理而不说"的静气。

受到地理科学宽宏博大的浸染，我们眼里多是五湖四海，三山五岳，很少关注芝麻蒜皮的小事；我们怀揣祖国，放眼世界，很少在意生活中的琐碎；我们研究的是寒武奥陶几千年来地质的演变，很少在意今天和明天的得失。地理科学赋予地理人一种宽容豁达的人生态度，心胸开阔，为人大度也成为我们这些地理人的共同特征。教研组内，虽有性格的差异，但都能宽以待人，和谐共处；虽有性别的差异，但都能各行其是，各尽其能；虽有年龄的差异，但都能互相尊重，关怀备至。生活中，我们愿意为同事们服务，常年抬桶水，经常搞卫生，偶尔为大家谋福利；在工作中，计划总结齐分享，课题活动共研讨。我们其乐融融地生活在吉化九中这个大家庭里。

都说地理人大度实在，很多地理前辈也给我们做出了榜样。记得那年，我在师大学习，课上地理系的教授们总是把他们多年收集的影像资料和教学心得与我们分享，我至今还保存着在许林书老师那里翻录的地理光盘。每上完一节课，师大老师还会赠送我们一本他最近的著作供我们继续学习深造。而学生物的老师（于玲）就惨了，每天晚上，我陪她去生物系的电脑里"偷"资料，他们的资料都保密，不公开，不外传。当时我笑话生物老师，你们这些学微观科学的人啊，心思缜密，谨小慎微，也太抠了。

当然这种性格也有缺憾——"自大视细者不明"。生活中，我们也总是大大咧咧，丢三落四。我们当中有"拿着琴去买蛋糕，坐上公共汽车才发现，琴落在蛋糕店；赶紧下车去蛋糕店，琴找着了，蛋糕又落车上了"；我们当中还有"存电话费，把钱存到陌生人卡里的"；还有"朋友的电话改了，据说多了个 0，然后在号码前加了一个 0，结果打到缅甸的"。我们地理人经常做出令人啼笑皆非、捧腹大笑的事情，但我们还乐此不疲，自得其乐。

（二）学习地理，我学会乐观向上

地理科学的研究对象是自然环境，走进自然，走进地理科学，我们可以在自然百态中感悟人生。学习岩石圈、生物圈、水圈的循环，我们看到了万物生生不息，生生不已，从而明白了生死往复、生命短暂，要让短暂的生命绽放异彩。学习喀斯特地貌时，我们看到石灰岩经过了溶解、搬运、下渗、沉淀，最终成为光泽剔透、争奇斗艳的石钟乳，明白了只有经过磨砺，经过历练，人生才能光彩夺目，灿烂辉煌。学习了淙淙溪流奔大海，看到水的百折不挠，不畏艰辛，明白了人生要有乐观向上的勇气和决心。

拥有这种乐观向上的人生态度，才能"压力变动力，不断向前进"。面对越来越多的计划、总结、课题、竞赛，我们会说，没关系，"让暴风雨来得更猛烈些吧"；面对懵懂顽劣的孩子，我们会想，没关系，他们终究会长大；面对家庭生活，我们相信"面包会有的，一切都会有的。"拥有积极向上的乐观态度，才能快乐地学习，快乐地工作，快乐地生活。

把快乐带给身边的每一个人，你会得到 N 倍的快乐。记得我们学校的李肇初吧，毕业两年后他回母校，找到了我，想要借我大学地理专业所有的课本，我很诧异，要知道他那个时候才高一啊！我问为什么，他说，新加坡高中地理学习得很深，尽管是选修课，但我能从自然科学中发现真善美，能让我浮躁的心情变得沉静。我想，我的学生因为学习地理是快乐的，我们这些把地理教育当成职业的人更是快乐的。从他们的一张张笑脸上可以看出收获的喜悦；从他们的一个个神情中，可以看到生活的富足；从他们铿锵有力的脚步中，可以看出成功的自信。

（三）学习地理，我懂得了团队合力

当今社会，竞争日趋激烈，需求日渐繁多。单靠个人的力量很难应对错综复杂的问题，于是团队合作被应用到了商场、企业、运动场，甚至渗透到了教育教学工作中。近些年来，课题研究，学院竞赛越来越多地体现出团队合力的重要性。地理科学作为一门综合性的学科，一些耐人寻味的地理现象也在昭示着团队合作的重要性。在自然地理环境中，大气圈、水圈、生物圈和岩石圈四大圈层，相互影响，相互制约形成有机的整体，某一要素的变化可以导致其他要素甚至整个生态系统的变化。例如：我国西北地区，人类过渡砍伐，过渡垦殖，生物圈遭到破坏，最后导致土地沙化，气候干旱，生态系统遭到破坏。所以四大圈层只有同心协力，正常运转，才能保证地球这个大的生态系统实现可持续发展。

从地理科学的道理中，我们领悟到自然界是和谐、融洽、统一的，人与自然也应该是和谐统一的，人与人之间更应该戮力同心，精诚合作。"共事先共心，合作先合力"，团队合力的作用在近几年的教研组活动中得到最好的体现。我们地理教研组一共7人，年龄大致相当，男女比例适当，观念基本一致，能力各有所长。每学期的活动都由主任部署传达，再由组长协调分工，组员积极配合，形成高效运转的教研流程，取得了一次又一次的可喜成绩。在"十五"和"十一五"期间，两次参加省级课题，获得优秀课题奖，在学苑杯备课大赛和组题大赛中，都获得一等奖。当我们7人集体在学院地理教研室亮相的时候，引来一片羡慕的目光。"团结就是力量"，每次我们与退休的李达明老师聚会的时候，举杯说的第一句就是这句话，虽然质朴但寓意深刻。这些年来正是秉承着团结合力的优良传统，才使得我们在活动大赛中屡创佳绩。

（四）学习地理，让我们变得博杂

有人说地理是文科，因为高考的时候，文科的学生考地理；有人说地理是理科，因为大学的地理系招收的都是理科学生；懂行的人说地理既研究自然科学又研究人文科学，它是个综合学科；也有人说地理是个边缘学科，因为地理虽然不像物理那样，研究物质结构和运动规律，但它研究大气的压力，研究星球之间的引力，研究大气的温度湿度；地理也不像化学，研究分子原子的构造，物理化学反应，但它研究岩石中的化学成分，研究土壤胶体的性质和酸碱性；地理还不像生物研究动植物的结构特点，但它研究（界门纲科目属种）植物和各种动物的分布；地理虽不像历史研究各个朝代的大事件，但它研究几亿年前地壳气候的变化。

从某个角度来说，地理确实是个边缘学科。物理、化学、生物、历史都涉及但不深入，各科的知识都要了解，很杂乱，而且不精深。为此我们这些地理人也变得博杂。中国现代地球科学的奠基人，著名的地质学家李四光，他不仅致力于地质力学的研究，找到了当时规模最大，产量最高的大庆油田，摘掉了"中国贫油"的帽子，而且他还有着很深的国学基础，不光散文学得好，旧体诗写得好，即便是地质学的论文，同样写得有声有色。他的音乐造诣也相当深厚，尤好小提琴。他在巴黎写的一首小提琴曲《行路难》，是中国人创作的第一首小提琴曲。

前辈们的言行鼓舞着我们，要想成为一个名副其实的地理人，一个负责任的地理教育工作者，我们必须了解日本地震核泄漏，了解利比亚的骚乱，了解世界金融经济，了解世界石油引发的政治问题，了解世界政治格局，了解世界环境的变化等等。学习地理不仅要求对时事具有敏锐的感知力和洞察力，而且要求知识面广博杂乱。看起来杂乱，实际上都能为地理所用。因为涉猎多所以爱好广，学地理的人大多兴趣广泛，爱好繁多。我们当中就有个人，他爱好电脑，函授了计算机本科专业，课件制作他全包了，还要跨学科制作几何画板。他还喜欢打羽毛球，爱好滑冰、游泳，爱好看书，爱好旅游……健康向上的品味爱好让我们的生活更加精彩。

地理科学成就了我们的多彩人生，地理科学与教育的融合更是让地理思想薪火相传，让地理智慧永恒闪光。

二、地理人生观在教学中的渗透

"地理是一种教养，地理是一种素质，高质量的地理教育可以给学生一种特殊的思维品格、思辨能力和创新素质，使他们学会用地理的眼光终身欣赏和认识这个世界"。每当看到这句话，都会感到社会对我们的殷切期待，感到自己肩上的重大责任。

高质量的地理教育就是让我们的孩子多了一双观察世界的地理慧眼，一扇感知世界的心灵之窗，一种领悟世界的人生态度。"山川河流，岩石矿产，城市村庄，良田工厂……那不再仅仅是秀丽的河山、错落的分布、鲜活的存在，藏在其中的奥妙，给人心灵的启迪，当是吸引你我视线的主宰，才是师生共享的主题"。

学习宇宙中的地球，孩子们才懂得太阳系不过是宇宙中的一粒尘埃，地球不过是沧海一粟，生活在地球上的人呢？更是卑微渺小，人生有限。珍惜生命吧，无论生命中遇到多么大的起起落落，都要从容面对。

学习海洋和陆地，孩子们知道陆地极目无垠，宽广无际，然而比陆地更宽广的是海洋，容纳百川，盛载风雨。比海洋更宽广的，是我们的心灵。拥有一颗宽广的心灵，你就拥有了整个世界。

学习土地资源，孩子们明白生我养我的土地，无私宽厚，博大丰饶，一如我们的母亲。我们要用一颗感恩的心回报她，用一颗真挚的心去善待她。

学习日本，恰逢3.13地震，时事和学习可以产生共振的最好机会。还能按"八股式"思路讲吗？在这样的时刻他们还能听得进去吗？于是我换了个思路，就从孩子们最关心的地震入手。就在我刚说完日本发生了9.0级强烈地震的同时，班里居然爆发热烈的掌声，孩子们心里埋下的是一颗仇恨的种子。在看过了日本地震的视频之后，孩子们被地震的威力所震慑，被大自然的无情所感染。看到灾难来临时那些无助的眼神，看到那些被地震海啸摧毁的家园，孩子们因惺惺相惜而转为了平静、同情、怜悯、支援、甚至祈福，这才是一个孩子所应该有的健康心理啊。

学习河流，孩子把一路的长江看成是人生一场。它的源头发源于唐古拉山，河水清澈，流速缓慢，有如人的童年，天真纯洁，充满朝气。过了玉树，它便奔腾而下，桀骜不驯，犹如步入青春期的少年，激荡着青春的凯歌，咆哮于群山之间。进入三峡，长江收敛了它的鲁莽与野性，变得雄壮而稳重，俨然一个雄心勃勃而又胜券在握的中年人，虽经历了九曲回肠，沟谷险滩，仍然执着向前。到了下游，河面宽展，水流沉稳而平静，长江犹如一位老人终归大海。人生就像一条大河，老师就像舵手，"教会孩子用眼睛、用双脚、用心灵去体会充满规律的地理世界；用地图、用标本、用数据去回馈创意不断的原理与信念"。

地理伴随我一路走来，已有 20 个春秋。在人生最美好的一段时光里，我们一直坚守在初中地理教育的第一线，清贫、辛劳并快乐着。地理教育虽然没有带给我丰厚的收入，较高的社会地位，但是地理科学博大精深、高瞻远瞩的学科特点，却赋予了我一种豁达宽容、乐观向上的人生态度，让我在面对工作和生活中的困难时，能够从容不迫，笑傲人生！我坚信，我们会把我们所挚爱地理教育进行到底。

新网络时代来临，中学信息技术
教学方式如何转变

初洪霞

摘　要： 随着时代的进步和科技的发展，信息技术这一学科相较于其他学科有很多不同之处，信息技术教师要跟随信息技术的发展不断调整教学内容和对课程的教学方式进行改良，以便于学生能够更好地吸收这一学科的精髓之处。

关键词： 新网络时代　信息技术　教学方式

2020 年是不平凡的一年，这一年师生圈中最流行的是"停课不停学"，广大师生们为响应国家号召，在无法到校面授上课的情况下，开展了中国史上最大规模的线上教学活动，教师化身为"网络主播"，网课浪潮随之掀起。因此，初中信息技术教师在传授给学生们相关知识时，不能一成不变，这对信息技术教师如何转变教学方式提出了挑战。就目前的情况来看，互联网技术已经普遍应用于各个领域，遍及千家万户。当我们提到信息技术时，大家首先都会想到电脑课，确实也是如此，信息技术与计算机是密不可分的关系。随着时代的进步、科技的发展，传统的信息技术教学模式已经满足不了学生的需求与兴趣，转变教学方式变得尤为重要。

一、转变传统师生观念，凸显学生主体地位

初中信息技术学科广受学生们的喜欢，最近几年电子产品的不断更新，学生们对于电子产品的渴望和求知欲远远大于从前。前几年，教师布置作业和学生完成作业都是纸质化进行，近几年随着课改的推进，各学科教师会让学生们利用电脑、手机等电子产品配合完成作业，这期间学生们会用到日常所学的WORD、PPT 等辅助软件。信息技术教师应该意识到，教育是对新事物认知发展的手段，而不再是机械式的训练，让学生更主动地去学习，让学生增加自己的创新内容。教师此时应该充当指引者、组织者的功能，增强学生的主观能动性，

让学生们从内心感受到在这一学科中可以充分发挥想象。互联网的世界中，有无数种可能性。

在传统的课堂中，很多教师和学生都是处于"监督与被监督"的状态，大多数学生都处于被动学习的状态。随着科技的进步，我们所有人都处于大数据时代，互联网已经普及到各个年龄层中，学生们在课余时间也有很多机会接触到互联网。所以，想要更好地提高学生的学习状态，教师与学生就要做到良好的互动，引导学生自主地进行学习。基于此情况，我认为无论是线上教学还是线下教学，都可以通过教师与学生的紧密配合、良好互动，获得更理想的学习效果。例如，老师要进行办公软件的讲解和展示前，可以让学生利用课余时间搜寻与本堂课有关的信息，教师将学生搜集的有效信息选取纳入到课件当中。当学生发现自己搜寻的资料写入到教师的课件中并获得表扬时，学生的荣誉感增加，从而更加积极地学习和完成教师布置的任务，让学生感受到他也可以成为课堂中的主体。

二、以竞赛的方式激发学生的学习兴趣

每一位学生都想让自己成为班级的第一名，这也是孩子的天性。在信息技术学科的学习中，教师可以设计竞赛内容，这样不仅可以激发学生们主动学习的兴趣，同时还能明确学生对于学习内容知识点理解程度的分析。例如，训练学生们对键盘基础键练习这一节课的掌握，教师可以利用打字软件进行比赛，调动学生们参与到竞赛当中，谁的打字速度快谁会获得相应的奖励。如此一来，激发了学生们的求胜心，每一个人都不会懈怠，曾经枯燥无味的课程也变得很有乐趣。这对于学生们对信息技术基础课程的学习和理解有了很大的帮助，更能激发学生们对于该学科的兴趣和主动学习的精神。

三、教学中注重寓教于乐

兴趣对于学生们来说，是学习过程中能够激发主动学习的动力，可以激发学生们对待喜欢学科的强烈求知欲，从而能够主动学习，充分发挥想象。很多学生喜欢信息技术这一学科，都是认为可以进行实际操作，而不是单纯听老师讲解。教师可以根据教学过程中的具体情况来决定，正确引导学生了解信息技术这一学科的实用性。教师可以在某些课程的教授过程中，将学习内容融入到实操软件当中，学生可以在实际操作中学到知识，也能更快速地理解所学内容。兴趣的开发对于学生学习是很重要的因素，学生也能在浓厚的兴趣中掌握到新的学习技能。

四、学习小组互助式教学

教师可以组织学生们成立"学习互助小组"，让基础好的学生完成相应的任务，完成后可以带动学习基础较薄弱的学生，由"小老师"带领小组同学共同进步。在此期间，教师可以起到监督的作用，"小老师"将为小组同学讲解、分析、共同完成任务。

通过以上的环节，一方面可以带动有主观学习能力的学生在课堂上认真听讲，通过完成相应的学习内容获得成就感与满足感；另一方面，也可以带动学习能力较为薄弱的学生。互助小组的成立使得学习能力较弱的学生在同学的指导和帮助下更好地理解老师所讲授的内容，营造更好的学习氛围。

五、结合其他学科共同发展

为什么要为学生开设信息技术这一学科？因为信息技术已经成为现代社会个人综合素质的一项技能，也是为了将所学的计算机基础知识和基本操作应用于日常学习和生活之中。所以，信息技术的学习可以将其与其他学科相互结合，真正做到学以致用，让学生利用所学去发现问题、解决问题。

当讲授 WORD 的使用时，可以让学生通过电子文档的功能进行作文的写作，既练习了打字速度，也可以让学生掌握办公软件的实际功能；当讲授 PPT 时，可以让学生在演讲或进行班级活动时，利用 PPT 做出相应的主题文案；当讲授画图软件时，可以让学生结合美术课的学习内容，进行电脑绘画创作；当讲授 IE 浏览器使用时，可以让学生通过互联网搜索自己想要了解的内容，感受互联网的神奇与广阔……信息技术作为应用性非常强的学科，学生可以利用所学协助完成其他学科的学习任务，从而让学生意识到信息技术的重要性和实用性，既培养了对信息技术课程的兴趣，又让学生增长知识和见闻，在真正意义上做到使学生全面发展。

综上所述，初中信息技术教学是学生成长过程中，初次接触到更加广阔互联网世界的途径。所以，为了让网络技术教学可以更好地发挥作用，可以让网络作为学生学习过程中的助力凭条，根据学生们的具体情况制定符合现状的教学内容与教学活动，认可学生在学习中的主体地位，让学生们在互联网的世界中探索。随着互联网时代日新月异的变化，对于初中信息技术教学是挑战，也是机遇，初中信息技术教师可以利用多变的网络时代，总结之前的教学经验，探索更加适合的教学方式，跟随社会的发展与变革，不断创新教学方式。

参考文献：

［1］蔡艺山. 打开神奇的"仙女袋"——浅析新课程背景下培智学校信息技术课堂教学［J］. 名师在线，2019. 14（43－44）

［2］张璇. 机房外的信息技术教学法探究［J］. 中国信息技术教育，2020. 3（179－181）

［3］李进. "互联网＋"背景下微课教学在中学信息技术课程中的有效性探索［J］. 新课程（中学），2017. 6

［4］葛菁. "互联网＋教育"背景下的教学模式探索——"教学助手"软件在初中信息技术课堂中的应用［J］. 数码世界，2018. 1（157－157）

［5］张建. "互联网＋"环境下初中信息技术教学内容的优化分析［J］. 新课程（中），2018. 12

让偶发事件为课堂教学添彩

崔广军

摘　要：在教学实践中，如何正确地处理好课堂教学中的偶发事件，是每一名教师应当关注的话题。为了不影响师生情绪，在短暂的时间内，教师若想巧妙处理课堂的偶发事件，需要具备良好的教育机智。俄国教育家乌申斯基说过："不论教育者怎样地研究了教育理论，如果他没有教育机智，他就不可能成为一个优秀的教育实践者。"所以，教师在课堂教学中，不但要具备良好的教学能力，还要善于因势利导及时处理好各种课堂偶发事件。

关键词：课堂偶发事件　因势利导　教育机智　沟通能力

作为一位教师，你在课堂上遇到过以下情况吗？上课时，一只小虫子突然飞进了教室里；一位学生伏在课桌上打起了呼噜；两个男生发生口角打了起来；教师发生口误或者写了错别字；个别学生发出怪声，同学们一时哄堂大笑。在课堂教学中，当你面临这些类似的课堂"偶发事件"时候，你是如何接受挑战的？如果你能用高超的解决方式挑战成功，你就会成为学生崇拜的偶像。

一、课堂偶发事件处理的教学策略

对于课堂"偶发事件"，授课教师要充分运用自己的教学智慧，找出行之有效的教学对策，立竿见影，收到良好的处理效果，根据笔者既往的教学经验与反思，总结出如下的教学策略。

第一，科学应对。面对课堂偶发事件，教师需要快速寻找科学的解决途径。第二，变被动为主动。及时利用教育契机，争取主动，尽可能减少课堂偶发事件带来的副作用。第三，冷静处理。以维持正常的教学秩序为前提，不对课堂偶发事件喋喋不休；积极应变，不激化矛盾。第四，幽默处理。合理运用幽默的语言，设法为学生和教师本人成功解围，巧妙化解尴尬。第五，学会宽容。用微笑面对学生，用爱心化解矛盾，真诚帮助学生自我反省、努力改正错误。

二、课堂偶发事件处理的注意事项

处理好课堂偶发事件是一门综合艺术，授课教师在课堂上应该采取以下多种手段：

（一）因人而异，采取不同的应对方法

对于学生个体而言，有的性格内向、自尊心很强；有的活泼开朗，不拘小节。针对不同的对象，教师应该充分考虑学生的个性品质、家庭背景等情况，选择合理的处理教育方法。

（二）多样化表达，展示教师个人魅力

教师可以利用身体语言，例如：眼神、表情、手势等，再配合有声的语言，努力争取学生有心理认同感，及时修正学生的错误行为。

（三）语言恰当准确，关注学生的身心健康

针对课堂偶发事件，教师应当不讽刺挖苦学生，不使用简单或者激烈的语言。教师要准确使用评价语言，讲话内容符合学生的实际情况，不以偏概全，引起全体同学的反感，避免让学生出现逆反心理。

（四）及时到位，达到预期教育效果

为了保证课堂教学时间，有的授课教师在课上不愿意及时处理偶发事件，课下又不主动和学生有效沟通，积少成多，导致以后还会发生类似的课堂偶发事件，教师错过教育时机，师生心中会留下很多遗憾。所以教师要时刻关注学生的成长问题，处理问题要及时到位，帮助学生养成良好的学习和生活习惯。教师在学生心中也会留下严格、友爱的良好形象。

三、课堂偶发事件处理的具体案例

根据处理课堂"偶发事件"的方法，笔者结合自己的教学实践，针对不同的课堂"偶发"情景案例，谈一些行之有效的处理方法：

（情境一）学生上课睡觉

课堂上，一个学生伏在桌子上打起了呼噜，学生们哄堂大笑。这时，教师可以默不作声，继续大声讲课，在这位学生身边来回走动几遍。这种情况下，睡觉的学生一般会不好意思地抬起头来，重新进入听课状态。这样的处理方式会让学生本人避免尴尬，也会让所有学生感受到老师的严与爱。

（情境二）课堂突发意外

上课时，一只小虫子突然飞进了教室，所有学生的注意力都会集中在小虫子身上，个别学生甚至发出笑声，教室内顿时一片混乱。这时教师首先要沉着冷静，可以先要让学生及时打开门窗，放飞小虫子；然后幽默地说：今天的学习氛围太好了，小动物都来参加我们的学习了！为了吸引更多的英语学习爱好者，让我们也大声地放飞英语吧！同学们会心一笑，在朗读声中继续上课。这样的处理方法可以及时排除课堂干扰，还能引导学生培养爱心，爱护小动物。

（情境三）学生发生争执

课堂上，两个男生突然发生口角，动手打架。打架的学生会集中全班学生的目光、注意力。老师不要对学生大发脾气，首先要迅速进行劝解，然后及时安慰受伤的学生。或者老师可以使用幽默：同学之间有什么解决不了的矛盾呢？还是两国休战，握手言和吧，免得让大家看热闹。如果你们要一决胜负，我和同学们现在当联合国代表，给你们投票定输赢。在同学们的笑声中，就会让双方打架的孩子觉得不好意思，马上停止争斗，教师继续上课。下课后，教师及时找学生谈话，解决纠纷，最后使其握手言欢，重归于好。在课堂上，教师不要动辄大声呵斥、或者把学生赶出教室。简单化地维持课堂教学秩序，会影响课堂气氛、干扰师生情绪和预定的教学效果。灵活有效的处理方法，会引导学生友好相处，学会"化干戈为玉帛"。

（情境四）学生溜号

教师发现某学生当堂在写其他学科的作业，先要正常继续讲课，然后悄悄地走到学生身边，轻轻合上学生的课本或者作业。同时关注该学生的课堂注意力，及时让他回答与课堂有关的问题。下课后，教师可以找学生个别谈话，指出其课堂不注意听讲的错误行为，教育学生要养成认真听课的好习惯。这样处理课堂偶发事件，不占用课堂时间，也不分散其他学生的注意力；教师在课下及时对学生进行批评教育，也保证了教育的连续性。

（情境五）教师故意出错

在课堂教学中，教师难免会出现板书错误或者口误，这时会感觉非常尴尬。其实教师也可以故意出错，要求学生及时改正老师的错误，机智处理好这类课堂偶发事件。例如在英语课堂上，教师会故意说：I am flying a cat in the sky. 同时随手在黑板上画出猫在天上飞的样子。这时学生会哄堂大笑。教师可以大方地笑着对学生说："现在我要考考大家的英语学习本领，看谁能快速改正老师的错误。"全班学生思考，纷纷地举起了手，把错误单词 cat 改正为 kite。正确答案是：I am flying a kite. 在笑声中，学生及时修改了错误，也明确了英语近似音单词的发音区别。这样的处理方法一方面为学生提供了个人展示的机会，另一方面也调动了学生学习英语的积极性。

综上所述，只要讲究艺术和方法，合理的课堂处理方式就会展示无穷的魅力，同时学生也学会了应对意外情况的处理技巧。一举两得，教学相长。

　　高超的课堂应变能力，体现了教师的责任心、个人修养、语言表达能力和课堂民主作风。教学无法，贵在得法。及时处理好课堂偶发事件也是一门综合的教育艺术，让我们在课堂实践中不断积累经验，掌握好更多的机智应变本领。

发掘学科功能，践行树人目标

郭凤兰

摘　要： 立德树人是新形势下对教育提出的更高要求，是培养人才的基本需要。历史学科作为人文社会科学中的一门基础学科，在落实立德树人目标方面发挥着重要作用。本文着重探讨了教师如何在历史教学中，发掘历史学科的教育功能，实现立德树人目标，促进学生的健康发展。

关键词： 历史教学　教育功能　立德树人

2012 年，胡锦涛总书记在党的十八大报告中首次提出："把立德树人作为教育的根本任务。"2017 年，习近平总书记在党的十九大报告中再次明确："落实立德树人根本任务。"由此可见立德树人在中国特色社会主义教育事业发展中占有极其重要的地位。把立德树人作为学校教育的出发点和根本要求，在教育教学实践中落实立德树人目标已逐渐成为全社会的共识。

"立德树人"这一说法自古有之。立德，就是坚持德育为先的原则，通过品德、励志等方面的教育，使学生树立良好的品德修养、坚定的理想信念；树人，就是从以人为本的教育理念出发，使学生通过良好的教育发展成为对社会有用的人。学校教育要把"立德树人"这一根本任务落到实处，教师要围绕这个目标教，学生要围绕这个目标学。历史学科作为人文社会科学中的一门基础学科，在落实立德树人目标方面发挥着重要作用，对于提高学生的人文素养，逐步形成正确的价值取向和积极向上的人生态度，最终成为适应社会发展需要的有用人才具有重要的意义。因此，发掘历史学科功能，践行立德树人目标是广大历史教师义不容辞的责任。

一、注重情感教育——激发爱国情怀

习近平总书记曾指出："爱国主义是中华民族的民族心、民族魂。"古往今来，爱国主义始终是中华民族的精神支柱，是一脉相承、历久弥新的优良传统，是每个人都应该具备的一种情怀。

初中历史课程中的中国古代史部分包含着丰富多彩的历史史实，如生动感人的人物事迹、影响深远的重大发明等。教师在教学中要善于发掘这些内容对学生的情感教育意义，使学生通过了解祖国悠久的历史、先进的文化、不屈的人民，感悟中国人民勇于反抗外来侵略的爱国主义精神和中华民族的优秀文化传统，产生对祖国的情感认同，形成尊重和热爱祖国历史和文化的意识，从而激发学生的爱国主义情怀，增强学生的民族自豪感和自信心。例如我们可以通过"戚继光抗倭""郑成功收复台湾"等内容的教学，分析事件起因，让学生了解戚继光、郑成功进行的是反侵略的正义战争；归纳事件经过，让学生理解反侵略战争的艰难过程；总结胜利原因，让学生明确正义战争必胜的道理及领导者对于战争胜利起到的至关重要的作用，从而体会戚继光、郑成功不畏强敌、勇于反抗的爱国主义精神。我们可以结合"中国古代四大发明"的教学内容，首先让学生搜集四大发明出现和发展的相关历史资料，初步认识四大发明是中国古代劳动人民聪明才智的结晶，对中国古代文明和社会的发展起到了重要作用；其次通过老师的讲解，了解其传播过程，体会四大发明是古代中国对世界文明发展做出的重大贡献；再次，引导学生谈学习"中国古代四大发明"的感悟，使学生树立起民族自豪感和自信心，从而激发学生的爱国主义情怀。

二、注重励志教育——形成健全人格

励志教育，即理想信念教育。一个人有了坚定的理想信念，就有了奋斗的目标和前进的方向，就有了敢于担当的精神状态、乐观向上的人生态度、自强不息的奋斗精神，这对于形成健全的人格大有裨益。

现行历史教材中选用了大量学生感兴趣的历史人物，历史教师应当借助杰出人物的事迹，进行励志教育。引导学生正确认识杰出人物在历史发展进程中的重要贡献，感受他们身上体现出来的崇高品质和精神风貌，逐步形成以国家民族利益为重的民族责任感和历史使命感，树立远大的理想与抱负，坚定努力学习、为中国特色社会主义事业作贡献的理想信念，从而使学生形成健全的人格。例如我们在讲"全面建设社会主义时期的成就"这一内容时，可以通过讲述这一时期涌现出来的英雄模范人物及事迹对学生进行励志教育。让学生明确大庆石油工人"铁人"王进喜是工人的代表，党的好干部焦裕禄是党员干部的代表，解放军好战士雷锋是人民解放军的代表，中国社会各阶层都涌现出了在各自平凡的岗位上创造出了不平凡业绩的先进人物和模范群体。他们以自己的远大理想、坚定信念和进取精神，为社会主义建设作出了卓越的贡献，成为全

国人民学习的榜样，也形成了艰苦奋斗、奋发图强的社会风貌。通过学习，塑造学生高尚的爱国主义情操、为社会主义奋斗的理想、艰苦创业的精神和全心全意为人民服务的意识，激发他们热爱学习、追求奉献的责任感和使命感。我们也可以借助世界历史上著名的科学家牛顿、爱迪生、爱因斯坦等人的科学发现、科技发明、进步理论，通过讲述他们进行科学探索的艰辛过程，让学生体会科学家们献身科学、百折不挠、勇于创新的精神，帮助学生树立追求真理、坚持不懈、自强不息的人生态度，培养学生健全的人格。

三、注重品德教育——树立正确"三观"

品德修养是一个人最基本的道德修养，它决定了一个人将来会成为一个怎样的人，只有"踏踏实实修好品德"，才能"成为有大爱大德大情怀的人"，才能树立正确的"三观"，成为一个真正有正能量的人，一个对社会有用的人。

无论是基于对新课改的理念的思考，还是从培养人才的角度出发，历史教学都应该从重知识传授、轻历史体验的传统教学模式和思路中走出来，以学生的发展为本，关注学生对历史的感悟、认识和体验。要全面发挥历史学科提升国民素质的教育功能，加强对学生的品德教育，引导学生在学习知识的过程中，形成正确的价值选择，树立正确的价值观、人生观和世界观。例如我们在讲到抗日战争的历史时，一方面要让学生感知中国军民英勇顽强、不怕牺牲的精神和不畏强暴、不甘被凌辱的自强团结精神，塑造自身优良的品格。另一方面也要通过日军制造的侵华事变、侵华暴行等史实，引导学生牢记日本军国主义野蛮残暴的侵略本性、法西斯的野蛮扩张给中国及世界人民带来的深重灾难，时刻警惕日本军国主义的复活，避免战争灾难重演。同时也要引导学生正确地看待中日关系对两国发展的影响，盲目反日不仅不利于当前中日两国关系的改善，也不利于未来两国长久的发展。要让学生形成正确的价值判断，明确我们学习这段历史，不是要延续仇恨，而是要以史为鉴、面向未来，加强交流与合作，促进中日关系健康发展。我们也可以引导学生从名人名言中体会、感悟人物的崇高思想和高尚品格，潜移默化地培养学生正确的人生观、价值观、世界观。从"富贵不能淫，贫贱不能移，威武不能屈，此之谓大丈夫。"中体会孟子不卑不亢、立场坚定的立身处世态度；从"人生自古谁无死，留取丹心照汗青"中体会文天祥为正义事业英勇献身的民族气节；从"苟利国家生死以，岂因祸福避趋之"中体会林则徐勇于反抗、不怕牺牲的爱国主义精神。

综上所述，历史教师要利用好历史学科这门重要的基础课程，充分发掘其教育功能，以"立德树人"为目标，在引领学生掌握基本的、重要的历史知识和技能的基础上，用祖国悠久的历史和文化调动学生的情感，激发爱国情怀；用杰出人物的先进事迹激励学生树立理想信念，形成健全人格；用正面的事件及人物评价塑造学生的品格，树立正确"三观"。历史教师要创新教学思路和方法，真正发挥历史学科的教育功能，为实现"立德树人"目标而不懈努力。

参考文献：

［1］王永禄．历史教学中培养学生情感态度价值观的方法浅析［J］．才智，2011（08）．176－177

对中国戏曲走进音乐课堂的思考

韩颖智

摘　要：伴随着现代文明和科学技术的快速发展，音乐类型逐渐多样化，而流行音乐则因其易于哼唱的特点，让青少年愈发喜爱，逐渐成为青少年欣赏的主要音乐作品，但作为中国传统艺术之一的戏曲，在青少年群体中却鲜有人知。音乐课程兼具陶冶情操和传播古今中外音乐的功能，而讲授中国戏曲，则是音乐课程的一项重要任务。中国戏曲走进音乐课堂，既能丰富音乐课程内容，更能为传播戏曲音乐及弘扬民族文化提供有效途径。

关键词：中国戏曲　音乐课堂　教学心得

中国戏曲由文学、音乐、舞蹈、美术、武术、杂技以及表演艺术综合而成，集"唱、念、做、打"于一体，约有三百六十多个种类。因其剧种繁多，表演形式丰富，在世界戏剧史上独树一帜，可戏曲音乐在我国的中学音乐课堂中很少受到重视。在现今社会，青少年欣赏的音乐作品以流行音乐为主，大多数青少年不仅对戏曲音乐毫无兴趣，甚至对戏曲音乐闻所未闻，不知戏曲为何物。戏曲音乐与流行音乐相比，虽在表演形式上具有一定的复杂性，但这也恰恰就是其经久不衰、源远流长的原因所在。这不应该成为戏曲音乐走向衰落、被人遗忘的理由。

下面是我在戏曲音乐教学中获得的一些心得和体会。

一、青少年学生对流行歌曲情有独钟，对中国戏曲缺乏兴趣

中学时期正是一个人逐渐形成音乐审美的阶段，这个阶段的学生，开始有自己的主观判断，并对自己聆听的音乐有所选择。在音乐课程授课过程中不难发现，学生对于课本中的音乐并不十分感兴趣，而当音乐课本课程学完，学生会要求播放一首流行歌曲作为"奖励"。流行歌曲播放时，学生会表现出与学习课本歌曲时慵懒状态的强烈反差，大多数学生都会不自觉地随着音乐兴奋地哼

唱起来。在这种现象的背后，影射出学生对于流行歌曲的偏爱和兴趣。

之所以出现这种现象，我认为一方面是由于学生对于年轻偶像的追崇使其对于偶像的音乐作品产生强烈的兴趣；另一方面则是由于现代技术的发展，为新生代歌曲的传播提供了便捷的途径，大街小巷流行歌曲的播放及流行歌曲网络节目的播出，使得青少年对流行歌曲作品耳熟能详。

而这种现象的出现并不代表戏曲音乐已经落伍，更不能说明戏曲音乐这种音乐类型不为青少年所喜爱或接受。接触戏曲的机会较少，导致学生对这种音乐类型陌生，更无从谈兴趣二字。笔者认为，想让学生对不熟悉的音乐作品产生兴趣，应以让学生对其了解为前提。所以在教学过程中，可以先以故事的形式讲授戏曲作品的创作背景，这样让学生在聆听过程中更容易理解戏曲作品表达的思想和内涵。

二、传统的音乐课堂学习内容无法激发学生的兴趣，中国戏曲的引入能够使音乐课堂焕发新的活力

传统的音乐课堂，多采用学习演唱歌曲与欣赏世界名曲相结合的方式，简而言之就是"唱"和"听"，而学生对这种单一的教学模式往往缺乏兴趣，常常表现出游离于课堂之外的状态。我认为，音乐课程不应仅仅局限在唱和听，引入戏曲音乐有利于改善这种单一的教学模式。

从婉转的唱腔到斑斓的服饰，再到丰富的道具和多样的乐器，一台戏曲音乐宛如一场视听盛宴。作为传统戏曲中重要组成部分的身段表演，或曼妙或英武；演奏戏曲音乐的乐器，或悠扬或高亢。将戏曲身段表演与演奏乐器学习作为音乐课堂教学的一部分，可以从学习音乐的形式和学习音乐的类型两方面丰富音乐课程学习内容，从而激发学生的兴趣，让学生感受到戏曲音乐的魅力，使他们的艺术鉴赏能力不断提高，使音乐课堂发挥其应有的作用。

三、弘扬中国戏曲有利于青少年健全人格的塑造和对中华文化的了解

音乐是一门会说话的艺术，无论是只有旋律的纯音乐还是词曲结合的歌曲，透过音乐，能让人洞悉作者想表达的精神世界。音乐的美不仅体现在其悠扬的旋律之中，更体现在其表达的情感和精神之中。

在快速发展的现今社会，作为一名音乐教师，肩负着向学生传播民族音乐的使命。但这种传播不应仅停留在听的层面，而是要通过多种多样的形式激发学生的兴趣，让学生体会到戏曲音乐中传达的思想和情感。诸多的戏曲作品，如京剧《沙家浜》、豫剧《穆桂英挂帅》、秦腔《金沙滩》等，均体现出大公无

私、忠义爱国的民族精神。学生通过对唱段的学习传唱，能够潜移默化地在心中树立爱国主义精神，并传播爱国主义文化，这对于学生的人格塑造起到至关重要的作用。当然作为文艺作品，思想表达难免有时代的局限性，作为教师，要教会学生以历史的眼光看待中国戏曲，要取其精华，弃其糟粕。

此外，中国地方戏曲种类繁多，地方性语言的演绎，再加上具有地方特色的声腔和伴奏乐器，使得各个地方戏曲剧种别具一格。通过对戏曲音乐的学习，学生能够在戏曲音乐中领略中国的大好河山和风土人情，对全国各地文化和地方特色有更深的了解。

四、将中国戏曲引入音乐课堂应采用传统戏曲传授方法与现代视听技术相结合的方式

中国戏曲最独特的音乐风格就是其唱腔中的韵味。在中国的戏曲界，老艺术家们习惯用"口传心授"的教学方法。师傅将在多年表演经历中对于一段唱段的理解、思考和只能"意会"的情感融入在唱腔之中，让徒弟们心领神会，弥补简单音符无法表达韵味的不足。音乐教师如果能够脱离课本，在剧中人物或乐曲的思想情感基础上，一字一句教学生学唱戏曲，学生就能够通过教师的演绎传达出的眼神、动作、情感更深一步感受戏曲的内涵。

虽然音乐教师对于戏曲音乐往往并不具备专业表演水平，但得力于现今科学技术的发展，网络资源浩如烟海，可以通过借助网络上的戏曲音频、视频等向学生展示戏曲音乐。为了能使学生真实感受戏曲"唱、念、做、打"四大功夫体现出的和谐之美及音乐精神，教师可以选择几个唱段，让学生进行模仿、扮演，将自己置身于戏曲音乐之中，亦能让学生体会其中的乐趣所在。让中国戏曲走进音乐课堂，或许对于音乐教师的教学而言存在着挑战，但音乐课程如果只按照容易的教学方式、学生感兴趣的学习内容开展，音乐课程则失去了其存在的意义。

戏曲音乐是我国民族音乐文化的艺术瑰宝，戏曲音乐进课堂，让传统的音乐教学变得丰富多彩。作为一名音乐教师，我认为音乐课程是青少年音乐审美培养的重要方式，肩负着传播各类音乐的责任，重中之重就是传播正在逐渐走向衰落的中国戏曲音乐，这关系着音乐课程存在的意义，更关系着中华民族传统文化的传承。从事基础音乐教育的工作者应以传播民族音乐为己任，让中国戏曲在音乐课堂中绽放灿烂的光彩，促进中国戏曲的蓬勃发展。

参考文献:

［1］李小球陈光中.《高中语文学考必备用书第 6 次修订》. 湖南大学出版社, 2011

［2］林崇德.《心理学大辞典》. 上海教育出版社, 2003 年 12 月

［3］时芹主编. 陈奕瑾孟庆涛穆向阳副主编.《艺术欣赏》, 北京师范大学出版社, 2012.08.170 - 201

传统板书与多媒体教学孰为短长

金恩禧

摘　要：随着多媒体教学资源的日渐普及，传统教学中的板书正在逐渐被取代，然而多媒体教学资源虽然有诸多好处，但走马观花式的教学，可能不能让学生更好地落实知识点进而形成良好的生物学素养。因此只有合理利用多媒体资源，灵活掌握多媒体教学手段才能真正达到课堂教学的高效性。本文将对传统教学板书以及多媒体教学的利弊进行分析，论述两者之间应如何更好的平衡以期达到真正的高效课堂。

关键词：生物学科 高效课堂 多媒体教学资源

现在绝大多数学校都配备了先进的多媒体教学资源，有白板类、幻灯片类、投影仪类等等，学校也会要求教师在课堂上更多地使用多媒体资源。在尝到了多媒体教学的简洁方便的便利后，越来越多的教师日渐依赖多媒体教学，进而忽略了采用传统板书的教学方式，学生走马观花地看了大量的PPT、图片、视频，但是最终知识点却没有很好的落实，达不到现在所倡导的高效课堂模式。用了最先进的科学设备，反倒没有让学生真正学到知识。

一、多媒体在课堂教学应用的利弊

（一）多媒体教学资源的利处

在初中阶段的生物教材中，生物学的定义是研究生命现象和生命活动规律的科学。生物学的研究对象是植物、动物、细菌、真菌、病毒等这样形形色色的生物，所以学生想要对这些生物有明确的认知，必须从直观表征出发先建立并丰富感性认识，这是良好学习的重要开端。生动的课堂教学所营造的是一种生动的环境，而生动的环境更容易让人感受到生物学习所带来生物学科的生动之美、生命本身的生动之美以及生活的生动之美。这样的课堂教学是引人入胜、充满"磁性"、富有吸引力和生命力的。无论是对学习者还是对施教者，生动的课堂教学都有利于激发学生的学习兴趣，有利于促进学生对求知的向往，同时也有助于教师更加热爱自己的课堂教学，精益求精地去经营自己的课堂教学。例如：在八年级上册的《鱼》一课的课堂教学之中，想让学生了解鱼的形态，只依靠口述可能不会让学生形成直观印象，因而依托视频图片这样的多媒体教学资源，可以让学生更好地了解鱼的形态。教师用视频播放鱼的形态，大海鱼细长的身躯有助于加速；黑扁鲛身短色沉，活跃于礁石；蝠鱼身躯扁平，易于海底觅食；生活在狭缝中的海鳝体形纤长；海舫修长的身形摄食于无形中。这些视频的播放能让学生形成直观印象，从而即可以落实"鱼的体形是流线型，可以减少水的阻力"这一知识点，又可以增加学生对于新知识的储备，进而为学生掌握"生物与环境相适应"这一生物学观点提供有力的支撑。

（二）多媒体教学资源的弊端

若在教学中只是一味地应用多媒体，虽课件精美，视频有趣，但没有了板书，没有了师生之间的互动，就失去了课堂传递知识的初衷。有些教师做的课件往往四五十页之多，还是以《鱼》这节课的教学举例，课件里包含了多个视频，其中就含有课件开始时播放的《海底总动员》的动画片，动画片播放的目的本是让学生能够直观生动地了解各种各样的鱼，从而可以吸引自制力差的学生的注意力，增加学生学习的兴趣。但是如果只有多媒体教学的图像和视频，学生就只能是看个热闹，反倒削弱了教学效果。而且课堂观看的视频过多，整堂课容量太大知识点过多，但是学生的接受能力有限，最后听取学生对于课堂反馈，学生只记得看过的动画片，并没有太多记得课堂中应该掌握的知识，导致本节课堂教学目的本末倒置。

二、传统教学中的板书在课堂应用上的利弊

（一）传统教学中板书的利

1. 传统教学板书能充分体现教学重难点

板书最重要的功能是能够让学生了解本堂课都学了什么，并且也能够体现教学的重难点。传统意义上来说，板书是一节课知识点浓缩后的精华，学生可以从板书上看到每一个知识点在构建后都讲了什么内容，帮助学生学习记忆。如在八年级上册《鱼》一课的板书：

$$
鱼
\begin{cases}
生活环境：水中 \\
体形：流线型 \\
形态结构体表：鳞片\ 黏液\ 侧线 \\
呼吸：鳃 \\
运动：躯干部\ 尾部\ 鳍 \\
主要特征：水\quad 鳞片\quad 鳃\quad 躯干部\quad 尾部\quad 鳍
\end{cases}
$$

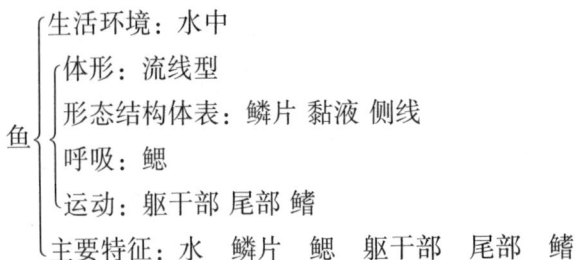

在这个板书中能看到这节课的重点就是鱼的主要特征，可以引导学生通过对鱼生活环境和形态结构的分析，逐步总结出鱼的主要特征，这样就实现对于教学的重难点的突破。

2. 传统教学板书能保证课堂教学的连贯性

多媒体教学资源较多，学生只能够记住那些有趣的图片或视频，但如果课堂上利用了传统板书，那么在借助多媒体教学资源的同时，也对应总结了学生应该掌握的每一个知识点，能及时地把学生从看热闹变成学知识，从而保证了课堂教学的连贯性。

3. 传统教学板书能构建概念图，帮助学生记忆理解

板书书写概念图可以直观而形象地表示出这些概念之间的关系，能帮助学生梳理学过的知识，建立良好的知识结构。

如《生物和生物圈》的概念图是整个一个单元的概括和总结，可以在每一个章每一节的板书书写中慢慢渗透，最后在单元复习的时候再进行整合，从而形成完整的知识概念图，以便简明扼要地使学生理解各部分之间的包含关系。

4. 传统教学板书能提升生物教师的基本功

在生物课堂教学中，黑板画一直是教师的基本功之一，好的黑板画能让学生迅速提升学习兴趣，提高课堂效率。七上《植物细胞》《动物细胞》的教学中有要求学生学会画植物细胞和动物细胞模式图，教师在黑板上教学时要求能引导学生如何画出标准规范的图。但在多媒体教学盛行的时期，教师却逐渐忽略了像黑板画这样的基本功，优秀的黑板画需要教师不断充实和提高各个方面的基本能力，扎扎实实打好基本功，要求教师不断提高个人素质和增强个人魅力。

（二）传统教学中板书的弊

对于生物学科而言，教材内容有时略抽象，如八年级上册《病毒》《细菌》等课，生物个体较小，不易观察，导致单纯的板书和讲解不能让学生形成感官的认知，不能很好落实，并且每堂课的教学内容较多，传统的板书书写较慢，会耽误一定的课堂时间，有时不能完成课堂既定的教学目标，导致

耽误教学进度。

三、合理利用两种教学手段

总而言之，多媒体只是教学的工具，不能喧宾夺主，还应该以传统教学的板书为主，多媒体教学资源为辅。多媒体教学资源只能在扩充学生知识储备和增加学习积极性等方面发挥作用，但传统板书能真正让课堂变成高效课堂。综上所述，随着多媒体越来越多地应用于生物课堂教学，如何正确把多媒体教学资源和传统板书相结合，是我们应该不断深入研究和不断实践的内容。只有合理利用优化结合才能真正实现生物教学的高效课堂。

审问之　慎思之　笃行之

——关于单亲学生教育的几点想法

李国富

摘　要：随着单亲家庭和单亲子女在全社会比重逐年增加，单亲学生教育工作显得弥足重要。单亲学生往往具有恐惧感、自卑感、脾气暴躁、无自信心、意志消沉等心理特征，只是因为单亲家庭本身教育的缺失所致。如果学校教育再不着眼未来，从社会发展出发，从改善单亲学生工作的思想指导出发，就会让这些单亲家庭的孩子出现严重的心理障碍。在这个"特殊"群体的教育策略上，我们要注意结合社会发展趋势，始终保持以教育成才为目的，从实践中找寻方法。

关键词：单亲教育

爱一束花，我们喜好它浇水施肥；讨厌一棵树，我们冷落它自由生长。这只是一种比喻，当看到教学中的一些问题，有时反思。教师作为社会公认的神圣的人类灵魂塑造者，在对待良莠不齐的学生教育态度上，却偏偏存在"喜欢花、憎恶树"的现象。

从教23年至今，学生中家庭不完整的越来越多，对于单亲教育，教师一直处于客观的偏见中，这是不争的事实。所以单亲学生的教育应该被高度重视起来，绝不能让学生因为单亲而被耽搁了教育！

我觉得，随着单亲家庭和单亲子女在全社会比重逐年提高，单亲学生的教育工作，必须系统化、规范化地落实，成立一个严肃的教学课题，成为教育系统工作的重要组成部分，不能让学生因为单亲而被耽搁了教育。我想借用《中庸》中的一句话，来贯穿今天的单亲教育话题：审问之，慎思之，笃行之！

一、"审问"就是审视自己的内心

作为师者，我们要常常问一问自己，对学生是否有爱心和耐心，是否能理解和宽容，是否是鼓励和赞赏。

小高是个单亲男学生，平时不讲卫生，不洗脸、不梳头、不换洗衣服，不论他走到哪里，身上老是带着种发霉的怪味，很多人见了就掩着鼻子躲避他。

我通过走访和观察，了解到他的父亲以捡拾垃圾维持家庭生计。父亲的职业总令小高觉得难堪，被人嘲笑更令他觉得羞愧，从而产生极端的、自暴自弃的心理变化倾向。可是有个细节引起了我的注意，有一次他的父亲拾到一瓶硫酸，小高玩弄的时候不小心将手烧伤，手上留下的一大块烧伤疤就是这样得来的。也得此原因，他化学课听得极其认真。

我从多方面观察，发现他本质淳朴，反应快，而且一旦遇到喜好的事情注意力就高度集中，并且还有很多其它方面的优点。但之所以总是被同学憎恶，究其原因，还是源自他自卑的心理，判断事物缺乏正确、积极的世界观和价值观。

我找到他，告诉他任何行业在社会上存有的重要性，引导他分析居里夫人用废沥青提取镭的成功意义，分析他父亲为了养家而付出的辛劳和勇敢。小高从此信心逐渐树立，我又尝试让化学老师专门培养，后来在他和化学老师的交往中，极大的学习兴趣不但令他学习知识的兴趣浓厚得到成绩的提高，还逐渐觉悟了自己生活上的不足，渐渐开始讲卫生，改变生活习惯。后来还当上了化学课代表，经常利用课余时间辅导其他同学学习。

从这个转变中，我们可以看到，花和树都是成才的基础，只要合理修剪，都会拥有美丽。我们应该容忍他们的缺点，发现优点，从而找寻合适的教学方法，使学生得到培养和提高。

二、"慎思"就是谨慎思考自己的言行

教育的过程，就是静等花开的过程，作为师者，要不急不躁，明理而知法。

面对顽皮偏激的孩子，教师难免急躁，有时可能处理问题不妥或出现误差。这时，我们应提醒自己平和、平静、理智地对待突发事件，尤其是对待单亲家庭的孩子更要慎之又慎。

在刚刚接触到小张的时候，很多老师觉得她既是花又是树，为什么呢？她的排异心理和抵触集体情绪很强，觉得自己同别人有差距，而且疑心非常重，有时看到别人在说悄悄话就以为是在笑话她。日积月累，她对每个人都怀有防范，但强烈的自闭倾向又演变成为争强好胜，极端甚至是特立独行的表现。

植树节的时候，小张旷课一天，一个人拿着班级的铁锹跑到荒山上。等到第二天我责问原因的时候，她理直气壮反问我："李老师，你凭什么批评我，昨

天是植树节，是国家规定的，我们都应该去植树！是你错了知道不?!"并扬起小手，给我看她磨破的水泡，让我带她到医务室包扎伤口。事后想到她那可爱又可恨的借口，几次想对她责问和教育，但我又几次告诉自己：要冷静，天下没有教不好的学生。

我一方面肯定了她的行为，同时也告诉她个人与集体的关系。在以后的日子中，经常利用劳动的机会培养她集体意识，并让她担任组长，学着去组织、去沟通，当她慢慢融入班级，赢得了同学的认可后，她终于意识到了自己的问题，走到我的面前低声说："老师，谢谢，植树节……我不该逃课。"

师生之间的矛盾是永远存在的，当矛盾发生的时候，老师不应该激化矛盾，反而应该谨慎思考，寻找良机，找到正确解决问题的方法。

三、笃行，就是实践

师者，不仅要传道授业解惑，更要关注学生身心健康，通过丰富有效的教育形式使单亲家庭的孩子找到自信，快乐成长。

我们应当行动起来，从生活的方方面面入手，让他们感受到每个人都在关心他们，爱护他们。生日的一个贺卡，课后的一次家访，平时的简单交谈，都会起到意想不到的效果。慢慢地，他们会走出自己的心里角落，迎接同学，迎接外面的世界。

小耿同学在父母离异之后，一直与奶奶住在一起，父亲偶尔回来看看他，而母亲已经改嫁，对他更是鞭长莫及。得知此情况后，我经常找他谈心，让他意识到奶奶的不容易，更要理解父母的难处，同时，我又分别找到他的父母沟通，让他们抽出时间，每周末陪一陪孩子。慢慢地，小耿感受到了家庭的温暖，自己也变成了一个心理健康，乐观向上的孩子。

完整家庭中，学生在顺境中成长，生活的方方面面都容易得到正确的引导和教育；不完整家庭成长的孩子，成长背景的不完整，使得其成长心理往往存在不同程度的缺陷。因此，单亲家庭学生教育一直是教育中的特殊存在，这需要我们耐心引导，付诸行动。

教育是一个灵魂唤醒另一个灵魂的事业，面对单亲家庭的学生，通过"审问"工作漏洞与对错、"慎思"解决方法、"笃行"以实践，这几个步骤相辅相成的运用，最终，将会更为科学化、系统化找到单亲家庭教育的最佳途径和方法！

春风化雨润物无声

李　红

摘　要： 作为班主任和数学老师，为师30年，乐业敬业，精心施教，执着追求，永不言退，我用青春和热血书写了一份人民教师的合格答卷。

关键词： 班主任　数学教师　乐业敬业　精心施教

一位哲人说过：每个人都是一个宇宙，每个人的天性都蕴藏着大自然赋予的创造力。从这个意义上说，如果能最大限度地释放出我的潜能，那么我便可以称为一个大写的"人"，而在我的眼里、心里，将学生培养成大写的"人"，便是我一生的追求。

是什么样的力量，让我从教30年，倾情奉献，无怨无悔？是什么样的情怀，让我视学生如己出，从不放弃？是什么样的炽爱，让我选择三尺讲台，甘于清贫？大爱无声，真爱无悔！为师30年，我用青春和热血书写了一份人民教师的合格答卷。

一、耳闻天下事，心系校园情——乐业敬业

"作为一名教育工作者，如何以身正教，以行立教？"这始终是我思考的问题。这几年来，我始终坚持学习马列主义、毛泽东思想、邓小平理论及江泽民同志的"三个代表"重要思想，坚持四项基本原则。拥护党的基本路线、方针和政策。遵守教育法规，履行职业道德；不断提高自身的思想修养和业务能力。爱生敬业，勤勤恳恳，乐于奉献；对学校布置的工作任务无条件服从，不计较个人得失，满腔热情地奋斗在教育、教学工作的第一线。

二、问渠那得清如许，为有源头活水来——精心施教，成绩突出

从踏上工作岗位的那一天起，我就告诫自己：教师的懈怠就是学生的失败。要以自身的不懈努力和学生的勤勉共同创造学生美好的未来。在教学实践中，

我虚心向老教师学习，踏实求进。在教学中，我始终坚持宏观求清，微观求实，充分认识和把握数学教学规律，努力形成一己之风格。在教学方法上做了大胆的改革和尝试，面向全体学生因材施教，使各个层次的学生获得了全面的发展，既使好学生吃得饱，又使能力低的学生吃得了。课堂上，巧妙运用多种艺术手段，创设生动活泼、引人入胜的教学情境，深受学生的喜爱，并在教学中取得了较好的成绩。

我先后多次参加了随堂同步训练的编写，参与编写的《教材全解》深受学生欢迎。撰写的论文《初探初中学生数学解题误区》、《培养学习能力、提高数学素养》、《班主任对待特殊家庭学生教育的研究》等论文均获一等奖。在实际教学中，能因材施教。根据学生特点，从新组合教材内容，整理出专题，从而根据学生特点分层教学，不仅鼓动了学生的学习热情，更收到了较好的效果，达到班级没有流失的学生，每年中考学生都能如愿考入自己理想的学校。现在所带的班级仅仅经过一年的努力，进入年级前100名的学生就由1名上升到13名。

三、衣带渐宽终不悔，为伊消得人憔悴——倾心教育，为人师表

从教30年来，我一直在班主任工作岗位上从事数学教学工作。回首这段历程，有坦途，也有坎坷；有无畏，也有彷徨；有艰辛的付出，更有愉悦的收获。但让我感受最深的是：生命之树要想根深蒂固，枝繁叶茂，永葆青春，最重要的在于人生要有无悔的追求和永恒的信念。正是凭借这一点，才有了我今天的充实和收获。

作为一名普通教师，一名优秀的班主任，我将学校当家，视学生如珍宝，30年如一日的热情，如涓涓溪流、如春风化雨、润物无声。因为我深知作为一名班主任的责任是多么重大。

2016年我的肩周炎犯了，抬不起右臂，便用左手写字，这样坚持了半年，没给学生少上一节课。

2017年临近开学的假期，我因故摔伤了腿，为了不耽误孩子们的学习和班级的稳定，我的腿还没完全好便上班了，没请一天假，没误一天工。

尤其在学校遇到难题——九年四班的老师因病不能上课的时候，我义无反顾地接下了这班的数学课，两个班的教学任务再加上班主任的繁重任务，虽然很累，但我乐在其中，无怨无悔。

我每天早上六点多就来到学校，带领学生晨练，七点便进入教室，组织学生温习语文和英语，辅导学生并给学生讲解不会的习题，在孩子们由衷的敬佩

下，班风积极向上，孩子们以学为乐，乐于学习。

学生从品格到学习亦有优有弱。面对优秀的学生，我会激励他们更加努力拼搏，优者更优，培养学生的创新精神；

面对基础弱的孩子，我会不断鼓励并帮助他们，我会付出更多的关爱，给予更多的辅导，利用课余时间无私地去辅导他们，使他们坚定信心，直到成绩上升，自信满满；班级学生学习成绩稳步上升，得到师生和家长的普遍认可。

面对早恋的学生，我会用正确的理念去引导这些心理没有成熟的孩子，促膝交谈，像知心朋友一样沟通；面对家庭困难的学生，我总是尽自己的能力去帮助他们，使其不再有后顾之忧，安心学习，现在这个班就有 6 名学生在我的资助下求学……

在我所在的班级里，每个学生地位都是平等的。无论成绩高低，只要你努力，只要你不言放弃，只要你知错就改，都是好样的。

几年来，家长逐渐对我产生了信任，那些有过辍学念头的家长和学生也转变了观念，班级逐渐形成了团结向上、积极进取、和谐拼搏的班风。他们不但学业上取得了进步，树立了远大的理想，而且能力、素质得到了全面培养和提高，一个个荣誉见证了他们付出的收获。

运动会上，他们出色的表现夺得了一个个冠军；间操上，他们又以站队最快，做操最齐，走路最静成为全校的榜样；班级中多名同学多次被评为三好学生、优秀班干部；班级的卫生和纪律样样走在前列，流动红旗屡屡出现在班级的门口；班级也多次被上级评为优秀班集体。随着学生们的进步，每当有家长表达心意，我都会婉言谢绝，廉洁从教，无私奉献，是我为师的根本。

我的付出获得了校领导及家长和学生的一致好评，多年来被评为"全国数学竞赛优秀教师""市骨干班主任""优秀共产党员""优秀德育工作者"等。

四、路漫漫其修远兮，吾将上下而求索——执着追求，永不言退

上述点滴成绩的取得，离不开领导的关心，同时也离不开同仁的帮助。"雄关漫道真如铁，而今迈步从头越"，成绩属于过去，明天仍需勤勉，追求永无止境，奋斗永无穷期。如果把人生看成一张白纸，那些记忆的点滴，就是写在纸上的字画，每次回首，我越来越体会到当初自己学生时代的一句名言：一分耕耘，一分收获。

教育的本质是一棵树摇动另一棵树，一朵云推动另一朵云，一个灵魂唤醒另一个灵魂。我愿用屈原的"路漫漫其修远兮，吾将上下而求索"作为督促自己的座右铭，以昂扬向上的精神鞭策自己，以脚踏实地的做法去践行素质教育，用自己的爱心铸造爱的世界，去唤醒学生的灵魂，也唤醒我自己的灵魂。用自己的青春年华、无限爱心，谱写一曲新时期人民教师的青春之歌。

历史学科中积极心理品质培养之浅见

李新富

摘　要：历史教学中的积极心理品质培养，是一项长期的教育任务。只有认真加强教学中的情感教育与学习动机教育，才能激发学生学习历史的兴趣，才能有效地提高历史学科的学习成绩，促进学生综合素质全面发展，适应素质教育与能力培养的客观要求，提高历史教学质量。

关键词：心理　情感　品质

将积极心理品质培养贯穿历史教学中，一直是历史教学工作者研究的课题，也是时代发展对历史教学的必然要求。对学生进行社会主义核心价值观的培养，对祖国的热爱，对民族繁荣发展的责任感等这些正能量心理品质的熏陶，历史教学责无旁贷。

一、历史教学中的积极心理品质培养内涵

历史是一门以社会发展为主线、以生产力提高与人的思想变更为基础的学科，由于它涉及时间、人物、事件、发展思想、变革与动力、社会的进步与演变。因此，在学习时往往感到枯燥无味，死记硬背的内容多，理解的知识体系显得少，这严重阻碍了历史学科的教学与改革。面对这种情况，在全面研究教材和学生情况之后，针对目前新课程体系建设的总体要求，确立了从积极心理品质培养入手，进行改革的方法，最大限度地激发学生对历史的学习兴趣，调动起学生内在的学习动力。

所谓心理品质，包括人的认识能力、情绪和情感品质、意志品质、气质和性格等个性品质诸方面。积极心理品质培养就是通过历史的教学内容，将人们对历史人物的情感、历史事件的环境和对后者产生的影响，转化为学生对党、社会、人民的热爱，转化为祖国、为社会奉献的动力，转化为尊敬师长、热爱同学、关心他人、积极学习上进、勇于吃苦耐劳、以集体为核心的个体情感，

并将这种情感寓于学习历史学科中。历史学科中的情感教育是一个长期的教学任务，需要挖掘历史教材内涵，更需要通过具体的人物、事件等唤起学生内在的学习激情，刺激其对历史学习的动力。

情感教育往往与学习动机相连，这是因为情感是一个人心理变化的外在表现，它属于人的意志范畴，如果一个人有好的情感，就会产生好的动机。反之，没有一个好的情感，就很难说有良好的动机。动机是一个人的行动指南，它往往受情感的影响，甚至会由情感来支配。理论和实践证明，良好的情感决定动机的趋向，动机的优劣受情感的支配。因此，对于教育工作来说，将情感与动机联系在一起，进行组织教学，一方面能体现现代以人为主体的教育思想，以学生为中心的教育理念，另一方面还能充分调动学生学习的积极性，促进学生学习历史的内在动力，提高历史学科学习成绩，提高人的基本素质，促进人的全面发展，使被教育者成为对社会、国家有用的人才，真正实现教育的均衡科学发展。

二、历史教学中的积极心理品质培养方法

历史教学中进行情感教育，主要从三个方面进行：一是通过挖掘教材的内涵，激发学生内在的情感；二是通过方法，调动学生的学习动机；三是通过活动，有效地刺激学生学习历史的积极性。其中挖掘教材内涵是基础，是历史学科教学的重中之重，一个学科教学，离开了已有的素材，要想达到理想的教学效果是很难的。教学方法十分重要，因为好的教学方法不仅能起到带动作用，还能促进学生的智力发展，提高学习成绩。活动是个载体，一方面通过活动激励动机，另一方面通过活动促进发展。

（一）通过挖掘教材的内涵，激发学生内在的情感

例如，历史教材中的人物，无论是对历史的发展与进步是否具有推动作用，或者对历史的评价起到什么作用，但他们的情感会直接或者间接地影响到历史的进步，甚至影响到一代人的思想与思维的深刻变化，影响到历史的进步与变革。像西安事变中的毛泽东、周恩来等关乎国家民族走向的伟大人物，当遇到具体问题时，其思想、情感都发生质的变化，当情感与祖国民族的利益发生冲突的时候，往往是以国家和人民的利益为重，以民族存亡为重。此时，反应在历史事件中，往往是精湛的处理艺术与敏锐的洞察力相结合，往往是有利于推动社会进步、促进民族团结、造福中华民族。

中国近代民族英雄林则徐、邓世昌面对外敌的入侵不顾个人得失，舍生取义，革命先行者孙中山为国家民族的复兴不屈不挠、舍生忘死、鞠躬尽瘁，以

及抗日英雄杨靖宇、抗美援朝的黄继光等，他们的情感就是人民，就是国家，就是全中华民族。如果没有高尚的情感，没有对人民的热爱，没有对民族的热爱，他们就不会有如此壮丽的人生，不会成为中华民族的脊梁。透过伟人和英雄不难看到：情感决定了他们的民族气概，情感指引他们前进，这种具有民族精神的情感，不正是中学生所学习的吗？在学习历史的过程中，要将这种情感注入学习之中，把学生培养成具有天下兴亡匹夫有责的责任、先天下之忧而忧，后天下之乐而乐的济世情怀，真正的民族脊梁。

（二）利用多种方法，调动学生的学习动机

历史教学中的方法很多，但启发式教学、事件导入、讨论归纳、分析判断、情境导入等都是有效的教学方法。教学方法的运用，可最大限度地调动学生的学习动机。比如，通过讲述事件发生的社会环境，引起学生对某一历史事件的好奇心，助推学生学习历史的信心；通过人物内心复杂的心理，将历史事件引入课堂，激发学生的共鸣，使学生对人物加深认识，提高其对事件的掌握力度；通过电视或电影素材，组织基于某一课题的教学，使历史内容与多媒体教学有机结合，拓宽教学领域的同时，提高课堂教学效率；组织学生对历史发展的问题进行讨论，多方寻求答案，积极拓展学习思路，提升掌握空间等，学生会通过不同的方法，获取最有力的学习动机，不失一种最有效的好方法。

（三）通过活动，有效地刺激学生学习历史的积极性

历史教学，同其他学科教学一样，活动是个有效的激励载体。因此，历史教师应抓住活动这个主题，围绕刺激学习积极性而开展教学。比如到博物馆参观历史文物，组织考察历史遗迹，对你所崇拜的历史人物事迹搜集整理，组织观看纪录片等活动。再和课堂教学有机结合，这样，一方面能促进历史教学，另一方面还能将历史内容的教学落实到日常活动中去，促进历史学习，提升学习质量，创新历史教学改革。在历史教学过程中，深入挖掘历史教材内涵，不断将积极心理品质培养寓于学科教学中，充分调动学生学习历史的积极性，把情感教育、积极心理品德的培养赋予历史教学的改革与实践中，努力提高历史教学效果，发挥历史学科的优势，培养出既有我们传统文化的厚重又具有时代锋芒的社会主义现代化建设的有用人才，尽历史学科一份力量。

浅谈《弟子规》在教育教学中的应用

刘 娜

摘 要：传道、授业、解惑，师道芳香千古传唱。人不忘本，文化有根；鉴新旧方知糟粕，乘古今可固山河；千古风流，薪火相传。《弟子规》一书用简练的言语，讲述着做人的道理，在教学中适当地引入《弟子规》来规范学生的言行举止，待人接物，培养学生勤学苦练，持之以恒的品质，学会做人的道理，能更好地培养出德才兼备的社会有用之才。

关键词：教育 学习 规矩 仁爱

随着我国改革开放的进程，社会对人才的需求量越来越大，而对所谓人才的培养和选拔方法则局限在单一的考试中，中考、高考、研考，在人生的不同阶段，成绩成为衡量一个人成功与否的关健因素。从而所有人都只看重分数的高低，成绩的好坏，而忽视了这个物欲横流的社会对思想道德素质的需求，忽视了仁、义、礼、智、信在青少年时期的培养，更忽视了"孝"作为中华传统美德，本该从小深深扎根在孩子的心里。为师者应该深深地认识到光凭规则制度、严格管理以及老师本能的关爱是不够的，作为人类灵魂的工程师，不仅自己要有较高的修养、工作的热情、博爱的情怀，还要持之以恒地坚持一种理念，矢志不移地坚持端身正义，把培养德、智、体、美、劳全面发展的学生为己任。故此近年来，我国大力提倡国学教育，其中践行《弟子规》教育，是其中重要的一环，要让每一名学子有"道"可遵，有"德"可守，有"行"可依。

一、研读内化 落到实处

《弟子规》是圣人总结的重教之道，是世人行为的规范和准则，是培养学生仁、义、礼、智、信的方法论。

教师应该反复研读《弟子规》，查找相关资料，熟悉其中的小故事，阅读中就会颇有如沐春风之感。这会使你的教育思想、管理思路构建有了一个基本的理论基石，会坚定你将《弟子规》作为指导教育工作的决心。那么，教师应该如何把《弟子规》的思想精髓与班级管理工作有机地结合起来，使之付诸成效呢？

首先，要读通《弟子规》。虽然《弟子规》全文只有1080个字，但却讲述了113个小故事，每个小故事都向世人展示着为人处事的大道理。通过反复的研读，以至自觉内化，用弟子规来塑造自己的教师之魂。在研读过程中，就会明白，做为人师，理应自觉规范自己的教育行为，升华自己的教育思想。其次，在感悟颇深的基础上，要组织学生全面阅读《弟子规》，引导学生把《弟子规》当做一种信仰和为人处世的标杆，并指导他们对照《弟子规》反思自己的言行。经过多年的实践证明，最好方式有以下三种：一是让学生利用课下时间，自己查找资料，每天利用课前5分钟，逐一表演或讲解《弟子规》中的道理，把相关的内容和小故事展示给全班同学，这样孩子们更容易接受并且规范自己的行为习惯；二是让学生撰写读后感，观后感，结合实际谈感悟；三是通过班会让学生对自己的言行进行反思，有则改之无则加勉，这样一来学生不仅能诵读，更能内化为一种正确的人生观、价值观。

子曰："其为人也孝悌，而好犯上者，鲜矣；不好犯上，而好作乱者，未之有也。君子务本，本立而道生。孝悌也者，其为仁之本。"从这句话中我们知道，凡遵守孝悌的人，懂得尊重人，而守孝悌不会犯上的人是不会作乱的，这是人的立身之本。以此推之，如果一个学生能够从内心自觉地遵守孝道，孝敬自己的长辈、父母，那么他的言行也必将积极向上，在班级也一定能自觉遵守纪律，尊敬师长，不会做有损班级利益的事。

二、言传身教 注重细节

"其身正，不令而行；其身不正，虽令不从"，言传身教是最好的教育方法，正所谓"榜样的力量是无穷的"。青少年在许多方面还不成熟，他们和老师相处时间较长，所以老师是孩子生活中的领路人。教师应该树立好的榜样，对工作的热爱、对事业的追求、对朋友的友善、对长辈的尊敬，都会对学生形成潜移默化、耳濡目染的深远影响。教师应当时刻提醒学生，班级是一个大家庭，各科老师是家长，同学就是兄弟姐妹，要互相关爱，互相尊重。班主任通过每天坚持最早到校，在班级门口迎接每名学生，让他们习惯"出必告、反必面"；平时将办公桌和讲台收拾得干干净净，和学生共同参加大扫除，这样他们就能做到"房室清、墙壁净、几案洁、笔砚正"；为了让学生更好地掌握学习方法，可以经常组织主题班会，讨论正确的学习方法、学习态度，让学生们熟记"读书法、有三到、心眼口、信皆要",知道学习心要记，眼要看，口要读；上课时，学生把自己心中的疑惑记录好，笔记记录好，遇到难题找老师、同学请教，共同研究，真正做到"心有疑、随札记、就人问、求确义"；教师还要时常提醒学生，做人做事要"勿自暴、勿自弃"，要有自信，有恒心，有毅力，要为了自己的理想和目标而奋斗。

教师将自己在《弟子规》中领悟的道理，言传身教地传授给学生，让他们愉快地探究，主动地实践其中的道理。同时，和同学们通过共同研究学习，建立起深厚的友谊，成为真正能无话不谈的好朋友。了解他们的思想动态，内心想法，再与家长及时沟通配合，成为学生心中真正的好老师。至此，学生们也有了感恩之心，感恩父母、感恩老师、感恩学校、感恩社会，带着微笑看世界、带着温馨对他人。

三、真诚感化 养成教育

当然，单一的理论教育是不够的，正所谓"精诚所至，金石为开"，用真诚感化学生，是师者对学生默默无闻的奉献，从而创造了一幅幅美丽的人生画卷。教师不仅要把《弟子规》引入到教学中，还要让学生感受到教师对他们的喜欢，通过赏识教育，时刻提醒他们在擅长的领域可以非常优秀，在其它方面也会很有潜力，无论做什么，只要努力都能成功。要信任学生，教师给予学生足够的信任，学生就会有战胜困难的信心，看到自己的闪光点，激发出求知欲和上进心，找到明确的人生目标。对于学生来说，当他们知道老师、家长是信任他的，就会更加勤奋地学习，积极地生活，发挥特长，有超强的自信心，从而更好地激发出潜力去学习，生活，成就自己的人生目标。

大道至简，师爱无声。把《弟子规》引入教育教学中，是树立青少年正确的价值观、人生观、世界观的重要途径，是教育工作者的责任。教育事业是非常具有挑战的工作，要用真诚的事业心和责任感来关爱学生的心灵；用一颗感恩的心回报祖国和人民的信任之情；用无声的爱奉献自己的青春；倾心倾情，为人师表，用爱心来浇灌，静等每一朵花儿绽放。

参考文献：
[1]《弟子规》

浅谈初中色彩静物画教学的点滴体会

刘羿波

摘　要：色彩静物画属于"造型·表现"领域，在教学当中美术教师应当尝试运用多种教学手段来提高学生对色彩静物的认知与绘画技能，本文主要阐述本人在初中色彩静物画教学中的点滴体会与教学思考。

关键词：色彩静物　学情分析　教学手段　教学心得

色彩静物画是初中美术课中的基础课，它属于造型表现领域。表现的是生活中常见的物品，生活中的常见物品通过主观的摆放构成一幅画面，最终用色彩表现出来，抒发一种主观的内心情感。在我进行色彩静物画教学中，结合学生实际能力与水平，通过精心设计、精细布置、分层实施等环节，让学生初步体验到色彩静物带来的乐趣，锻炼和提高学生色彩感受力和创造力，大大激发了学生用色彩表达静物的热情与激情。回顾与梳理、反思与提升，一直都是我美术教学坚守的原则和初心，所以就色彩静物课教学的点滴体会和大家分享。

一 、初中色彩静物画的背景分析

（一）专业背景

美术是一门以光和色彩为基础的视觉艺术。其中色彩静物写生是高中美术专业教学的重要内容，在艺术院校专业考试中占据重要地位。但是在初中教学中，学生的认知特点、绘画基础、表现能力等都处在基础阶段，加上色彩与造型本身都具有很大的难度，所以对色彩静物画的讲授，本着通过对色彩关系和造型的基本阐释，能够初步提高学生对色彩的最基本认识和表达能力的原则，调动学生学习的主动性、积极性，适当提升表现欲望，为以后达到更加专业的色彩表现能力和造型能力打下坚实基础。

（二）学情背景

初中阶段的学生具有一定的造型基础，思维比较活跃，具有强烈的好奇心，但自主学习能力相对比较薄弱，做事缺少耐心、细致观察和经验总结。因此，根据学生的特点，在色彩静物教学的处理上应激发学生的主观能动性，引导学生深入地观察，并充分利用现代多媒体教学手段让学生在欣赏名画的同时，探索名画中美的规律，色彩的处理方法，以此来激发学生的兴趣，让学生在轻松的氛围下完成课堂内容的学习，真正领悟到色彩静物的审美需求。

二、学生在色彩静物画写生中存在的问题

在进行色彩静物画的教学过程中，虽然教师提前做好很多预设和准备工作，但在实际教学中，还存在很多问题。

（一）课堂预设环节预估不足

教师对学生的绘画能力和造型表现力的期待值过高，在实际作画过程中，学生依然存在眼高手低的现象。

（二）学生对作品的理解能力不足

学生对于色彩关系的搭配理解不深，从而使少数作品的表现效果有点生硬，缺少活力与生机。

（二）学生自身的艺术底蕴欠缺

初中的学生大多还未接受过专业化、系统化的美术学习，自身艺术底蕴还远远达不到教师的预期，学生之间的差距很大，轻理论重实践的意识还很深，缺少理论与实践相结合的契合点。

三、提升色彩静物画写生教学效果的具体措施

初中学生的绘画基础相对薄弱，素描根基不是很扎实。结合课堂上存在的问题等方面考虑，教师应在色彩静物课的处理上采用多种教学手段挖掘学生潜能，以此激发学生绘画兴趣，提高教学效果。

（一）通过分层次教学，因材施教，提升学生绘画潜能

对于绘画基础相对一般的学生，为了增强画面的直观感受能力，可以尝试在大师作品基础之上，在某个部分或角度结合学生对画面的理解加以改动，给人一种新画面感，使学生亲自体会到画面的变化，这样既可以提高学生的激情和兴趣，又适当地降低了难度。

对于基础较好的学生可以采用写生的方法进行作画，这种方法难度相对较大。为了激发学生的兴趣和调动学生的积极性，在这里可以增加一个互动环节，

让学生分成小组来摆静物,感受静物画中构图的重要性。通过学生之间的合作,探索如何摆放静物构图更加完美,观感更合理,这样对学生的审美起到良好的促进作用。然后教师再演示写生的绘画步骤,使学生更加深刻体会绘画的方法,达到更好的教学效果。

(二)通过赏析名画,增强艺术修养,提高学生认知能力

初中生色彩意识较差,对色彩的运用难以准确把握,通过多媒体的教学方式,欣赏著名画家的作品,帮助学生分析了解这些作品的色彩的运用、搭配以及绘画技巧和风格,使学生不仅读懂每个作品,而且能够深刻认识到这些作品好在哪里、美在哪里,学会如何去构图、如何合理地运用色彩和搭配。对此,教师应根据这些优秀的作品给予必要的讲解和示范,让学生能够尽快地掌握其要点,同时有计划地、针对性地指导学生进行多种训练,包括比色相、比明度、比纯度、比冷暖。通过比较实践,培养敏锐的色彩感觉,逐渐理解色彩变化的规律,培养正确的观察方法。通过循序渐进的训练,使学生真正掌握色彩静物的绘画技巧和基本技能。

(三)通过小组合作提高画面表现能力

在学生作画中,根据学生的层次和绘画水平的不同,有目的把学生分成小组,每个小组成员既有分工又有合作,充分发挥每个人的特长,最大化地把对作品的理解和把握表现出来。在展示环节,以小组为单位互评优缺点并提出改进方案,课堂绘画氛围浓厚,小组合作中非常团结,大大提高了学生参与热情,同时也提高了学生作画积极性,达到预期的表现效果。

四、色彩静物画写生教学中的后续思考和策略

(一)色彩静物画写生教学中的后续思考

近日,中共中央办公厅、国务院办公厅印发的《关于全面加强和改进新时代学校美育工作的意见》提到,到 2022 年,学校美育取得突破性进展,美育课全面开齐开足,到 2035 年,基本形成全覆盖、多样化、高质量的具有中国特色的现代化学校美育体系。在这新的转折时期,对美术教师提出了更高的要求和期望,面对新形势、新变化,就要求我们在日常教学中要不断更新观念,调整思路,在保留原有教学风格基础上,面对美育工作的新挑战,持续发力,创造新作为。

(二)色彩静物画写生教学中的策略

1. 课前增加名作、名画的赏析环节

随着中考信息时代的到来,对学生美育教育、学生的鉴别欣赏能力的要求

也越来越高，在教学过程中，深深感受到学生对作品理解的层次还需不断完善，所以在以后的教学中，需要我们不断更新教学方法，探索新途径，在教学中逐步给学生增加一些国内、外名家的欣赏课。还可以以小组为单位，倡导每周课前让学生介绍一个名画家、一幅作品赏析或一个小故事，激发学生学习的积极性，这样日积月累不仅大大提高学生的艺术修养，还可以提升学生的审美能力和创新意识，眼界高了绘画水平也会提高。

2. 开展丰富多彩的活动，提高学生动手实践能力

在欣赏的基础上，鼓励学生多参加学校组织的各项活动，通过参与活动，提高学生自身的实践能力，并在活动中，通过演示、讲解、合作、探究、实践等，唤醒学生心底的学习意识，激发学生创作和表现意识，提升学生的实际作画能力与水平，从而达到理论与实践的高度结合，为美育中考时代的到来打下更坚实的基础。

综上所述，在色彩静物的教学过程中，应该充分认识学生存在的缺点和不足，并根据这些缺点和不足不断改进和优化教学方法，灵活地运用各种教学手段来提高学生的观察能力和绘画水平，通过不断的写生训练，帮助学生积累经验，提高色彩静画认知和绘画技能。同时，教师在教学过程中需要不断地实践和探索，为提高教学效果提供内在的原动力。

参考文献：

[1]《美术教学参考书》. 人民美术出版社，2018 年 11 月第 6 次版

[2] 邢振学.《浅议色彩静物写生中的问题与对策》. 中国校外教育2018，46 - 47

在"教学案"中提升学生的数学素养

娄海英

摘　要：教案是教学过程中很重要的环节，教案的设计是完成教学内容的前提。在课堂教学中，由于学生的情况不同，为了使更多的学生都有收获，尝试改变传统教案的形式为"教学案"。

关键词：教学案的设计与使用　提高课堂效率

瑞士哲学家认为："教育的艺术就是懂得如何引导"。作为一名数学老师，在教学一线工作了二十几年，深知在课堂教学中培养学生的学习兴趣是提升课堂效率的有效手段。而教案的设计是一个重要的环节，通过设计蓝图，创建灵活的目标、方法，希望所有的学生都能在课堂上获得学习的新体验，并在学习态度上有很大的改变，这也是我们使用"教学案"的初衷。以下是我在教学中的点滴体会。

一、"教学案"中梳理知识点，提高学生对基本概念的理解

数学是一门具有科学性、严密性和抽象性的学科。初中数学的学习是培养学生的思维逻辑性和谨慎性的过程。因此，对基本概念和定理的正确理解是很重要的。在"教学案"中写清本节课的教学重点、难点、主要知识点，让学生对这节课有一个初步认识，接下来就可以期待学生们在课堂上的多样性了。例如，在学习整式乘除这章的平方差公式时，这节课的概念是平方公式，通过对多项式乘法的运算，从结果的形式中得到公式名称，这样学生既理解了概念，也知道了出处，很容易就记住了。课堂上理解能力强的学生自己就可以完成大多数练习，而对于这节课中整体思想的运用，遇到阻力的学生，通过教师的讲授就可以迎刃而解了，极大地提高了他们的学习兴趣。

我们经常会遇到有些学生在课上学习情绪不高，对教师提出的问题、布置的练习漠不关心，置身事外；课下对教师布置的作业马虎应付，不会就抄；遇

到难题不愿动脑思考，不愿弄清所学的内容，不能说明解题的依据，不想寻根问底。正是由于缺乏学习的主动性，这部分学生需要在教师的引领下完成学习任务。如，在十九章《一次函数的图像和性质》这节课中有三个知识点：一次函数的图像、一次函数图像的位置关系、一次函数 $y = kx + b$（$k \neq 0$）的性质。这样，在课堂练习的每一个试题中都说明知识点的应用，可以提高他们的分析能力和条理性，教会他们如何学习是提高学生数学素养的基本前提。

二、"教学案"中复习引入环节，提升课堂效率，培养数学意识

对于如何提高课堂教学质量，感受最深的一点就是在教学过程中不断探索、推陈出新。由于学生对教学内容接受程度的不同，就会使学习能力差的那一部分学生掉队。为了尽可能减少这部分学生的数量，同时也希望所有的学生都能在课堂上有所收获，就要采取多样性的课堂教学，助力实现每一位学生都能适应学习这一课堂目标。正是基于这一点在"复习引入"这个环节设计恰当的题目以旧引新，让学生可以自己寻找规律，再借助教材归纳总结，使学生很自然地接受新知识。例如，在学习加减消元法解方程组时，我们复习相反数的知识，利用"若 a、b 为相反数，则 $a + b = 0$"这点，如果在方程组中有一个未知数的系数互为相反数，则把两个方程相加消去这个未知数而达到消元的目的。解方程组的主要思想就是消元，把两个未知数转化为一个未知数，消元就是把新知转化为旧知的过程，使学生从根本上体会到数学之间的联系，从而激发学生的学习兴趣。基于这点我们在教学中首先要注意的是对学生学习兴趣的培养，激发他们对学习的积极性，使他们能"乐学、好学、善学"。

"数学源于生活"的认识，在于唤起学生学习数学的热情，体会生活与数学同在的乐趣。数学离不开生活，生活是数学学习的空间，也是学生运用数学解决实际问题的场所。为此，在复习引入中要多设计生活中的实际问题，促使学生灵活运用课堂所学的数学知识和方法，体验数学在现实生活中的价值。例如：在三角形中线的学习中，可以设计分三角形材料、土地、蛋糕等。为了课堂上便于操作可以设计三角形纸板，多让学生动动手，既可以提高学习兴趣，也可以体会三角形中线平分面积的特点。让学生发现生活中处处有数学，使他们成为知识的实践者。

三、"教学案"指导自主预习，提高学生的自学能力

在授课前把"教学案"发给学生，让他们自己在"教学案"的指导下预习这节课的内容，完成"教学案"的题目，不清楚的地方做好标注以待课上解决。

多数学生们对于这种新的学习方法很感兴趣，在教师的指导下很好地完成预习任务，课堂表现也很积极，只要稍加点拨就能很好地完成课堂任务。还可以有针对性地在"教学案"中设计几个难度较大的题目让他们充分发挥自己的长处，敢于挑战自我。由于学生的个体差异，有的学生对于一些概念和知识点理解得不好，自己的预习题目有错误出现，课堂上教师对于新知识的讲解更要清晰明了；或通过提问的方式让学生自己不断完善、归纳，在此基础上再配备例题的训练和讲解，学生就可以完全掌握本节课内容，有一种豁然开朗的感觉，在修改自己的预习错误的同时，也会很愿意去挑战那些难题。

总之，学生在"教学案"的指导下有目的地复习、预习，在自学的基础上完成相关练习，同时也在预习过程中发现问题。带着这些疑问走进课堂，使他们有更强的学习目标和求知欲，有利于调动学生思维的积极性和活跃性。课堂上教师通过提问的方式引导学生交流、合作得出结论，补充预习中的漏洞和疑问，从而培养学生观察思考的习惯和勇于探索的精神，学生在自主学习、探究学习和合作学习方面的能力都有很大程度的提升，学以致用，举一反三。

"教学案"自使用以来，学生在自学能力方面有了很大的提高。使用初期学生是在教师的引导下提出问题、解决问题；一段时间后他们就可以在课堂互相提出自己的疑问并能解答，同时班级的学习气氛也很浓。但也有不足之处，自学能力较差的学生不能很好地完成预习任务，课堂上收获不多，这方面也是我们在今后工作中需要解决的问题。"路漫漫其修远兮，吾将上下而求索"，攀登的高峰还在远方，探索的脚步永不停止！

爱的基石

骆　赢

摘　要：爱的基石是人人生而平等，教师会向学生传递平等的价值观；它是陪伴并倾听学生内心真实感受，是培养学生遇到问题时能及时解决的学习习惯；它是感受学生之间的友谊和良好的亲密关系，让他们成为更好的人的桥梁；它是教师利用展示加反馈的教学方法，使学生可以总结并找到更适合自己的学习方法；它是教师对需要的学生送出的爱的礼物，使学生感受到爱的教育及温暖。老师愿意和学生一起努力，帮助爱进步。

关键词：平等　倾听　感受　方法　礼物

每个人的心中都会有爱，爱即是心，心中之所表达。只是爱的源泉、爱的力量不尽相同。教师心中不仅有家人，还有可爱的学生们。学生不但是老师生活中的一部分，而且是占据生活绝大部分时间的重要部分。每当看到孩子们稚嫩的脸庞、与老师交流的一言一行，便总能感受到他们激昂澎湃的情绪和天真烂漫的情怀，让人感到心情分外舒畅与愉悦。

一、平等对待学生

从学生接触历史学科开始，教师会让学生真正了解这门学科的特点，用什么方法学习历史并感受历史给学生带来的智慧与想象，这是学生学习历史课最先解决的问题。它决定了学生能熟练地掌握历史知识，并且是转变观念、开拓思想的关键。爱的基石是人人生而平等，老师会公平地对待每一位学生。也许有些学生天生理解能力较弱、有些孩子因为性格的缘故动作稍慢一些，掌握知识的能力稍差一些。但学生接受爱的教育的权利是平等的、不应有歧视，这让我想到了《夏洛的网》中主人公说的话："这不公平，小猪生下来小，它自己也没有办法，对不对？要是我生下来的时候，很小很小，你也会把我给杀了吗？"老师会向学生传递正确的价值观：生命是平等的，学生可以从中体会到平等的价值观。在老师的眼里，看待学生的眼光是相同的、是没有颜色的，学生和学生之间也会充满友爱的眼光，学生在学校里的学习和生活才能是自然的、舒适的，并且是融洽的、积极向上的。

二、倾听学生的心声

教师要懂得陪伴并倾听学生的心声，可以做学生的朋友，会真诚地希望学生毫无保留地释放自己内心的真实独白。初中三年的时光说短不短，说长也不长。老师会陪伴学生一千多个昼夜，期间师生之间会接触到诸多内在的美好心灵。老师喜欢不懂就问的学生，学生有意识地培养有问题及时解决的好习惯。老师愿意倾听学生的诉求、观点、意见，尽快地去适应、不时地调整讲授策略，努力达到师生较完美的契合点，从而使老师上课更加轻松、学生掌握知识更加得心应手，课堂效率也会达到事半功倍的最佳状态。

教师在教授新课之前应先注意观察学生，面对在课堂上不同状态的学生们，如何切到历史课的最佳状态，是老师值得注意的事情。例如，学生此时的精神状态都比较饱满，老师的声音就不用和《英雄交响曲》的节奏如出一辙，不妨换个《班得瑞音乐》缓缓进入；如果学生面带倦意，根本不能马上进入到学习的状态、更别提享受知识的过程，老师便可稍作停顿，和学生聊一些当下的时事政治或是感兴趣的话题，打开学生的话匣，待到气氛活跃起来，看准时机适时地完美过渡，便可以自然而然地进入学习课程，顺理成章地完成教学内容。

三、感受学生的内心世界

教师还要从各方面去感受每一位学生对历史知识的理解与掌握情况。从学生的交谈中及测试中了解知识点的掌握情况。体会学生之间的友谊及友好的亲密关系，让他们成为更好的人。每当老师拿出挂图，学生们都会带着好奇的目光认真地听老师的讲解。教授历史知识可以更多地涉猎地理、天文、政治、经济等更多学科的内容，学生因此掌握的知识更牢固扎实。老师还可以从他们的神情中读出骄傲与自信，体会历史文化厚重的积淀及博大精深。学生也可以从历史知识体系及线索中，寻找到智慧的源头，领悟历史所散发的迷人魅力及焕发的精神活力。从中更能体会到亘古不变的真理：学史使人聪慧、学史使人明智，再难懂的知识只要做到融会贯通、系统归纳，必然省时省力，水到渠成。

爱是相互的，你有多爱你的学生，你的学生就会多爱你，人非草木，孰能无情？爱一个人，不能只爱这个人的表面，比如头衔、外表、名号，这个人有多了不起、光彩照人。爱学生要爱学生的内心、要从心里为学生着想，尤其是在学生需要你的时候愿意花时间去陪伴他。对学生提前许个愿望，并和学生一起努力为之奋斗。人人生而平等，人的生活不一样，接受不一样的学生才是师生和谐相处，成为好朋友的起点。

四、探求更有效的学习方法

老师要利用好学生的元认知，帮助学生寻找到自己适合的学习方法，也就是立意。这就需要老师找到一种适合大多数学生的教学方法，使学生总结出适合自己的学习方法。使学生不论何时发力，都能奋勇直追。

一方面，教师要利用好教学辅助设施或设备。比如说，随材地图、挂图、黑板或白板等，当然学校如果有条件可以多安装几块黑板或者白板，这样可以不论上课、下课，随时书写、提笔就写知识点，从而对知识点达到更熟练的程度。即使下课，学生们也可以把时间花在有用的地方。老师总是夸奖学生，时间长久，学生就会变成被夸的样子。有些学生被夸聪明，也许就真的变聪明了。这也许会改变其他人对你的看法，从而激励"聪明的人"变得更聪明。老师对学生抱有期望，有可能学生就会达成这个期望。

另一方面，教师要重视学生在课上展示和在课下反馈这两个环节。现代社会中，人与人之间是高度相互依存的。这种相互依存是积极还是消极，取决于我们是否能致力于合作并真正有活力地学习和生活。教育理应促进积极的相互作用。所以展示和反馈利用合作式的学习模式，使学生真正成为课堂的主人，成为学习的主导者和控制者，并在学会学习目标的基础上提升历史课程的相应的学习能力。

这里利用历史课程相关的部分知识内容—匈奴的兴起及与汉朝的和战为例，具体进行剖析与示范：

老师要把导学案发给学生们，使学生一开始就掌握本节课的学习目标，达到提纲挈领的效果。

莫顿单于为什么能统一蒙古草原？统一对匈奴的发展产生了什么影响？

什么是"和亲政策"？西汉初年，为什么要对匈奴采取"和亲政策"？

汉武帝时为什么能大规模反击匈奴？使匈奴再也无力与西汉对抗的战役是什么？此次战役发生时间、人物以及所起到的作用？

汉武帝在位时期，西汉对匈奴的政策有什么不同？原因何在？

昭君出塞发生在哪位皇帝在位期间？与匈奴的哪位首领和亲？此次和亲为什么会得到人民的肯定与赞扬？

试比较汉初和亲与汉元帝和亲有哪些不同？

　　根据这些问题的设定与提出的顺序，学生就会掌握本节课的基础知识与能力提升的递进关系。学生通过阅读教材，写出问题的答案，并在书上画好并做好标记。

　　全班分成六个小组，每个小组有六个人分别被指定为1—6号（1—6号学生可以根据学生的成绩从高到低进行排序）。教师把这六道题分给六个组，并要求这六个组的第几号到教室的前面、后面、侧面的黑板或白板上去展示答案，每块版面展示两个，这样六道题都能展示出学生的答案。

　　由写题的学生按照题号的顺序到板前逐一地向老师和学生讲解，写错的或是需要补充的知识点先由同组学生讲解，可以进行相应的奖励或加分机制，如果本组不能完成该题答案，其他小组可以进行补充，教师需要适时把与本题相关的知识积累填充进去，达到事件的顺序性和完整性。最后，教师需要学生通过本节课的具体学习与交流，谈谈得到哪些感想与启发？学生根据亲身实践操作与思考，正确理解了汉朝与匈奴的民族关系。匈奴族和汉族都是中华民族的组成部分。当时，民族关系的表现形式主要是战与和。匈奴族南下掠夺是非正义之战，给匈奴人民带来了不安定，甚至是灾难。汉朝政权与少数民族政权既有民族矛盾也有和平往来，在政治、经济、文化等方面存在着必不可少的联系，也共同缔造了中华民族的历史，在此期间各民族之间的友好往来与合作才是历史的主流。

　　学生自由评价本节课的整个环节，对各小组及每一个组员回答问题的情况，学生进行畅所欲言，也可以找到问题后提出今后课上所要改进之处。教师做好全面总结，通过教师的具体观察点评到位，每一节课尽量使每位学生都有所收获。

　　合作学习教学过程的有效组织，最重要的核心就在于：使学生坚信"荣辱与共"的亲密关系，他们相互之间应当做到"人人为我，我为人人"。因此，每一个学生，只要他已经成为某个小组的一员，就必须将自己的努力协调起来，才能高效完成属于自己小组的学习人物。

　　当然课下的复习反馈部分也是必不可少的，可以交给学生三个目标锦囊，每节课都设定一个学习目标，三个锦囊包括课后练习、复习卡片和周末加餐。课后练习教师可根据教学目标设计阶梯问题，不求数量只求质量，达到理想的学习效果为佳；复习卡片，学生可根据自己对知识点的理解程度制作复习卡片，可以是表格的形式也可以是知识树，但不允许照抄书本，不用做知识的搬运工，要做知识的工程师。到了周末，教师可根据学生这两项作业的反馈情况，相应地为学生周末加餐，当然每位学生对知识的掌握情况不同，加的餐也就因人而异。教师只是提供了大多数学生能够掌握或做起来比较较容易的学习方法。学生一旦掌握了适合自己的学习方法，就应该在学习中用起来，反复去熟悉它、磨合它并熟练地运用它，这样假以时日，或许有一天你会惊奇地发现这种学习能力逐步地显著提高，做起题来也会得心应手，自己也会在遇到困难的时候，鼓励一下自己，使自己变得更有自信、更加优秀。

五、送出爱的礼物

当然最为重要的部分是教师为学生准备爱的礼物，学生学习的最终成效会不尽相同，老师会区别对待学生，希望学生向良好的方向发展，达成老师的期望。在学校里，教师除了关注学生的学习和成绩之外，还要学怎么和这个世界相处。学生要进入学校学习，而不是在家里学习，就是要学习怎么跟同龄人相处，怎么跟老师相处，你还可以看到你的同学怎么和家长相处。这些都是家里学不到的事情，也是学校教育很重要的一部分。每一个学生的生长环境不同、家教不同，遇到的苦难也就不一样。老师应根据学生的具体需要来奖励学生的才能、勤奋、勇气、孝心、榜样，当然有些学生还会为家长树立榜样。老师送给学生的礼物应该是学生喜欢的，更应该是学生最在乎的东西或是最需要的东西。学生之间也可以互赠礼物，可以感谢朋友之间的真诚或帮助，最好的礼物是人与人之间只有你们懂得的语言，朋友之间分享的是你们最重要的东西，知道什么样的友情最可贵，比如感激或是诚信。当你因此送出一份礼物，你也因此获得爱。

爱会使一个人进步，爱会给世界带来温暖。老师贯彻全部认同的教育理念，公平地对待每一位学生，倾听学生对这个世界的真实感受，用同理心去感受学生内心世界的真实所想，教授适合学生的理想的学习及积累知识的方法，并送出学生最需要、最重要的一份礼物。爱的基石是人人生而平等。学生享受到老师对你的这份爱，长大后就会懂得如何去回报社会，这是爱的阶梯、是爱的进步。老师和学生一起努力，帮助爱进步！

参考文献：

[1] 托马斯·杰斐.《独立宣言》

[2] 美国 E·B·怀特.《夏洛的网》

[3] J. H. Flavell 弗拉威尔.《认知发展》

[4] Lnda. A. Balche 巴洛赫.《合作课堂：让学习充满活力》

浅谈初中思想教育之实践

马 瑛

摘 要：本文分成四项浅论在初中教育中思想之实践，分别从初中教育中政治思想扎根的方式、转书面学习为实践、实践与教育的必要性、教师素质与思想楷模树立等四个方面加以阐述，旨在浅谈初中教育中思政教育的重要性，以及其实践方式与必要性。

关键词：初中教育 思想教育 实践

一、初中教育中为政治思想扎根的方式

习近平总书记曾言："思政课是落实立德树人根本任务的关键课程。"此话即道出我国政治思想的重要程度及其必要性，若无正确的教育，学生的德行与思想核心则会全面崩盘。校园教育是离开家庭后学生会接触到思想的成熟阶段，在学生的发展到了可以教化的程度之后，树立思想的基础脉络则是每一位老师需要共同履行的责任，健全的思想不仅能作为社会主义接班人的年轻学生的基石，也是未来在成年后为我国继续建设与服务的要旨。要使思政教育能够落实，除去思政课程本身外，教师必须多元地将思想落实于各类科目与日常生活之中，此乃政治教育真正落实的价值。初中阶段是学生思想初萌芽之际，由教师引导学生到达正确的思想道路尤为重要。在实际教育之中单纯以理论知识授课是不足的，引导学生讨论、分组传递学习的知识可以如何实践才是教育的方式。2014 年习近平总书记曾于上海考察时提到培育和践行社会主义核心价值观要在落细落小落实上下功夫，由此可以见得健全的思政教育并非只是课堂上的照本宣科而已，更重要的在于细节和生活中落实的状态。对于教师而言，虽无法全天候在所有学生身边提供思想上的解惑，但完整的教育或许能够达到相似的效果。为了避免思政教育表面化、形式化，教师的课堂状态与手法必须不断更新，除去对于课本内容与基础知识的宣导，在基础教育内应当配合更多由学生实践的部分。德育是教育中不可或缺、且极度重要的一环，它比起作为知识学习的

267

部分，更多是陶染学生一生的思想根本，它并非纯粹的书面学习与考试的知识点，在生活之中思想是不可或缺的重要一环，也直接影响了学生未来对于自我认同与实践的根基。教师可以采用让学生在思政方面除去课堂之外利用更多时间自我学习的方式达到落实，将思政教育彻底融入学生生活，并且可采用分组或者课堂分享的形式，让学生在同年龄之间也能得到思想上的共鸣，以此来引导学生的思想扎根。

二、转书面学习为实践

实践乃思想教育的真正意义，若无实践则思想就没有价值，传达思想上的教育从来是为在生活之中落实。思政教育旨在培养为我党立志终身服务，以及为中国特色社会主义奋斗终身的有用人才。初中是起步的阶段，也是将根基打稳健的最重要阶段。教师在转书面学习为实践的过程中必须循序渐进，没有一种思想教化是能够一蹴而就的，必然是在重复提醒和教导之后，才能内化于学生，并且使得思想扎根、成为学生奉行的原则与要旨。若要实践思想，首先必须避免思想落于形式主义，从本质而论，形式主义不过是最为表面且肤浅的作为，与内化的思想价值相悖。以我国的国家机关的年轻干部为例，在最初党的年轻干部都必须要从最基层做起，这就是为将思想实践于生活之中，社会基层是最直接、最真实的状态，若是不能真正的了解基层状态则制定的政策就容易流于不切实际，因"社会生活的根本是实践"，此乃实践思政教育的重要性。由上述例子可得知，思想教育不仅是循序渐进的，且是终身的。在初中阶段的实践不需如此复杂，学生方在思政教育的最初期，乃是建立思想的新苗，需要的是思政教育的灌溉，以及逐步转至生活各处的实践。教师在教化的过程里，可以用大量的楷模的实例作为宣扬，在课堂中使用投影片、影片来加深学生的印象，让学生在憧憬之余也有可供学习的对象，以树立道德标杆作为对思想教育的起步，有利于在往后的思政教化中让学生有可以参考的对象和学习目标。此举可帮助书面学习逐步转化到实践，当学生看到一个实际的学习目标时会更容易明白思想如何实践和内化，在有道德上的学习对象之后，实践的方向就不再会是抽象的、形式上的，学生方能够更脚踏实地将思政学习的成果实践于生活与未来的发挥。

三、实践与教育的必要性

中国社会科学院古代史研究所所长曾言："中华文明能够长期延续、不断发展的一个重要原因，就在于内涵丰富、各具特色的制度逐步发展成为一整套制度体系，为国家治理提供了制度保障。"自古至今中国的思政都承袭这点。我国当前的思政教育尚在完善且发展特色的道路，教育的方针和方式也在不断地演进，发展至更臻完善的状态。在这一过程中实践和教育的关联显得尤为重要，基础教育的实践除去为我国的学生建立完善的思想之外，也是在发展时不可或缺的基础单位。若根基不稳则上梁就会歪斜，思政教育的地基必须稳固，才能保障更深入教育以及往后学生发展保持在正道。在党的思想制度更臻完善的过程之中，教师教育学生的思想也必须演进，此乃实践与教育的必要关联。实践思想并非一朝一夕之事，是为在生活的任何细节以及发言中都内化的事物，绝不能流于表面与形式当中，优良的思想教育能够辅佐学生在日后的实践里有基础的根本，却并不只是死板的规则。从中国古代至今的思想流变可以见得，思想从来不应该是僵化的、也不是死板的，习近平总书记指出："中国特色社会主义制度和国家治理体系具有深厚的历史底蕴。"可以看得出中国社会主义制度是根基、是党的支柱，它必须被贯彻和坚持，却从来不是单纯以纸本传授的泛泛之谈而已。作为党的接班人和未来的国家栋梁，学生所需知悉的是此根基与其底蕴，并将我国特色社会主义发展为中国文化中不可或缺的板块。由此，在教育中可以配合给学生相互学习、分组讨论的方式，能够将同龄人之间共鸣的部分转化为学习的一个板块，就可以说明实践中教育的必须性，唯有教育的过程能够让年轻的初中学生真正体悟思政的重要性，以及此根基如何无法动摇。思政教育的要旨与必要性，完全建立在绝不动摇并且巩固我国社会主义特色思想，唯有这点能够成就初中年轻学生的思想脉络，以及未来实践。

四、教师素质与思想楷模树立

若是要落实思政教育以及为初中学生树立楷模，最直接的即为教师本身，若教师自身并无落实思政教育中学到的内容、并将其内化，则学生无法视教师为榜样。由此，教师本身是思政教育中最重要的一环。冯梦龙《东周列国志》第十三回说道："欲人勿疑，必先自信。"旨在说明要教育学生必须自己先信服所教的道理和学问，否则并不能使学生信服。在此前提之下，教师的素质教育尤为重要，它直接关联到学生究竟会受到什么样的思想教育。在习近平总书记于 2019 年 3 月 18 日在学校思想政治理论课教师座谈会上的讲话中，就有极大篇幅是对于教师为思想教育关键的阐述。教师背负着传播思想与真理的重任，需先立己才有可能立人。作为思政方面的教师，多去接触新知、新事，跟进当前党与国家的新闻。教育并非只是传授一些抽象的观点，而是要引领学生了解现在的世界，并且由教师引导到达正确的思想信念道路。作为教师，素质的关键全在于个人思想要与施教内容一致，在习近平总书记的讲话之中就有提到这么一点："思政课教师掌握着课堂的主导权和话语权，一定要自觉弘扬主旋律，积极传递正能量。"作为教师，有教化学生的职责所在，教师所言将会直接影响学生的思想，同理教师的行为亦然。教师必须先实践思想，才能让学生依照眼前最近的楷模学习，此乃教师素质的重要性，教师并非只是为宣读课本内容的师长，同时也是初中学生在思政学习的第一线榜样。

综合以上阐述，可以得出思想教育在实践方面的方式与要旨，初中教师必须以自己为道德楷模，才能够真正教化学生，培育中国特色社会主义的接班人，在实践之前以言传身教的方式，引领学生在思政学习的道路上逐步前行。思想教育必须从小就打下基础，初中的思政尤为重要。初中教师在思政教育中必须达到"立己立人"的高标准，方使思想教育能够得到实践与落实。

关于九年级物理教学的心得体会

毛东涛

摘　要： 本文从五个方面阐述对于九年级教学的体会，分别从教学设计与备课教案的必要性、实验的运用在教学中的重要性、做题的经验和注意事项、分块复习、专项练习的必要性、养成看书、从书中找答案的习惯，这几个角度阐述多年九年级教学的经验和教训。

关键词： 教学设计　电路　实验　审题　图像　看书

机缘巧合的原因，到今年为止，我已经连续在九年级教课五个年头了。多年来的教学实践让我对九年级教学有了很多的感触，在这里分享给大家。

一、教学设计与备课教案的必要性

九年级课程，从内能开始。由于化学学科也刚开课，学生对于微观世界还没有认识。所以我在课前教学设计时，精心制作了 PPT 课件，把学生在生物课中学过的细胞及相关课件也融合其中，让学生对分子、原子有了具体的认识。再比较太阳系的星系排列，自制动画，让学生直观看到原子内部结构。很轻松就完成了学生对微观世界的认知。

又比如电学部分学习，学生刚接触电路，对电路开始的断路、短路看不懂，不理解。我在课前就精心准备实验器材，用红色导线当串联导线，用绿色导线完成一个灯泡短路，两个灯泡短路，电源短路实验。之后拧下一个灯泡，做断路实验，并用绿色导线再接通断路位置，完成通路实验。

到了欧姆定律的讲解，我也在课前精心设计几道串并联电路的计算题，从简到难，一点点深入。题中渗透缺表测电阻的问题，让学生在不知不觉中学会了特殊法测电阻的问题、比例问题、图像问题，学会用解方程的方法解出所求的量。

进入总复习阶段，对教师的备课教案设计就要区别于新课教学的思路。要着重于落实基础知识。近些年的中考题大部分题型难度比较低，联系生活实际的题为主。面对的考察对象也是以得到毕业证为标准，所以基础知识的落实就尤为重要。

以往的传统复习，大部分教师都是以各种图表和讲解为主，很难提起学生学习的积极性。且物理课大多在第三节课之后或者下午时居多，学生很容易听得昏昏欲睡。结果就是教师讲课很投入，连续几节课下来很疲劳，学生却听的效率不高，课后依然不会做题。所以我就改变了以往的教学思路，课前精心设计相关知识点的填空、选择、画图，以做题的方式进行首轮复习。力求形式多样，让学生能时刻有新鲜感，课上复习结束后，再以练习题的方式发张小卷，内容联系生活中实际现象，以填写基础知识点为主。学生在当堂内容没有遗忘的情况下，可以很快填好内容。既可以反复巩固基础知识，又能提高学生学习兴趣，增加学生的自信心，可谓一举三得。

二、实验的运用在教学中的重要性

初中物理，实验对教学的辅助是非常重要的。近些年的初中学生的童年活动，已经从大部分的室外活动转到室内活动。甚至是在手机的陪伴下成长起来的，对身边的生活中的各种工具和室外的一些生活现象基本是视而不见的。这样就限制了他们的思维和创造力。以致教师在课堂上举出生活中的实例时，学生也是一片茫然。这样就要求教师课前尽量多做些准备，自制一些实验器材、图片。在条件允许的情况下，尽量利用好实验室的各种器材。学生能亲自操作的，也尽量让学生自己动手。往届学生自制的万花筒、小孔成像、小天平、小杆秤，可以展示给学生。鼓励学生自制实验器材，提高学习物理兴趣，同时也可以使学生对知识的理解能更深入，留下深刻的印象。

在开始学习内能时，由于器材有限，我们无法完成气体对外做功的实验，我就用简单的矿泉水瓶冲开瓶盖，把气球吹大后释放，使其飞行一段距离，这样的小实验来代替。成功率百分之百，学生也会饶有兴致地自己动手，亲自感受，观察实验现象，主动分析现象，总结结论。

在学习电学知识时，实验的作用体现得尤为突出。在开始讲解电路部分时，因为有了实际的实验现象，学生接受很快。在讲解电路故障时，学生不理解电压表有示数时，电路是断路这种故障，我就每节课都拿着实验器材，遇到不懂的，想不明白的，实际操作一下，直接解决了。

总复习时，例如在复习光学部分时，我曾遇到这样的一种题：已知两个凸透镜到物理书的距离相同，一个透过透镜看到了正立放大的像，另一个是倒立缩小的像。我试图给学生解释前者焦距大于物距，后者焦距小于物距时，学生们大多数心里是没有画面感的，加之教师想当然的解释，长篇大论的讲解，学生们就更加迷惑不解，大多数学生在此种情况下是不会提出疑问的，问题也就得过且过了。慢慢的就觉得物理很难理解，从畏学到弃学往往就是在遇到某个问题之后。如果这时可以在课前多准备几个焦距不同的凸透镜，遇到透镜成像的问题时，能够随时用实物让学生直接观察，胜过用长篇的叙述去解释给学生听，也更便于学生理解。同时也是给学生提供一个思路，遇到疑难问题可以通过实验来直接观察，培养学生用实践来求解知识答案的精神。

学生在八年新课教学阶段学完的内容，到了九年级，对于知识点的记忆不会留有太多。但是，一旦提到做过的实验，大部分同学都能回忆个十之七八。只要教师加以简单的描述，就能起到很好的辅助教学的作用。

三、做题的经验和注意事项

到了九年级，电学的解题灵活性强，变化多样，大部分学生有了畏难情绪。尤其到了后期，有关电功率、焦耳定律的计算，学生更是感到很难驾驭。这时，我会让学生找到所有解题的统一切入点——电阻。抓住电阻性质的特殊性，即无论其所加的电压或通过的电流如何变化，电阻不变的特点，提示学生，电阻是联系实际功率和额定功率的纽带。只要把电路中的电阻求解出来了，后面的问题就很好解决了。遇到图像问题，就从图像中寻找已知条件。遇到电流—电压图像是过原点直线，就是指定值电阻，是曲线，就是指灯泡。总之，让学生不断寻找解题规律，每解出一道题，还要回头再总结一遍思路，循序渐进，由浅入深。

进入总复习阶段，综合题型中的大部分题型都是每一单元的重点知识，难易程度也大大的降低。很多题型有着固定的模式。这就使得有很多同学在做题时会慢慢形成固定的套路。例如，遇到"水"就提"比热容大"；遇到"具有"就是"惯性"这种定性思维。这时学生们就会不去认真审视题中全部的内容，只看所填的空的左右几个字，答题往往很快，但是一旦遇到题型有小的变化，往往不会发现，就会丢分。今年（2020 年）吉林的中考题中，就有这样的填空题，前面的铺垫是"晾衣杆与墙之间是＿＿＿力"，学生们有的答了"摩擦力"，有的同学头脑中就会浮现出分子热运动的相关知识，误答成"分子引力"，紧接着就提到了"湿衣服变干了是(汽化) 现象"，由于前面的铺垫，加之平时填写"＊＊现象"，学生对"扩散现象"这个词印象深刻，很容易就错填为"扩散现象"。所以，我就在平时学生做题时，随时提醒学生审题要认真完整，不能局限在固定模式的思维当中。

四、分块复习、专项练习的必要性

到了九年级，学生在上半个学期学习新的知识，下半个学期进入复习阶段。由于复习时间比较紧，所以有的教师只是在一轮复习中按顺序来复习每个单元的内容之后，就直接进入综合习题的训练了。这样，学生在开始做综合习题时，会感到很不适应这种知识点不断变换的方式。加之会很快面临第一次模拟考试，很容易产生焦躁情绪。厌学、弃学的同学就会增多。

所以这时，我在一轮复习过后，不急着让学生做综合习题，而是再次分块复习。由于刚刚进行完一轮复习，学生对每处的知识点印象比较深，所以专项复习就可以适当地加快些速度。比如，光学部分，可以集中为画图一节课、成像实验及光的反射实验一节课。这样，将两个单元的内容化零为整，两节课就进行完毕了。力学部分，归整为画图和典型的实验一节课、特殊法测密度一节课、相关计算题一节课，这样只两三节课，就可将整册书归纳完。将物态和内能归整为热学一节课。所以大约一个星期的课时，即可完成专项复习。

专项训练中，可以将所有单元内容贯穿。例如，我会用一节课，给学生总结图像问题。把三册书中所有涉及的图像都总结成某一规律，帮助学生更好地了解图像问题。例如，书中涉及的有路程－时间；质量－体积；重力－质量；电流－电压的图象。在路程－时间图像中有两条直线，如何比较二者速度大小？或者质量－体积图像中有两条直线，如何比较二者密度的大小？再者，电流－电压的图像中有两条直线，如何比较电阻大小？让学生总结归纳它们有什么统一的规律，我再加以总结。例如，从公式角度 $v = \dfrac{S}{t}$ $\rho = \dfrac{m}{V}$ $I = \dfrac{U}{R}$ 分析，只要是图像中靠近 S 轴，m 轴，U 轴，即认为对应的速度大，质量大，电压大。这样，学生一下就会比较所有图像中的问题。也可以由此深入讲解灯泡的电流－电压图像，即灯丝电阻随温度的升高而增大时，图像应不断地靠近 U 轴，学生也就不需死记硬背的记住灯泡的电流－电压图像曲线的走势了。也学会了举一反三，遇到其它的有关图像问题应如何应对。

五、养成看书、从书中找答案的习惯

对于新课教学，如今很多教师已经摒弃了教材，全部教学内容依赖于课件的播放，让学生看图片、视频，甚至代替了传统的物理实验。但是在真正的中考试题当中，编题组成员手边也只有教材来作为参考。因此在试卷中就会有很

多教材中内容的痕迹。所以，我在新课教学过程中，每节课都要让学生阅读教材，找出教材中的重点，划线。在新课教学时，会将阅读教材、观看课件、动手实验相结合，随时变化形式，不让学生感到课堂内容单调乏味。对于阅读教材，学生们表现都很积极，既展示了他们的阅读技能，同时又巩固了新知识教学，提高了学习积极性。

进入复习阶段，我也是让学生课上教材不离手，课后要仔细寻找教材中的关键话语，在后面的课上与其他同学一起分享。不放过教材中的任何蛛丝马迹，以求全面整合教材中的所有知识点。

以上我主要从五个方面分析了九年级教学的内容，在教学中，我也会考虑每个学生的特点，有针对性地帮助学生克服学习中的障碍，培养学生的思维能力，提高思维品质，增强分析问题、解决问题的能力，使教学顺利进行。

初中数学课堂
教学与学生核心素养的"对接"

秦洪波

摘　要：数学是中小学阶段最为重要的科目之一。它在培养学生的理性思维和创新精神等方面都有不可替代的作用。在减负增效的时代背景下，依靠提升课堂教学效率来科学培养学生的数学核心素养，改善现阶段课堂教学中存在的一些弊端，已经成为了数学教师们非常关注的课题。

关键词：初中数学 课堂教学 核心素养

进入新世纪之后，创新意识的培养已经成为一个极为重要的教育目标。对比初中阶段的各个科目，数学对于逻辑思维的考察是最为突出的，这使众多学生对于数学产生了畏难心理。在过去应试教育年代，学生将数学变成了对于知识的硬性记忆，教师则普遍采用题海战术，让学生大量进行重复性的习题演练。这种教学模式严重损伤了学生对于数学科目的学习兴趣，学生面对做过的类型还能有一定的解题思路，可遇到没有做过的题型就会变得一筹莫展，至于将数学思维应用于现实生活则更成为了天方夜谭。长此以往，学生的数学核心素养得不到有效培育，我们开设数学科目的目标也难以实现。因此改变数学课堂教学形式，加强对数学核心素养的渗透和培养，已经势在必行。

一、培养数学核心素养的重要意义

培养学生数学核心素养，首先是有利于提升学生分析问题、解决问题的能力，并能够结合即有条件去进行有意识地创新。随着我国经济建设发展转型战略的逐渐深入，创新对于国家经济发展的重要性与日俱增。虽然我国目前的经济体量已经位居世界第二，但是在世界生产链条中却是处于中下游的位置。要想扭转这种局势，占据发展的主动权和制高点，就必须要大力提升学生的创新意识，将我国由制造大国变为"智创强国"。其次是有利于教育公平的发展。教育是一项关系国家稳定发展的基础性事业，教育实现公平发展是我国各级部门都努力实现的目标。但是由于多种因素的影响，我国教育在事实上还存在着很多的不公平现象。诸多一线城市在师资、教育资金投入等方面有着乡村学校难以匹敌的优势，我国很多偏远乡村的教学条件之艰苦让人无法想象。面对这种现状，大力培养学生的数学核心素养，渗透全新的教育理念，调动全体学生的积极性和主动性，实现教育公平的持续发展。

二、学生数学核心素养培养过程中存在的问题

我国的初中课堂教学改革已经取得了非常显著的成效，但是对于培养学生核心素养方面仍旧存在着很多比较严重的问题。

（一）课堂教学内容与现实生活联系不足

现阶段许多数学教师在进行教学时，片面注重对于相关知识的传授，忽视教学内容与现实生活的联系，导致学生产生数学只是考试知识而非生活技能的错误认识，这种思想严重阻碍了我们对于教学教育目标的贯彻和落实。在调查中显示，很多数学课堂在教学过程中很少将抽象的数学问题进行有意识的人为转化。这使学生在数学建模以及数学抽象等方面的能力都存在较大欠缺。在这个方面，教师应积极探索对于教学策略的转换，在课堂教学中引进情景教学等模式。

（二）不注重学生数学思维的培养

数学思维的形成是提升学生思辨能力不可取代的重点。培养学生的数学思维，对于提升学生对于数学科目一些抽象概念和定义有着非常重要的意义。在实际调查中发现，部分教师将数学教学和数学思维的培养割裂开来，认为只要教会学生解题的思路，学生能够合理利用相关知识点解答问题就算完成教学任务，这种观点对于学生的可持续发展是非常不利的。究其本质，在于现阶段部分数学教师仍旧没有从传统的教学观念中转换出来，片面注重对学生进行数学知识的传授，让他们能够达到"知其所以然"，可是对引导学生理清知识背后体现的思维方法和探索手段等却没有深入挖掘。

三、培养学生数学核心素养的对策

以前的学校，学生就像机器人一样学习同样的知识就可以了。培养学生创新意识需要采取的不是"由外而内"的灌输模式，而是"由内而外"的启发方式，不是让学生在似懂非懂或者毫不理解的状态下反复记忆和机械复制，而是用多样化的解题方法让学生在自由创造、丰富想象与多元理解的氛围中体会学习的惊喜和愉悦，感受学习数学的快乐。

（一）增强数学课堂与现实生活的联系

在教学过程中，教师如果能充分利用学生身边的生活现象引入新知，会使学生对数学有一种亲近感，感到数学与生活同在，并不神秘。而且，也会激起学生探求新知的强烈愿望。学生通过借助这些有实际生活背景的问题引入新知，可以激发学生的学习兴趣。

数学是一门抽象性很强的学科，而中学生的思维是以形象性为主。因此为了使他们能比较轻松地掌握数学规律，在课堂教学中，我力求创设与教学内容有关的生活情景，把学生引入生活实际中来，让他们在实际操作中，通过观察和实践来理解数学概念，掌握数学方法，逐步培养学生抽象、概括、比较、分析和综合的能力。

数学知识需要巩固，才能使学生牢固掌握并熟练应用。在教学中，如果能结合具体的生活实际问题进行练习或实践，可以培养学生解决实际问题的能力，使学生在将数学应用于实践的过程中，逐步提升创新意识和创新能力。

（二）加强对于学生数学思维的培养

要培养学生创新思维，老师首先要摆正自己在教学中的位置。在日常数学教学中，充分发挥主导作用，引导学生激发数学学习的主观能动性，让他们主动参与到教学中来，去探索、去钻研，才能转化为自己的知识，让学生充分发挥自己的见解，并进行大胆求证，才能培养创新思维。在教学中，老师可以采用情景教学法，将学生的注意力吸引到课堂教学之中，把数学理论内容巧妙地转化为数学问题思维情境，激发学生勇于探索问题、分析问题、解决问题和延伸问题的能力，从而更好地培养学生的创造性思维能力。

以新人教版九年级数学上册"中心对称"一课教学为例，直接讲解"中心对称"的概念，学生很难产生科学理解。但如果教师利用创设情境的方法，让学生观察某些图形旋转180°后所得（图形）与原图形关系，引导学生以旋转变换的角度来观察两个图形的关系，先对中心对称产生直观的认识，并试着根据已经学过的知识如"轴对称"等让学生尝试概括。让学生在"观察、猜想、对比、归纳"等环节中实现能力的培养。

四、总结

总而言之，数学作为培养学生思维能力的重要学科，在教学中应坚持以学生能力提升为目标，不仅要"授学生以鱼"，还要让其具有"渔"的能力，从而为学生的终身发展奠定有力基础。

参考文献：

［1］顾慧玲．数学核心素养理念下的初中数学课堂教学分析［J］．才智，2018（9）

［2］朱思瑾．数学核心素养理念下的初中数学课堂教学实践探索［J］．数学大世界旬刊，2018（2）

［3］赵刚．数学核心素养的内涵与构成［J］．文存阅刊，2018（9）：132－132

新时代气息下中学音乐教学模式初探

任 佳

摘 要：音乐是一门艺术，是通过特定的、有组织的音符来表达人们思想情感、创造审美情景的最古老、最有感染力、反映人类现实生活情感的艺术形式之一。中学音乐课程是人文学科的一个重要领域，是实施美育的重要途径之一，是基础教育阶段的一门必修课。当前在习近平新时代中国特色社会主义思想引领下，中学音乐教师要走进新时代、肩负新使命、研究新目标。摒弃旧的传统教学观念、方法，转变思路探索新的适应当前社会发展的教育理念及教学模式，积极参与当今创感时代的革新教育。

关键词：教学模式 艺术 教法

一、营造音乐氛围，激发学习欲望

音乐是美的艺术，它不仅让人们的生活丰富和充实、得到艺术享受，还能够陶冶情操，使人们的精神升华，成为人们精神的动力、力量的源泉。《初中音乐课程标准》中明确指出：根据学生身心发展规律和审美心理特征，以丰富多彩的教学内容和生动活泼的教学形式，激发和培养学生的学习兴趣。初中生处于青春期初期，由于身体发育迅速，他们感到自己已经成长大人了，这种"成人感"使他们强烈要求拥有"独立人格"。音乐教师要结合他们的心理特点，正确引导学生的自尊心和独立性，激发他们的学习兴趣和探究知识的欲望。我在教授八年级上册第三单元《献上最洁白的哈达》一课时，课前查找大量有关藏族的图片，制作成精美的PPT循环播放，背景音乐是藏族歌曲，我又带来一条洁白的哈达。学生进入教室，大屏幕上精美的图片马上映入眼帘，再加上悦耳动听的歌曲和教师带来的哈达，立刻能感受到这节课的学习内容。浓厚的音乐氛围，较好地激发了他们的学习兴趣。苏霍姆林斯基说："没有一条富有诗意的感情和审美的清泉，就不可能有学生全面智力的发展。"能否激发学生的学习欲望是教学成败的关键。

二、教法灵活多样，学习氛围浓厚

音乐是一门情感艺术，音乐教育是以音乐艺术为手段，让学生在学习和欣赏中，性格、思想、情操等受到感染，从而达到育人目的。苏联教育家苏霍姆林斯基曾说过："音乐教育不是培养音乐家，而首先是培养人。"音乐教育对人的个性发展完善、心灵健康成长、智力启迪开发有着极其重要的地位。因此，我结合当前新时代、新要求，研究新的教学方法、模式来适应社会发展的需要。在教授七年级上册第一单元歌唱祖国《彩色的中国》一课时，面对的是初一年级学生。他们正处在小学与中学的过渡期，思维活跃，情感丰富，对音乐学习有着较浓厚的兴趣，但他们的认知能力正由感性逐渐上升到理性，不只局限于音乐的好听与否，更渴望对音乐的内涵有更深层次的认识。本单元是一组歌唱祖国的歌曲，教学时间临近国庆节，我结合社会主义核心价值观，更新教学方法，适时对学生进行爱国主义教育。教学中我让学生分组谈谈对社会主义核心价值观的理解，引导学生分组汇报课前查找到的相关歌曲，如："富强、民主、文明、和谐"体现的是国富民强，人民当家作主，社会进步等。现在的幸福生活来之不易，是无数革命先烈用鲜血换来的。音乐是历史的一部分，音乐无时无刻都激励着他们，有《义勇军进行曲》《解放军进行曲》等，改革开放后人们生活有了翻天地覆的变化，如《春天的故事》《希望的田野上》等。创设情境让学生拿出课前准备的小红旗，全体学生伴随音乐舞动红旗，初听歌曲感受节奏和旋律。在此基础上，让学生随音乐模唱《彩色的中国》，分组唱、男女生分唱，指导学生找出不正确的地方，大家共同研究、解决，培养学生自主学习能力，突出教学重点分散难点，学生学习兴趣高涨，学习效果显著。《中华人民共和国教育法》第一章第七条明确规定："教育应当继承和弘扬中华民族优秀的历史文化传统，吸收人类文明发展的一切优秀成果。"作为教育工作者，必须重视传统文化和爱国主义教育。

三、创设广阔空间，充分展现自我

维特根斯坦认为，音乐是直觉、感性的，能够描绘生活状况、生命的迷失等情感、情绪，借以强调它与日常生活和时代的联系。"学会求知识、学会做事、学会共处、学会做人"被认为是新世纪教育的四大支柱。我充分利用学科特点，让学生分组表演、合作探究、自主学习，逐步形成学生的和谐意识和团队精神，把课堂主阵地交给学生，让他们成为主人，为他们创设广阔的空间，并充分展现自我。在教授七年级上册第六单元东北风情《光荣灯》一课时，课前引导学生自由选择成组，查找有关东北风情的音乐素材，根据自身特长，以组为单位选择表演形式。教学中我以点拨、引导为主，把课堂主阵地交给学生，引导他们先小组汇报课前查找的资料，讲讲东北风情的艺术表演特点，然后鼓励学生随音乐模唱，指生评价，小组合作探究、共同解决问题，再引导小组同学根据自身特长，进行多种形式的表演，让全班学生充分展现自己。有的小组用扭东北秧歌的形式表演，有的用乐器演奏的形式表演，有的用演唱的形式表演等，做到人人参与、生生受益，在音乐课堂上为学生搭建一个充分展现自我的平台。

四、放飞想象翅膀，鼓励自由探究

20 世纪初，蔡元培提出了"德智体美劳"全面发展的教育理念，音乐美术学科受到重视，也反映出音乐教育是素质教育和时代发展的需要。但新时代需要什么样的人才是我们教育工作者应该思考的问题。我们要摒弃旧的教学模式、方法，紧跟时代脉搏，培养出一批批适应现代社会发展的人才。21 世纪从信息时代迈进创感时代，需要全新的、综合的、创造性的人才，未来将属于那些拥有与众不同思维的人。因此在音乐教学中我大胆尝试，让学生自主学习，结合其它学科进行创编，培养他们创新精神。在教授八年级上册第一单元七子之歌《我的中国心》一课时，引导学生小组探究解决问题，鼓励学生大胆创作，创编舞蹈、创编伴奏、创作绘画作品、创作诗歌等表达出对祖国的热爱，表达出炎黄子孙渴望回国的心声。在整个教学中，我非常尊重学生个性发展和个别差异，面向全体学生，较好地完成教学任务。《初中音乐课程标准》明确指出："在教学过程中，应设定生动有趣的创造性活动内容、形式和情景，发展学生想象力，增强学生的创造意识。""音乐教学提倡学科综合，包括音乐教学不同领域之间的综合，音乐与舞蹈、戏剧、影视、美术等姊妹艺术的综合，音乐与艺术之外其它学科的综合。"

音乐教学作为学校一门艺术课程，对提高学生审美能力、创作能力有着重大贡献。音乐能陶冶情操、净化心灵，使学生终身受益。我们作为新时代的教育工作者，要更新教育理念，充分了解学生、尊重学生个别差异、面向全体学生，更要不断学习专业技能，提高自身素质、教育教学水平，及时研究、发现、探索、创新出一些新的教学方法，培养出一批批适应新时代的出色人才。

参与文献：

[1] 王霞. 音乐鉴赏研究. 江西人民出版，2017.1

［2］李宇涵.音乐教育科学研究.光明日报出版社,2017.1

［3］李智萍、陈博健.音乐的文化阐释.东北师范大学出版社,2017.1

［4］初中音乐课程标准.2016.5

热爱从公正开始

盛瑞兰

摘　要：教师要用公正的爱来培养学生正直的品行。

关键词：教育公正　热爱学生　正直

《论语·子路》中有这样一句话："其身正，不令而行；其身不正，虽令不从"。作为教师，肩负着教育祖国未来的重任，其一言一行对学生起着不可估量的作用，只有教师做到正直坦率，他的爱才会公正无私，也才会培养出刚正向上的国家栋梁。

一、公正来自于平等

教师应如何让学生充分感受到其对学生的热爱，并由"亲其师"而"信其道"呢？其实，途径有很多，但我认为最基本的一个前提是教师如何在学生面前树立公正无私的形象，以身作则，用公正的爱来培养学生正直的品行。

什么是公正？《教师职业道德》中如此定义："公正就是正义、公平和公道的意思。教师的公正则是指教师在自己的教育活动中对待不同利益关系所表现出来的公平和正义，即在教育教学工作中教师对自己、同事以及学生的公正，其核心是对学生的公正。"我理解为要公正地对待学生，首先要做到在日常教育教学活动中要平等地对待每一位学生。

平等地对待每一个学生需要教师在树立正确的师生观的同时，要把学生当成自己的孩子，尊重学生的意愿，不能想当然地将教师的想法或意向强行灌输给学生。在教学过程当中，常常有这样的事情发生：学生对教师所讲的内容产生了质疑，在课堂上提了出来，而教师用自己的"权威"予以驳斥，不管学生是否真的理解并接受了自己的说法。实际上，教师的这种作法有违平等的原则，也扼杀了学生求知的本性。教师完全可以换一种方式，例如：在讲《古代埃及》这一课时，关于金字塔名称的由来，有学生提出为什么不叫"全字塔"？因为从形状上看，"金"字与"全"字同样可以说明金字塔的形状。我首先鼓励了学生质疑的作法，然后发动所有的学生通过各种方式查找与问题相关的资料，同时我也以求知者的身份参与到这个活动中来。最后经过大多数同学的讨论，认为"金"在中国象征着尊贵，而金字塔作为古埃及法老的陵墓，以"金"来命名也突出了古埃及国王无限的权力。在这个平等对话、共同探究的过程中，学生不会因为我没有立即给出一个定论而失望，反而觉得我并不是高高地站立于"神坛之上"，拉近了我与学生的距离，使学生"亲其师"，从而"信其道"。

二、公正要求一视同仁

所谓的爱无差等、一视同仁，也就是说教师不能以自己的私利和好恶做标准处理师生关系。

在日常的教育教学工作中，班级中存在着成绩反差极大的两类学生是常有的事儿。往往有些老师会为那些"优等生"所犯的错误找各种理由开脱，而对那些"学困生"却是根本看不到其闪光点，百般"刁难"，这就是教育不公正的一种体现。这种对待学生的态度，无论对谁而言都是不公正的；这种无法公正地对待学生的教师，失去了对学生的热爱，同样，他也不会受到学生的爱戴。

正因为意识到了这一点，所以在日常的教育教学工作中，我比较注意不用双重标准来衡量学生的言行举止。成绩固然是对学生进行评价的标准之一，但是教育的实质并仅仅不是教给学生文化知识，而是要教会学生如何做一个正直的人。也正是因为能够用公平公正的态度对待每一位学生，所以每一位学生都喜欢跟我做朋友，愿意把他们的喜怒哀乐与我分享，从而达到了"亲其师而信其道"的效果。

三、赏识教育是公正的必要手段

在教育教学工作中，我们应该遵循实事求是、赏罚分明和长善救失、因材施教的原则，即对学生的优缺点要正确对待，不能以偏盖全。作为教师，对自己的学生一定会有一些要求，并且会有相应的措施，这就要求教师做到令出必行、言而有信，这对培养学生成为一个正直而诚实的人有着非常重要的作用。另外，每个学生都有自己的发展轨迹，他们的家庭环境、个人经历等造就了他们不同的特性，所谓的"差生"原本只是成绩不好，因被打上烙印后而自暴自弃，养成了许多不良习惯。其实，如果抛开成绩不谈，每个学生都是一个可爱的孩子，他们的笑容同样灿烂。那些所谓的"差生"乐于助人、反应灵敏、有远大的理想和抱负等等，而"赏识教育"恰恰使每个学生都有一个发展的空间。

　　在我教的班级有一个大男孩，应该是学习基础很差，所以在学习中找不到乐趣，上课的时候总是试图跟周围的同学说话。我并没有批评他，而是走到他的身边跟他聊他喜欢的事情，并且对他说，如果抛开学习不谈，他也有很多优点。从那儿以后，在我的课堂上，他很少去跟其他同学聊天，有一次课后，居然送给我一个他亲手制作的小手工，看着他开心地等着我认可他的样子，我对他的巧手表示了诧异，称赞他很聪明。此后，他的成绩也开始有所好转。

四、面向全体、点面结合是教师公正的重要内容

　　所谓的面向全体、点面结合，是指教师在个别教学和集体教育中如何做到教育公正，这也是当今教育工作中的一个需要注意的问题。比如在面临中考压力的情况下，必然要抓"重点苗子"，确保教师或学校的知名度，在教育竞争的浪潮中处于不败之地。然而如果在抓"重点"的过程中忽视太多的学生，那就违背了教育机会均等的原则，也有违教育公正的原则。所以"面向全体、点面结合"是教师公正的一项重要内容。

　　在日常的教育教学工作中，我坚持"一个也不能少"的原则，面向全体、重点突破，因为，热爱学生是教师的天职。在我的坚持下，所谓的"优等生"成绩接近满分甚至达到满分，而那些"差等生"的成绩与"优等生"也是不相上下。曾经教过的一名学生，在一模考试后情绪低落，完全弃学了。我看到他的状况，跟他聊天，他说他怎么考都不到 400 分，什么高中也考不上了，所以再怎么努力也无法完成自己的目标了。我让他拿出自己各科的试卷，逐一帮他分析，每一科在中考的时候至少会拿到多少分，哪些错误是他能避免的，最后经过我跟这个孩子一分一分的计算，认为他在中考的时候应该能拿到 500 分左右的成绩，他很诧异，觉得自己应该能做到，重新拾回了学习的信心。在那年的中考中，他最后以 503 的分数考上了高中，而我教的历史科目也拿到了满分。正是因为对学生的热爱，使我不放弃每一位学生，注意观察他们的一言一行。教育是公平、公正的，教师应该是教育公正的忠实执行者。

　　作为教师，"热爱学生"或"爱护学生"是我们面对的一种基本道德规范，对这一道德准则，我们应当持守始终，不能随意更改。"热爱学生"要求我们热爱所有的学生，也只有这样，才会使学生耳濡目染，从而为国家培养出正直的栋梁之材。

　　古希腊科学家阿基米德有一句名言："给我一个支点，我将撬动整个地球"。我们相信，只要给每一个学生一个"支点"，他们都可以开创一个新的天地；而教师，就是那个"支点"。

参考文献：

［1］论语

［2］檀传宝. 教师职业道德

［3］苏霍姆林斯基. 给教师的一百条建议

浅谈中学生心理素质的培养

史曙光

摘　要：本文旨在探讨中学英语教学中，如何提高学生的心理抗压能力。教学过程中，教师所遇到的困难不完全来自学生的智力因素，还有多方面的非智力因素，其中最主要的是心理因素。

关键词：英语教学　心理素质

最近观看了电影《较量》，我感到"两军博弈，智者胜"，此话说的是良好的心理素质对效果产生的巨大作用，与现代心理学的看法是相当的一致。你可能感觉即使大家都在同一间教室，同一个课堂上课，由同一位老师教诲，甚至学生智商也几乎接近，但学习效果却相差甚远。这个差距也是由于心理素质的迥异造成的。

我们人类的健康包括心理健康与生理健康两部分，他们相互联系，相互依存。中学生正处在青少年时期，心理健康对于促进他们身心正常并且健康地发展尤为重要。通过心理学我们知道，中学阶段是青少年生长的第二个关键时期。这时的青少年自我意识逐步形成，而个性发展并不成熟，在他们心中有着幼稚与成熟、幻想与现实、学知识与低识别力、依赖与独立等种种心理矛盾，正处于心理不成熟阶段。从社会学角度讲，这个年龄阶段的学生，相对其他年龄阶段的人，面对人生的重要问题也比较多，是富于幻想，充满追求的时期。要面对对知识的渴望、人生的迷茫、理想的追求、爱情的懵懂、物质的需求，升学的考试等问题。面对如此重多的问题，对于一个心理素质差的人来说，出现心理障碍，如紧张、焦虑、抑郁是在所难免的。据专家调查，目前中学生中存在各种各样心理障碍的比例在增高，对此，我就有切身的感受。

我们中学英语教师，在教学中所遇到的主要困难并非来自学生的智力因素，而是某些起着消极作用的非智力因素。其中首当其冲的就是心理因素问题。现阶段的学生绝大多数来自于独生子女家庭，优越的生活环境、父母的过分溺爱使部分学生逐渐形成了心理上的弱点，主要表现在三个方面：一是责任感不强，害怕担当；二是承受能力差，爱听表扬；三是生存能力弱，有依赖思想。这些消极的心理因素是阻碍学生学习进步、成绩提升的主要障碍，这也是摆在当前中学教育面前的一个现实问题。我们从事教育工作者的职责是教书育人，那么，如何在教给学生知识的同时培养他们良好的积极的健康的心理素质呢？

一、首先教师应了解学生的具体真实情况并与之建立起良好的情感联系

学生好的心理素质并不是天生的，它的形成在很大程度上是受其周围环境以及父母、亲属、伙伴、同学、教师等的影响。

这个过程中，教师若要起到积极的指导作用，就应该与学生建立起诚挚的感情联系。师生关系要和谐融洽，亦师亦友，课上是师生课下是朋友。教师满怀着一颗对学生的爱心，像对待自己的孩子那样去对待学生。在教学过程中，应尽力做到：

（一）教态亲切随和，语言诙谐幽默，跟学生像朋友一样交流、课堂气氛轻松，学生紧跟老师讲课的思路，师生配合默契。

（二）当要提问学生时，要有学生能够比较满意回答的把握，对于学生的答案教师要给予适当点评，指出他应努力的方向，给学生信心。

（三）当教师发现学生未能给出令人满意的答案时，教师应该想一想，调整问题的提问方式，避免学生产生"丢丑"的心理，保护学生回答问题的积极性。

（四）当学生注意力分散，未能积极参与课堂活动时，教师要及时提醒学生，告诉他这是重要知识点，要记好笔记，让学生把注意力转移到课堂上来。

（五）适当地给予一些"尖子生"挫折教育是有好处的。一方面要严格要求，另一方面要特意安排有一定难度的课堂训练，让好学生"吃得饱"，同时让他们感到山外有山，人外有人，永葆上进之心。

信任来自爱，信任产生交流。在不断的交流中，教师要抓准机会帮助学生认识自己，完善自己，教学相长，互相成就。

二、提高学生的文化素养是培养学生良好的心理素质的基石

除了课本外，学生还要接触到社会风俗、名人传记等古今中外的文章。教师要借用这些材料，使学生在学习知识的过程中，提高自身素质，站得高，看得远，理想和现实相结合，教会学生会分析问题，自觉地完善个人心理素质。

那么，如何利用这些材料，提高学生的文化素养和心理素质呢？

（一）英语教师应多以 what，when，where，how 或 why 引导的问题来发问，引导学生带着问题去阅读。

（二）我们可以多用类似剧本或故事情节较多的学习材料，让学生把其中的人物或事件、事物给予具体描述，从中提炼出人物和事物的典型特点以及事件的因果关系。这样一来，学生能进一步加深对人物或事件的理解和感悟。

（三）我们在向学生发问同时，也可将学生引向事件的主题，让学生思考假设他是材料的人物，将如何做，事件将如何发展。此类问题多用 if 或 whether 引导的条件句来引导学生，在完成这个一问一答的过程时，使学生加快完善自身素质。

教书育人是一个整体，育人存在于教书的过程中，同时也使得教书变得更生动有趣，使教学内容不再枯燥。

三、开展多样生动的教学活动，培养学生良好的心理素质

要想让学生有好的心理素质，就要培养他们良好的行为习惯。良好的心理素质的形成是在实践中逐渐完成的。

怎样在教学中安排一些能升华学生心理素质的活动呢？

（一）在读写的能力训练中，尽量布置一些有挑战性而又基本在学生能力范围之内的活动。借此调动起学生内在的良好素质，充满激情投入活动中。

（二）在英语教学过程中，教师应尽力使枯燥的语法词汇知识形象化、生活化，使学生感到亲近，在兴趣鼓舞下不断进步，同时增强了他们的自主性和自信心。

（三）教师要与学生一起参加各项语言训练活动，学生是课堂的主体，教师是指引者。要想充分发挥语言的交际和表达功能，我们在教学过程中，要以学生为中心，教师少说，学生多说多做多练。让学生调动自身的一切积极因素，克服胆怯、怕犯错误等心理障碍，积极发言，并想方设法运用现有的语言知识，逐步在交际实践中提高心理素质、语言技能，提升语言交际能力。随着学生更多地参与教学活动，学习的过程不再是被动地完成教师交给的任务，而成了主动的求知过程，这样就培养了学生独立解决问题等方面的能力，提高了学生的心理素质。

此外，教师要有坚定的自信心和良好修养，保持稳定乐观的情绪，始终要表现出对学生期待和信任的态度。

作为一名教师，必须拥有一份无私奉献的爱心，这是师德的灵魂，也是真正实现"教书育人"教学目标的根本保证；同时，也必须针对学生特点，讲究

教育方法，培养学生健康的心理素质。中学英语教学对培养学生良好的心理素质有积极的作用。在教学实践中，老师要根据教科书中的各种素材，科学地在教学实践中加入心理教育，培养学生心理上抗击失败的能力，提升心理素质。

通过积极的勉励给予无穷的希望，一句贴心的语言，就能使学生受到莫大的鼓舞，成为以后学习进步的转折点。"再想想，你能行""你的回答具有想象力，坚持努力，就有最佳结果""有了进步，坚持到底""这个想法很好，真有创意"这些教法，如雨后彩虹，照亮学生的心田，给学生莫大的帮助。

实践证明，学生的可塑性是很强的，只要我们教师认识到并且按切实的方式去做了，我们的学生在心理素质方面会产生深刻变化并日臻完善。

参考文献：

[1] 张向葵、刘秀丽. 发展心理学 [M]. 长春：东北师范大学出版社

[2] 路海东. 教育心理学 [M]. 长春：东北师范大学出版社

我在作业设计中的尝试

孙 晶

摘 要：数学作业是课堂教学的重要组成部分，是学生巩固基础知识、形成基本技能的主要途径，也利于教师了解教学情况，及时反思改进。作业设计得好，学生将会乐于动笔做数学题，而不再是把作业当成课后的"负担"。

关键词：尝试 作业设计题篇 反思

布置学生课后作业是每个数学教师必不可少的工作，作业是课堂教学的重要组成部分，是学生巩固基础知识、形成基本技能的主要途径，作业也可以帮助教师了解教学情况，及时反思改进。现将我关于数学作业的布置总结反思如下。

一、作业设计的尝试

提到作业，也许绝大多数人都认为，那还不简单，数学作业不就是做题吗，今天的作业是"做书或练习册上某页某题"，似乎大家上学时都是这么做过来的。其实，回想当初刚刚毕业时，我又何尝不是这么布置作业的呢？但事实证明，听话的学生作业是做了，但是每到考试时，成绩并不理想。开始时我还百思不得其解，经过一段时间的考察，我终于找到原因。那些所谓的老师眼里听话、认真的孩子，他们做作业仅仅是为了完成作业而已，根本不在意写作业的目的是检验自己当天所学内容掌握得如何。所以写作业时比较盲目，仅凭上课听讲的印象，其实就是照葫芦画瓢，根本不加以深究。当时写对了，过后等考试时早已忘得差不多了；还有一些脑瓜挺聪明的孩子，让他们动脑、动口还行，可就是不乐于动笔，每次做作业都想应付了事。所以考试时，这部分学生做小题还行，做大题总是丢分，因为他们步骤根本写不全，究其原因就是平时动笔太少，书写方面训练得根本不到位。针对这种现象，我懊恼了好一阵，到底如何做才能让学生发自内心地拿起笔来做数学题呢？于是，我便开始在作业设计上不断地进行尝试。

二、尝试做好作业设计

数学作业是课堂教学的重要组成部分，是学生巩固基础知识、形成基本技能的主要途径，也利于教师了解教学情况，及时反思改进。作业设计得好，学生将会乐于动笔做数学题，而不再是把作业当成课后的"负担"。

最初，我根据每节课内容的不同，布置不同形式的作业。比如，要是新课，就留两样作业：第一是看书，要求学生一边看书，一边回顾当天课堂上所听到的内容。可这一不用动笔的作业，开始时几乎无人重视，多数学生认为数学书有什么可看的，又不像语文书、英语书，有需要背诵的内容。其实看数学书是很重要的，因为教材中有需要记忆的定义、法则等，以及它们探究、证明的过程，还有例题的分析及书写步骤。因此，单凭课堂听讲不足以达到掌握的程度，只有通过看书，才能巩固当堂课所学的知识，同时也能提高学生的阅读能力。就连中考题中都有教材原题或改编题。了解到这些，学生慢慢地开始主动看书了；第二是以小考的形式完成的作业，可以利用自习课考或回家由家长监督完成，并将考试用时标注，便于教师了解学生答题熟练程度。题型由易到难，最后增加一道较灵活的题目作为加分题。这样一来，几乎每人都有自己会的题可做，不仅利于提高学生的自信心，同时也能激发学生的学习兴趣。为了加分，已经有越来越多的学生乐于动笔做数学题了。由此可见，我的做法已经开始奏效了。

如果是习题课，尤其是讲评试卷，就留改错的作业，要求学生把错题改正并整理到错题本上。当然，满分的同学就没有数学作业啦！在这之后，常常有学生课下找我，还说："下次我也要满分，我也能满分！"这也再次验证了我这样布置作业，对学生产生了不小的激励作用。

就这样，我在教学实践中继续尝试、摸索……

2009 年至 2012 年，在校领导的信任下，我担任了数学组的备课组长。三年来，我从未间断地进行作业设计的尝试，感觉以往的作业形式过于老套，最终从形式上大胆改革创新。

首先，从形式上取消以往传统的作业本及练习本，换成作业设计题篇。题篇设计成 B4 纸，分左右两部分。其中左半部分是课上练习，作为随堂作业，可以精选书上题目，还可再补充一些题型，力求及时巩固学生当堂学习情况。另外，在不同题型前可适当添加一些激励赏识性语句，如：相信自己，你能行！在空白处可根据内容附加一些数学规律、口诀等；给与适当的友情提示，如：注意解题格式、记得……；同时要求学生在空白处写出课堂反思，即通过听课、做题，对定理或定义的理解或总结的规律；这样做可以省去以往翻书、找本的时间，提高了课堂效率；而右半部分则是课后作业，题目由易到难，有基础题，用来检验学生课堂学习效果；还有探索题，考查部分学生的能力。在选题上要多关注数学与生活实际的联系、关注中考。

其次，为了使学生能乐于动笔做题，而不仅仅是为了做作业，我便采取"扣分制"，即每错一题均扣 5 分。随堂作业部分，教师讲解后由学生本人打分。这样做，不但能让教师及时了解学生当堂掌握情况，也可以让学生清楚自己存在的问题，以便更好地完成课后作业，可谓一举多得。

最后，在每张题篇右半部分将留出一部分空间，每次作业批改后，要求学生根据自己作业的完成情况，写出反思，总结归纳出错原因及注意事项。出错不要紧，要紧的是同样的错误一错再错。养成这一习惯后，学生的能力有了明显的提高。同时，要求学生将每张作业设计保存好，便于日后翻阅。千万不要小看这一张题篇，它可是集作业本、改错本、笔记本、积累本于一身呦！另外，教师也要保留每张作业设计，同时每张还要写好反思，记录学生每次作业完成情况，便于反思并改进教学。

三、实践后的反思

经过三年的尝试，发现效果还不错。多数学生已开始乐于动笔做数学作业了，不像过去，把做作业当成是任务、负担，而是当成检验自己当天学习效果的一次考试。记得一位高考状元曾向记者道出了他的成功秘诀："我把每一次做作业当成是一次考试，这样，考试时我就把它只当成是做作业"。可喜的是，已经有越来越多的学生都给自己制定了目标，就是争取每天的数学作业都能得满分，还真当成考试一样的重视。这样一来，大家相互激励，马马虎虎的少了，精益求精的多了。

作业设计的转变带给我很多的思考，下一步打算在实践中逐步地加以完善。首先精选作业内容在选题、编题上下功夫，不求"量"，但求"质"。争取达到举一反三、事半功倍的效果。其次分层作业设计，作业题分为一星、二星、三星、四星题，让不同程度的学生完成不同的作业，能起到激励学生的作用。重视作业设计的评价，对学生的作业每周、每月进行评比，看谁的作业扣分最少，谁的作业反思及整理得好。一些优秀作业还可以进行展览，让学生获得成就感，以进一步培养学生的兴趣，激发学生做数学作业的热情。

今后的路还很长，我将一直把"作业设计"当成是一项事业来做，力争做得更好。

润物无声，馨香四溢

孙丽萍

摘　要： 青少年是国家的建设者和接班人，在新时代背景下对中学德育工作提出了新的要求，将社会主义核心价值观培育融入到德育教育环节，进一步渗透到学生的日常管理中，使社会主义核心价值观发挥其作用，不断更新德育内容，改进德育方法，找到德育路径，推动更加科学地开展德育教育工作。

关键词： 社会主义核心价值观　中学　德育教育　路径

习近平总书记强调，把培育和弘扬社会主义核心价值观作为凝魂聚气、强基固本的基础工程。德育教育是对中学生进行道德活动的重要形式之一，也是进行素质教育的重要内容之一，肩负着培养合格社会主义现代化建设接班人的使命和责任。进行德育教育有很多需要完善和加强的方面，而社会主义核心价值观培育则是其重要的教育内容，与实际教育工作结合起来，为培养中学生良好的道德情操打下坚实的基础。青年处于价值观的形成和确立时期，因此，在德育教育中要找到适合加强思想道德层面的理论内容作为支撑。社会主义核心价值观作为推动社会向前发展的精神力量，在融合中要使其内化于心外化于行，要从学校抓起，从学生抓起，让社会主义核心价值观进教材、入课堂、入头脑。

一、社会主义核心价值观的基本内容

社会主义核心价值观共 24 个字，从国家层面、社会层面和公民层面做了具体的论述，体现了时代精神。基本内容为：富强、民主、文明、和谐；自由、平等、公正、法治；爱国、敬业、诚信、友善。在中学德育教育中要注重社会主义核心价值观的培育，完成好德育教育育人工作，不断创新教育方法，提高人才培养质量的教育目标，促进中学生不断形成正确的世界观、人生观和价值观，促进全面发展。

二、社会主义核心价值观融入德育教育的重要性

德育教育是教育体系中非常重要的内容，但是长期以来受到应试教育的影响，无论是学校还是家长都忽视了学生的德育教育。学校将教学重点工作放在文化课程教学上，忽视学生对实际生活的认知，导致学生的学习目的性不强、学习热情不高，而家长也只关心学生的文化课成绩，这对学生的发展极为不利。中学时期是青少年刚刚走向成熟的阶段，是人生发展的关键时期，对世界的认知还处于懵懂状态，心智也没有发展得十分健全。随着经济全球化的迅速发展，中学生面临的学习环境也相对复杂，对教师也是考验。需要教师在做好基础知识讲解后还要进行德育方面的教育，通过多渠道、各种角度多了解学生的内在需求和心理世界。反之，如果在教育中做不到对学生成长过程和心理需求的了解，不能给学生强大的理论支撑，就会出现学生对所学习的知识产生厌烦或者缺少兴趣，不知道学习的目的到底是为什么，最终使得教育失效。所以，德育教育应该紧跟时代进步的要求，在教育内容和方法上不断创新，起到对新时代德育工作的思考和推进作用。而社会主义核心价值观的提出，对于提高学生的德育教育有着重要的作用和意义，成为提升中学生思想道德情操的理论基石。在对中学生进行德育教育中要渗透好社会主义核心价值观的基本内容，做到让学生真懂、真用。因此如何做好德育教育工作也成为中学教师亟待解决和深入思考的问题，社会主义核心价值观融入德育教育中尤为重要。

三、社会主义核心价值观融入德育教育的路径

（一）组织课外实践活动，积极引导德育教育

社会主义核心价值观是从实践中得来的理论成果，并最终要重新应用于实践。在学懂社会主义核心价值观理论的基础上，要深入思考如何将理论内容外化于行。核心价值观不仅要内化于心更要外化于行，在中学阶段除了学习文化课知识，还有第二课堂的实践教学环节，结合班级学生实际需要，科学合理设计社会实践活动，调动学生参与的积极性，进而达到德育教育的目的。如可以根据社会主义核心价值观的基本内容，设计好实践活动的具体环节，从而使学生积极践行。如组织学生参观博物馆、名人故居、烈士陵园等，提升中学生的爱国主义情怀，还可以组织学生到当地社区、敬老院开展志愿者服务活动，培养学生的社会责任意识。

通过开展社会实践活动，让学生乐于参与到实践活动中来，并在实践活动中感受到在社会主义价值观的内涵，在边学习边实践的过程中加深个人对社会

主义核心价值观的理解和认同。

（二）结合优秀传统文化，积极引导德育教育

爱国主义是中华民族优秀的传统美德，深深地影响着每一位中国人。要结合中华优秀传统文化进行爱国主义教育。中国传统文化提倡"修身、齐家、治国、平天下"，古有"天下兴亡、匹夫有责"的顾炎武，"精忠报国"的岳飞，所作诗词《满江红》传颂古今。今有在新冠疫情期间舍小家为大家的各行各业的奋战在一线的工作人员。正是古今的这些为了国家和人民舍弃了自我，受到人们的称颂。做好中学生的德育工作，结合优秀传统文化，讲好中国故事，在润物细无声中进行社会主义核心价值观教育。教师通过讲授爱国人士的故事，激发学生的爱国情怀，增强学生社会责任感和使命感。

（三）开展丰富校园活动，积极引导德育教育

校园文化活动的开展是进行社会主义核心价值观教育的重要渠道，其形式可以丰富多彩。中学生处于人生的关键时期，也处于活跃度较高的阶段，价值观还没有完全成熟。因此，进行德育教育与社会主义核心价值观有机结合，可以开展"践行社会主义核心价值观"的主题校园文化活动，结合中学生自身的优势开展活动。如演讲比赛、辩论赛，相关主题班会，力争让班级每位同学都能参与到校园活动中来。还可以组织学生收看红色电影以及优秀纪录片，使学生在潜移默化中接受教育，自觉领会社会主义核心价值观的内涵。同时，校园的宣传也是手段之一，利用好教室板报、学校教学楼等，张贴社会主义核心价值观内涵的文字，时刻提醒学生要用社会主义核心价值观的 24 个字去要求自己。利用午休时校园广播台，宣传与社会主义核心价值观相关的优秀事迹，熏陶和感染中学生，以此加深学生的德育教育。

（四）借助互联网平台，积极引导德育教育

随着科技的迅速发展，中学德育工作的开展离不开互联网平台。通过搭建平台提升学生学习理论的效率，如可以借助微博、微信、QQ 等聊天互动平台，打造学生文明上网的氛围，创建一个充满正能量的网络环境，通过平台来开展社会主义核心价值观教育的相关活动。利用好新媒体资源，使中学德育教育的路径不断增加，使社会主义核心价值观教育的成效明显，提升学生的获得感，打造高质量的中学德育工作的水平。

四、结语

社会主义核心价值观与中学德育教育的融合，通过多种途径提升学生的德育水平，有助于提升中学生思想道德水平，有助于加强中学生爱国主义情怀的

养成，有助于实现社会主义建设者和接班人的培养。总之，把社会主义核心价值观融入中学生的日常学习和生活中，以此提高中学生的思想道德品质，完善中学生的人格。

参考文献：

[1] 陈泽河 戚万学. 中学德育概论［M］. 济南 山东教育出版社，1991

[2] 徐明富 许云珍. 浅谈中学生德育工作. 科教导刊，2010（2）

[3] 陈有金. 论社会主义核心价值观在中小学校园文化建设中的融入［J］. 甘肃教育，2019（13）

随其时　悟其道　善其身

——初中书法（书写）教育反思

孙伟华

摘　要： 在传统与现代激烈碰撞的时代，书法艺术与教育面临着巨大的问题和挑战。针对出现的问题，具体分析其中的原因，即在书法教育中的几个误区：太重的功利心、缺少耐心、没有用心。并在分析问题的过程中，提出解决问题的途径和方法，强调在书法教育中要有冷静的观察和深入的思考，然后以积极的心态应对挑战，将挑战转化成机遇，努力去实现民族传统文化的复兴。

关键词： 书法艺术　书法教育　书法的美　传承　功利　实践

如果一个民族不记得自己的来时路，那么这个民族注定会迷失在未来。

——题记

华夏文明经历了 5000 多年漫长的发展史，汉字经历了甲骨文、金文、大篆、小篆、隶书、草书、楷书、行书的演化历程。汉字的书写经过千年历史的沉淀，创造了中华民族独有的传统文化形式——书法艺术。书法艺术，见证了时代的变迁和文明的进程，同时也在中华民族文明发展之路上为我们后辈留下串串脚印。

如今，我国已从近代以来的磨难屈辱中，实现了从站起来、富起来到强起来的伟大飞跃。中华民族展现了强大的生命力，迎来了民族伟大复兴的新时代。

"车、马、邮件都很慢"的时代已经一去不复返了，取而代之的是"打开网络，世界就在你眼前""下笔如有神"的网络快捷时代。"笔"更多的被键盘、语音输入所代替，我们经常从一座城市"飞"到另一座城市，已经没有时间欣赏沿途的风景……这是一个讲求高效的时代，被各种科技包裹的时代，传统与现代激烈碰撞的时代。书法艺术也面临着前所未有的挑战。

挑战一：有人说书法跟不上时代了

的确，这个时代要求书写要有效率。无论是用毛笔还是用硬笔书写，都不可能赶上键盘、语音输入的速度。现实生活中需要我们动笔写字的地方愈来愈少；手写的书信都已经成为日常生活的奢侈品；字写得难看，就用电脑打出来，美观而且便捷。由此可见：书法的学习有被边缘化的趋势。

难道书法真的要退出我们的生活吗？没有，你录入屏幕或是打印出的楷体、行书、隶书等各种字体就是书法的呈现。电脑字体中行书字体是上海书法家任政书写的字模，书法家刘炳森书写的隶书字模，还有宋体、瘦金体、启功体……都是有迹可循的书体。书法就这样像空气一样融合在我们的生活里，如烂漫的鲜花装点着我们的生活。伟大的时代一定蕴含伟大的美。线条灵动的美，格局变幻的美，气韵流畅的美，情操高洁的美……"书法的美"配得上这个时代。

唐代书法家孙过庭《书谱》："贵能古不乖时，今不同弊"。意思是书法贵在能学古而不违背时代，创新又不与弊俗混同。书法教育需要古与今的融合，才能跟得上时代，才能让书法艺术随着新时代焕发新的光彩。

挑战二：学生的书写现状堪忧

《新课程标准》对学生写字明确指出："写字是一项重要的语文基本功"。为了提高对书法的重视，吉林地区已经把书法的相关知识加入到中考的语文测试中。

愿望很美好，现实却很骨感。据调查，很多大学生的书写还像小学生一样：费力、难看、速度慢。正是因为"费力、难看、速度慢"，所以尽量少写、不写。因为"少写、不写"，所以更加的"费力、难看、速度慢"。就这样，"书写"在很多学生那里成为死循环。

随着中国对外开放的进一步扩大，中国文化影响力在逐步升温，书法的爱好者越来越国际化，中国大学的书法专业吸引了很多外国的留学生。邻国日本把学习书法（日本称为"书道"）写进他们的《教育基本法》。中国是书法文化的发源地，新时代的国人必须做好民族传统文化的传承者，而不是成为躺在传统文化里的寄生虫；更深地去领悟书法文化的精髓，而不是成为传统文化的终结者。要让我们曾经璀璨的书法文化继续留芳百代。

形成这些挑战局面，与现阶段的书法教育的误区有着密不可分的关系。

误区一：太重的功利心。书法是封建社会科举取士的重要标准之一。古代的书法家是可以名垂史册的，可如今，很多家长都知道靠写一笔好字来"升官发财"的时代早已过去。学生的字写得好自然可喜可贺，写得不好对孩子日后的发展没有直接影响也自然得过且过。换言之，认为学习书法无利可图了，费力不讨好的事情当然懒得去做。

古代是书法艺术的天堂，但是书法身上也背负了名与利的枷锁。其实，书法的本身与"名利"无关。书法是技术，是艺术，是"礼、乐、射、御、书、数"，是文化瑰宝"六艺"之一。书法的精神世界里有自由浪漫的心灵、豁达豪迈的胸怀、执着不羁的性情……书法虽不能兼济天下，但可以独善其身。

书法教育可以培养学生的观察能力。黄庭坚《论书》中说"大要多取古书细看，令入神""凡作书须熟观魏晋人书，会之于心。"一个"细看"，一个"熟观"，是培养观察力最直接有效的方法和途径，还可以训练学生的记忆能力。书法的学习需要较强的形象记忆。形象记忆是一种大信息量的持久的记忆方式，你心中记忆的书法形象越多，书写时越得心应手——手里有钱，用时不慌，花得特爽。学习书法也能激发学生的想象能力。古书论中的"横如千里阵云，点如高峰坠石，竖如万岁枯藤"，汉代书家蔡邕见工匠刷涂料而创"飞白"，颜真卿感触于"屋漏痕"，都是受动于外物而顿开心扉。汉字不是简单的符号的排列组合，汉字的构成和书写凝聚着先人的非凡智慧和超凡的想象。

误区二：缺少耐心。学生书写的能力出现问题的时候，家长一般都是用"好好写""认真点"类似的话语来敷衍。问题严重时，找一个书法速成班训练一段时间。再不行，就失去耐心听之任之了。书写能力提升需要综合能力的培养，并非一日之功，不能速成，是长期训练的结果。

书法的学习，实践更重要。人们常常认为，掌握了书法的理论，就像做题掌握了公式，书法问题会变得简单了，很快迎刃而解。其实不然，俗话说"光说不练假把式"。事实上，学习写字像学走路、学游泳一样，需要反复的实践，需要的是多摔几次跤，多喝几口水。如今书法的启蒙，重"法"轻"写"的现状，使得书法的学习走了弯路，走了难路。其实，学习书法是一条苦路，按照正确的方法多实践，一定会苦尽甘来。

误区三：没有用心。学生书写出现问题时，往往都是其他学科老师埋怨语文老师没教好，中学老师埋怨小学老师没教好，老师埋怨家长没看好，家长埋怨孩子不认真、不用心……

冰冻三尺非一日之寒，问题到底出现在何方？书法的学习不是一劳永逸，而是要陪你慢慢变老。书法的教育应重在习惯养成教育。培根说："习惯是一种顽强的力量，它可以主宰人生。"书法课上用心写，其他课上随心写；喜欢时用心写，烦闷时不用心；考试时用心写，平时不用心……没有形成好习惯的书法教育，最终的结局一定是失败。学生的书法教育不仅仅是书法老师、语文老师的事情，是需要大家齐用心，遵从书法学习的规律，才能形成良好的学习书法的氛围，才能把书法教育落到实处。

总之，机遇总是与挑战并存，希望常会与困难同在。迎难而上，直面挑战，是我们这个时代的精神。社会在进步，科技在飞跃，伟大的时代迎面而来，我们的书法教育要遵从书法学习的规律，走出书法学习的误区，跟上时代的脚步。

晋人的"韵"，唐人的"法"，宋人的"意"，元、明的"态"，书法艺术在华夏文明经历千年的古路上竖起了一座座丰碑。书法教育是义务教育阶段的重要任务之一，我们要沿着先辈的脚印一步步走下去，肩负起民族传统文化复兴的责任，去开创更美好的未来，让书法文化在我们的时代留下光辉的印记。

参考文献：

[1] 梁巘.《评书帖》

以理性态度养家国情怀

——后疫情时代思政课堂如何引导学生"思正"

索延波

摘 要：后疫情时代，思政教师以疫情为背景引领学生用理性态度分析感悟疫情期间的事实，从而提升学生对国家的认同、对生命的尊重、对社会的责任、对法治的崇尚等核心素养，做负责任的合格公民。

关键词：后疫情时代 国家认同 尊重生命 奉献担当 法治意识。

2020 年是全面建成小康社会的收官之年，在我们满怀无限期待的时候新冠肺炎疫情不期而至，来势汹汹。九省通衢之地——武汉 76 天封城的结束，宣告了全国的抗疫斗争取得阶段性的胜利。尽管在部分地区仍然有局部疫情的爆发，但总体上全国疫情防控进入常态化阶段，我国已经进入了后疫情时代。随着各地大中小学的全面复课，思政课堂也由线上转到线下。经历了如此惊心动魄的疫情，正处于人生观、世界观、价值观形成的重要时期的初中学生一定感触良多，思政教师该如何引领学生以理性的态度来思考所见所闻，得出正知、正见、正念，从而培养他们家国情怀与社会担当，便是摆在思政教师面前的历史性责任。

一、引领学生分析数据的意义，加强对国家的认同

新冠肺炎疫情是新中国成立以来发生的传播速度最快、感染范围最广、防控难度最大的一次重大突发公共卫生事件，对中国是一次危机，也是一次大考。在这次大考中，中国交上了一份满意的答卷。国务院新闻办公室 6 月 7 日发布《抗击新冠肺炎疫情的中国行动》白皮书中对抗疫情况作了详实的统计。教师选取几组数据，引领学生分享这些冷冰冰的数据背后蕴含着中国共产党和政府对人民的无限忠诚。

数据一：截至 5 月 31 日，全国各级财政共安排疫情防控资金 1624 亿元；全国确诊住院患者结算人数 5.8 万人次，总医疗费用 13.5 亿元，确诊患者人均医

疗费用约 2.3 万元。其中，重症患者人均治疗费用超过 15 万元，一些危重症患者治疗费用几十万元甚至上百万元，全部由国家承担。

同学们看到这些数据时瞠目结舌：治疗费用这么多啊！教师引领同学们思考：这么多费用都由国家承担，说明了什么？学生结合九年级上册的知识得出：经过 40 多年的改革开放，中国综合国力显著增强；党和政府坚持以人民为中心的发展思想。英国《柳叶刀》社论认为，"中国的成功也伴随着巨大的社会和经济代价，中国必须做出艰难的决定，从而在国民健康与经济保护之间获得最佳平衡"，在人民生命和经济利益之间中国共产党和政府果断抉择人民至上，这就是我们伟大的祖国！枯燥的数据点燃了同学们对国家的认同。

数据二：自 1 月 24 日除夕至 3 月 8 日，全国共调集 346 支国家医疗队、4.26 万名医务人员、900 多名公共卫生人员驰援湖北。人民解放军派出 4000 多名医务人员支援湖北。仅用 10 天建成有 1000 张病床的火神山医院，仅用 12 天建成有 1600 张病床的雷神山医院。短短 10 多天建成 16 座方舱医院，共有 1.4 万余张床位。

这就是中国速度，这就是中国力量！试问世界上哪个国家哪个政党能做到这些？这些数据足以告诉人们中国特色社会主义制度具有巨大的优越性，能集中力量办大事！中国共产党的领导是中国特色社会主义最本质的特征，是中国特色社会主义制度的最大优势。这些枯燥的理论通过教师引领学生对枯燥数据的分析变得鲜活生动起来，让孩子们由衷的信服！

有国才有家，"有了强的国，才有富的家"。未来的中国必将交到你们手上，你们该如何不负这份使命？爱国的热情被点燃就难以平复，同学们如何将对祖国的热爱转化为现在的行动则无需教师碎碎念了！

二、引领学生回顾生死时速，提升对生命的敬畏与尊重

生命是美丽的，在灾难面前又是那么脆弱。在武汉抗疫的每一天，每个医院都在上演着生死时速——一场医务人员与死神的赛跑与争夺。中国把提高治愈率、降低病亡率作为首要任务，快速充实医疗救治力量，把优质资源集中到救治一线。每一位患者都是鲜活的生命，每一份坚持都会增添生的希望。只要抢救有需要，任何药品、设备都尽力安排到位。不放弃每一个生命成了全体医护人员的信念，也成了全体中国人的信念！教师请同学们谈谈医护人员为什么拼尽全力抢救生命？是的，生命是唯一的，每个人都应该敬畏生命、尊重生命，无论自己的还是他人的。教师进一步引导学生谈谈疫情过后对生命的再认识。大家各抒己见，谈到了生命的唯一，谈到了任何时候都不能放弃生的希望；谈

到了要养成健康的生活方式，要培养乐观的心态、要积极锻炼身体……真是让为师动容——磨难催生成长！是的，经历这场疫情的洗礼，我们更懂得生命的可贵，这世上除了生死都不是事！没有一帆风顺的人生，只有百折不挠的勇士！教师进一步引导学生自然万物皆是生命，我们在珍爱自己生命的同时也要与自然和谐相处，保护野生生物。生命哲学家史怀泽说："善是保存和促进生命，恶是阻碍和毁灭生命"，在孩子们的心灵深处埋下善的种子，将来他们才能成为敬畏尊重生命的社会人！

三、引领学生讲述志愿者故事，感悟奉献与担当

抗疫的硝烟逐渐消散，但是感人的故事却广泛流传。除了白衣为甲的医护人员、年逾古稀的专家学者、辛勤工作的基层党员，志愿者作为抗疫的英雄群体一直默默无闻地奉献着，他们的志愿精神鼓舞温暖着每一个走过疫情寒冬的人。许多普通人投入一线志愿服务，社区值守、排查患者、清洁消杀、买药送菜，缓解居民燃眉之急。据不完全统计，截至 5 月 31 日，全国参与疫情防控的注册志愿者达到 881 万人，志愿服务项目超过 46 万个，记录志愿服务时间超过 2.9 亿小时。引领学生讲好志愿者的故事，以榜样的力量进行自我教育，实现润物无声的育人效果。学生课前自主收集资料，在班级给大家讲了很多令人潸然泪下的故事。他们讲到了 00 后中国矿业大学女学生谢小玉，担任社区志愿者替居民们买菜买药拿快递、解疑答惑；讲到了坚持为医护人员送餐的志愿者彭帅，其真善美的价值追求和勇敢的选择令人动容；还有人通过学校公众号了解到我校志愿者王老师的故事……，教师循循善诱：同学们为什么被这些人感动？大家纷纷表达自己的观点，概括起来就是他们的奉献与担当！国家兴亡，匹夫有责。其实每一个中国人，都自觉投入抗击疫情的人民战争中，坚韧团结、和衷共济，凝聚起抗击疫情的磅礴力量。14 亿中国人民都是抗击疫情的伟大战士。

四、引领学生剖析案例始末，强化法治意识与规则观念

"法令者，民之命也，治之本也"。在举国抗疫、众志成城的时候，也有不和谐音发出来，有管控期间随意外出者、有不戴口罩自由来去者，甚至有网络造谣扰乱民心者……乱世必用法治，国家依法依规坚决打击违法犯罪行为，有力地维护了抗疫工作的正常秩序。教师出示案例：叶某在当地管控期间，不但拒绝配合测温，反而辱骂防疫工作人员，并停车堵住监测点。在民警出警时，又以暴力方法阻碍其执行职务，并致两民警轻微伤。法院判决：鉴于叶某到案后能如实供述自己的犯罪事实，认罪悔罪，遂以妨碍公务罪判处其有期徒刑一

年三个月。然后教师引领学生分析叶某为什么会走上犯罪之路。学生分组讨论后发表自己的意见：法律意识淡薄，不守规则，过度自我为中心……，教师进一步引领学生思考叶某的案例给了我们哪些启示。学生总结归纳：我国是法治国家，依法治国是党领导人民治理国家的基本方略。公民的权利与义务是相统一的，任何公民不能只享受权利而不履行义务，也不应只承担义务而不享受权利。我们不仅要增强权利意识，依法行使权利，还要增强义务观念，自觉履行法定义务。法律要求做的我们必须去做等等。一个案例，师生共同把教材的核心知识串联起来，又有效地强化了学生的规则观念和法治意识，为培养学法、尊法、用法、守法的公民奠定了基础。

目前，全球的疫情又有愈演愈烈之势，我国在外防输入内防反弹的严密防控下，经济和社会秩序都在有序恢复。"后疫情时代"思政教师要利用好疫情的载体，引领学生理性思考、提高认识，为他们在今后的人生中树正念、走正道做好引路人！

参考文献：

［1］抗击新冠肺炎疫情的中国行动．白皮书．中华人民共和国国务院新闻办公室

［2］中国持续遏制新冠肺炎疫情．柳叶刀．（Sustaining containment of COVID－19 in China）https：//www. thelancet. com/journals/lancet/article/PIIS0140－6736（20）30864－3/fulltext，2020 年 4 月 18 日

［3］中学政治教学参考

初中生学业拖延行为的干预研究

王凤义

摘 要：对筛选出的 28 名具有高学业拖延行为的学生进行干预研究，目的是找到能够改善学业拖延行为的行之有效的干预方案。

关键词：初中生 学业拖延 干预

研究选取吉林市某中学的 615 名学生为研究对象，利用郑素谨修订的《中学生学习拖延问卷》进行学业拖延现状调查，筛选出的 28 名具有高学业拖延行为的学生进行干预研究，目的是找到能够改善学业拖延行为的行之有效的干预方案。

一、初中生学业拖延研究现状

（一）初中生学业拖延行为分析

本研究 600 份有效问卷中有 102 名学生有学业拖延现象，占总样本的 17%，证明研究假设一成立：即初中生中存在较高的学业拖延现象。研究者认为出现该结果可能因为学生基本都已经进入青春期，其生理和心理的变化会影响其行为表现。成人感增强，思想较之前会成熟一些，虽然存在情绪变化较快等问题，但是对待事情的解决上会比之前更成熟一些。也正是因为这些原因，其对待学业的态度也会随着情绪等生理心理上的变化而变化，可能会产生抵触心理，致使学业拖延；这可能与个体的发展过程中形成的对待学业的态度有关。初中生学业拖延行为的发生还可能和其他因素有关，如动机、家庭教养方式、班级环境等。本研究对初中生学业拖延行为进行现状调查，结果证明，初中生中存在较高的学业拖延现象，并且存在高学业拖延者。因此，关于初中生学业拖延行为的问题应该引起学校、家长、社会以及学生本人的重视。

（二）初中生学业拖延与学习成绩相关性分析

研究显示学习成绩状况与学业拖延呈显著负相关，成绩较差的学生学业拖延程度更高，成绩较好者学业拖延程度较低。研究者认为这可能与学习成绩较好者的学习自主性以及对于学习的自我效能感较高，而学习成绩差者学习的自主性以及对于学习的自我效能感较低有关。学业拖延与学习成绩显著相关，并不一定是有学业拖延行为的初中生就一定学习成绩不好，或者学习成绩好的初中生就一定不存在学业拖延行为。相关研究已经表明学业拖延与成就动机、自我效能感、人格等多种因素有关。

此外，在初中生学业拖延现状调查中，统计结果中显示性别、是否为班干部、亲子关系等人口学变量与学业拖延在总分及各维度的差异并不显著，并不能说明这几个人口学变量与学业拖延完全没有关系，只能说明其影响不显著。

二、初中生高学业拖延者的干预效果

（一）高学业拖延者的干预效果

在本研究中，研究者对 28 名高学业拖延学生进行干预，采用中长跑训练与团体心理辅导课程相结合，将筛选成绩作为前测成绩，干预结束后对其进行学业拖延调查，所得成绩为后测成绩，对前后测拖延总分及各维度成绩进行对比可知，干预后学业拖延总分的均值减小，表明后测学业拖延程度较前测低。

通过为期一学期历时 18 个周，2 周一次的团体心理辅导与中长跑训练结合，在学期末对研究样本 28 名接受干预的高学业拖延现象的学生进行了学业拖延调查问卷的后测。干预前有 102 名有学业拖延现象者，其中 28 名学生为高拖延者，占拖延人数 27%，数据有效。对 28 名严重拖延的学生进行干预后测，有 9 名学生为严重拖延，19 名学生转为轻度拖延。对干预前后拖延及其各维度进行对比得出干预前后计划缺乏、行为迟滞、状态不佳、执行不足四个维度差异均显著。综合数据分析结果，可以确定干预前后差异显著，具有统计学意义，干预有效。

（二）高学业拖延者的干预效果分析

本研究中对 28 名高学业拖延学生进行干预，用 spss17.0 中文版进行统计分析，对前后测成绩进行拖延总分和各维度的配对样本 T 检验，结果表明前后测成绩在 0.001 水平上差异显著，即具有统计学意义，说明本课题研究假设成立，即本研究中设计的干预策略能有效改善高学业拖延行为。研究结果表明干预有效，并不代表只有本干预策略才能有效干预高学业拖延行为，也不是改善学生学业拖延现象唯一因素，不排除学生本身其他因素影响，但是可以说明研究者采取的干预方法确实对学生学业拖延有改善的作用。

运用中长跑训练对高学业拖延者进行干预是以往研究者们未曾进行过的干

预方法，因此本研究者的干预方案具有尝试性和开创性，研究结果证明中长跑训练在干预过程中至少没有阻碍学业拖延的改善，其具体的影响因子还需在今后的研究中进一步地进行探究。

在本次研究中，研究者采取的干预方法是团体心理健康课和中长跑训练结合。研究者通过团体心理辅导，对28名高拖延初中生进行有目的、有方向的干预训练，让学生们有信心、有策略、有方法，敢于正视遇到的困难，坚持不懈去执行自己的任务。在中长跑训练中，培养学生的意志力，同时能够帮助被试锻炼身体，干预过程中研究者控制了被试的饮食，这就有效地起到了锻炼出好的身体素质、形成好的学习状态的作用，二者结合使得干预效果显著。当然在干预后仍然有9名同学处于严重的拖延，在之后的研究中还需更深层次地研究，以期找到更加完善的干预方案。

（三）干预有效的原因分析

本研究中主试为研究者本人，基于27年的体育训练经验，能够运用娴熟的训练手法结合心理学的专业知识，很好地控制研究过程，使得心理健康课程和中长跑训练都能够正常、顺利进行。在某一方面来说该研究中的干预方法对主试的经验以及专业知识的积累有比较高的要求，增加了干预效果的可能性。就被干预的28名高学业拖延的初中生来说，他们也希望自己能够改变学业拖延的习惯，从而可以积极地配合主试完成干预过程，这也是提高干预效果的一种可能的原因。

三、初中生学业拖延干预工作中的教育建议

研究者根据本次研究结果以及以往研究者的研究结论，针对初中生学业拖延的改善提出以下几点建议：

（一）正确对待学生的学习成绩

对于学生的学习成绩，家长、老师以及学生本人都应该客观地看待。学生不盲目，家长不过分要求，老师对于学生一视同仁、因材施教。学生对于自己的优势和劣势进行客观地评估，找准自己的方向，找到提高成绩并且适合自己的方法，在思想上积极乐观，在行动上不断进步，增强自我效能感；家长在学生学习成绩有进步时对其进行鼓励，教导学生保持努力的状态，切忌采取数落、辱骂甚至采取暴力等不利于学生身心发展的言语和行为，这无益于提高学生学习成绩和改善学业拖延；老师多了解学生学习、生活状况，发现问题早解决，采取科学的干预策略，以此来改善学生的学业拖延行为，提高学习成绩。

（二）引导学生明确学习目标，制定学习计划

学生的成绩好坏与学业拖延有着密切的联系，符合学生自身实际情况的学习目标的制定可有效地敦促学生自律，提高学习效率，促进学生的学业成绩提高，降低学业拖延现象。因此，教师在激励学生、树立学习成绩目标的同时，结合学生自身实际状况，具体引导其树立切实可行的目标，从而在学习过程中能让学生看到自己努力的效果，看到距离目标的最近距离。有盼头、务实、乐观，最大限度地减少因学业困难或自身条件不足、能力不强而导致的学业拖延行为。

（三）强化意志品质训练，提升初中生自控能力

初中生正处于生理、心理发展的关键期，在这个时期，老师、家长应多注重强化学生的意志品质，不怕挫折，做事有始有终，坚持完成的能力。将心理健康课与团体辅导、中长跑训练等结合起来，组织有助于学生身心发展，提升其自控能力的活动。形成抵制诱惑、不怕挫折的心理品质。只有在学生、家长、学校、社会的共同努力下，才能使我们的孩子拥有一个积极健康的学习生活环境。

（四）加强体育锻炼，提高初中生身体健康水平

初中生正处于生理、心理发展的关键期，除了对其进行心理的健康教育，也要督促其进行体育锻炼，强身健体。有研究表明适当的运动有助于提高学生的学习效率，无论从提高初中生的学习成绩，还是从初中生的身体健康的角度，都需要加强体育锻炼，如中长跑等。通过体育运动增强学生的免疫力，改善学生的学习生活的状态。体育运动有助于使学生产生积极乐观的态度和形成良好的意志品质，这对于改善初中生学业拖延有很大的帮助。因此，老师、学校、家长应该多鼓励和督促学生进行体育运动，锻炼身体，做到身、心共同发展。

浅谈初中体育教学中的运动损伤问题

王海彬

摘　要: 随着国家教育制度的不断完善,体育教育进入新阶段。但初中生由于自身的生理特点及教学项目的多样性,教育设施、师资水平等诸多因素致使学生在体育教学中的运动损伤情况时有发生,从而影响到学生的健康与学习。本文从常见的运动损伤的类型、发生的原因,以及预防方法入手探讨如何避免或减少运动损伤的发生,让校园体育成为学生的乐土。

关键词: 中学体育 运动损伤 原因 预防

随着体育进入中考以及教育文件的颁布,国家教育制度进入了崭新的时期,体育教育迎来了空前的发展期。随之而来的是体育教学时间延长,体育教学科目增多,在教学过程中发生运动损伤现象也随之增多。本文试从初中生体育教学中常见的运动损伤类型、运动损伤发生的原因以及体育教师如何在教学中做好预防工作等方面进行粗浅探讨,旨在保障学生身体健康,尽量减少乃至避免运动损伤的发生,让学生真正领悟到体育的重要意义,从而爱上体育运动并成为终身学习的课程。文中不当之处敬请各位同仁批评指正。

一、运动损伤的概念及初中生常见运动损伤的类型

运动损伤是指在运动过程中所发生的各种损伤。飞人" 刘翔因为跟腱损伤泪洒赛场的一幕让人难以忘怀,速滑名将叶乔波膝盖粉碎性骨折让她坐了很长时间的轮椅,还有许多体育健将戴着护具参加比赛等,这些损伤虽然都发生在职业运动员身上,但是运动损伤离我们也很近。运动损伤的类型及分类:

(一)按受伤部位是否与外界相通分类,可分为开放性损伤和闭合性损伤。

(二)按受伤后具体的阶段性分类,可分为急性损伤和慢性损伤。

(三)按伤性轻重分类,可分为轻伤:不影响工作和训练;中等伤:一天以上不能正常学习或正常训练者;重伤:须住院治疗者。

（四）初中生在体育课中常见的运动损伤包括：挫伤、擦伤、拉伤、扭伤（主要是肩关节和踝关节扭伤）、骨折等。

二、运动损伤的原因

（一）学生准备活动不充分。各关节的准备活动没能充分做好活动，做动作时用力过猛，落地的姿势不正确等都容易造成损伤。现在学生中考加试的立定跳远中，学生跳起离开地面时，如果地面摩擦系数不一样，落地打滑，或在腾空时受到外界干扰、碰撞，就会使踝关节扭伤。

（二）学生学习技能不到位。学生相互因为动作幅度过大，相互撞击、踢打都可能发生挫伤。例如：篮球运动中，在传接球技术学习中，极易发生手指挫伤。究其原因：一是教师讲解动作要领，学生没认真领会；二是现在学生大多数近视对球速判断不准，导致双手接球的瞬间还没做好接球手型；三是传球的同学传出去的球有旋转，传球球速不稳定；四是在比赛对抗中，对方队员的干扰，或者改变了球路线，造成接球时手指正对球体，发生挫伤。

还有在足球教学传接球教学中，学生传球时脚的踢球角度不对，直接用脚趾踢，或用脚尖踢球。既给脚趾带来了伤痛，传球技术还没掌握。学生练习时开始传球时一定要是固定练习。开始不能在球移动时踢，球移动，不能正确地使腿支撑，导致脚踢不准位置。接球时要做好判断，用正确的脚型，接触球的瞬间要引球，如果不当也极易造成脚趾挫伤。单纯的挫伤表现特征：挫伤的部位疼痛、肿胀、皮下充血，皮肤局部发青等。

（三）学生身体素质不好、身体素质较弱，或在练习中因心理恐惧而产生犹豫不决和十分紧张等不良的心理素质导致学生产生运动损伤。

（四）学生服装选择不当。如运动服过紧、过松，鞋子不适合等。根据不同的场地穿不同功能的鞋，才能避免不必要的滑倒、摔伤、扭伤。

（五）教师讲解不到位。

（六）学校运动场地存在问题。如某中学 13 岁男生李某，在校运动会跳远比赛时因沙坑过硬且有碎石子，导致脚踝粉碎性骨折。

三、体育教师在教学中对运动损伤的预防

近段时间国家指导学校体育工作的又一份重磅文件发布，提出学校体育在理念、策略、教学方式等方面的要求，将给学校体育带来深远影响。学生在校运动时间延长，运动项目增加，运动技能要求提高，因此对运动损伤的预防更要从多角度、全方位加以重视和对待。

（一）加强体育设施管理

如有的学校发生过学生投篮时篮球架倒塌将学生砸伤的事故，有的学校发生过沙坑有杂物，跳远学生脚部骨折的事故等。为了杜绝此类事件发生，学校应该从体育设施设备的维护以及加强管理入手，为学生提供一个安全可靠的运动环境，以免发生相关的事故。

（二）加强运动损伤知识教育

思想是行动的先导。为何教师说了多次的好好热身，规范热身，选好服装鞋子等运动知识学生不能入脑入心，究其原因就是思想上不重视，觉得体育理论知识没有用，不如去操场踢场足球来得痛快。因此学校要营造体育理论的宣传氛围，加强对体育损伤案例的展示，让学生通过直观的感受真正树立科学的体育锻炼观念，加强体育理论知识的学习。比如运动之前要先进行热身，热身是运动的基础，现在很多学生不热身就直接运动，这样很容易造成身体的损伤，致使发生相关的事故。

（三）加强教师素质的提高

教师要认真研读教学大纲，动作标准，在教授学生前要先对场地、器材以及动作幅度、学生承受度做好检验和预判，能把要领真正传授到位，确保安全。同时在对学生指导时要严格要求，认真指导，全程参与保护。

（四）加强对学生的体育课要求

教师要严格按照运动时的着装要求学生，上课必须穿相应的运动服和鞋子，女生不能披发，不能戴手表和首饰等。

（五）加强运动后的预防，要做好整理活动

（六）教师对运动损伤要做好紧急处理，将伤害降到最低

运动损伤在很大程度上只能预防，而不能完全杜绝其发生。所以一方面教师要针对可能存在的安全隐患对学生进行教育，另外还需要在发生伤害时做好紧急处理，以免造成更大的伤害。如有一名学生在学校被同学踢球踢到了腿骨后，开始疼痛并不剧烈，体育老师和班主任老师在学生休息后让其试着走走，感觉情况不是很严重。当学生试着走了之后，感觉比原来好些了，老师也就没送其去医院。结果当天学生回家后腿部剧烈疼痛，到医院看急诊后确诊是骨折。这种骨折比较隐蔽，但后果更为严重。学校和老师的正确处理方法是禁止学生移动，马上联系校医去医院检查，同时通知家长。

中华民族要发展，学生的身体是第一位的。体育作为五育之一，需要与德、智、美、劳齐头并进。做好预防学生在校内的运动损伤，让学生安全走过花季，是所有教育者应尽的责任，让我们都成为学生健康成长的守护者。

英语教学中的感悟

王 慧

摘 要：英语教学越来越受到社会关注，本文介绍了如何运用先进的理念及教学方法和手段，注重课堂教学流程，通过创设良好的英语语言环境，从而拓展英语教学的空间。

关键词：课堂流程 兴趣 教学模式 语言环境

随着新课标的颁布，英语教学逐渐成为基础教育的重要组成部分。在有限的课时中如何进行有效的英语教学？如何提高英语的教学质量？如何优化英语的课堂教学质量？如此这些问题非常值得探讨。自参加工作以来，我一直从事一线英语教学工作，接下来将根据近 20 年的英语课堂教学积累和教学经验，谈一谈我的个人想法。

一、运用先进的理念及教学方法和手段，注重课堂教学流程

如何充分发挥英语在整个课程体系中的地位和作用，是英语教师在教学中必须重视的问题。英语学习的启蒙时期非常重要，这个时期的学习将对学生的终身学习产生深远的影响。初中阶段的教学目的在于培养学生学习英语的积极性，增强学习英语的语感，打好语音、语调的基础，提高学生能用所学英语知识进行初步交流的能力。

在英语教学中，要注重学生兴趣的培养、重视他们运用语言的成就感，从而增强自信心。作为教师，我们可以通过多种方式激励学生学习英语，比如奖品激励、荣誉激励、情感激励等方式。激发他们积极参与到课堂教学中，融入课堂气氛、大胆实践、勇于探索，体验成功的喜悦。有了成就感，便会增强自信心，就会渴望学习英语。在教学环节上，重视情境的同时，还要重视课堂效率。英语教学特别强调语言环境的创设，教师可以充分利用和开发多媒体教学，丰富教学内容、活跃课堂气氛、创设生动真实的语言环境。课堂上，要尽量创

造真实的情境，充分利用课堂、课余时间及时安排复习时间，保证学生高频率地接触英语，创造良好的、有效的学习条件，提高学习效率。英语教学要重视语感、重视语音语调、重视基础、重视交流能力。教师应积极创造条件，提供良好的语言环境和教学设备，比如通过网络、多媒体教学，提供大量的感知、体验、模仿等实践活动，让每位学生都参与到课堂活动中，通过课堂练习，培养学生的语感，提高语言学习能力。培养学生的语感，改善学生的语音语调，就要通过多听、多模仿，在相对真实的、有意义的语境中进行训练，方能打好语音语调的基础。要培养学生语言交流能力，就要创设交流的情境，使学生通过对话提升语言交流的能力。

关于教学模式及方法，我们应该重视体验、重视实践、重视参与、重视创造。这就要求课堂教学设计贴近生活，符合中学生兴趣的需求。教学内容应能引起学生的兴趣，例如会话表演、游戏、童话故事等；教学材料要真实、实用，贴近生活，贴近学生的喜好。学生在课上通过实践，在用中学、学中用，反复实践，学用结合，将功能、构造、任务等做到巧妙结合。以会话为核心，以功能和构造为主线，以任务型活动为目的，安排每个单元每节课的教学环节。通过听、说、读、写、玩、唱、视等有意义、有趣味的活动，让学生接触足够的语言材料，保证语言的输入量，逐步培养起学生的语感；通过大量语言材料的输入，尤其是声像资料的输入，让学生进行模仿，教师加以指导，培养学生逐步形成良好的语音、语调、拼读、书写的习惯。设计任务型教学活动，开放思维空间，激活学生的兴趣，打开学生的思维，培养学生的创造能力。引导学生通过在情境中完成任务活动来学习语言，让学生为了特定的学习目标去进行特定的语言活动训练，通过完成特定的交际任务来获取更多的学习经验。教学方法丰富多样，生动活泼，不但激发学生的学习兴趣，而且培养学生学习英语的能力。充分利用教科书中课文创设的情景来为学生提供英语交流的机会。

二、创设良好的英语语言环境，拓展英语教学的空间

我们在安排课堂教学时，应以学生为主体，充分调动学生的积极性，开展单人演讲、两人小组对话、多人小组表演等多种形式的活动。开展这些丰富多彩的活动，才能使学生充分参与到课堂实践中去，才能体现出语言的交际性，才能实现语言的运用以及师生之间和学生之间的互动性。这些活动的根本目的也是为了更好地开展各种教学活动。这样做不但可以促进师生之间的情感交流，而且可以培养学生互助互爱、团结合作的团队精神。课上采用多媒体及网络教学手段，创设良好的语言环境，提供充分的语言实践机会，优化教学过程。利

用英语教学音像资源——录像、图画投影、录音、DVD 等多媒体软件，不仅能为学生提供标准规范的发音，而且还可以提供真实自然的语言示范，即语言使用的场合、时间、对象等，还能提供手势、动作、表情等体态语言的示范。多媒体的运用使教学变得生动、形象、活泼，感染力强，容易激发学生兴趣，引起学生注意，加深学习印象，帮助学生深刻记忆。充分利用现代化教学多媒体手段，可以超越时间和空间的限制，使学生置身于英语的海洋中，自由徜徉，让他们体验到学习英语的幸福感。多媒体课件的使用可以使教学过程丰富、多样化，大大提高教学的效率，这一点对我们英语教学很有帮助。

三、努力总结归纳，并在期间发现问题，及时调整改进教学方法

在英语教学过程中，教师应积极实践，不断探索，针对教学工作中出现的问题，善于总结归纳，找出规律，认真思考，不断探索。在课堂教学中教师应具有良好的应变能力，教师要提高工作效率、强化教学过程及评价。我们应从教学的准备、教学的实施、教学的评价三方面入手，不断关注学生的进步和发展，关注教学过程，关注教学中出现的一切问题。同时教师还应具备反思的能力，不断地调整自己的教学方法、教学思路、教学策略，以便于自己面对不同的情景能做出相应的决策，获取最大的教学成果。

初中道德与法治教学中渗透生命教育初探

王金玲

摘　要：初中道德与法治学科的特点决定了其成为学校生命教育的主渠道。本文阐述了在初中道德与法治教学中渗透生命教育的重要性、方法与途径，旨在构建生命化的道德与法治课堂，提升学生的生命质量。

关键词：生命教育　生命意识　生命价值观

近年来，广大中学生因生命意识缺失而导致的生命伤害事件屡屡发生，中学生的生命教育成为当前道德与政治教师需要重点关注的课题之一。通过道德与法治课堂，以多种形式向学生开展生命教育，使学生对生命具有更深刻的认识和领悟，形成科学的生命价值观，意义重大。

一、当前中学生思想现状，成为生命教育提出的社会背景

青少年是祖国的未来和希望，他们肩负着国家兴亡与民族荣辱的重任，关注青少年的成长是全社会共同的责任。然而，当前，我们不得不面对的事实是，越来越多的中学生因被家长责骂、老师批评而选择自我伤害，甚至自杀，校园暴力、欺凌的事件时有发生，未成年人犯罪呈现低龄化。

2020 年 9 月 17 日，武汉市一名 14 岁的初中生，因为在教室里与另外两名同学玩扑克牌，被老师请了家长，家长气愤之下扇了其一个耳光，男孩纵身跳下五楼，结束了自己短暂的 14 年人生；10 月 20 日，大连市沙河口区一名 11 岁女孩被一名不满 14 岁的男孩杀害，女孩身中 7 刀，何其残忍？……案例不胜枚举，令人痛心无比！

扼腕叹息的同时不得不引发我们的思考：现在的孩子如此经不起挫折，生命意识淡薄，漠视他人生命，孩子们怎么了？我们的教育怎么了？这些事件的背后存在多种原因，但是，生命教育的缺乏是其主要原因。因此，加强中学生生命教育已刻不容缓。

道德与法治学科作为学校德育教育的主阵地，其教学理念、课程特点、课标知识、教材内容决定了其对生命的关注要远远超过其他学科，成为生命教育的主渠道。因此，作为一名道德与法治课教师，理应充分发挥道法教材的教化作用，注重挖掘教材内容和生活中的生命教育资源，采用多种教学方法，上好生命教育课，这是我们的初心，也是我们坚守的使命。

二、挖掘道德与法治课程生命教育元素，为生命教育奠基

道德与法治教材中含有大量的生命教育元素，需要我们细心挖掘。在传授知识的同时，更加注重学生情感、态度、价值观的提升，引导学生树立正确的生命观、人生观，为生命教育奠基。

以七年级上册第四单元《生命的思考》为例，通过一系列发问：生命从哪儿来？到哪儿去？生命的意义在哪里？生命之间的联系？引领学生从不同维度，对生命进行了全方位的探问与思考。通过教与学、活动与体验等，培养学生的生命意识和情怀，使学生从认识生命到敬畏生命（包括自己和他人的生命），从守护生命、增强生命的韧性到探讨生命的意义、提升生命的品质，帮助学生形成科学的生命价值观，实现知、情、意、行的全面发展。

七年级上册第六课《师生之间》、第七课《亲情之爱》虽没有直接涉及生命的话题，但是通过教学让学生学会如何解决与老师、父母之间的矛盾，换位思考，理解老师、父母家人，融洽相处，就会避免因老师批评、家长责骂而做出轻生的事情。

八年级上册《网络生活新空间》、《预防犯罪》、《善用法律》等内容与生命教育也是紧密相联的，通过这些内容的教学让学生学会如何保护生命、拒绝诱惑、远离危险、依法维权，为自己的生命筑起坚实的防护墙。

八年级上册第三单元《承担社会责任》让学生明白，在社会生活中，每个人都扮演着多种角色，承担相应的责任。为了肩负的责任也要珍惜自己的生命，在承担责任中感受生命的重要性，在服务他人、奉献社会的过程中体会被需要的成就感，从而快乐、健康成长。

当然，生命教育作为道德与法治学科的核心理念之一，不应只局限于相关内容中，而应贯穿于学科教学的全过程。

三、运用多种教学方法丰富课堂教学形式，为生命教育增色添彩

生命教育不是生硬的说教，要避免机械式的"教师讲，学生听"的一贯模式，应充分发挥学生的主体作用，注重学生的体验和感悟。探究式教学法、情境式教学法、体验式教学法等均是在道德与法治课中实施生命教育的代表性教学方法。

在讲授七年级上册第七课《亲情之爱》一课时，我运用了探究式教学法。课上我和学生收集了自己和家长之间典型的家庭矛盾，分成几个小组进行合作探究，谈感受，找解决办法。课下，给学生布置家庭作业：为父母洗一次脚，或者为父母做一顿饭，在亲身实践中就会体会父母的辛苦，从而理解父母，学会体贴父母。作为家长，也应多关注孩子的内心世界，找到适合孩子的教育方式，避免简单粗暴。

在讲授七年级上册第六课第二框《师生交往》时，我运用了情境教学法。让学生自导自演了一个发生在课堂上，师生间矛盾的情景剧，让学生在情境的熏陶下明白如何正确与老师沟通、交往，亲身体验胜于任何说教。教师也应在教学过程中不断反思，多关注学生的内心世界，做值得学生信赖的良师益友。

在开展七年级上册第九课《珍视生命》的教学中，我采用体验式教学法，通过学校开展的防火演习、防震演习等主题活动，适时对学生进行生命安全教育，让他们谈感受，讲体会，从而达到良好的教育效果。

四、借助生活中的生命教育资源，为生命教育助力

生命是美好的，生活是丰富多彩的，而拥有这一切的前提是安全，是生命安全。结合时事热点，传播节日内涵，让学生在生活中感受关爱，体会温情，潜移默化中引导他们珍视自我，尊重生命。

（一）联系时事热点，激发生命的意识

道德与法治课教学离不开时事材料，时事材料是道德与法治课的活水之源，教师应善于利用社会时事热点中的生命教育素材进行教学。

2020 年伊始，一场突如其来的新型冠状病毒肆虐中国大地，给我们上了非常生动的一堂生命教育课。84 岁高龄的钟南山院士再次挂帅出征；无数医生、护士、社会各界志愿者逆流而上，不分昼夜奋战在前线；巨额的治疗费用全部由国家承担。所有人的目标只有一个，不计报酬，无畏生死——"救人！""救人！"这样做的原因也只有一个——生命至上！透过疫情，让学生明白生命是宝贵的，生命的价值高于一切；懂得敬畏生命、敬畏自然的重要性；学会善待自己和他人的生命，彼此温暖，相互照亮。另外，煤矿瓦斯爆炸、校园欺凌事件、学生自杀事件、因为自然灾害和人为灾害造成生命的流逝（汶川地震、甘肃玉树地震、舟曲泥石流）等时事热点，只要合理运用，都可以成为有价值的生命教育素材。

（二）依托节日中的生命教育资源，领会生命的意义

节日因其具有特殊的纪念意义而被人们铭记，道德与法治课的内容中有许多涉及到与生命教育相关的节日，为我们开展生命教育提供了广阔的空间。

例如，在讲授《共筑生命家园》章节时，利用每年的世界环境日、世界地球日唤起学生爱护地球、节约资源、保护环境的意识。在讲授《亲情之爱》章节时可以结合父亲节、母亲节、重阳节、国际家庭日等节日，教育学生孝敬父母，尊敬长辈，热爱家庭。

综上所述，在初中道德与法治教学中渗透生命教育是对生命的尊重，是对学生的负责。做好学生人生路上的引路人，引导学生树立科学的生命价值观，学会适应社会，学会生存，这既符合道德与法治《课程标准》中"情感态度价值观"三维目标的要求，也有利于学生健全人格的发展。

英语教学中如何习得真正的语言

王雪艳

摘 要：在语言教学中，既可适当偏注于右脑开发下的语感培养，创设母语式的环境，反复播放，反复朗读，授之以良好的背诵方法；又可注重塑造中西文化背景下的人文情怀，将知识转化为思想。

关键词：英语学习 语感 人文情怀

在语言教学中，曾有过这样的说法，"是你教会了自己说话和阅读"、"能听不会说，那是空的；会说不能听，那是虚的"。学习一门外语对于国人来说既要掌握它的纯知识性问题，又要学会它的纯语言性问题，最终目的是学会交流。知识问题因具备一定的规律性，相对容易揭示。那么真正存在于教者与学者中，且有待提出和亟待解决的是英语学习中的语言问题，也就是属于英语语言本身的隐性的问题。

教学中我们常常感到：有的语言是我们运用知识规律解释不了的，这些就是语言本身的隐性的问题。那么什么是语言？现代汉语词典将其解释为"人类所特有的用来表达意思，交流思想的工具，是一种特殊的社会现象，由语音、词汇和语法构成一定的系统，一视同仁地为各个阶级服务。'语言'一般包括它的书面形式，但在与'文字'并举时只指口语"。传统的英语教学注重的是语言的结构要素即语法、词汇的语言知识，而忽略了与技能要素即理解（听力，阅读）和表达（口语，写作）能力相关的训练，表现为无论教者亦或是学者，在英语学习若干年后，虽然学到了不少英语知识，但因各种语言知识都处于支离破碎的分散状态，而不能形成交际能力，所以能真正练就一口流利英语的人寥寥无几，是什么导致此种现象的出现？本世纪初，号称"告别聋哑"的中国式英语学习自救运动的盛行，则说明我们国人试图还原英语语言学习本真状态的渴望。我们不妨回头想想：外语学习怎么了？是否我们的学习倾向因太多煽情化、娱乐化、功利化的设计与语言学习的初衷偏离得太远了？在研读了若干语言理论与方法的书籍后，在博采众家观点之长后，我收获这样的心得：我们应当倡导英语学习的自然化、人文化，让英语学习远离"皇帝的新装"的华而不实，自欺欺人的外表，真正做到返璞归真，这才是国人该走的学习外语之路。

为此，当下英语教学应适当偏注于以下两方面的研究，即右脑开发下的语感培养以及中西文化背景下的人文情怀的塑造。

一、右脑开发下语感的培养

我们的左脑是理解的脑，右脑是感觉的脑。世界知名的"思维导图的发明者"，同时又是世界闻名的有关"大脑"和"学习"方面的作家东尼·博赞，在 USE YOUR HEAD 一书中提到"当我们说自己某方面行，某方面不行时，我们实际是指已经很成功地开发出来的潜力和尚没有被开发出来，仍处在蛰伏状态下的潜能。如果能将蛰伏状态下的潜能开发出来，大脑将释放出巨大的'能量'"。从前被忽视的问题和不能理解的问题，大部分都属于右脑的问题。所谓语感就是以右脑开发为主的英语学习，即在潜意识状态下运用到一定强度，高频率地听、读、背，最后达到流畅地说。

日本教育专家七田真博士在其著作《超右脑英语学习法》中，有过如下的阐述："语言首先不是用眼睛，而是用耳朵来学的，是否能够说某种语言，是一个和听觉有关的问题。"为验证此法，我花了一段时间进行尝试，感到有一定的收效，在生活中比平日多了张嘴说英语的冲动。同时与我朝夕相伴的儿子也给了我很大的启发，他在对日语一无所知的情况下，仅凭听到和重复观看日本动画片《哆啦A梦》，便习得了一首日语歌曲，同时找到了语感。为此我有了这样的思考，课堂上要创设像母语那样的环境，反复播放、反复朗读，同时授之以良好的背诵方法，先把课本中的课文打捆、穿串、打包，每日抽取一定的时间进行语感训练，日后再把经典的文章打捆、穿串、打包，最终向锻造出能听会说的英语真功夫目标努力。

二、中西文化背景下的人文情怀的塑造

人文情怀是我们在制定任一教学目标中都不应忽视的，教育终极目标是人的教，新课标"三维目标"中"情感与态度"的提出就确定了这一方向。语言以文化为背景，以思想为基础，曾有人说，语言是人的性格，语言的背后是人品。将知识转化为思想，也是在培养我们下一代的人文情怀。

教学中可以不失时机地引入人文文化，每日可找各种与之相关内容开展，如碰到西方的节假日、重大事件，可介绍得详尽一些。书中更多的衣食住行、

生活方面的知识、风俗文化、待人接物的礼节，均与我国有着很大的差异，教师可通过对比的方法引领学生。这样的讲授，一可增加课堂的趣味性，引人入胜；二可增强对语言隐性知识的理解，交流时避免出错；三可有借鉴、有批判地吸收，丰富已有知识。

　　当然我们也可以通过阅读课文中的主题，交际中的话题，甚至主人公的行为，名言警句等拓展出人文的情感，继而提升学生们的人文素养，弥补学习者内心的缺失，鼓励他们多一份关爱，多一份乐观，多一份感恩，多一份追求，多一份信念，从此让课堂少一些理性的梳理，多一些感性的体味。我想这不只是英语教师的追求，也是施教者共同努力的目标。

　　为了将以上两种教学理念顺利地应用于课堂教学中，我们必须在备课时千方百计地合理安排教学内容，精心进行教学设计，努力实现教育教学目标。

特色教育的探索与实践

温玉娟

摘　要： 军乐增强学生意志品质，促进团结合作；思维训练教学使学生思维灵活，能力与知识并进；校园活动是学生走向社会的人生积淀、准备。

关键词： 特色教育　积淀　准备　影响

初中是人生最关键的一个阶段，怎样帮助他们描绘人生宏伟的蓝图，是教师的重任所在。初中生思维灵活、可塑性强、学东西快，能否尝试一种新的教育教学方式？守正创新，特长与学业并进，能力与知识并存，让学生们将来学业有成、生活有趣。

一、在"哆、来、咪"中培养学生的意志品质和创新精神

学校大胆创新，改变以往形成的艺术技能状态，整体规划。以"分组培训＋个别辅导＋合奏＝军乐班"为目标有计划分步骤地进行实施。在训练中，学生们克服种种困难，不断磨练自己的意志品质，逐渐从"哆、来、咪"中感悟出坚持的乐趣，从单调的音阶中体会到自信和快乐。经过一年多的学习，轻快的长笛、婉转的单簧、悠扬的萨克斯、嘹亮的小号……学生们对手中的乐器渐渐熟悉，终于从最初的无所适从到后来的熟练流畅。一首首曲目、一段段和谐的乐章，学生们各尽其职，将音乐的美妙演绎得淋漓尽致。

这种自信和快乐使枯燥的数字变成音符，冗长的文章变成乐章，英文字母变成大小调，在音乐素养不断积累的过程中，也促进了其他学科的进步。

一种技能的培养也是对学生意志品质的锤炼，学生之间相互促进、相互鼓励、相互学习、相互配合，伴随着美妙的乐声，彼此之间的情感交流不断增强。这种默契的配合，是一种特殊的升华，军乐教育不但增强了学生的意志品质，更唤醒学生的参与热情，学生们更爱学习，爱班集体，性格开朗，积极向上。

有音乐的陪伴不孤单，三年的"哆、来、咪"的陶冶过程中，学生们的意

志品质更加坚强，性格更加坚韧，学习更加刻苦，思维更加敏捷，情感更加丰富；他们学会了宽容、仁慈、自信、自强与洒脱。是创新式特长的培养，提前给学生设计了个性化的成才之路，也为他们以后走上社会如虎添翼。

二、在奥赛过程中，训练学生的发散思维和提升学科素养

直接、逆向、综合、发散思维、拓展思维的奥赛训练让学生们的头脑更加灵活，反应更快。思维训练就是一场思维体操，学生们从中体验到了挑战和刺激，在以后的学习中就会有一种居高临下的心态。一道几何题，一题激起千层浪，学生的思维异常活跃，十几种解题法跃然黑板上。伴随着下课的铃声，同学们仍然徘徊在奥数的问题中不忍离去，这种不断探索的兴趣与激情，让人欣慰和满足。教育的神奇就在于不断地引领：课堂教育、教学思维方式的深刻引领；学会分析问题、看透出题意图的引领；培养好的学习与生活思维习惯的细节教育、细节纠正、提醒的引领，使学生们能力与知识并进。

三、在校园活动中，提升学生的综合能力和团队意识

综合能力的教育是人类素质的一种提升，是对走上社会之后人生的一种准备、积淀。学校入学的军训、赛诗会、艺术节、英语年会、数学年会、航模活动组、家长会、班会，丰富多彩的校园生活，不但使学生们的特长逐日羽丰，在这过程中对学生人格的完善更为突显。学生们是快乐的，语言表达能力、与人和谐相处的能力与日俱增。综合素质的开发，使好多学生柳暗花明又一村，成绩突飞猛进。带给学生们的是自信和满足，更增加了班集体的凝聚力和积极向上的学习氛围、团队意识。班级各学科成绩整体大幅度上升。

传承民族文化，彰显九中风采，"古韵飘香，伴我成长"——初二、初三年级全体学生古诗传诵风采展示的赛诗会：诗如玉石，乐如金线，配乐诗朗诵《彩云追月》，如泣如诉的二胡，悠长深情的古筝，异域风情的琵琶，再加上淳厚男中音的独唱，让台下的同学羡慕不已；入情入戏，极具表演风格的女生们，把课本剧《钗头凤》这一凄婉的爱情故事演绎得惟妙惟肖。听——"三个大男孩的歌声，看——四大名著的片断表演，让同学们一同领略了古诗的韵律、如诗如画的人间仙境以及古代小说的风采。

少年智则国智，用知识描绘人生的色彩，用诗歌浇灌梦想的芬芳。诗歌、故事、课本剧、美文朗诵，校园内的每一项活动都为学生学习生涯增加了一份充满知识技能的厚重，学生们更喜欢古诗词了，对学习中国传统文化的兴趣更浓。航模组的活动是男孩们的最爱：飞行器的制作、火箭的安装。一次次试飞

的辛苦，被每一次参赛的证书融化；运动会开幕式表演、火箭升天的欢呼声中，从心底带给男孩们的喜悦足够用一生来咀嚼回忆。

艺术节中的音乐剧《快乐的一天》，学生们把课堂搬上舞台，郎朗的读书声、震撼的诗朗诵、民乐与现代乐相映成趣、悠扬的古筝琵琶、炫酷的球技、俏皮的舞蹈化作绝版的影像，定格在那个光影交错的秋日！英语圣诞年会木偶剧《胡桃夹子》，可爱的木偶、优雅的公主、帅气的王子、调皮的精灵慢慢退场，表演的快乐却永恒珍藏。

一次次活动展现的成功来之不易，孩子们有泪水、汗水，有焦躁、气馁，也有老师的呵斥、鼓励。在教育过程中我也有彻夜不眠的辗转，但办法总比困难多，学生们的问题会在班会中、师生的交谈中，得到教育、改正。沟通是最好的桥梁，感恩与爱、教育与开导、理解与宽容都是最好的相处之道。我和我的学生在各种各样的活动中学习、感动、理解并热爱着，感恩年会就是最好的升华体现。活动中孩子们是认真的，学习中孩子们是刻苦的，操场上奔跑的身影是快乐的，三年中孩子们有辛酸、有迷离、有得意、有幸福，但我们的特色教育让学生们有一颗年轻快乐的心、有一个灿烂的微笑、有一个真诚的自我，给学业画一个完美的句号！是活动促进了学习，还是学习升华了活动？二者的相融相通，提高了学生们的学习热情，校园活动对学生的综合能力的提升、团队意识的影响可见一斑。

一个热爱音乐的班级，一个视思维训练为思维体操的班级，一个被军乐震撼、磨砺的班级，一个被艺术陶冶的班级，一个被教育创新洗礼的班级。在今后的学习生活中，学生们不会感到寂寞，因为有音乐伴随前行，因为有知识能力相随。

特色教育对综合素质的奠基有着不可或缺的重要作用，一系列的特色教育的探索与实践，诠释了教育只要用心，就有可能；只要开始，就永远不晚。教书育人，育综合实力强的未来人才始终是我们的奋斗目标。让我们携手并肩，用特色教育为当代中学生的发展奠定无限的可能，为中学生的发展描绘一幅美好、绚丽的蓝图！

关于初中熟手型后期教师职业发展的建议

吴金娇

　　摘　要： 教师队伍是第一教育资源，随着基础教育改革的不断深入，教师的作用和地位日益凸显。初中熟手型教师作为教师队伍的主体，其专业发展水平的高低将直接关系到初中基础教育事业的成败。如何促进熟手型后期这一阶段教师的发展，这方面研究少之又少，而这对于学校发展、教师个人而言恰恰又是最为重要的，已成为社会各界关注的焦点。
　　关键词： 熟手型后期教师　职业发展　建议

　　对于教师熟手型阶段的划分，国内没有统一的定论，基本根据教师的教龄划分为工作5—10年为熟手型前期；11—15年为熟手型中期；16年以上为熟手型后期。本文就熟手型后期教师职业发展现状方面做些初步探讨，并提出自己的几点建议。

一、初中熟手型后期教师职业发展现状

　　初中熟手型后期教师教学水平高，课堂调控能力强，对于课堂有着比新手型教师更好的调控能力，在长期的教学实践中逐渐形成了专业认同感，已经把教师这一职业作为终身从事的职业。然而，熟手型后期阶段的教师与其他两个阶段的教师相比，在专业发展上呈现出不一样的现状特点。初中熟手型后期教师作为熟手型教师的一个重要群体，在专业发展进程中职业倦怠明显，专业提升缓慢，进入专业发展的高原期。教育心理学中的高原现象是指复杂技能形成过程中，在练习后期的一定阶段出现成绩暂时停顿的现象，这一现象在练习曲线上表现为两次上升之间出现一次接近水平的线段。教师在经过一定阶段的教学实践之后，对于所任学科已非常熟悉，形成自己特有的教学方法，教学技能日益提升，然而在达到一定的高度之后，会出现停滞甚至倒退现象，这就是教师的职业高原期。很多教师日渐难以从日常教学工作中获得满足感和幸福感，

因而关注影响初中熟手型后期教师专业发展的原因是十分必要的。

二、初中熟手型后期教师职业特征分析

（一）心理特征

初中熟手型后期教师比起其他两个阶段的教师，呈现出更多的心理问题。他们更多的出现职业理想动摇和成长动机低落现象，甚至有些教师处于长期职业倦怠的状态，对工作缺乏认同感，在工作中情绪低落、精神萎靡。可见，初中熟手型后期教师心理问题较多，有很多教师在这一时期的心理问题导致其进入职业生涯的停滞期。

（二）履职特征

初中熟手型后期教师在工作动机方面，已经由新手型阶段的外部动机，逐渐转变为内部动机。新手型教师在从业初期，更多地关注是否能够得到他人的认同，工作更多的是受外部动机驱动，但是初中熟手型后期阶段的教师已经由新手型的单纯追求成绩为目标，转变为对教育工作的热爱和对学生的关心。这一时期的教师已经能够从工作中体会到满足感，更能胜任本职工作。

（三）发展特征

这一阶段的初中熟手型后期教师对于所教科目业已熟悉，已形成自己对教材、教学方法的理解，能够很好地完成教学工作。在对教材的熟悉程度、教学的调控能力方面，初中熟手型后期教师比新手型教师更具有优势，他们已经跳过了进入教师职业初期的迷茫困顿期，对学生和教学工作有了更深刻的理解，对教育的感情由最初的热情变成了持续稳定的情感，他们日益认识到教育教学工作的艰巨性。

三、建议

（一）初中阶段是义务教育的重要阶段，这一时期对于学生而言是非常重要的。研究初中阶段的教师，对于了解熟手型后期教师在这个阶段的专业发展存在的问题有很大帮助，有利于这一阶段的教师更好地了解自身专业发展，对于改进其教学效果有着很深远的影响。

（二）熟手型后期教师要多参加校内培训，包括听课、评课、做公开课、集体备课、师徒结对、反思、课题研究等，校外培训也是必不可少的，初中熟手型后期教师应当突破自身年龄限制，要在各项培训中留下自己的身影，不断提升自己。

（三）熟手型后期教师要善于思考求索、揣摩，有自己的个人资源库，如对

教材的再加工、改造、补充、调整等教学资源库，还有学生资源库等，有什么样的资源决定你会成为什么样的老师。

（四）熟手型后期教师要突破自身问题成为专家型教师，着眼点还是放在学生身上，放在常态课的研究上。善用不同视角去观察，挖掘所教学科的内涵，借助同伴、学生资源开发进行研究性的学习，使自己早日成为专家型教师。

（五）熟手型后期教师通过不断地学习教育学、心理学，要做学生心理诱导的专家，做学生提供除学习外的正能量的植入者、倡导者，具备优良的师德，为不同层次学生输送正能量，做学生的知心朋友。

（六）熟手型后期教师要善于笔耕不辍，积极开展教育科研活动，随时收集和整理信息，如备一个专门的本子，用来抄录那些必须熟记和牢固地保持在记忆里的材料，整合并进行创造，以备积极开展教育科研活动，教育科研是教师能否突破熟手型后期的关键所在。

综上所述，初中熟手型后期教师在专业发展中的主要问题是停滞期，就是因为相当一部分的熟手型后期教师只是日复一日地重复着日常教学工作，而没有以研究者的态度对待教育教学工作。学生对教师的敬畏起源于对教师人生智慧和教育智慧的惊奇，它不只是一种情感，还是一种理解方式。因而，初中阶段的熟手型后期教师应当有终身进步和学习的意识，切实树立起榜样作用。

参考文献：

[1] 李海林. 走出高原期，实现二次专业成长 [J]. 上海教育，2009，(10)

[2] 方方. 教师心理健康研究 [M]. 北京：人民教育出版社，2003

[3] 罗蓉，李瑜. 教师专业发展：理论与实践 [M]. 北京：北京师范大学出版社，2012

后疫情时代的数学双线教育之思考

邢　爽

摘　要： 2019 年 12 月以来，一场突如其来的疫情肆虐华夏大地。自武汉至全国，疫情的蔓延与扩散速度超乎想象，这激发了来自全国各地、各行各业的抗疫力量驰援武汉。在抗疫初具成效的同时，自 2020 年 2 月，教育部针对特殊环境下的课堂教学下发了一系列指导文件，其中针对中小学的"停课不停学"政策，是解决疫情时期课程进度问题的重要举措。同时，这一政策也对现行教育系统提出了极大挑战。本文将针对后疫情时代，教师团队如何为还可能存在疫情反扑情况的课堂教育做好准备提出建议，也将聚焦于数学学科的自身特点，对线上线下双向教育的具体要求给出自己的看法。

关键词： 疫情 数学教育 双线结合

近年来，国家信息网络技术的发展与普及，为互联网在线教育提供了良好的发展平台和技术支持。大多数家庭能够正常使用互联网，也为中小学课程在线教育提供了必要条件。但在客观条件齐备的情况下，仍存在大量问题，使线上教育的开展良莠不齐，没有得到社会的一致认可。

一、问题提出

首先是优质资源的可获取性问题。据权威部门统计，中国在线教育市场规模及用户规模增长迅猛，2019 年中国在线教育市场规模达到 4041 亿元，2020 年中国在线教育市场规模将达 4538 亿元；在用户增长上，2019 年中国在线教育用户规模达到 2.61 亿人，2020 年中国在线教育用户规模将达 3.09 亿人①。但在规模如此庞大的市场群体中，占据主要资源主导地位的，是巨头互联网教育企业，如作业帮、猿辅导等。其课程设置与师资配置远超公立学校资源。这是由于在

---

① 中国在线教育市场规模将达 4 538 亿行业态势发展良好［EB/OL］．（2020 - 02 - 17）．

长期发展中，学校一直以线下课程为主要发展方向，相对于这些互联网企业不具有先发优势。这些企业的课程资源往往需要付费，因此导致网络中优质课程资源存在如下两个方向的问题：一是课程付费，二是免费资源的搜索获取难度大，成本高。在缺乏既有资源可供使用的情况下，中小学的在线教育采用线上直播课的形式，也带来了一些后续问题。

其次，教学思维的锚定效应也是影响教学质量的重要因素。在传统课堂知识传授过程中，教师主要以课堂上的知识传授为主，课后作业反馈为辅，通过知识讲授的方式辅之以课堂作业进行检查的手段。在线下课程到线上课程转变的过程中，大部分教师未能摆脱既有经验带来的锚定效应，仍将精力主要集中于直播课程上，辅之以作业辅导环节。但是由于线上课程本身的约束力未及线下授课的情况，导致线上授课的完成度不高，因此在作业反馈环节出现问题较多，但不能一一及时给出针对性的指导，导致整体教学环节的质量堪忧。

最后，是缺乏有效的联动机制。由于初中年龄阶段的孩子心智并未完全成熟，在面对艰苦的学习生活时，难免出现怠惰、畏难等心理。传统课堂教育过程中，教师能够对学生进行及时的指导与约束，避免放任此类情绪的滋长。但在疫情期间的线下授课环节，由于时间紧迫，部分环节未能建立起有效的"家－校"联动机制，家长未能在疫情期间尽责履行义务，可能导致怠惰等情绪的放大，最终影响孩子的课程学习。

综上，在客观条件满足的情况下，仍存在大量的主观问题会影响线上课程的学习效果。随着时间进入 2020 年 10 月，全国大多数地区的疫情已经得到有效控制，中小学的线下课程教育环节全面恢复开展。但是，吴尊友等有关专家已指出，今年秋冬仍存在疫情反扑的风险。针对以上环境挑战，如何在现阶段为可能存续的线上教育做好准备，将成为目前教师团队的工作重点内容之一。

二、意见提出

本部分将针对于数学教育具有的特点，结合笔者半年来从事线上教育一线工作经验和体悟，对本阶段如何做好教师团队的素质建设工作，提高线上教育质量提出自己的意见。

第一，提高计算机软件使用能力。对于初中数学教育阶段，"数形结合"的思想是培养学生数学能力与认知的重要环节。因此，在无法通过黑板画图的情况下，使用计算机软件做图示便十分重要。如几何画板绘制几何图案，excel 绘制统计图表等都具有灵活多变的优势，几何画板还能通过拖拽进行点、线的移动，解决初中阶段的"动点问题"。因此，针对于必要的工具要熟练掌握并使用，对于不会使用计算机软件的部分教师，可以通过集中培训、"以老带新"等方式提高其技术水平，从而为线上教育环节打好基础，同时也能够为线下教育创造更为有利的条件。

第二，加强预、复习的课程设计。传统的课堂教育同样包括预复习的课程内容，但是按笔者的教学经验来看，教师对于预复习课程设计的重视程度不足，可能出现形式主义的现象。预复习环节对于学生对正课内容的知识理解，培养学生的自主学习能力帮助甚大，尤其是在缺乏线下监督的线上课程中，倘若能够充分发挥预复习课程的优势，通过引导学生利用闲散时间进行自主学习，远比自上而下的监督体制更为有效。

第三，有针对性地加强沟通。对于家长与学校不能实现协同效应的问题，必须通过与家长沟通协商的方式解决。但是教师精力有限，无法与所有家长建立充分有效的一对一沟通体系。在这种情况下，针对部分学生，部分科目，由班主任老师统筹进行的针对性沟通尤为重要。信息时代为沟通提供了便捷的途径，因此教师团队也要充分利用便捷的沟通渠道及时向家长反馈有关问题，并接受家长的反馈，如此才能实现协同的效果。

第四，双线结合的教育思维模式。疫情环境好转的今天，并不意味着我们将完全摒弃线上教学的方式，重新回到线下的教学环节。放眼世界，针对于高等教育的课程正在以更快的速度向线上教育的模式进行转型。虽然初中同学的自控力不足，可能面对线上教育存在这样那样的问题，但是我们不能因噎废食。在以线下教育为主的今天，充分利用线上已经整合完成的优质资源，对线下教育环节进行拓展和补充，将更有利于学生的素质培养，兴趣启蒙和全面发展。因此，笔者在本文中提出"双线结合"的教育思想，旨在为后疫情时代的教育模式提供新思路。以线下教育为主，通过教师团队的讲授与引导，辅之以优质的信息资源整合，计算机软件技术，便利的沟通渠道，对线下课程进行良好的拓展与补充，同时，也为未来可能存在的疫情反扑，阻却线下教育的情况做了准备和铺垫。

三、结语

在教育理念蔚然成风的现代社会，参与到教育环节的家长、教师，无论以何种身份或视角，对教育的重视程度都不容置喙。年初至今的疫情是对中国教育体系构建的一次大考。在党的正确领导下，我们对于原则性、方向性问题的把握都严格且精准。体系的调整和结构的改变对于教育系统中处于一线岗位的教师而言，是一次重大的能力测验。如何快速及时地调整自己，以适应新环境下对于教师的能力要求，是当前亟待解决的问题。本文的研究贡献在于，结合了数学教育的自身特点，并根据笔者疫情期间教学中遇到的种种问题做出反馈，提出了"双线结合"的教育新常态。传统教育领域的种种功绩已乏善可陈，本文面对新环境提出的各项改进意见能切实为保证教学质量，提高教师团队水平有所裨益。

让自制教具在数学教学中发挥作用

徐利君

摘 要：教育心理学的研究成果表明，学生在形成数学概念的最初阶段，都必须借助于感觉，先把具体事物的观察和接触转化成与具体事物无关的感性认识，再把感性认识转化成为抽象、概括的理性认识。学生在学习过程中，要在较短的时间内建立概念，仅仅凭借老师讲述是不行的，很多看不见摸不着的东西都要靠一些具体直观的教具把它们演示出来。所以在现代教学中，用具体模型和直观教具进行说明与进行演示操作仍然是十分重要的。

关键词：教具 学习兴趣 培养 能力

教育心理学的研究成果表明，学生在形成数学概念的最初阶段，都必须借助于感觉，先把具体事物的观察和接触转化成与具体事物无关的感性认识，再把感性认识转化成为抽象、概括的理性认识。学生在学习过程中，要在较短的时间内建立概念，仅仅凭借老师讲述是不行的，很多看不见摸不着的东西都要靠一些具体直观的教具把它们演示出来。所以在现代教学中，用具体模型和直观教具进行说明与进行演示操作仍然是十分重要的。运用教具可节省时间与精力，达到事半功倍的效果，从而高质量地完成教学任务。下面就结合自己的教学实践谈谈教具的作用及意义。

一、使用教具，有助于使抽象的知识具体化，激发学生的学习兴趣

好奇作为思维和兴趣的先导，是中学生思维上的一个特点。兴趣是学生学会知识的潜在动力。兴趣是最好的老师，好奇心是成功的起点。在教学中，利用自制教具适时适度地进行演示，有意识地创设好奇情景，激发学生的求知欲，因势利导组织教学，对于激发学生求知欲、提高教学质量，将有极大的帮助。例如：在初一下学期讲《三角形内角和》一课中，要说明任意三角形的内角和为180度，的确不易。课堂上我先让学生自己准备一个三角形，并说说自己准

备的三角形内角和是多少？大部分学生用度量法测算。这时可以引导学生：能否把三个角用和的形式拼在一起再进行观察？通过操作，学生发现三角形的三个角刚好组成一个平角，从而得到任意三角形的内角和为 180 度。这样既培养了学生的动手能力、观察能力，又弥补了学生想象力的不足，使抽象的知识具体化。同时还培养了学生自己解决问题的能力，又使学生学得轻松愉快，牢固掌握知识，课堂实实在在地得到了优化。

再如，在讲解《平行四边形》时，为了让学生更直观地了解"平行四边形的中心对称性以及平行四边形的两组对边分别相等，两组对角分别相等，对角线互相平分的性质"，在课上我出示了精心制作的平行四边形教具模型，将平行四边形 ABCD 绕着它的中心 O 旋转 180 度后与自身重合。通过这样一个简单的教具演示，学生们能够对平行四边形的性质有更深刻的认识，从而使深奥的道理形象化，枯燥的知识趣味化，激发了学生的学习兴趣，活跃了课堂气氛，调动了学生学习的积极性，使学生在轻松愉快中学习知识，接受教育，加深印象，并达到活学巧用的目的，以利于学生今后的成长和发展。

二、使用教具，可帮助学生对知识的了解和掌握

教具的利用可增强学生对数学概念的理解和记忆。理论来源于实践，教具的利用可帮助学生形成牢固的数学概念，便于理解和接受新知。对于只有"数"的概念，而"形"的概念尚未形成的初中生来说，研究平面几何图形是存在一定难度的。因此在讲解平面几何图形的有关知识时，仅凭老师口头叙述，学生很难形成牢固的数学概念。教师如果能使图形直观化、实物化，几何知识就容易被学生接受，并能较好地培养学生的空间想象能力和逻辑思维能力。如：讲解《角的大小比较》这个内容时，我用硬纸板制作一些大小不等的角，放手让学生自己去比较，结果学生自己就总结出了比较角的大小的方法：要把顶点对齐，一条边重合，再去观察另一条边的情况。学生亲自看到了比较的结果，加深了对比较方法的认识理解，牢固掌握了"角的大小比较"这个知识点。实践表明，自制教具不仅能使数学教学生动活泼、直观形象，而且能使学生牢固掌握知识，提高能力，增强教学效果。

三、使用教具，有助于数学思想方法的渗透

加强数学思想方法的渗透，是突出数学本质、提高数学能力的重要组成部分。如数形结合、变换思想，对应、集合的思想、估测意识以及分析、综合、转化、归纳、类比等基本思考方法，这些都是发展学生数学思维能力，提高学

生数学素质不可缺少的金钥匙。如：通过学生剪、拼等操作活动，把复杂图形的面积计算问题转化为几个简单图形的面积问题，渗透了转化的数学思想；在教学平移与旋转时，通过"做一做"、"拉一拉"、"拼一拼"、"转一转"以及"剪一剪"等操作或制作活动，感受几何变换的思想等等。

四、使用教具，可培养学生观察、分析、解决实际问题的能力

教具的利用可培养学生观察、分析、解决实际问题的能力。不同形状、不同颜色的教具很容易刺激学生的感官，从而传递给大脑。他们由感性认识上升为理性分析，再用理性知识来解决实际问题。所以，用教具教学最大特点就是直观、生动，便于学生观察。

学习《从不同方向看》时，有些同学缺乏空间想象能力，做起题来真是有心杀敌，无力回天。于是，我带了很多立方体，摆成不同的形状，让学生来观察，从各个方向看是什么平面图形。做到练习时，有些几何体是由很多立方体组成的，让学生画从某个面看到的平面图形。遇到有困难的，我就用立方体摆出图形，让学生观察并分析，从而使问题得到解决。

五、使用教具，有助于培养学生的创新能力

在讲《勾股定理》时利用拼图，学生能很直观地发现几个图形面积之间的关系，从而发现直角三角形的三边关系。学生的不同想法反映出学生能从不同的角度去看问题并解决问题，这样结合教学，有机地向学生渗透了全面看问题的辩证唯物主义观点，同时学生在教师所创设的探索、思维、创造的空间中发展了求异思维，从而有效地培养了学生的创新意识。

六、使用教具，可培养学生高尚的德育、美育素质

教具的利用可培养学生高尚的德育、美育素质。教具的演示让学生深知，他们所学的知识是真理，是科学的，体现了实事求是这一传统美德，于潜移默化中进行了辩证唯物主义的教育。教具的外部结构存在着和谐美，如讲解《等式基本性质》的时候所用的台秤。教具的形状千差万别，有长方形、正方形、菱形、三角形等等；教具的颜色七彩纷呈。它们规则的外形与多样的色彩使学生产生赏心悦目的美感。

总之，在数学教学中，根据内容不失时机地利用自制教具教学，能使学生学得既轻松又透彻。教具是自然美的客观反映，是科学美的核心。教具是真与美的统一体，教师在教学中，一定要使用好教具。

参考文献：

［1］杨平．高校健康教育的实施探悉［J］．湖北体育科技．2005 年 02 期

［2］魏广清．小学五年级数学教学浅谈［J］．安徽教育．1980 年 01 期

把握课程标准树立政治课课堂教学新理念

许晓燕

摘 要：现如今随着我国经济水平的不断提高，社会各界对人才能力的需求更加多元化。初中思想政治课对学生的全面成长具有极大的帮助，具体表现在教材、教学观念、教学方法等方面。新的教学理念逐渐融入教学各个方面，教学方法的更新给教师和学生带来新的体验。我们要抓住这个契机，思考新课改后初中思想政治课堂，发现问题、迎接挑战、提高课堂教学质量和效率。本文就新课改背景下初中思想政治课教学应体现的"新"展开思考。

关键词：思想政治课 新理念

《思想政治课课程标准》要求从中小学生的身心发展规律出发，力图克服形式主义和脱离中小学实际的倾向，突出创新精神和时代精神，淡化学科理论体系，突出教学的实践环节，努力增强德育工作的针对性和实效性。为了更好地把握和落实《课程标准》的精神实质，政治课教师必须不断更新观念，提高自身素质，树立课堂教学的新理念。

一、要建立新型的教师观，实现教师角色的转变，做学生学习的促进者、合作者、参与者和引导者

随着高科技和现代信息技术的不断发展，知识获取的渠道已经是多样化了，学生知识的来源于不仅仅是书上的知识和教师的知识。而且当今时代知识量之多，更新速度之快，光靠在学校的课堂上获取的知识也是不可能的。在这种情况下，教师必须从传统单纯的教书匠的角色中解放出来，而转变为学生学习的促进者，能力的培养者。这要求教师在向学生传授知识的同时，要"授人以渔"，教导学生学会认知、学会做事、学会共同生产、学会生存的本领，要通过教育学生逐渐成为有个性、有适应性、有智慧、有意志、有品德、有追求的人。要求教师把整个教育教学过程不仅仅看成是学生掌握知识的过程，而且是使学生身心发展、潜能开发、主体性增强的过程；要把自己视为学生自主学习的促进者，帮助学生确定适当的学习目标，并确认和协调达到目标的最佳途径；指导学生形成良好的学习习惯，掌握学习策略，发展认知能力，创造丰富的教学情境，激发学生的学习动机，培养学生的学习兴趣，充分调动学生的学习积极性，为学生提供各种便利，建立一个接纳的、支持的、宽容的课堂气氛；作为学习的参与者，与学生分享自己的个人感想和想法，和学生一道追求真理，使师生共同得到成长和发展，最终实现"学生全面和谐发展的自主性发展的目标"。惟有如此，才能更好地实现思想政治课的学科价值。

二、建立新型的学生观，使学生真正成为课堂的主人

传统的教学模式是学习建立在学生的客体性、被动性、依赖性的基础上，学生处于被动的地位，学习就是读书、练习和考试，学生是学习的容器；新的教学模式是学习建立在学生的主体性、能力性、独立性的基础上，学生在学习中处于主体地位，学生不是课堂、教师、教材三中心的方式下的被动的容器。

新课程改革的灵魂就是学生主动性、积极性、创造性的挖掘和发展，教学是根据学生的需要进行，而不是根据教师的主观设计进行，教师讲得再好还是教师的东西，而不是学生的东西，我们的教学任务是教会学生如何学习，教学生会学，所以学生只有主动积极地参与课堂教学活动，师生之间开展直接的、面对面的交流、对话，学生才能获得真情实感的、有活力的知识。师生之间只有分享彼此的思考见解和感受，学生人格才能得到陶冶。

今后的课堂，不再是教师的一言堂，而是师生共同参与教学全过程课堂。师生在互动中，共同探讨、研究、切磋、互补、交流。这种新的教学方式，会改变过去教学课堂教学的注入式、填鸭式、枯燥的插秧式、乏味的教学方式。教学活动将以生动、活泼、有学校味儿的氛围呈现在学生的面前，其教学效果、学生的收获就不言而喻了。

三、要改革传统的教学方法，增强教学的开放性，上"活"政治课

当前的政治课因循了传统的教学模式，存在着诸多的与素质教育、时代要求相脱节的情况，比如在教学内容上照搬照抄，惟书惟参、不求实际、枯燥乏味；在教学手段上，单调划一，学生缺乏兴趣。

（一）为激发学生的兴趣，就要增强课堂教学的开放性，使政治教学做到四"活"

1. 教学内容要"活"，不惟书。既要讲书本知识，又要联系实际；既要讲过去，又要讲现在和将来；既要讲中国，又要讲世界。

2. 教学方法要"活"，教学有法，教无定法，不"单调划一"，教法上要常教常新。苏霍姆林斯基说过"一句话不能用几十种方式说出的教师是不合格的"。教师要根据学生的接受能力，学生的状况，调整教学方法，做到教法要活。

3. 课堂练习也要"活"，练习的内容既有知识的识记，又有知识的运用。在练习的方式上，既让学生说明自己是怎样理解的，又要说明是怎样记住的，还要说明这一知识对现实的指导意义。

4. 学生表现"活"。教师求"活"的最终目的是要调动学生的"活"。学生的大脑要"活"，能积极思考，自己去分析、比较、抽象、概括，从而得出正确的结论。学生的口要"活"，激发学生踊跃发言，陈述己见，开拓学生的思路，活跃课堂气氛。学生的手要"活"，能积极动手解答，尝试成功的喜悦，加深对知识的理解，培养学生解决问题的能力。为了让学生"活"起来，可以尝试研究性学习法，即通过搜集相关资料并撰写小论文，开始开展社会调查并撰写调查报告、组织讨论、演讲辩论、实例论证、模拟操作等教学活动，来调动学生的积极参与，从而让学生真正"活"起来。

这样的教学模式，有助于学生主体思维活动的开展，有利于开拓性人才的培养，以适应时代的要求。

（二）思想政治教师要与时俱进，不断提高自身素质，适应课程改革和素质教育的要求

1. 要有扎实的教学基本功。教师上好一堂课，必须练好"内功"，重视教学基本功。扎实的基本功是良好素质的体现，是事业成功的必要条件。凡是一节好课，无论对教学内容的发掘、语言的规范和体态的恰当运用，对例子的准确分析、问题的设计，还是课堂调控能力和应变能力，以及教师的艺术风格，无不来源于扎实的基本功。

2. 思想政治课教师要熟练掌握现代教育技术。科学技术的发展，教育改革的深入，给我们提出了必须掌握现代教学技术的问题。以信息化带动教育现代化是教育改革和发展的基本方略，应用优秀的教学软件，开展多媒体辅助教学，应成为教学的基本要求和基本技能，课件的设计、制作和使用要讲求效益原则，要掌握使用计算机的基本技能，而不仅仅是表演或简单的机械操作。

3. 要提高教师的科学素质和人文素质。研究性学习的开展和学生学习方式的转变，课程内容的综合化，培养学生的创新精神和实践能力，对教师的素质提出了新的要求。培养学生的综合能力首先要求教师文政史地或数理化生兼通；

现代教育技术整合学科教学内容要求教师熟练掌握计算机技术；发挥学生的主体作用要求教师要有更高的课堂调控能力和应变能力；学生素质的提高要求教师积淀人文素质和科学素质。

总之，素质教育观下的思想政治课教育教学，是一种完整的育人教育。他的真正意义不仅是让学生获得真知，还要让学生拥有一种精神、一种立场、一种态度、一种不懈的追求。这就是我们广大政治课教师的新理念。而一马当先、与时俱进、不畏艰难、勇往直前，应是我们广大思想政治课教师的新作为。我们只有牢牢把握"课程标准"，树立政治课课堂教学新理念，才能不断推进素质教育，培养出符合时代要求的合格人才。

激发学生数学学习兴趣的思考

尹丽妹

摘　要：九年义务教育新课标基本理念告诉我们：人人都能获得良好的数学教育，不同的人在数学上得到不同的发展。因此，努力激发学生学习数学的兴趣，必须要尊重学生合理的主观意志，学生才是学习的主体。"兴趣不是学习的先决条件，而是学习的产物，是良好教学的必然产物"。什么是良好的教学？良好的教学不是依靠教师出色地教，而是依靠学生自主地学，这就是所讲的培养学生学习兴趣的重要性。

关键词：初中 数学教学 学习兴趣 新课标

一、引言

兴趣是最好的老师。初中数学教师必须深刻认识新课程标准中蕴含的教学理念，结合初中生的特点，制定符合其身心发展的教学目标和计划，并借助丰富的教学手段与学生展开沟通，使学生在成功的体验中感受数学学习的乐趣，从而逐步养成对数学持久的兴趣，并将数学思维应用于今后的学习和生活中。

二、新课程改革下对初中学生数学学习兴趣的调查

新课程标准推行以来，初中数学部分基础知识降低了难度要求，转而提出了重视数学思维培养和探究能力、应用能力等方面的教学目标。在这一背景下，如何激发作为主体的学生的学习热情，真正提高数学知识水平及思维能力，越来越成为各方关注的焦点。有调查显示，50%以上的初中学生对数学存在畏难情绪，其中大部分表示对数学"不喜欢"或"不感兴趣"，而缺乏兴趣的原因则是多种多样的，如"单调枯燥""难以掌握，学习有挫败感"等。可见，虽然与小学生相比初中生的集中力已经增强，但注意力很难持久，意志力也较薄弱，抽象思维能力不强，对数学仍处在表面的认识阶段，对传统"满堂灌"式

的知识灌输非常排斥。加之其对事物的兴趣主要受情绪左右，一旦出现成绩下滑，通常会感到沮丧，学习兴趣锐减，最终形成恶性循环。初中数学教师应根据这一特点，以生动的课堂教学设计和丰富的教学模式吸引和感染学生，激发其持续的数学学习热情。

三、运用数学知识解决实际问题，激发学习兴趣

数学知识贴近生活，源于生活，用于生活。数学具有丰富的内涵，它具体表现在灵活运用之中。特别是初中数学，作为一门基础性学科有着其特殊的应用价值，能活学还不够，还应在此基础上学会活用，使数学知识真正为我们的学习、生活服务。例如我们学习了一元一次方程、一次函数与一元一次不等式后，就可以用这些知识建立数学模型，解决生活中的一些问题。

学生对数学有兴趣，虽然不是他们取得好成绩的唯一条件，但必定是学好数学的重要特征。所以，我们数学教师要注重在教学实践中从不同的途径去培养、激发学生学习数学的兴趣，从而使我们的数学教学获得良好的效果。总之，我认为只有正视数学教学的客观实际，真正做到智力因素与非智力因素的培养并重，"双基"训练与能力培养同行，才能有效地培养学生正确的学习态度和浓厚的学习兴趣。只有使数学教学更贴近学生的生活，使学习变得有趣、生动、易懂，才能调动学生学习数学的兴趣。

四、分层次教学，提高教学效率

分层次教学模式是根据不同的基础、不同的学习能力，将学生分为不同的层次，并为其制定不同的学习计划和学习目标。这种突出学生主体地位的教学模式，可以避免不同基础的学生为完成单一教学目标而产生的不良心理。在传统的教学模式中，教师采取"一刀切"的方法，即按照多数学习能力中等的学生设置课程难度，一部分数学成绩好，能力强的学生认为数学太过简单，缺乏挑战性，而部分较后进的学生则跟不上进度，逐渐对数学学习失去了信心，积极性受到了极大的影响。而分层次教学的出发点就是让所有的学生都得到适合自身程度的学习机会，全方面地认识不同层次的数学带来的乐趣。

五、分层次教学的内容

（一）学生分层

分层教学除需考虑学生的学习能力外，还要参考其学习态度和心理特点，通常可按课程标准要求达到的基本目标、中层目标、发展目标这三个层次将

学生以 3：5：2 的比例分为 A、B、C 三个层次：A 层由学习主动、成绩优秀的学生组成，要求他们能掌握教材内容，独立完成习题，完成教师布置的复习参考题及补充题，主动帮助 C 层的同学解决学习上的问题，并结成一对一的学习伙伴；B 层是数学能力中等的学生，要求能掌握教材内容，独立完成练习，并在教师的启发下完成习题，积极问 A 层同学请教；C 层由学习有困难的学生组成，要求其在教师和 A 层同学的帮助下掌握教材内容，完成练习及部分简单习题。

（二）教学目标分层

对于不同层次的学生均应设置符合其实际的教学目标，既要能跟上进度，又有一定的难度，留给学生思考和自主探究的空间。具体而言，对 C 层学生的目标设定应集中在基本数学概念、数学方法的掌握，难度梯度较小，指导性学习多一些；B 层的学生应以知识和方法的灵活运用为主，开发其理解与思维的潜力；而 A 层的学生则应面向理解创新和自主学习，引导他们运用已有知识求解难度较大的问题，使其具备独立探究问题的数学思维，培养其终身学习数学的兴趣和能力。

（三）教学过程分层

教学过程是取得理想教学效果的关键，因此，搞好分层次的课程设计至关重要。这一点应该体现在教师科学全面、层次清晰的备课和课堂教学活动中，要保证每个层次的学生都具有平等参与教学活动的机会，对于 B、C 层在课堂上表现出疑难的学生，应主动了解其存在的问题和困难，帮助解答并激发他们的学习热情，而对 A 层的学生则应注意启发他们去思考、归纳一般规律与结论，再引导其变更问题、引申结论以求完全掌握。

六、结语

兴趣是求知的起点，是培养学生思维和提高学生能力的内在动力。因此，启发培养学生的学习兴趣是传授知识、培养能力的前提。学生创造力的培养，主要通过学生的主动思考、充分想象，通过动脑、动手制作简单的数学模型或是简单地拆析几何图形，促使和调动学生的发现思维，从而认识到数学的重要性，形成乐趣，产生兴趣。

参考文献：

［1］邱水红.初中数学教学学生学习兴趣培养浅谈［J］.教育经济研究，2008（1）.108

［2］郭峰．论初中数学教学生活化与学生学习兴趣培养［J］．科技资讯，2010（24）．201

［3］谢鑫．如何培养学生的数学学习兴趣——初中数学新课标教学尝试［J］．科学咨询（教育科研），2009（10）

浅议初中生应答补全对话题的能力培养

于翠梅

摘　要：培养初中生应答补全对话题的能力，首先要消除学生畏惧和轻视的心理，其次引导学生从思想上重视，要求学生做到熟练掌握日常交际用语并善于归纳总结，灵活应用。同时培养学生的分析能力，要求学生在日常学习中广泛了解英美习俗、社会活动、中外重大事件及时尚话题等，并将其应用于对话中，将听说读写有机结合。

关键词：培养英语思维 夯实基础 善于归类

近年来，在吉林省、长春市及通化市初中毕业生学业考试英语试卷上都有补全对话这样一个题型。随着英语教学的发展及社会的需要，此题型也频繁出现在其它省市的中考英语试卷上。该题要求学生根据对话的内容，在句中横线上填写适当的话语（话语可能是一个句子，也可能是一个短语或一个单词），使对话完整、正确。该题型考查考生的综合交际能力，要求学生将平时学到的语言知识整合升华成语言技巧，题型灵活，涵盖的交际话题广范，看似简单，实则有难度。此题每空分值大（题中共有5个空，每空2分），且答案不唯一，容易丢分。同学们普遍反映对如何答好此题型很困惑，结合我的教学实践，分析探讨一下如何培养学生应答此类题的能力。

一、从认识上提升

首先要求教师耐心疏导，帮助一部分学生消除对这类题型的畏惧心理。因为很多学生在这道题上丢分很多，每遇到这样的题型就会产生心理障碍，紧张、担心、焦虑的情绪反而造成他们丢分更多。学生们普遍认为这种题看似简单，但是只要考虑角度稍微偏一点儿就会丢2分，多则4-6分，这样在这道题上就造成很大的分差。

其次，教师还要帮忙消除另一部分学生轻视的心理。他们认为此题只有5

个空，只要按照自己的思维去考虑，碰上运气就得分，丢分也无所谓。

要想摆脱以上两种心理，就要求教师在教学过程中引导学生不要惧怕这种题，同时要列举不要惧怕的原因。学生可以先审题，在审题后迅速分析该题属于学过的交际话题当中的哪一项，这样学生就可以在确定范围后根据该话题的常用句型来答题，使答题有所依据。

题中要填的句子或短语是我们日常交际练习中常用的，重复出现的频率很高。虽然试题中的语言有所变化，但万变不离其宗，所考的知识点都是在课文或对话原形的基础上加以改动的。如果遇到答不上的情况，就反复读一读对话并理顺上下文关系，反复琢磨，换角度思考就能找到正确的答案。所以教师在教学中要消除学生的畏惧或轻视心理，提高他们的认识，激发他们今后做此类题的热情和信心，为后面的训练打下基础。

二、从思想上重视

补全对话是一类考查学生英语日常交际能力的题，每空 2 分，分值大，易丢分，是一道拉分的题（吉林省、长春市和通化市中考题题型）。这就要求教师在日常的教学和训练中引导学生从思想上重视它，争取在日常的学习中尽量创设正式、直观的情景，激发学生的兴趣，并叮嘱学生切忌使用汉式英语。还可以指导学生多了解英美交际的习俗，养成用英语思维的习惯，同时尽量用英语来谈论不同的话题，学生们还可以编写一些自由情景对话，达到听说读写有机结合的目的。

三、从知识上分析

补全对话题考查学生的交际能力，同时也检测英语知识的点点滴滴，这些知识点是平时学习和训练过的。因此，教师在平时的教学过程中要尽量做到语言教学交际化，整个教学过程要尽量在正式的情境下使用真实的语言进行真实的交际活动，真正做到摒弃机械操练。尽量创造较为自然的语言交际条件，按情景题材组织教学材料和教学活动，让学生在真实或较为真实的场合中进行操练，大量使用信息转换、情景模拟、游戏、角色表演（roleplay）等活动形式。

（一）考查学生基本的交际方面的词汇、短语及句子的掌握情况，夯实语言交际的基础知识

补全对话题所考查的词、短语、句子通常不会太难、太复杂，往往是平时教学或练习中出现频率较高的词汇或句子，而且词、短语或句子的书写也不会太长，即使是较长的词，如 anything，important，knowledgeable 等都是应该掌握

的重要词汇。这就要求学生在平时的学习中加强单词的记忆和应用，否则即使是简单的词或句子学生也写不出来或拼写错误，也会丢分，这样也是于事无补的。

（二）考查学生对于交际项目中的词汇、句子的归类和灵活运用能力

这就要求学生在平时的学习中认真搜集课文及对话中常出现的有关购物、打电话、问路、看病或谈论过去的经历等有关对话，并将交际话题的常用句子、短语分类归纳总结并且熟记于心，这样使用时才能做到熟悉、灵活、方便。

（三）考查学生对上下文的分析能力

学生通过通读全文获取信息，试探性地猜测所需语言，然后进行试填。试填答案时一定要问答一致并要注意对话的表达要符合西方人的语言习惯。如：有这样一个答句：It was fascinating and interesting. 而上文提到一方到重庆去度过假，根据分析，此句一定是在问对重庆的评价，因此答案可以是：What do you think of Chongqing? 或 How do you like Chongqing? 试填之后学生还要做到复查。这就要求学生将整个对话反复重读，检查问答是否一致，对话是否通畅，前后句子是否符合逻辑及习惯用法，字母大小写及标点符号是否使用正确。如果学生在平时的学习中人为地加强这种分析能力的培养，应答任何交际题应该都是没问题的。

（四）考查学生的语法交际运用能力

如答语为"I went there by myself."，那么学生在考虑问句时就先考虑时态为一般过去时，其次 by myself 是表示"独自"，所以应用 with 来提问，因此问句为：Who did you go there with? 而有的同学首先忽略了时态，其次将 by myself 理解成了 by bus 里的"乘坐"的意思了，所以推出错误答案是：How do you go there？由上可见掌握语法知识对于补全对话题有多么重要。在此类题型中考查的语法往往是动词的时态、形容词、副词的用法、各种问句、及像 used to do \ spend… doing 等句型或名词的单复数。这不仅要求学生考虑问题要周全，还要求教师在平时的教学中为学生打好基础，对每个知识点都要求学生掌握牢固、透彻，该用到哪个知识点就要拿得出来，这样在考试中就能大获全胜。

（五）从逻辑上分析，补全对话题也考查逻辑思维、生活习惯、生活常识、中外大事等

近期对话中常出现有关新冠肺炎的话题，这就要求学生在日常生活中细心观察、广泛阅读，同时也要求教师在教学中适当渗透英语的文化知识、重大事件、宗教、艺术、音乐、民俗、社会活动、日常生活知识及对事物的看法和评价。例如，九年级 Unit 12 这一单元我们会学习各国的礼仪，为了更好地掌握这

些礼仪知识，教师可以将不同国度的礼仪编排成不同的对话，这样学生掌握得就更直观、更深刻。

（六）从补全对话的题材上分析，补全对话题多数以叙事为主

对于不同的话题，如谈论天气、打电话、购物、问路、看病、用餐等，基本都是按照先开头再顺着线索叙述事情（此部分注意语法使用准确），然后做出恰当的评价，最后选择恰当的感谢或道别用语。这就要求学生熟练地掌握各个话题的开头和结尾用语，中间叙述或评价角度正确，分析到位。

总之，学生在做补全对话题时要有充分的自信，在思想上重视它，做题时冷静，反复阅读、思考，将对话读透、读懂，理解出题人的目的，再检查单词、短语或句子的拼写是否正确，语法交际运用是否符合逻辑及语言习惯，前后连贯与否，字母大小写加标点符号使用是否正确。这些都一一做到，再加上平时的阅读、练习、积累、总结，此题获得满分自然是水到渠成的事。

怎样使学生养成终身健身习惯

袁春彦

　　摘　要： 中学时期是学生生长发育的关键期，更是形成健身习惯的黄金期。中学时代健身习惯的养成，对终身体育锻炼有着决定性的作用。教师必须充分利用这段时期对学生进行正确的引导和训练，使他们对体育锻炼产生浓厚兴趣。在具备自我锻炼能力的基础上，逐渐养成天天健身的习惯，以达到终身锻炼的目的。

　　关键词： 健身习惯　体育兴趣　学习压力

　　二零二零年的新冠疫情肆虐全球，人们开始重新审视健康对于我们人生的重要性，也有越来越多的人决定开始将运动锻炼纳入生活的一部分。以往学生家长把学习分数放到首要地位，但在疫情期间他们意识到了孩子的健康才是最重要的。他们想让孩子把大部分花费在电视、电脑的时间用来健身，才真正地意识到了孩子养成健身习惯是多么重要。但有些习惯好像平时再怎么努力都无法完成，比如早睡早起、按时刷牙、多吃蔬菜……坚持健身是我们每个人都知道，但却很难养成的好习惯。

　　学生都是到了初三在中考的压力下开始健身，那这样的健身能维持多久呢？调查研究表明：学生体育中考之后，绝大部分都放弃健身了。事实上，你已经有了健身习惯，放弃一段时间之后，你会发现很难捡起来。尤其是学生进入高中时期，在高考的压力下，他们都会说我没时间。其实他们说得对，因为学生在求学期间几乎每个人都没有足够的时间，除了学习。好不容易空出时间来还不如追下剧、刷刷抖音，平时的学习已经够受了，还要去健身，门儿都没有。既然健身这么困难，为什么还有人每天、每周都坚持健身，然后把它养成一种生活习惯呢？这是因为当人们运动的时候，人体会产生内啡肽、去甲肾上腺素、多巴胺等，它们会使人有愉悦感；对人的大脑和情绪产生一些积极的影响，久而久之，就会形成一种运动＝愉悦感的奖励机制，这就是很多人运动成瘾的原因。为什么有人能够坚持健身，而有人却很难坚持？因为产生多巴胺需要一定的门槛，训练需要达到一定的强度；再加上学生除了学习之外，时间就那么多，还需要和其他的诱惑，比如打游戏、看电影、刷微信进行对抗，所以要坚持到健身难度也挺大的，那么如何反过来用它这种奖励机制来帮助学生养成健身习惯呢？

一、要利用体育中考指挥棒让学生的健身由被动变主动从而养成长期健身习惯

体育已成为中考的考试科目，多数学生都是到了初三才开始为了分数而进行大强度的训练。当然，这样训练情况下，分数是有了提高，但却使体育中考失去了原本的意义。体育中考，它不同于平时的体育竞赛，体育竞赛中的顶尖高手还有可能拿不到冠军，但体育中考不一样，只要你平时坚持锻炼，就有可能拿到高分、满分。它是能碰得到、够得着的。体育中考的真正意义是让学生把健身融入平时的生活中，形成良好的锻炼习惯，终身受用。

体育健身习惯是在不断的重复练习中形成固定化的行为模式，是指学生在一段时间内克服自身惰性，自觉地从事锻炼活动，是在科学锻炼的方法指导下，有意识地刻苦训练形成的产物。体育教师应该利用体育中考这个指挥棒，根据学生的年龄、心理、生理等特点；根据中考项目，针对性制定计划，科学合理地培养学生的锻炼习惯、让学生在掌握基本的运动技能和方法的基础上，学会制定合理的符合自身条件的可锻炼方案；还应经常督促和检查学生锻炼的情况，及时改进和调整锻炼计划；加强意志锻炼，在对学生进行体育中考项目的训练时，就要促使学生形成自律；帮助学生克服自身情况，持之以恒，才能逐渐让学生形成良好的锻炼习惯。

这就要求体育教师不仅要在课堂教学中培养学生良好的锻炼习惯，更要帮助学生制定契合自身实际、符合学生的生活规律和作息时间的个人锻炼计划。严格规定锻炼的内容、方法、过程、运动量和时间等；并制定出预定目标，以及在锻炼初期阶段进行监督；通过定期对中考项目测试来督促学生进行自我评价、自我监督。通过对体育中考考试的监测，不断提高学生积极参与锻炼的自律性、积极性，从而养成良好的健身习惯。

二、要激发学生的兴趣让体育锻炼成为爱好从而养成长期健身习惯

兴趣是最好的老师，只有学生爱学习、爱锻炼，对体育锻炼真正有了兴趣，才能有助于培养其良好有效的锻炼习惯。寻找自己喜欢的体育运动。如果喜欢

户外运动，可以选择散步、跑步；也可以和朋友一起参加团队活动，比如排球、篮球、足球；喜欢跳舞，舞蹈班、街舞等都是不错的选择。学生有了兴趣之后，自然就会端正学习态度，浓厚的兴趣与积极的锻炼态度相结合，加上科学的锻炼方法，教师的指导才能达到事半功倍的效果。

教师在指导学生锻炼过程中，应关注不同学生的生理特点和心理特点；特别要注意指导形式和锻炼方法；趣味化符合学生的接受能力，让学生在轻松愉悦的氛围中进行活动，让体育锻炼真正成为一种乐趣的享受。教师应该由浅入深，循序渐进，指导学生锻炼，让每一个学生、每一节课都经受一个科学锻炼身体的过程，并且能体验到成功的愉悦，通过示范和指导的综合效应来培养学生，形成良好的锻炼习惯。

三、科学地锻炼身体使之成为学生缓解压力的手段从而养成长期健身习惯

我国是人口大国，就业压力非常大，这就造成学生的学习压力大。媒体经常报道：由于学生的学习压力大，不堪忍受过重的负担，用极端的方式宣泄自己的不满，而酿成悲剧。这就迫切地要求我们给孩子用合理的方式宣泄自己的情绪，用科学的锻炼来缓解学习压力。

运动是较为有效的缓解心理压力的手段。聂卫平在围棋比赛的时候经常扇扇子，当然目的不是降温，而是通过小幅度的快速摆动的动作，一定程度上缓解压力。从运动心理学角度讲，有目的，有计划，重复进行的锻炼或者身体活动、体育运动对于焦虑及负面情绪确实起到一定缓解作用。

锻炼可诱发积极的思维和情感，这些积极的思维和情感对抑郁、焦虑和困惑等消极的心境具有抵抗作用。体育锻炼中，与朋友、同事等进行的社会交往是令人愉快的，它具有促进心理健康的作用。锻炼能够转移对自己的忧虑和挫折的注意力，从而使焦虑、抑郁等消极情绪出现短时间的下降。锻炼能够增加心脑血管的收缩性和渗透性，可使体温恒定；有助于保持神经纤维的正常传导性，从而有利于心理健康；有助于产生欣快感、改善情绪。学生的运动量维持在中等强度的有氧运动，最简单的衡量指标是运动时达到最大心率的65%到70%，每次运动时间在20到30分钟即可。运动方式可以选择自行车、跑步、健身操等等。

学生养成健身的习惯后，会发现长期健身身体会有许多变化。坚持健身的人，身体得到了锻炼，体能素质有所提高；身体状态会越来越好，身体会越来越轻松；并且会越来越喜欢运动的感觉。长期玩手机的学生容易出现含胸、驼背、脖子前倾等不良体态，影响气质。而健身训练在锻炼过程中，会让你开始注重形象，有意识改善不良身姿，慢慢提高形象跟气质。健身会改变一个人的形象体态，从而提高一个人的气质，健身可以把心态变好。健康的身体，良好的心态都有助于提高学生的学习成绩。因此，养成长期健身习惯会使学生终身受用。

参考文献：

马启伟. 体育心理学. 高等教育出版社，1996.5

浅谈如何激发学生对数学的学习兴趣

翟 英

摘 要： 适当变换教学方式，丰富教学内容，通过生动的案例吸引学生的兴趣，帮助学生更好地领略数学的美妙。

关键词： 数学的奇妙 数学的实用 数学的美丽

著名数学家陈省身曾在中国少年数学论坛的开幕式上题词"数学好玩"，在他的世界中，数学是一件奇妙的事情。但从教多年的数学老师从家长口中得到的反馈往往是："孩子数学总是很差""数学应用题太难解了""孩子们很难解决数学问题"。为什么如此美妙、好玩的数学，在学生和家长的眼中却困难重重呢？也许是因为数学公式众多、计算复杂，让本身就对数学学习有畏难心理的学生更加抗拒。多年一线执教经验告诉我，应适当变换教学方式，丰富教学内容，通过生动的案例吸引学生的兴趣，帮助学生更好地领略数学的美妙。

一、引导学生体会数学的奇妙

一个顺利的开端，往往能走出一条平坦大道，刚刚升入初中的少年思维敏捷，喜欢提问，回答问题积极主动，此时我会利用生活中的知识结合教学内容，引导学生融入数学课堂，带动学习热情。初中的第一节课，我是这样设计的：

"同学们，一张普通的作业纸厚度约 0.1mm。如果将它连续对折 10 次，其厚度将达到多少米？"

"对折 20 次，它的厚度会达到多少米？若一层楼高 3m，则这个厚度又可以怎样描述呢？请大家思考后给出答案。"

少数同学想通过计算寻找答案，绝大多数学生听完我的问题就拿出纸尝试着通过折叠寻找答案，可是不论换成多大的纸都是折到第 7 次左右就折不下去了，这时就会有更多的学生拿起笔加入计算队伍。

"正确的结论是将它连续对折 10 次，其厚度将达到约 10cm，将它继续对折到 20 次，其厚度将达到约 104.86m，相当于 35 层楼高。"

"啊……不可能吧?"学生的话语中充满了不可思议和疑惑。

我顺势点拨："数学中蕴含着很多我们暂时不知道的奥秘，在初中的三年里我将与你们共同去探索和发现它们，同学们有没有兴趣和我一起去数学的知识海洋，了解更多的数学奥秘?"学生的回答是大声的、饱含激情的"有!"

课后我询问学生对数学的感受和体会，我的课代表告诉我，数学并没有她想象的那么难，通过我的引导很快就明白了。我舒心地笑了，我就是希望能和学生们一起学玩结合，在轻松、愉快的环境中学习数学。

二、引领学生发现数学的实用

让学生感受应用数学的乐趣，这也是数学教师应具备的一种教学观，我在教学中按照这一教学观努力实践着。如果一节课的引例并没有触及学生的生活，没有很强的冲击力，自然也就没有很强的吸引力。因此我很留意身边的数学，在教学时添加一些学生最为关注的实际事情作为引例，以激发学生的学习兴趣，促进引导学生快速、准确掌握课堂新知。

例如：为了让学生更好地理解代数的概念，我写了这样一道题：

你想知道你将来能长多高吗?

那么请看，这是一位科学家归纳的身高预测公式——

男孩成人时的身高：$\dfrac{x+y}{2} \times 1.08$

女孩成人时的身高：$\dfrac{0.923x+y}{2}$

其中 x 为父亲的身高，y 为母亲的身高。

下面请大家预测一下自己将来能有多高。

问题呈现后，学生第一反应就是我妈身高是多少? 我爸身高是多少? 开始快速计算。很快，就有学生计算出结果，课堂气氛也开始活跃，他们充满着惊奇，兴奋地互相交流着。

"哇! 我能长到 1.78m。""我也能长到 1.67m。""什么呀? 这个公式错了吧!"

这时，我抓准机会指出："同学们用自己父母的身高分别代入 x、y 计算的过程就是求代数式的值，计算出的这个数字就叫做代数式的值。"

这种教学情景的设计一定要收放得及时才会达到最佳效果。掌握课堂节奏和机会也是传授知识的一项重要技能。

三、帮助学生快速掌握问题关键

数学贯穿小学到大学，也是主要的考试科目。不论谁出题、不管怎么考，数学思想及数学知识的掌握始终是重点，知识的灵活运用是关键。课堂上要帮助学生快速、准确地找到题目的关键知识点。

比如在讲轴对称图形导课时，给出奔驰车标的图案，我问学生这是什么？马上就有人说奔驰车，同学们笑了，我也笑了，说："在数学里它叫轴对称图形。"数学课上就要用数学逻辑思考问题。

其实，多做题也好，多联系实际也好，最终的目的都是准确掌握数学知识并达到运用娴熟的境界，这样一来自然就会出"巧"，欧阳修的《卖油翁》讲述的"无他，惟手熟尔"就是这么一种意思；成语里"熟能生巧"更是概括了"熟"所能带来的一切，而要达到娴熟必须勤学苦练基本功，动手的学科是如此，动脑的更是如此！这便是我们常讲的双基落实。

那些用苦大仇深的表情去看待数学题的同学们引起我的反思，难道我们只能给学生一些充满"学究气"的问题吗？不会的，我要想办法用自己的行动改变学生的这种认识，让学生们逐渐悟出来——生活是数学的根本，是一个取之不尽的问题源。

教学中我会适时地穿插一些贴近生活的数学问题用以吸引学生学习数学的兴趣。

例1：如果用比篮球圆周（半径约12.3cm）长1m的铁丝均匀地绕圆周一圈，铁丝和圆周周围空隙都相等，这个空隙能放进我的拳头吗？

例2：用比地球赤道（半径约6378km）长1m的铁丝均匀地绕赤道一圈，铁丝和赤道周围空隙都相等，这个空隙能放进我的拳头吗？

第一题答案很统一，都是能放进我的拳头。第二题分歧就很大了，为了统一第二题的答案，追加提问：这个间隙具体是多少呢？结论是两个问题的间隙是一样的，约为15.9cm。学生计算后说太不可思议了，难以置信。

这个例子很具体地说明在数学领域，任何结论都不能只凭空猜测，只有通过认真、严谨的计算，反复验证，才能准确地判断结论的正确性。

四、带领学生感受数学的美丽

数学蕴含着诗的情感、画的意境，你看与不看它都静静地吐露着芬芳。有的人说了，数学不就是"一蒙、二猜、三验证"吗？还别说，这人真是行家。我们就是要在由特殊到一般，由猜想到验证的过程中体验数学带来的乐趣和成就。大家都知道数学是富有智慧的，逻辑性非常强，更有很多未知的数学规律和结论等着我们去发现。

适当的猜想可以培养学生在数学学习中的创新能力。牛顿曾说："没有大胆的猜想，就做不出伟大的发明。"

例：观察下面的变形规律：

$$\frac{1}{1\times 2}=1-\frac{1}{2};\ \frac{1}{2\times 3}=\frac{1}{2}-\frac{1}{3};\ \frac{1}{3\times 4}=\frac{1}{3}-\frac{1}{4}\cdots\cdots$$

解答下面的问题：

（1）若 n 为正整数，请你猜想 = _____ ；

（2）证明你猜想的结论；

上述例题集猜想、验证于一体，充分地展示了数学技巧。如果题中数字、符号交替着频繁重复出现，看上去确实无味枯燥，但随着不断学习，这些问题一个个迎刃而解，我们就会发现数学其实很有趣。

例：计算：$1-\frac{1}{2}-\frac{1}{2^2}-\frac{1}{2^3}-\frac{1}{2^4}-\frac{1}{2^5}$时，学生拿过来就很头疼地去一步一步计算，我会适时地给出这样一幅图形，请同学们通过观察图形解决问题。哎呀！这么简单啊。学生瞬间感觉茅塞顿开，他们眼中好难的数学题原来这么容易就解开了，在这个猜想与验证的过程中使学生体会到了数学的乐趣，更发现了自己原来是如此聪明。激发了研究图形的兴趣，同时也亲身经历了数学的数型结合思想。

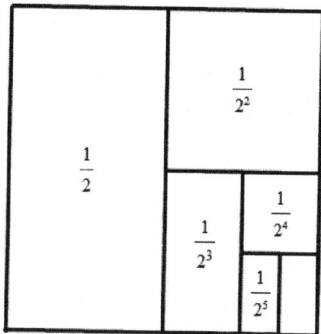

数学的结论具有简单性和清晰性的特征。数学是奇妙的、有魅力的，创造美的能力是巨大的，只有你走进数学花园才能看到它的美丽。从事数学教学多年的我更是被它的美所感染，我和我的学生们为能漫步在数学的王国，领略数学的风光美景而快乐。

浅谈练习坐位体前屈的可行性和有效性

张传芝

摘　要：本文主要就提升睡眠质量、改善体态、维持机体稳定以及提高身体素质这几个方面，简述了坐位体前屈的可行性和有效性。总的来看，坐位体前屈给身体带来的好处是非常多的。再加上这项活动的开展本身不受太多条件的限制，将坐位体前屈划入日常化的锻炼项目也是十分有意义的。

关键词：坐位体前屈　躯干拉伸

坐位体前屈作为一种简单易行的锻炼方式，在很长时间内都因为各种各样的原因被人们忽视。但是坐位体前屈这种运动对身体的可行性和有效性是非常明显的。

一、坐位体前屈重要意义

坐位体前屈（Sit And Reach）是学校体质健康测试项目，它的测试目的是测量在静止状态下的躯干、腰、髋等关节可能达到的活动幅度，主要反映这些部位的关节、韧带和肌肉的伸展性和弹性及身体柔韧素质的发展水平。作为一项传统的学生测试项目，坐位体前屈相比于跑步等其他的体测活动在过程中会听到更多的唉声叹气。因为学生在这项活动上几乎很少花时间进行锻炼，散步跑步、打球游泳仿佛更符合当代年轻人的锻炼习惯。但是，在很大程度上，坐位体前屈的优势被我们忽视了。首先来说，这项活动开展简单，对设施环境的要求并不高。其次，这项活动所花的时间不会很长，一般来说，整个坐位体前屈拉伸所需要的时间大约为十五分钟。坐位体前屈运动被普遍忽视的另一个原因就是他这项活动对于身体的可行性地有效性表现得不是很明显，不像打篮球或者专业健身那样，有非常直观的结果。那坐位体前屈都有哪些练习方法？坐位体前屈有哪些可行性和有效性呢？

二、坐位体前屈的练习方法

很多人对练习坐位体前屈存在误解，特别是学生。因为在学校测试的时候通常就是坐在一个水平的板子上面，用手尽力将挡板向前推，导致很多人都认为坐位体前屈只有这一种形式。而事实上，坐位体前屈还有很多其他的形式，徒手的方法有站位体前屈、横叉、正踢腿、原地跳体前屈等等。当然除此之外还可以借助一些辅助工具来开展其他形式的坐位体前屈。在有横杠、水平杠的环境中，可以借助该工具进行正压腿、侧压腿、吊起屈腿等。如果有垫子，那么也可以盘腿体前屈、单腿屈、直膝分腿、坐压腿、跨栏坐腿等等。

总之，坐位体前屈包含非常多的形式，每个人都可以结合自己所处的时间地点和需要，有针对性地安排坐位体前屈的练习计划。

三、坐位体前屈给身体带来的益处

（一）练习坐位体前屈可以促进睡眠质量的提高

现代人无论是工作还是学习，白天都是比较忙的，好不容易到了晚上准备睡觉了，但是往床上一躺，就不自觉地玩起了手机，一玩就是好几个小时，直接缩短了睡眠时间，导致第二天工作学习的效率不佳。有的人会说时间太早睡不着觉，那是因为你的身体没有放松，所以难以进入睡眠的状态。人之所以会睡不着，部分是因为紧张的表层肌肉会让呼吸无法深入，如果睡前不额外去放松或拉伸，晚上的睡眠质量会受影响，也容易出现打呼现象。现实中确实有这样的例子，有的人明明自己不打呼，可是晚上睡觉震天响；明明自己没压力，可是总是想叹气。这个时候，坐位体前屈的好处就表现出来了。睡前坐在床上练习一下，可以把整个腰部以下的筋骨都放松开来，筋骨放开身体得到足够的休息，就会更加容易入眠。

当然另外一些人睡不着觉或是睡不好觉是因为精神焦虑。确实，当代无论是年轻人还是中年人，甚至是老年人都会有或多或少的焦虑，而焦虑的情绪对于我们尽快入睡显然是一个很大的阻碍。但是如果在这种情况下，在睡前适当地练习一下坐位体前屈，情况也许会得到改善。因为在练习的过程中你需要用身体去感受自己身体的延展，筋骨的拉伸，这个过程是很专注的，也是很费神的。由于一个人在某一个时间点可以思考的事件是有限的，所以练习坐位体前屈可以将你暂时从焦虑的情绪里拉出来，从而帮助你快速入眠。

当然，难以入睡的原因有很多，但是大多都可以归结为精神处于一个相对亢奋、相对紧绷的状态。而坐位体前屈通过身体的拉伸以及配合呼吸的调节，可以有效地舒缓上面谈到的情况。总之，如果想入睡快一些，睡前练习一下坐位体前屈都不失为一个健康、经济、有效的方法。

（二）练习坐位体前屈可以改善体态

现代的人，无论是学生还是上班族，每天都会在凳子上花费大量的时间，学生要坐着上课、写作业，上班的人更是每天盯着电脑过日子。久坐后身体出现的第一个变化点在呼吸，久坐后的呼吸会变浅。由于呼吸是下意识动作，你感受不到它的变化也很正常。呼吸变浅会使人打不起精神，打哈欠或者犯困，无法集中注意力，甚至产生焦虑。另外，呼吸的改变与体态也有直接的联系。

我们知道肌肉是可以通过锻炼在其范围内改变形状，也就是肌肉有弹性。然而人体内的骨头一旦变形，结果几乎是不可逆的，想要再变回原来的样子可谓是难上加难。而长久在书桌前、电脑前的生活给腰背带来的压力是巨大的，如果丝毫没有调节保养的意识，不仅会造成我们体型不佳，例如弯腰驼背等。如果情况变得更加严重，将会为以后的生活带来隐患。

睡前练习一下坐位体前屈能够缓解紧绷的那些肌肉。有研究表明，睡前拉伸活动可以帮助解决晚上睡觉腿怎么放都不舒服的问题，实际上，这是一种被称为"不安腿综合征"的问题，和腿部肌肉慢性紧绷有关。而坐位体前屈在某种形式上也是一种拉伸运动，如果能长期坚持，那么对于体态的改善效果一定是非常明显的。

进一步来说，正确的练习坐位体前屈还可以达到减肥塑形，提升自信的作用。尤其是在这样一个外卖盛行的时代，很多外卖都是高油高盐的食物，非常不利于健康，往往会导致体重增加，身材走样。尤其是对于更加注重外表的女孩子来说，身材的变化会导致自信心的下降。所以，一定要在平时多加练习坐位体前屈，维持良好的体态，保护健康的身体。

（三）练习坐位体前屈促进大脑发育，维持机体稳定

有研究者发现，类似坐位体前屈这样的拉伸运动有助于协调精细的肌肉运动能力，这也就是说经常性的拉伸运动可以减少跌倒的可能性。经常做拉伸可以影响到人体在稳定仪上的停留时间，经常做拉伸的人比静坐的人平衡感好一些。同样，在文章《科学拉伸与身体激活在高校拉丁舞训练中的必要性及应用研究》中，作者也表示以坐位体前屈为代表的拉伸运动可以提高训练的效率，加速运动后身体恢复，有效降低运动损伤的风险。同样，在《浅谈拉伸训练对中长跑运动能力影响研究》一文中，作者也表示，拉伸活动对身体力量、爆发力、速度素质、反应能力都有影响。

这些都是因为拉伸活动可以促进血液循环，充盈人的精神。单单做几分钟

的拉伸，可以增加整个身体内的血流量，其中就包括大脑。它能使人恢复精神，更加神清气爽地重新投入训练中。另外，经常站立的职业人员，或者长时间的走动，可以通过用拉伸运动来防止肌肉痉挛和静脉曲张。

（四）练习坐位体前屈可以提高身体素质

对于身体方面，灵动筋骨经常拉伸肌肉，活动活动筋骨可以使我们身体更加的灵活，疼痛减少。经常做坐位体前屈可以缓解我们僵硬的肌肉，增强关节的灵活性，同时提高韧带的韧性，提高身体的综合素质。不过在做拉伸的时候，我们要注意，采用正确的方法是很重要的。对于精神方面，经常练习坐位体前屈可以舒缓压力。我们都知道锻炼是可以减压的，通过拉伸健身来缓解压力是非常有效的方法。拉伸可以减轻身体和神经上的紧张，它可以松弛我们紧绷的肌肉，使人处于放松的状态。这一点与上文提到的通过坐位体前屈的运动放松肌肉以提高睡眠质量是一个道理。

参考文献：

[1] 李秀花. 浅谈拉伸训练对中长跑运动能力影响研究 [J]. 当代体育科技，2020（01）50-52

[2] 马宁. 科学拉伸与身体激活在高校拉丁舞训练中的必要性及应用研究 [J]. 体育风尚，2020（04）204-206

浅谈提高作文教学水平的策略

张 蕾

摘 要：作文是初中生写作能力的外化和展现，一篇作文的好坏，取决于学生的实际写作能力高低。而初中生写作能力的提高，有学生的主观因素，但更和教师的指导直接相关。

通过提高教师的作文教学能力来提高学生写作水平，这是学校教育的目的之一，也正是本文想要研究的关键。

关键词：初中生 作文教学 写作指导 作文评价 多元化 以读促写

一、加强自身修为，提高写作指导能力

教师通过研读《全日制义务教育语文课程标准》，了解教育部制定的初中生写作能力标准和对初中生写作能力培养的教学建议，掌握"课标"对作文前的准备、作文中不同文体的写作技巧及写作要求、成文后的修改、每学期的定量的具体要求。从教学需要和自身需求出发，有目的、有意识地学习现阶段对于写作教学的要求，以此来提高教师的业务水平。

学习先进的写作教学方法，提高写作教学水平。教师应该结合教学实际，学习先进教学理念，不断改进自己的教学方法，并把它贯彻到实际教学中去，提高教学的科学性。

二、重视应用文写作，提高驾驭文体能力

《全日制义务教育语文课程标准》要求学生具备能够按照不同文体的写作要求，完成写记叙文、说明文、议论文和应用文写作的驾驭文体能力。相较于记叙文和议论文，学生的应用文写作能力较弱。应用文是在社会实践中形成的，可以传递和沟通信息，有很强的实用性，教师应重视应用文体写作教学。

应用文教学要创造机会，鼓励学生学以致用。实用性是应用文最大的特点，

应用文写作要服务于生活。学生对于应用文"学"而不"用"，就失去了应用文写作的意义。教师要结合生活情况，创造机会让学生进行应用文写作。如在父亲节和母亲节，让学生给自己的父母写信。再如开运动会时，鼓励学生写广播稿和新闻，做现场小型的运动会新闻联播或出一张校运动会简报。这些都是通过实际运用来提高应用文写作能力的不错办法。

三、写作评价多元化，提高成文能力

《全日制义务教育语文课程标准》建议："应充分发挥语文课程评价的多重功能，恰当运用多种评价方式，注重评价主体的多元与互动。"积极倡导自主、合作、探究的学习方式，即是课程改革的基本理念之一，亦是实施语文课程改革的重要内容。

（一）评价主体多元化，提高作文修改能力

在老师评价为主的基础上，结合"学生自评"、"学生之间互评"的方法，使学生参与进来，使学生学到评价作文优劣的方法，会有效提高学生修改作文的能力。

（二）教师应制定好"学生自评"标准

1. 格式是否正确、卷面是否整洁。

2. 是否有错别字、病句和标点符号的错误。

3. 中心是否鲜明。

4. 选材是否符合生活实际、围绕中心、具有典型性。

5. 是否层次清晰、过渡自然、首尾照应。

6. 语言是否简练、通顺、准确。

（三）鼓励学生依照老师的评价方向和方式，互评自评

学生评价应循序渐进，低学段以老师评价为主，随着学段增高，通过学习和训练学生学会评价，再放开手脚，加大学生互评、自评比重。培养学生按照素材准备、主观构思、列写提纲、写作正文、修改加工成文这五个环节来独立提高成文能力。

评价结果呈现方式多样化，激发学生写作兴趣。评价可以是书面性的，也可以是口头的，不管采取什么方式都要注重有效性。

四、利用阅读促写作，提高感知表达能力

《全日制义务教育语文课程标准》建议："要重视写作教学与阅读教学、口语交际教学之间的联系，善于将读与写、说与写有机结合，相互促进。"

通过阅读可以理解别人对生活的认识，是间接地认识生活，是吸收；通过写作可以直接展现自己对生活的认识，是表达。教师可以通过引导学生阅读来了解自己不能亲自接触的生活，积累写作素材，引发新的思考。提高学生的感知能力。也可以学习作品中遣词造句、叙事方式和角度、写作技巧和布局谋篇，提高学生的表达能力。

指导有效的阅读。鼓励学生进行较长篇幅的名著阅读，参照《全日制义务教育语文课程标准》中推荐的初中生名著阅读书目，每个假期必读两部指定的名著，选读两部名著。每月一次摘抄成果交流，学生将自己采摘来的最精美的内容和大家分享。通过交流来进行摘法指导、情感交流、知识积累。

五、鼓励学生走进生活，提高感知能力

巴金先生说过："五十年来我在小说里写人，我总是按照我的观察、我的理解，按照我所熟悉的人，按照我亲眼看见的人写出来的。"通过引导学生走进生活，能够提高包括求真能力、多角度观察生活能力在内的感知能力。

（一）引导学生关注生活，提高求真能力

教师把"真实"作为学生写作的前提条件。教师应引导学生，在作文的选材环节，从自己的真实生活入手，训练学生从发生在自己身边中的事物中选取素材作文。在写作教学中，培养学生的"求真"习惯，从而提高学生的求真能力。

（二）引导学生以"动情"、"动思"为标准，有侧重地观察生活，提高学生形成感悟的能力

教师要引导学生有意识、有选择地观察生活。也就是说，现实生活中的能够触及学生内心情感，引发学生深层思考的事件、人物、场景，要重点观察。不仅要从总体上对生活进行了解，还要细致地观察其中有闪光点的细微之处。不仅要让学生用眼睛去看，还要学生用心去感受。

六、培养学生善于思考，培养创新能力

（一）运用多种思维，找到新角度

对一个问题通过多种方式进行思索，是摆脱经验造成的心理定势，寻找新方向、新答案的有效途径。中学生年龄相仿，受教育的程度、生活经历、阅读范围相差不大。面对同一作文题目，最初的选材和构思也往往相似。教师应引导学生考虑大多数人可能会写什么，在自己的生活中有没有与众不同的新素材可以选择，可以从什么新角度切入去写，可以引发自己何种独特的思考和感悟。

（二）利用想象联想，引发新思考

写作者对于客观世界运行带有主观性、个性化的认知，通过写作来表达作者对于客观世界的新认识和新思考。这种认知是一个由模糊趋向清晰、由无序趋向有序、有残缺趋向完整的过程。在这过程中，想象和联想起着重要的作用。记忆里储存着许许多多生动形象的生活素材，它们常常是零散的，甚至埋藏在记忆的深处。在写作的过程中，学生容易闪现灵感的火花，教师可以引导学生对这些灵感的火花进行联想和想象，看和它相似的有哪些，不同的有哪些。如其发展下去，又会发生什么，产生什么样的结果等等。这样就能从一件新事件、一点新思考，辐射出一组新事物，形成系统的新思考。

七、锻炼学生勤于动笔，培养表达能力

（一）勤于动笔，训练学生清晰表意的能力

作文中的素材，单单靠生活中观察来获得是远远不够的，还需要进行长期不断的积累。要用心感受生活的动人之处，认真体会生活带给你的思考和感动。

（二）进行写作技巧专项训练，训练学生生动表达能力

一个再美妙的故事如果只用一种腔调讲出来，定会让人昏昏欲睡；一段再动人的情节如果平铺直叙出来，也只能让人读之败兴。在引导学生关注现实生活，观察现实生活的基础上，教师要适时地、有系统地对学生进行写作技巧的专项训练。如人物描写方法、景物描绘层次顺序、安排景物详略得当、以点带面表达中心、运用想象联想等等。

（三）注意各个写作技巧训练之间的练习，使训练形成系统

学生练笔时写得都很不错，到了大作文时，也不至于顾此失彼，写作技巧排不上用场。让学生在有事可写、有感可发的大前提下，使文章有文学性、可读性，训练学生生动表达能力。

初中地理教学注重核心素养的养成

张先龙

　　摘　要：国家教育部在深化教育教学改革的相关文件中明确提出，在初中地理学科教育教学过程当中，需要积极落实地理学科核心素养，以培养学生核心素养发展为依据，进一步对地理学科的核心素养教育教学目标以及教育教学任务进行细化，以此来达成学生全面发展的培养目标。为此，本文以《人类的聚居地——聚落》教学设计为例来谈一谈初中地理学科核心素养的养成。

　　关键词：初中地理　核心素养　聚落养成

一、初中地理核心素养的基本特征

（一）终身发展的需求

　　初中地理学科核心素养主要包括地图素养、地理时空观念、地理实践能力以及人地协调观念。初中阶段学生需要在不断的学习和实践中，具备地理基本素养，包括地理知识、地理能力以及地理观念等。随着时代的发展，科技的进步，对人们本身的地理素养也提出了更高要求，能够正确、客观评价我们生活的世界，已经成为个人基本素养的重要和不可或缺的组成部分。所以，为了满足未来的需求，从而适应时代发展、社会进步的需求，初中阶段地理学科核心素养的养成很有必要。

（二）循序渐进的过程

　　初中地理学科核心素养的养成属于一个循序渐进的过程。初中地理教育教学本着为学生的终身发展负责，为学生的未来奠基的系列理念，结合地理课程内容设置和人们日常生产生活实际的紧密联系，坚定贯彻学习地理知识、技能的同时注重地理核心素养的养成。地理核心素养的养成是循序渐进和不断深化的过程，它不但贯穿于常规的初中地理教育教学中，更时刻体现在日常生产生活中。而在这个循序渐进的过程中，教师要深研课程标准，依托课程标准和初中生年龄特点来制定教育教学方案，结合生产生活实际适当拓展、外延，以便中学生地理学科核心素养的养成。

二、初中地理学科核心素养的养成

（一）地图素养的养成

在初中地理学科中，地图素养的养成，是初中地理教育教学的主要任务之一。学生的地图素养的养成，就是帮助学生能够逐渐掌握从地图中获取相关地理信息的能力，并能对所获取的地理信息进行整理、分析、归纳，最终能够达到解决实际问题的能力。例如，在《人类的聚居地——聚落》一节中，可以利用多媒体展示丰富的乡村和城市的景观图片，辅以必要的文字说明和提示。学生需要从大量的乡村和城市的景观图中，以相对简练的语言，准确提取出大量的有关建筑、道路、农田等景观信息，通过填表活动进行比较，从而得出由于劳动生产方式的差异，乡村和城市的景观有较大差异的结论。这一教学环节设计中，学生对景观图中信息的准确、有效提取是关键，同时必不可少的是学生生活经验的对比和融入，才能在教师的引导下快速、准确地得出乡村和城市景观差异的主要原因。地图素养的养成，有助于学生从地理的角度去思考和解决实际问题。不同地图的阅读和广泛使用，既加深了学生对相关地理知识的理解、加强了学生读图用图的能力，又在解决实际问题的过程中提高了学生的地图素养。初中阶段学生地图素养的养成，往往成为初中地理学习成功的关键因素。

（二）地理时空观念的养成

在初中地理学研究内容中，我们关注地理事物和现象，研究其地理过程和特征，认识地理事物和现象的空间分布、联系和差异性，以及从时间的角度看待地理事物和现象的发生、发展、演变的过程。例如，在《人类的聚居地——聚落》一节中，有关聚落的形成与发展的相关教学内容中，学生通过不同地区特色民居的差异性对比读图活动，了解不同自然环境下的民居各不相同的特点，即自然环境的千差万别造成了聚落在空间分布上的差异性。而对于同一地理区域，即自然环境差异不大的几处聚落的对比分析活动中，又可以看到聚落从简单到复杂、从初级向高级的发展与演化过程，进而从时间维度和空间演变来探究聚落的变化历程。地理时空观念的养成有助于初中生从多角度、多维度来理解身边的地理事物和现象，以综合的和动态的眼光去正确认识我们的世界。

（三）地理实践能力的养成

在初中地理教育教学过程中，有着大量的实践内容，所以地理核心素养的养成有赖于地理实践能力的不断提高。通过借助地理模型实验、野外实地考察等方式，逐步了解人类的生产生活与地理环境之间的联系，逐步提高学生的地理实践能力。例如，在《人类的聚居地——聚落》一节中，有关聚落的形成与发展的主要条件的教学内容中，通过对"聚落形成和发展的有利条件示意图"的阅读分析，学生通过对这一区域地形、气候、自然资源、水源、土壤等自然条件的对比分析，结合生活经验，能够得出聚落一般比较容易在自然条件优越的地方形成的结论。接下来教师可以适时补充有关聚落交通、劳动生产方式等相关资料，引导学生分析，可以进一步得出聚落的形成和发展还要受到社会经济条件的影响的结论。这部分教学内容的设计，能够帮助学生将课堂上学到的有关聚落的地理知识，结合各自的生活体验，运用到实际生活中去。学生通过对身边的地理事物和现象尝试进行分析，活学活用所学相关地理知识，理论联系实际，有助于地理实践能力的养成。

（四）人地协调观念的养成

在初中地理的教育教学过程中，地理教学在教授地理知识、培养学生地理技能的同时，还需要引导学生尊重自然规律，让学生逐步认识到人地关系和谐发展的重要性。学生通过地理知识的学习，地理技能的掌握和完善，逐渐可以客观评价人类在生产生活中的一些做法，并能给出积极的意见和建议，最终形成正确的地理观念。例如，在《人类的聚居地——聚落》一节中，有关聚落与世界文化遗产的教学内容中，通过多媒体的展示，大量视频、图片和资料的观看阅读，引导学生感受世界各地的人们利用自然环境和他们的勤劳智慧，创造的不同聚落与各具特色的聚落文化。这些各具特色的聚落和聚落文化，是我们人类共同的宝贵遗产，通过大量资料、图片的阅读分析，引导学生懂得保护世界文化遗产的意义，结合生活实际，谈一谈如何更好地保护和挽救这些人类的无价之宝。再通过丽江古城发展旅游业所出现的问题分析，使同学们认识到合理开发、适度开发、避免过度商业化、尊重传统和保护环境是传统聚落保护中比较适当的方法。处理好聚落发展与保护的关系，关注世界文化遗产的保护，是人类社会和谐发展的需要。这一教学设计，有助于帮助学生树立人与自然和谐相处的意识，逐渐树立正确的人口观念、环境意识，认识到走可持续发展道路的重要性。

三、结语

《人类的聚居地——聚落》一节教学过程中，通过大量视频、图片、资料的提供，通过引导学生读图、用图，充分激发学生学习积极性、发挥想象力，活动设计结合生活实际，进一步提高学生对地理事物和现象对比、分析、总结、归纳的能力，有助于初中地理核心素养的养成，让学生能够把所学的地理知识逐渐地运用到实际问题的解决中去。同时，教师也需要把学生的学科核心素养的养成作为教学目标，使学生能够成为符合时代要求的合格建设者，成为地理学习的终身受益者。

参考文献：

[1] 陈翠苹. 谈初中地理核心素养的培养 [J]. 教育界·上旬，2018 (07)

[2] 张志. 初中地理核心素养构建与培养 [J]. 中学地理教学参考，2017 (12)

提高初中英语学科课堂效率的策略研究

张雅静

摘　要：英语教与学的矛盾一直存在。教师只有逐步实现整体教育理念的转变，以学习教育为基础，开展问题引领下的合学教育，最终构建出以学习教育引航，问题设计引领，自主学习引进，合作探究引申的新的教学模式，提高课堂教学效率，才会逐步解决中国特色下英语教学的实际问题，才会使教与学的效率真正提高。

关键词：语言本质 学习方向 学习品质 学习方法 问题引领 问题设计

英语是我国基础教育领域里的薄弱学科。英语教与学的矛盾一直充斥在英语教学的各个领域。在全国教育教学改革的新形势下，有的教师在实际教学中对英语教学的本质和外语教学的基本规律产生了质疑，把英语教改理解成为教学形式上的改革，反而影响了教与学的实际效果。针对于这样的误区，教师有必要思考从提高课堂教学效率入手，解决中国学生学习外语耗时、低效，久学不成的痛点问题。如何提高英语课堂效率，我认为：一方面应逐步实现初中英语教师整体教育理念的转变，另一方面以学习教育为基础，开展问题引领下的合学教育，最终构建出以学习教育引航，问题设计引领，自主学习引进，合作探究引申的新的教学模式，这样才会真正解决中国特色下的初中英语教学的实际问题，才会使教与学的效率真正提高。

一、应逐步实现初中英语教师整体教育理念的转变

外语和作为母语的语文都是语言学科。我们从语言学科学到的，除了其中的文化要素之外，就能力层面看，应该是听、读、说、写能力。然而，通过语言教材我们无法实现与平衡这四种技能。语言学科的教材有自己的特点，即它的明线是范文，它的暗线是蕴涵其中的知识规律、交际运用、人文情怀。在教师的教学中以及学生的学习中，之所以感到费时、低效、困难重重，原因之一

就是不能揭示其中的知识规律、运用其中的交际内容、理解其中的人文思想。新课程强调"用教材教，而不是教教材"这一理念，为我们变革教学指明了方向。教育家叶圣陶提出"课文无非是个例子"的论断，对于语言学科的学习更具有指导意义。所以，初中英语教师们应对语言的本质、外语的学习原则、中国的外语教学法展开深入的研究。在此基础上，重新体会语言学习的本质，继而改变自己的教育理念，在众多的教法中形成符合科学规律的理念，少走弯路，提高教的效率。

二、以学习教育为基础，开展问题引领下的合学教育，最大限度地开发学生学习的潜能，提高课堂学习的效率

首先，新课程强调"自主，合作，探究"的教学模式，有人将有效教学总结出了"先学后教""以学定教""温故知新"等几条规律，相应的社会上多种高效教学法也出现了。在实际课堂操作中，教师们往往无法回避地看到这样的问题：学生们的合作学习貌合神离，"合作"变成了合坐，课堂上学生自主学习的积极性不能被激发出来，学习方法不科学，探究没有了主题。没有了学习的主动性，没有科学的学习方法，教学效率就无从谈起。学生的自主学习需要教育，学习需要方法；合作需要教育，合作也需要方法。在我们呼喊"人本""生本"的今天，教师们需要反思：课堂能够最大限度地给学生们带来什么？我想教师们首先应从学习方向、学习品质、学习方法的角度，在学习动力、学习习惯、学习能力三个维度对学生们施以学习的教育。

其次，以学习教育为基础，开展合学教育。合作不是形式，教师在指导合作学习时从教学组织、观念引领、评价引领、方法引领、人力资源整合策略着手，对学生们进行合学思想教育，实践中比较有效的策略可以从我国合学教育的创始人张素兰老师的精彩观点中提炼，诸如：合作，是成功的人脉；合作，是进步的阶梯。合作学习是在创造一种人人为我，我为人人，人人都是受益者的氛围。以说激思，以说验思，以说校思，以说定思。明白的三重境界：听明白，想明白，说明白。搜寻错误等于搜寻学习资源，帮人改错等于帮自己防错。只知对不知错，算是半对；既知对又知错，才是全对。知识是学会的，不是讲会的；能力是练会的，不是听会的。一个人的梦想是奔跑，两个人的梦想是飞翔。通过上述合学的教育，使学生保证在课堂上的合作的真诚有效，进而提高课堂学习效率。

最后，以科学的问题设计保证课堂小组合作学习，提高课堂教学效率。问题与问题意识的变革使得教师的课堂提问发生了变革，教师在课前设计的问题，是在对教材、对学生、对教学反思这三个方面提出的,它属于预设问题的领域。而在课堂实践中学生又会有新的动态的问题生成,它属于生成问题的领域,是有创造性的,不确定性的。尽管如此,课堂提问也是有规律可遵循的,所以,在教师精彩地整合教材,按科学的方法和策略设计教学,形成有好处、有价值的问题,以此帮助师生"按图索骥"。出示的是问题,引领的是思考。问题设计是学生解读教材的一个抓手,问题设计是有效教学、高效学习的需要,问题设计推动教师专业发展,问题设计是学案设计的核心,问题设计的价值在于激励学习、指导学习。

英语教学中我们应本着这些原则实施我们的问题设计:

(一)保证必要的朗读下实施问题设计

(二)保证必要的记忆下实施问题设计

(三)保证必要的说写下实施问题设计

(四)保证学生的学习是在自主,合作,探究的创造性学习下实施问题设计

在课堂上通过问题组团呈现,转换教学形式,形成教学节奏;预设目标,开放路径;课上呈现,减少了任务前置,减轻了学习负担;增大课堂透明度,把教学计划转化为学习计划,把教学行为转化为学习行为;学生独立学习、同学合作学习;给学生留足阅读、思考和读书的时间;综合教学观测,删除无效教学环节,从而提高课堂教学效率。

初中作文的诚实之道

赵全聚

摘 要：当前初中语文教育中作文因追求分数，忽视作文素质养成，对作文目的出发点理解不清，产生空疏习气。作文之道应有正确的入门方式，正本清源，应以诚实观察与质朴叙述作为作文入门功夫，结合教育发展，提出应引进逻辑学等方式，强调能写、能改，知行合一进入写作门径。

关键词：满分作文 质实 逻辑 日记 修改

写作教育为语文教育中重要的考察项目，在目前的教育发展中，应试作文教育思想影响了教育思路，需要经过重新审视和思考，汲取正确的经验与指导，在常态化和持久化上落实作文教育。基于此方面考虑，有必要关联教育实践展开有针对性的思考分析与实践指导。

一、当下作文教育的歧路

何种文章最难写，应是考试作文，有限时间根据有限命题进行有限文字的表达，既要符合评审者要求，还要达到高度，实是难上加难。更不用说现场中，重大考试施加给考生种种压力，没有过训练写不好，有过训练不一定达到平日效果。中考后"满分作文"成为热词，这既表明人们对母语文学的关心，也说明了对不易达成满分的理解和赞叹。

作文求满分导致目光聚焦在满分，不再对作文进一步理解。受此视角影响，只认捷径，不知正途。坊间充斥的作文指导训练书，一言以蔽之，就是教初高中学生模仿满分作文。推而至极，如能自己背诵几篇作文，恰是所考，就是极致成功。考试作文似乎将作文带到岔道上，身在其中的教育者的任务之一，在于正本清源，作文要求之有道。

教育者首先明确交流表达为贯穿一生的事项，初高中写作学习只在入门即可，从现实说，是为以后写好论文、文案工作做好准备，至于在写作里面安身立命或者独领风骚，是另一路学习，都要先进这一个写作门槛为首要。

拔苗助长是入门大忌，教育者既不能动手催生，受教育者也不能胡乱进食，滋补太过，发育早熟。既要教还要校，庶几符合青少年儿童身心发展规律，使作文的体用入脑入心，不至于以后因劳成疾，头痛反感。

再谈一下"满分作文"的内容，看其文章姑且不提评判标准，只是以读者角度联系作者情况，不近人情就是其内容的特点，文采斐然同时文中认知程度令人担忧，惟妙惟肖代人戏谈中大言炎炎，文字与认识中没有自我。从这个角度看，正是作文教育畸形发展的产物，大而不当，千篇一律，只能因病呈妍。满分作文的小作者们估计可以看成小大人，乃是病梅。

二、作文入门的正确途径

评价文章的要求简要地说：在文章形式上，我手写我口，能顺畅表达，内容上言有序、言有物，使读者能有所得。这本是文论上老生常谈，为什么是常谈，因此道理确经证实，是作文的不二法门。但言简意赅，反而领悟不够，导致践行不足，难入写作门槛，教育者反复提醒成为必要。

《论语》中说：绘事后素。又说：质胜文则野，文胜质则史，文质彬彬，然后君子。以及辞达而已矣[1]。古人接下话头说：非有文采缘饰，而开心见诚，有以入人之深者。贯穿起来大体明了文章功用和起点，结合 60 年代西方文论提出的文章四个要素，即作者、读者、文本、宇宙（环境），可简要指导文章内容和思路来源[2]。联系中国教育部部编中学语文课程作文指导纲要 10 条标准，可以勾勒出初中作文教育要求，在于重作者个人心性培养而先朴素质直的基本功夫。归结起来初高中写作在于要求通过个人观察、联系自身实际、掌握记叙、说明、议论，从而真情实感做出文章。还拿古人话总结就是：不诚无物。另一个角度说，从已经成功的事物体系回溯，人的认识方式为由心识而物象而理数，混成体系，就此青少年的作文教育，就是心识而物象的阶段，掌握体会内心对外物的把握、感觉，贯穿其中的思想认识和操作原则是知之为之，不知为不知。前人一再提及的真心、直心、诚心、实心、初心等等，落实在行为中就是对自己知不知的认知。唯诚能实，唯实能诚，相激相荡，相随而进退，差之毫厘，谬以千里。

诚实的入门应该如何做，大要以不欺骗自己，有恒心为态度，行为中时时结合新知，知与行结合者发展为上。人能自觉最佳，否则视情况采取教与校皆可。

三、养成诚实文风的几点看法

以下从实践上提出几点平时不被注意的方面作为激发作者心行的手段。

（一）青少年应学习专门的基础逻辑课

初高中最好开设有基础逻辑课。首先逻辑知识在初高中教育中其实普遍运用着，数学、几何等涉及数理逻辑，其他各个科目都要逻辑分析才能清楚，语文教育中尽管形象思维有所偏重，但是课文阅读分析，层次、关联、语义等等就是逻辑层次，因此，逻辑教育已经具有基础；其次，虽然具有基础但是对逻辑本身认识完全无知，不能在听说读写中有意识运用，不成体系，难以发挥作用，尚没有逻辑知识；第三，要求于初高中作文训练的目标，在于养成表达自我的能力，指向的是学生在文中的理性能力，不是仅仅感性感受，逻辑能力正对治仅感性抒发的空洞。不从事文字工作的人，也是总要利用文字，写作所能运用的知识，其实全部来源于初高中所学。因此这个阶段，将思想利器逻辑学做一个基础的系统讲授，对未来具有极大好处；第四，逻辑学可以被普遍接受，事有先后，物有始终，康德在《纯粹理性批判》论述逻辑先天的存在原因，明晰逻辑知识，发蒙解惑，受用终身又对自我有新认识；最后，在初高中阶段，逻辑学讲解不必过深，普及即可，内容有意义也有趣味，容易接受，不易忘记。作文有逻辑，就有了条理，表明作者有了自己的所思所见，有了所得，教师应该在逻辑基础上，指导和评价作文，比照出同一问题学生的不同深度认识，推演出其对事物用功的大小，有的放矢，进行修正。

（二）坚持写日记

写日记是养心性最好方法，结合目前实际写怎样的日记，日记是否成为新课业负担，需要说明。日记可见有三种形式，一为账簿方式，每日流水账，如鲁迅、周作人日记；二为文章日记，将日记当做文章，留给读者阅读，如胡适日记，徐霞客日记；三为思想日记，将其当做自我倾述之处，如卡夫卡日记。三种方式由简易到繁难，由被动到主动。教师往往希望言之有物，希望学生从第二类、第三类做起，实际上，单一的学校生活无法达到要求，应对中难免矫情假物。

日记的重要性不在记，而在日的强调，可以而且应该是从流水簿方式做起。教师可以提示，内容可以包括上课表、接触人、菜单等，只要能记住的就是有兴趣的，就可以入日记中，落下种子，养好习惯，其他托付环境。因此，日记不是作业，不是作文，是对自我的观察备忘，适当时机，开展日记个人回顾，也可激发一些兴趣，在发展中，可以逐步淡化每日落笔，最初，以记账方式的日记不会增加负担，有时是一个放松，其后，若有兴趣自行记录，那就是写作中的锦上添花。教师不以作文标准要求日记，留有自我空间，初级账簿至少留下可资回忆的材料，高级的或可养出力量，走向文字的更深处。

（三）将作文修改作为作文中最重要的事情

文坛中有传说倚马可待，下笔千言，文不加点，粲然可观。不是常谈就不是常有，偶然现象，勿论内容好坏，不可复制。教育中的作文教学要求学生掌握写作的方法方式，是理性的科学的项目。人虽后知后觉，但善于总结，温故知新。作文中修改环节是求新之重要过程，应该作为文章流程中重中之重，作文要写一遍后修改，读者阅一遍后修改，自己思索后再修正一次，这是最少的步骤，修改时间至少应在三分之二以上或者更多。修改的方式多种多样，姑不赘述。这里只是要强调其重要性，实际中，教学里以及个人处理中，因强调不够，因能力不足等原因导致作文后修改不足，所得不多。

文章只有在不断全力的打磨中，才或厚重或锐利，可大可久。怎么打磨呢，到此又似乎谈回个人诚实与修养的问题，文章正是这样在回环往复中发展的。打磨的重要性强调可以从以下例证中，加深感性印象，以便不能忘记。耳熟能详的贾岛苦吟的记载，是古人作文的普遍缩影；列夫托尔斯泰写作《复活》时节，已经是名满天下的伟大作家，《战争与和平》《安娜卡列尼娜》已经名垂青史，在对小说中女主人公玛丝洛娃法庭出场肖像描写中，先后七次修改，原稿与定稿已经截然不同；另一位大作家果戈理对《死魂灵》第二部修改不满意，自认无能力再修改，遂将其心血付之一炬，彼时的果戈理被公认为俄国文坛大纛[3]。前辈豪杰、高人大师都如此重视此项工作，宁为玉碎不为瓦全地全身心以待，后生小子该当如何自处？

乐观地说，作文的方法甚为简单，三言两语可以道尽，可以轻易掌握，作文的优劣在对方法运用的掌控，得之于心，应之于手，其间锻炼过程甚为艰苦。心下明了容易与变易的辩证关系，此为文章的不易规则，方可踏踏实实，本着初心，走上道路。

参考文献：

[1] 刘宝楠. 论语正义. 中华书局，1990.1（89 – 91）（233 – 234）（642）

[2] M. H. 艾布拉姆斯. 镜与灯. 北京大学出版社，2004.1（5）

[3] 张瑞. 托尔斯泰改稿读与写. 2016.3（3）

浅谈体育教学活动中的身体防护

赵　伟

摘　要：随着学校体育教学改革的不断深入，处于生长发育阶段的中学生参加体育锻炼的次数也在不断地增加，然而学生在参加体育活动的过程中经常发生一些意外伤害，这不仅给学生带来痛苦和不便，更会给学校体育造成不良的影响。通过实例调查，针对原因进行分析并提出保护措施，以促进"健康第一"的指导思想在学校体育活动中得到贯彻与实施。

关键词：活动伤害 保护 预防 中学生

人体各部位都有其自身的弱点，而各项运动，体育锻炼的技术要求不同，人体在适应这种技术的过程中，受各种各样的条件、环境的影响，运动中不可避免地会受伤。了解并重视引起活动伤害的原因，对于预防和减少活动伤害有着积极的作用。

一、常见损伤部位的调查

针对吉林市吉化第九中学校学生 24 名、吉林市第九中学学生 19 名、吉林市第五中学学生 20 名，几所中学共 63 名学生发放问卷，其中有效回收率 95.3%。对伤害有关情况设计问卷，然后将活动伤害按类型、部位以及伤害产生的原因进行归纳统计处理。统计 63 人中实际发生损伤 52 例次。通过在图书馆检索文献和因特网查寻有关资料，以下将对有关的损伤预防进行综述。

其一，膝关节是我们人体最复杂的关节，它的关节结构、韧带、滑囊，组成的脂肪垫是最多的，而膝关节是我们人体运动量最大的关节，所以它很容易受伤。

其二，踝关节是最常发生受伤的关节之一，由于人体在各种运动中踝关节都要负重，所以很容易受伤。踝关节主要有三组韧带：内侧副韧带，又称三角韧带，是踝关节最坚强的韧带。所以，损伤比较少；外侧副韧带，有三束分别止于距骨前外侧，距骨后外侧，距骨后方。又称距骨前韧带、距骨韧带、距骨后韧带，是最薄弱的部分，也就容易发生损伤；下胫腓韧带，又称胫腓横韧带，分别在胫腓骨下端的前方和后方将胫骨和腓骨紧紧连接一起，稳定踝关节。

其三，肩关节伤病是指因肩部各组织包括肩袖、韧带发生退行性改变，或因反复过度使用、创伤等原因造成的肩关节周围组织的损伤，表现为肩部疼痛。常见的肩关节损伤有肩峰下撞击症、肩袖损伤、冻结肩、肱二头肌长头腱损伤、上盂唇从前到后撕裂（SLAP）损伤、肩关节不稳。

二、造成受伤的原因分析

（一）缺乏必要的准备活动。缺乏准备活动或准备活动不规范是造成关节受伤的重要原因之一。准备活动不单是为提高肌肉温度，而且可以提高中枢神经系统的兴奋性，加强各器官系统的活动力。

（二）不遵守训练原则。由于技术的缺点和错误，违反了人体结构的特点和各器官系统功能的活动规律，以及运动时的力学原理，也容易引起机体组织损伤。活动方法单一是发生活动伤害的主要原因，这在日常活动中最为明显。

（三）安全运动的思想意识不够。正确认识田径运动以及田径运动损伤是减少及避免运动损伤的根本方法之一。全面认识及理解田径损伤的意义，教师在思想上应加强运动损伤对运动的消极影响，提高学生的自我保护意识。另外，学生及教师还需不断地努力学习和掌握预防活动损伤的有关知识，提高对运动损伤的重视程度，克服麻痹思想，加强自我保护意识。

三、中学生关节伤痛的预防保护

体育活动过程中，减少及避免活动伤害是保证活动顺利进行的前提，是提高活动成绩的最有效保障。实践证明，合理有效地安排锻炼内容、改善运动场地设施、遵循科学的活动方法和合理调整负荷等，能有效地减少及避免活动伤害的出现，保证学生正常参与和提高活动水平。

（一）重视做好准备活动

准备活动是保证运动充分进行的基础，充分的准备活动是避免运动损伤的有效手段之一。根据不同的人、不同的训练内容、季节气候的变化等做好准备活动，增加关节灵活度，提高运动神经的兴奋性，从而减少机体对运动的适应时间，减少运动中的各种伤害。

（二）合理科学地安排活动内容和活动强度

合理安排活动内容和活动负荷是减少活动伤害、保证活动顺利进行的前提。

教师应刻苦钻研教材、突出教材及活动基本内容的重点，善于抓住易发伤害的关键，做到心中有数；根据不同的结构技能特点制定不同的教学方案，合理运用生物力学原理做正确示范及练习，确保学生有正确的动作技术观念，避免由于错误的动作而造成的伤害。活动内容要循序渐进，避免因负荷过大而造成的一系列损伤。

（三）管理好场地器材，避免不必要的伤害

经常检查和维修场地器材是预防活动伤害不可缺少的措施之一。对活动的设施、必备工具等要及时检查及维修，保证器材完好，避免因器材缺陷而造成的不必要伤害。在活动过程中严格要求学生，把损伤减少到零。

身体活动对于学生来说，主要是为了提高各项身体素质，改善中枢神经系统及内脏器官的机能，使之能承受运动量训练，防止伤害事故的发生。及时采取有效的预防措施，尽量减少伤痛，采用合理有效的准备活动和整理活动，科学安排活动计划和活动负荷，合理使用护具，针对身体薄弱部位进行力量练习，都可有效地预防或减轻损伤发生，早期及时有效地治疗对于伤害早日康复，减少伤害的发生有重要意义。

总之，在活动过程中我们应根据活动伤害原因提出一系列有针对性的预防措施，尽量把活动伤害降到最低。使学生在活动之余，能够得到积极主动的休息，及时消除疲劳，尽快恢复体能，保持良好的身体状态，预防延迟性肌肉酸痛，保证肌肉的良好功能状态，以减少关节运动伤害的发生。

参考文献：

［1］陶小平、金一平. 排球运动员膝关节镜术后康复治疗力一电变化的初步研究［J］. 浙江体育科学，2007，29（5）：100 - 1

［2］宋为平. 排球运动员膝关节的医务监督［J］. 中国排球2001，（2）：12 - 14

［3］方圻等. 现代科学［M］. 北京人民军医出版社，1995，2729 - 2781

如何培养学生的语文核心素养浅析

赵晓林

摘　要：将核心素养培养作为教学的重点方向是教学改革的重大举措。它不仅顺应了时代发展对于国民综合素质提升的发展要求，也使语文教师在进行课堂教学时有了更为明确的目标定位。汉语作为学生的母语，是学生日常学习和生活中接触最多的语言，因此它在学生核心素养培养方面有着其它学科难以比拟的优势。如何充分发挥这种优势，使其成为培养学生核心素养的有力武器，已经成为广大语文教师普遍关注的课题。

关键词：语文 核心素养 可持续发展

现阶段我们的生活中经常出现这样的怪现象，明明一个语文成绩很好的学生，在与人沟通和表达自己意见的时候却存在诸多困难。造成这种现象的主要原因就在于在传统的语文教学中，教师过于关注知识的传授，忽略了学生在语言表达、审美思维等综合能力领域的提高。提升语言能力是语文学习最主要的目标之一，学生语言表达能力强，文笔优美，就是语文素养较为深厚的直接表现。通过对多年的语文教学之总结，笔者认为培养学生语文核心素养可以从以下几个方面入手。

一、以阅读为基础

加强阅读是提升学生语文能力、培养核心素养的最基本途径，也是学生们日常接触最多的手段。具体而言，可采取"课内—课外（个性化）"两者相结合的方式。

首先要加强课内阅读的训练，指导学生对教科书进行精读、细读。教科书看似浅显，实际上却是诸多教育专家精心选编，均数文质兼备的佳品，而且还符合学生的认知特点和理解程度。教师一定要引导学生对其展开潜心阅读，细心品味，领悟其过人之处。在阅读过程中，要教导学生学会抓住主要特点进行深入挖掘。譬如读《李时珍夜宿古寺》，重点就应放在文中的环境与气氛烘托；而《烟台的海》，则引导学生如何欣赏景物描写的妙处；读《第一朵杏花》，侧重点就应放在如何将人物提示语运用得更加多样和自如。经过长期练习，学生一定会在阅读和写作能力上得到显著提升。

其次要鼓励学生注重课外阅读和个性化阅读。培养学生广泛的阅读兴趣，增加阅读量是语文新课标中一再强调的重点问题，让学生大量阅读，养成每天读书的习惯。并针对所阅读的内容写下自己的感悟，以此来培养学生对于文本作品的理解和欣赏能力。学生们个性不同，所喜欢阅读的文本也必然存在较大区别，鼓励学生进行阅读，就要尊重学生的这种个性化选择。不管学生选择的是美文、科幻，只要思想内容健康向上，我们都应进行鼓励，不要阻止和扼杀。在鼓励和欣赏过程中，加强引导，逐步帮助他们扩大阅读面，接触各种类型的文学经典。

二、提升积累的地位

不积硅步，无以至千里。这句古语用在语文学习方面再恰当不过。实践证明：短期的强化突击对于语文能力的提升效果非常微弱，只能靠不断的积累才能实现。笔者在这里所强调的积累，并非是浮光掠影般的浅尝辄止，而是通过精读和诵读将文学作品的精髓予以吸收，使之成为自身语文素养的一部分。现阶段许多小学教师就已经在探索通过积累来提升学生语文能力的模式，这是一种非常有益的探索。实践证明，从小学阶段就养成积累习惯的学生，其在进入初中之后在语文学习过程中会更加省力。

语文应用的说、写等方面，都是建立在已有的语文素养和能力的基础上进行搜索和提取，对于其中遴选出的信息进行排列和组合，从而顺利、有效、快速地表达出自己的想法。可以说，语文积累越丰富，可选择的余地就越大，运用的条件就越好。而学生倘若语言贫乏，语言感受力很差，语文知识薄弱，那么其语文素养也必然存在很大不足。因此，说语文积累的"储存库"，是学生提升语文核心素养的关键并不为过。在日常的教学中我们可以有很直观的感受，有的学生表达不但准确生动，而且连贯流畅、应对敏捷，这就是得益于他们语言"储存"的丰富。在外界刺激需要时，能迅速找到合适的词语和表达方式，并流畅自如地进行表达。

三、重视课堂提问的作用

好的语文课堂一个重要的评价标准，就是其在能够引领学生开展有价值的思考。学习与思考，是相辅相成、密不可分的。孔子有云：学而不思则罔，思而不学则殆。我们现阶段的语文课堂甚至各学科课堂都普遍存在着假问题、浅思考、不思考等现象。对此，笔者提出以下几点建议。

首先在问题的设计上要有一定的科学规律。第一是要难易得当，让学生在得出答案之前必须要付出一定的努力，而非直接就能够在书上找到现成的答案。设计问题之目的是为了锻炼学生的思考能力，通过激发他们的探索欲望来更好地把握知识的深层次内涵。如果教师问的问题过于浅显，学生只要不"溜号"就能准确回答，那么这样的问题就没有给学生留出思考的空间，问题的价值也就非常有限。所以，教师在进行问题设计时，不妨采取从其他角度切入的方式来操作。第二，问题的设计要具备阶梯性和跨度，问题的答案不要针对课堂教学的某一知识点，而是要求学生能够尽量结合其他相关知识才能寻找到正确答案。

其次，引领学生摆脱固定答案的拘囿，进行发散思维。语文学科的主观题，同其它理工学科的一个重要区别就在于答案的非唯一性，学生针对具体的问题，可以有自己的想法，只要能够言之成理，教师就应予以肯定。这就需要我们建立一个新的评价体系，以"好"与"不好"、"适当"与"不适当"来代替传统的"对"与"错"。因此，我们在语文教学过程中一定要注重对学生的思维进行培养，鼓励每位学生都说出与众不同的答案，让他们的思维火花熠熠生辉。

四、注重核心素养的培养

虽然目前考试仍是考核学生学习效果的最主要方式，但是从试题的构成来看，体现学生综合能力的试题比重呈现逐年递增的趋势，学生的创新能力和实践能力成为中高考语文试卷考核的两大重点，关注素养、重视阅读、联系生活等也成为了近年来涌现出的新特色。我们广大的语文教师一定要积极转换思想，主动地去适应这种考试内容和考评标准的调整，将学生语文核心素养的培养作为日常教学工作的核心。语文核心素养的培养，与学生未来的生活和工作有着最为直接的联系。作为语文教师，我们一定要静下心来，深入研究，重视学生对于语文知识的积累和思考，让他们能够更好地应对未来的挑战。

参考文献：

[1] 穆薪宇. 语文核心素养的培养 [J]. 进展，2018.4（47－47）

[2] 齐泽宏. 基于语文核心素养的培养的阅读教学训练 [J]. 语文教学与研究读写天地，2017.2（63－65）

[3] 刘照林. 关于普通高中学生语文核心素养培养的研究 [J]. 作文成功之路（下旬），2018.002（28）

学非探花，自拔其根

——七年级英语教学之我见

赵秀芳

摘　要：七年级英语教学要抓住根本，注重培养和强化学生干净整洁的书写；注重积累词汇、教好音标；重视交际、阅读和写作的训练；语法先行以及培养好的英语学习习惯。

关键词：书写　音标　词汇　交际　阅读　写作　语法先行　英语学习习惯

从教廿载，周而复始的初中英语教学，让我对于初一的英语教学有了一些自己的想法。刚升入初一的学生，尚处于英语学习的懵懂阶段，身在初一教学岗位的教师会感到特别劳累。此种劳累并非源于知识的传授，而是源于起始年段英语学习习惯的培养，源于英语学习方法的指导，源于学习习惯的规范。虽劳累，作为教师的我却甘之如饴，因为这些是学生学好英语的根本所在。所以英语学习不能只追求热闹和暂时的成绩，更要抓住根本，让学生终身受益。

一、规范书写是首要任务

对学生的英语书写从初一开始教学就要强化，这段书写形成期特别的关键。二十六个字母会读会写，而且一定要一个字母一个字母一笔一划地认真教书写。我所教的二个班级，一个字母一个字母教完之后还有不少学生写不明白，尤其是字母 y 的书写，后来都是把学生叫到面前或者到学生书桌前亲自教他们。另外在作业本上不断地改正，持续二周才能真正地会写。还有个别同学是以前提前学的，但学得不规范，到初中重新学习时改起来更为吃力，这就需要不断地改进，不断地强化。而且教学时也需要和学生交代清楚，书写干净整洁是学好英语的保障，是每个想学好英语的同学必须做到的，无论是作业还是考试的卷子，都要求书写工整。新学期初一般都要学生描一下衡水体的字帖，自己描完之后再翻过来和字帖的原版对照一下，看看差在哪里。这样每天一页，不断地临摹，不断地改进，一个月下来英语字就可以成型了。教师要天天强化书写完成的好处，可以利用书法展，不断地激发学生写好英语字的兴趣，表扬写得好的同学，点出写得不好的同学哪里需要改进。慢慢的日复一日，最后才能让学生写出一手漂亮的英语字。

二、音标教学虽繁琐，却不容忽视

只会写，不会读，已经是为数不少的学生在英语教学中会出现的问题了。对此现象，英语教师应予以重视。这种情况既会造成学习效率的低下，也会影响英语作为一门语言的应用性。其实只有听说读写有机地结合起来，才能更快更好地掌握英语学科的学习技能，提高学生英语学科的综合素养。所以我认为初一起始阶段教好音标尤为重要。音标的教学繁琐，制定好教学计划后每天按部就班的教，教授今天内容之前要及时复习巩固昨天教授的知识。有的孩子不敢张嘴，这就需要教师及时的鼓励。而且还需要学生一个一个地轮流去读。鼓励学生学习语言勇于张口的精神。不怕错，就怕不敢说，要让学生勇敢地张开嘴，大胆地说出来。当然及时复习避免学生不断遗忘是必要的。另外还可以留回家口头读的作业，要求听音十分钟，听一句跟读一句，然后反复跟读。音标教学不但要教会元音、辅音，还要教会元音字母与元音字母组合在重读音节中的读音；元音字母和元音字母组合在非重读音节中的读音。让学生看着单词就能读出来，开始的时候可能会有一些小的毛病，慢慢地给学生及时不断地纠正，最后让孩子们充满信心地大声读出来。朗读时要注意语音语调，注意重读和连读。每个单元最后的发音部分也要重视，跟读然后检查每名学生，长此以往，学生的音标和朗读这方面就可以练得差不多，不至于学成哑巴英语。朗读的形式也可以设计一些学生喜欢的形式，如每节课让学生在课前进行值日生报告。提前告知他们报告的主要内容，做完报告后还需要提出二个以上的问题，这样做的话，给了学生展示成果的机会，会让他们对于音标的学习更用心。

三、坚持积累词汇是学好英语的基石

"天才在于积累。"英语学习亦是如此。坚持积累词汇是学好英语的关键。那么如何积累词汇呢？首先可以在前几周每天讲授一个单元的单词，跟着录音机读，然后让学生读熟。对于学生经常错的单词可以拿出来反复强化，直到大多数学生掌握了为止。其次，每天要进行上一节词汇教学的测试，把不会的及时背会。再次，词汇积累的过程中可以让学生四人一组，一起背，这样做是为了避免有的学生不会读或者偷懒不去背。所以分组就可以有效地调动他们的学习积极性，也培养他们的合作精神。当然，也可以采取各个小组加分制，让孩

子们为了自己小组的荣誉而战。在背之前要采用拼读法，有效练习学生们的口腔肌肉，从而使他们越读越标准，越读越流利。另外，二周或者一个月要定期举办英语百词大赛，表扬优秀同学，激励喜欢背诵的同学再接再厉。

四、重视英语综合能力的培养

初中英语最重要的就是交际、阅读和写作。这是英语学习者的真正的英语水平的体现。对于这三方面来说，都离不开扎实的英语基础知识的培养，所以夯实英语学习基础知识是英语学习的重中之重。英语交际有两部分，选择题和填写句子、短语或者单词，后者相对来说难一些。但也是对最基本的英语知识的检测，通读文本，根据上下句答题。课文文本 2d 的对话需要学生背诵下来从而熟悉关键句。阅读从初一开始就告诉学生自己认真阅读，在文本里面找出根据，然后划出来便于后面的检查。英语的写作能力的提升就需要在平时的英语教学里不断地积累课文里的优美的句子，反复练笔，不断地打磨成可用的写作佳句。也要熟悉各种句式，做到句式上不单一，多样化。

五、语法先行拓宽英语学习之路

初一起始阶段内容不多，大多数学生都有一定的英语学习基础，所以我认为应该利用好这段时间，把初中的八大语法按照书上出现的顺序，从一般现在时、现在进行时、过去时开始逐一讲授。并且要配上相应的习题，讲练结合，让学生在时态方面逐渐理顺。对于名词、代词、形容词、副词、数词等一系列语法逐步讲解，配备习题，讲练结合。说起来容易，真正做起来却不易，因为学生参差不齐，会的越讲越会，不会的一头雾水。这时可以挑选一下，每个语法都选出适合初一学生掌握的那部分讲解，适当降低难度，让大多数学生都可以接受，太难的部分也可以适当删减。配题也要根据所讲的具体内容搭配，让学生感受到认真听课就会了，要让其有学习成就感。如此坚持下去，就可以扫除学生英语学习时的障碍，让英语学习之路越拓越宽。

六、培养学生的良好的英语学习习惯

课堂上要认真听讲，认真记好笔记，课后认真复习，看会错题，尤其是写作文时写错的句子。要知道为什么错，怎么样改才是正确的。书写句子时要七个词以上，要使用恰当的连接词，适当的修饰语。每天都可以给出几个关键词，让学生围绕所学的主要句型和内容，不断地去练习，逐渐积累，这样才能不断进步。要把听说读写紧密结合起来，真正做到读写不分家，背单词不如背短语，

背短语不如背句子，背完后还要不断输出，词不离句，句不离语法，真正书写出来，这是英语学习应有的好习惯。

　　"学非探其花，要自拔其根。"英语教师要从学生的长远发展着眼，相信大家如果能够在教学中坚持不懈，不断地实践，学生的英语水平就会获得很大的提升，教学相长，同样教师们的教学水平也会达到质的飞跃。

后　记

　　时间凝结，汇聚成文，《树蕙滋兰》在吉林市教育局领导的关怀下，在全校教师的共同努力下，与大家正式见面了。1981 年至 2021 年，四十年，春风化雨；四十年，润物无声。风雨兼程路漫漫，字字珠玑述衷肠，这是我校教师为四十周年校庆献上的一份厚礼，更是吉化九中教育人的心路手札。文字的背后倾注了师者的智慧与奉献，诠释着师者的坚持与守护。

　　"化民成俗，其必由学"，此为教之本，育之道。吉化九中依龙山，临松水，秉承"为学生的一生幸福奠基，为学生的终身发展负责"的办学理念，四十年来不断发展壮大，谱写着"办人民满意教育"的壮丽篇章。坚持"以人为本，质量立校"的管理理念，努力打造"观念引领、学术引领、规范引领、人格引领"的优秀教师团队。追求卓越，风雨兼程，始终坚持探究高效课堂，以丰富的内涵促进课堂效果提升，将点点滴滴的经验凝练成教育之光，涵养学校文化底蕴发展。

　　就教育而言，有品质、有品位的文化底蕴是一代又一代教育人奉献的体现，是发展的前提和基础。就学校而论，文化滋养灵魂生长，蓬勃向上的生命活力铸就学生精彩纷呈的人生。习近平总书记强调，办好人民满意的教育，必须系统回答和解决"培养什么人、怎样培养人、为谁培养人"这一根本问题。《树蕙滋兰》就是化九教育人的答卷，是他们初心坚守、无私奉献的历程。这些乐意钻研、志存高远的师者们正是学校未来发展的澎湃动力。

　　本书凝聚了教师们的教育智慧，有老教师宝贵的经验总结，有中年教师蓄意勃发的新见解，更有青年教师初探教学的新鲜感悟，是经验的整合、理念的提升，表达了教师们摒弃浮华、笃实励行的教育态度，展现了教师们求真务实、奋进创新的感人风采。本书既是对吉化九中教育历程的一个阶段性总结，也是对广大教师辛勤工作的一种肯定。愿这本"群星璀璨、玄圃积玉"的论文集，能读之亲切，品之受教，悟之启智。

吉林市吉化第九中学校　王琦

2020 年 12 月